Das deutsche Kindschafts- und Abstammungsrecht und die Rechtsprechung des EGMR

Studien zum deutschen und internationalen Familien- und Erbrecht

Herausgegeben von Martin Lipp, Christoph Benicke,
Marina Wellenhofer und Bettina Heiderhoff

Band 14

PETER LANG
Frankfurt am Main · Berlin · Bern · Bruxelles · New York · Oxford · Wien

Pia Maria Schulze

Das deutsche Kindschafts- und Abstammungsrecht und die Rechtsprechung des EGMR

PETER LANG
Internationaler Verlag der Wissenschaften

Bibliografische Information der Deutschen Nationalbibliothek
Die Deutsche Nationalbibliothek verzeichnet diese Publikation in der Deutschen Nationalbibliografie; detaillierte bibliografische Daten sind im Internet über http://dnb.d-nb.de abrufbar.

Zugl.: Frankfurt (Main), Univ., Diss., 2011

D 30
ISSN 1864-497X
ISBN 978-3-631-63656-5

www.peterlang.de

Meinen Eltern

Vorwort

Die vorliegende Arbeit wurde im Sommersemester 2011 vom Fachbereich Rechtswissenschaft der Johann Wolfgang Goethe – Universität in Frankfurt am Main als Dissertation angenommen. Die Berücksichtigung und Einarbeitung von Rechtsprechung und Schrifttum erfolgte bis Dezember 2011.

Frau Prof. Dr. Marina Wellenhofer gilt mein herzlichster Dank für die Annahme des Themas, die wertvolle wissenschaftliche Betreuung sowie für die freundliche und absolut zuverlässige Unterstützung der Bearbeitung und schließlich für die Aufnahme in die vorliegende Schriftenreihe. Herrn Prof. Dr. Ludwig Salgo danke ich für die zeitnahe Ausfertigung des Zweitgutachtens und seine konstruktiven Anregungen.

Ganz besonderer Dank gebührt meinen Eltern, die mir die Aufnahme des Promotionsvorhabens überhaupt ermöglicht und mich darin zu jeder Zeit bestärkt haben. Für ihre stets verlässliche und so verständnisvolle Unterstützung bedanke ich mich außerdem besonders bei meiner Schwester Julia und meinem Freund Gregor sowie meinen Kollegen in der Kanzlei Schneider Stein & Partner – dort insbesondere meiner Freundin Rechtsanwältin Britta Schönborn für ihre wertvolle Mithilfe beim Korrekturlesen.

Hamburg Dezember 2011

Pia Maria Schulze

Inhaltsübersicht

A Einleitung ... 21

B Rechtliche Grundlagen zur Rechtsprechung des EGMR ... 25
I. Der EGMR ... 25
II. Die Bindung deutscher Familiengerichte an die Entscheidungen des EGMR ... 35
III. Die Besonderheit der mehrpoligen Rechtsverhältnisse ... 38
IV. Für das Familienrecht einschlägige EMRK-Normen in der bisherigen Rechtsprechung des EGMR ... 39

C Sozialwissenschaftliche Grundlagen ... 49
I. Die Bindungsforschung ... 49
II. Die Traumaforschung ... 56
III. Risikoforschung und Resilienz ... 58
IV. Die Scheidungsfolgenforschung ... 60
V. Kindeswohl und Kindeswille ... 64
VI. Kind und Zeitempfinden ... 68

D Fallanalysen zum Sorge- und Umgangsrecht bei Trennung und Scheidung ... 71
I. Fall Elsholz gegen Deutschland ... 71
II. Fall Hoffmann gegen Deutschland ... 76
III. Fall Sommerfeld gegen Deutschland ... 80
IV. Fall Lebbink gegen Niederlande ... 87
V. Fall Görgülü gegen Deutschland ... 89
VI. Fall Kleinert gegen Deutschland ... 99
VII. Fall Zaunegger gegen Deutschland ... 102
VIII. Fall Anayo gegen Deutschland ... 110
IX. Fall Schneider gegen Deutschland ... 115
X. Fall Adam gegen Deutschland ... 118
XI. Fall Skugor gegen Deutschland ... 125
XII. Fall Koudelka gegen Tschechische Republik ... 132
XIII. Fall Mattenklott gegen Deutschland ... 136

E Fallanalysen zum Abstammungsrecht – Vaterschaftsanerkennung und -anfechtung 143
I. Fall Kroon gegen Niederlande 143
II. Fall Rozanski gegen Polen 146
III. Fall Mizzi gegen Malta 151
IV. Fall Hülsmann gegen Deutschland 156

F Bewertung der deutschen Rechtslage anhand erarbeiteter Anforderungen des EGMR 163
I. Sorge- und Umgangsrecht bei Trennung und Scheidung – materielles Recht 163
II. Sorge- und Umgangsrecht bei Trennung und Scheidung – Verfahrensrecht 198
III. Abstammungsrecht – Vaterschaftsanfechtung und Klärung der Abstammungsverhältnisse 216

G Der zukünftige Umgang mit der Rechtsprechung des EGMR 235
I. Die Prüfungsmaßstäbe von EGMR und BVerfG 235
II. Die Einhaltung des Subsidiaritätsgrundsatzes 238
III. Der Einzelfallcharakter der Entscheidungen des EGMR 240
IV. Schlussfolgerungen 241

H Ergebnis 243

J Zusammenfassung 247

Inhaltsverzeichnis

Inhaltsübersicht 9

Abkürzungsverzeichnis 19

A Einleitung 21

B Rechtliche Grundlagen zur Rechtsprechung des EGMR 25
I. Der EGMR 25
1. Die Rolle des EGMR 25
2. Die Organisation des EGMR 27
3. Das Verfahren der Individualbeschwerde 28
4. Die Besonderheiten der Rechtsprechung des EGMR 29
a) Die Autonome Auslegung und Rechtsvergleichung 29
b) Die evolutive Auslegung 30
c) Der Beurteilungsspielraum 31
d) Die Struktur der Urteile der EGMR 32
e) Das Sondervotum 33
5. Das Verhältnis zwischen EGMR und BVerfG 33
6. Zusammenfassung 35
II. Die Bindung deutscher Familiengerichte an die Entscheidungen des EGMR 35
III. Die Besonderheit der mehrpoligen Rechtsverhältnisse 38
IV. Für das Familienrecht einschlägige EMRK-Normen in der bisherigen Rechtsprechung des EGMR 39
1. Der Schutzbereich des Art. 8 I EMRK 39
a) Allgemein 39
b) Konventionsrechtlicher Familienbegriff 40
c) Verheiratete Eltern und Kinder 41
d) Eltern und nichteheliche Kinder 42
e) Adoptivfamilien 42
f) Pflegefamilien 43
g) Nichteheliche Lebensgemeinschaft 43
h) Erweitertes Familienleben 44

2. Der Gewährleistungsumfang des Art. 8 I EMRK 44
3. Die Eingriffe in den Schutzbereich des Art. 8 EMRK 44
4. Die Eingriffsrechtfertigung gemäß Art. 8 II EMRK 45
5. Die verfahrensrechtlichen Dimensionen von Art. 8 EMRK 46
6. Die Verfahrensgarantien des Art. 6 I EMRK 47
7. Weitere das Familienrecht betreffende Artikel der EMRK 48
8. Zusammenfassung 48

C Sozialwissenschaftliche Grundlagen 49
I. Die Bindungsforschung 49
1. Die Bindungstheorie 49
2. Die Bindungsmuster 50
3. Bindungsforschung und Neurobiologie 52
4. Bindungstheorie versus Systemtheorie 53
5. Der Begriff „Bindung“ im Familienrecht 54
6. Zusammenfassung 55
II. Die Traumaforschung 56
1. Gewalt in der Familie 56
2. Neurobiologische und entwicklungspsychologische Folgen 57
3. Der Begriff „Traumatisierung“ im Familienrecht 58
III. Risikoforschung und Resilienz 58
IV. Die Scheidungsfolgenforschung 60
1. Die Studie von Wallerstein, Lewis & Blakeslee 60
2. Die Scheidungsfolgenforschung in Deutschland 62
V. Kindeswohl und Kindeswille 64
1. Der Kindeswille als Kindeswohlkriterium 64
2. Der beeinflusste Kindeswille 65
3. Das Parental Alienation-Syndrom (PAS) 66
VI. Kind und Zeitempfinden 68

D Fallanalysen zum Sorge- und Umgangsrecht bei Trennung und Scheidung 71
I. Fall Elsholz gegen Deutschland 71
1. Sachverhalt 71
2. Rechtliche Beurteilung nach nationalem Recht 71
3. Beurteilung durch den EGMR 72
4. Analyse des Urteils 74
II. Fall Hoffmann gegen Deutschland 76
1. Sachverhalt 76
2. Rechtliche Beurteilung nach nationalem Recht 76

3. Beurteilung durch den EGMR 77
4. Analyse des Urteils 78
III. Fall Sommerfeld gegen Deutschland 80
1. Sachverhalt 80
2. Rechtliche Beurteilung nach nationalem Recht 80
3. Beurteilung durch den EGMR 81
4. Analyse der Urteile 82
IV. Fall Lebbink gegen Niederlande 87
1. Sachverhalt 87
2. Rechtliche Beurteilung nach nationalem Recht 87
3. Beurteilung durch den EGMR 88
4. Analyse des Urteils 88
V. Fall Görgülü gegen Deutschland 89
1. Sachverhalt 89
2. Rechtliche Beurteilung nach nationalem Recht 90
3. Beurteilung durch den EGMR 90
4. Fortgang des Falles nach dem Urteil des EGMR 92
5. Analyse des Urteils 93
a) Zum Urteil des EGMR selbst 93
b) Kritische Stimmen 94
c) Konkurrenzverhältnis zwischen leiblicher und faktischer Elternschaft 95
d) Stärkung der Rechte nichtehelicher Väter 97
e) Zusammenfassung 98
VI. Fall Kleinert gegen Deutschland 99
1. Sachverhalt 99
2. Rechtliche Beurteilung nach nationalem Recht 99
3. Beurteilung durch den EGMR 100
4. Analyse der Entscheidung 101
VII. Fall Zaunegger gegen Deutschland 102
1. Sachverhalt 102
2. Beurteilung nach nationalem Recht 102
3. Beurteilung durch den EGMR 102
4. Analyse des Urteils 107
VIII. Fall Anayo gegen Deutschland 110
1. Sachverhalt 110
2. Rechtliche Beurteilung nach nationalem Recht 111
3. Beurteilung durch den EGMR 112
4. Analyse des Urteils 113
IX. Fall Schneider gegen Deutschland 115

1. Sachverhalt 115
2. Rechtliche Beurteilung nach nationalem Recht 115
3. Beurteilung durch den EGMR 116
4. Analyse des Urteils 117
X. Fall Adam gegen Deutschland 118
1. Sachverhalt 118
2. Rechtliche Beurteilung nach nationalem Recht 119
3. Beurteilung durch den EGMR 120
4. Analyse des Urteils 121
XI. Fall Skugor gegen Deutschland 125
1. Sachverhalt 125
2. Rechtliche Beurteilung nach nationalem Recht 126
3. Beurteilung durch den EGMR 127
4. Analyse des Urteils 128
XII. Fall Koudelka gegen Tschechische Republik 132
1. Sachverhalt 132
2. Beurteilung nach nationalem Recht 132
3. Beurteilung durch den EGMR 133
4. Analyse des Urteils 135
XIII. Fall Mattenklott gegen Deutschland 136
1. Sachverhalt 136
2. Beurteilung nach nationalem Recht 136
3. Beurteilung durch den EGMR 137
4. Analyse des Urteils 139

E Fallanalysen zum Abstammungsrecht – Vaterschaftsanerkennung und -anfechtung 143
I. Fall Kroon gegen Niederlande 143
1. Sachverhalt 143
2. Rechtliche Beurteilung nach nationalem Recht 143
3. Beurteilung durch den EGMR 144
4. Analyse des Urteils 145
II. Fall Rozanski gegen Polen 146
1. Sachverhalt 146
2. Rechtliche Beurteilung nach nationalem Recht 146
3. Beurteilung durch den EGMR 147
4. Analyse des Urteils 148
III. Fall Mizzi gegen Malta 151
1. Sachverhalt 151
2. Beurteilung nach nationalem Recht 151

3. Beurteilung durch den EGMR 152
4. Analyse des Urteils 153
IV. Fall Hülsmann gegen Deutschland 156
1. Sachverhalt 156
2. Beurteilung nach nationalem Recht 156
3. Beurteilung durch den EGMR 158
4. Analyse der Entscheidung 160

F Bewertung der deutschen Rechtslage anhand erarbeiteter Anforderungen des EGMR 163
I. Sorge- und Umgangsrecht bei Trennung und Scheidung – materielles Recht 163
1. Die Berücksichtigung des Kindeswohls 163
a) Die Berücksichtigung des Kindeswohls in der Rechtsprechung des EGMR 163
b) Die Vorrangstellung des Kindeswohls im deutschen Recht 164
c) Bewertung 164
2. Das Sorgerecht der Väter nichtehelicher Kinder 165
a) Die Vorgaben des EGMR 165
b) Die bisherige Rechtslage in Deutschland 165
aa) Bisheriger Stand der Diskussion 165
(1) Alleiniges Sorgerecht und Vetorecht der Kindesmutter 166
(2) Kindeswohldienlichkeit 167
(3) Entscheidung des BVerfG vom 21.07.2010 169
bb) Das Sorgerecht nichtehelicher Väter in anderen europäischen Staaten 171
c) Stellungnahme 174
aa) Ideologischer Gegensatz zwischen BVerfG und EGMR? 174
bb) Europäische Tendenzen 176
cc) Gesetzliche Neuregelung 177
(1) Regelungsalternativen 177
(2) Studienergebnisse und Regelungsvorschlag der Justizministerin 178
(3) Diskussion und eigener Regelungsvorschlag 179
dd) Übergangszeit bis zur Neuregelung 185
ee) Starke europäische Einflussnahme auf das deutsche Familienrecht 187
3. Die Rechtstellung des biologischen Vaters 188

a) Der Schutz des leiblichen Vaters ... 188
aa) Der Schutz des Familienlebens im Rahmen des Art. 8 I EMRK für den leiblichen Vater in der neueren Rechtsprechung des EGMR ... 188
bb) Der Schutz der Familie im Rahmen des Art. 6 GG für den leiblichen Vater in der Rechtsprechung des BVerfG 189
cc) Bewertung ... 190
b) Das Umgangsrecht des biologischen Vaters ... 193
aa) Vorgaben des EGMR ... 193
bb) Deutsches Recht ... 193
cc) Stellungnahme und eigener Regelungsvorschlag ... 194
II. Sorge- und Umgangsrecht bei Trennung und Scheidung – Verfahrensrecht ... 198
1. Die Verfahrensanforderungen ... 198
a) Die Vorgaben des EGMR ... 198
aa) Konkurrenzverhältnis zwischen Art. 6 I EMRK und Art. 8 I EMRK ... 198
bb) Anhörung der Beteiligten und Einholung von Sachverständigengutachten ... 199
cc) Verfahrensdauer ... 200
b) Die Verfahrensanforderungen nach deutschem Recht ... 201
aa) Anhörung der Beteiligten und Einholung von Sachverständigengutachten ... 201
(1) Anhörungen ... 202
(2) Sachverständige ... 204
bb) Beschleunigungsgebot ... 205
(1) In der Rechtsprechung des BVerfG ... 205
(2) Beschleunigungsgebot im FamFG ... 206
(3) Spannungsverhältnis ... 206
c) Stellungnahme ... 209
2. Die Vollstreckung von Umgangs- und Rückführungsentscheidungen ... 211
a) Die Vorgaben des EGMR ... 211
b) Die Rechtslage in Deutschland ... 212
c) Stellungnahme ... 214
aa) Neuregelungen des FamFG ... 214
bb) Nichtvollstreckung bestandskräftiger Umgangsentscheidungen ... 215
III. Abstammungsrecht – Vaterschaftsanfechtung und Klärung der Abstammungsverhältnisse ... 216

1. Die Vaterschaftsanfechtung durch den rechtlichen (Schein-)Vater 216
a) Die Vorgaben des EGMR ... 216
b) Die Bewertung der deutschen Rechtslage ... 217
c) Stellungnahme ... 218
2. Die Rechtsstellung des biologischen Vaters im Abstammungsrecht ... 221
a) Die Vorgaben des EGMR ... 221
b) Die Bewertung der deutschen Rechtslage ... 222
aa) Vaterschaftsanfechtung ... 222
(1) Geltendes deutsches Recht ... 222
(2) Stellungnahme ... 224
bb) Fehlende Klärungsberechtigung im statusunabhängigen Verfahren zur Klärung der Abstammung gemäß § 1598a BGB ... 228
(1) Geltendes deutsches Recht ... 228
(2) Stellungnahme ... 230

G. Der zukünftige Umgang mit der Rechtsprechung des EGMR ... 235
I. Die Prüfungsmaßstäbe von EGMR und BVerfG ... 235
II. Die Einhaltung des Subsidiaritätsgrundsatzes ... 238
III. Der Einzelfallcharakter der Entscheidungen des EGMR ... 240
IV. Schlussfolgerungen ... 241

H. Ergebnis ... 243

J. Zusammenfassung ... 247

Literaturverzeichnis ... 257

Abkürzungsverzeichnis

a.E.	am Ende
a.F.	alte Fassung
AG	Amtsgericht
Amtl. Begr.	Amtliche Begründung
AnwBl.	Anwaltsblatt
Art.	Artikel
BayOLG	Bayerisches Oberstes Landesgericht
Beschl.	Beschluss
BGB	Bürgerliches Gesetzbuch
BGBl.	Bundesgesetzblatt
BGH	Bundesgerichtshof
BMJ	Bundesministerium für Justiz
BR-Drucks.	Bundesratsdrucksache
BT-Drucks.	Bundestagsdrucksache
BVerfG	Bundesverfassungsgericht
DAVorm	Der Amtsvormund
DMS	Diagnostic and Statistical Manual of Mental Disorders
DeuFamR	Deutsches und Europäisches Familienrecht
DRiZ	Deutsche Richterzeitung
EMDR	Eye Movement Desensitization and Reprocessing
EMRK	Europäische Konvention für Menschenrechte
EGMR	Europäischer Gerichtshof für Menschenrechte
EuLF	The European Legal Forum
EuGRZ	Europäische Grundrechte-Zeitschrift
FamFG	Gesetz über das Verfahren in Familiensachen und in den Angelegenheiten der freiwilligen Gerichtsbarkeit
FamRZ	Zeitschrift für das gesamte Familienrecht
FF	Forum Familienrecht
FGG	Gesetz über die freiwillige Gerichtsbarkeit
FuR	Familie und Recht

FPR	Familie Partnerschaft und Recht
FS	Festschrift
GG	Grundgesetz
GVG	Gerichtsverfassungsgesetz
HKÜ	Haager Übereinkommen über die zivilrechtlichen Aspekte internationaler Kindesentführung
i.V.m.	in Verbindung mit
ICD-10	Internationale Klassifikation psychischer Störungen
JAmt	Das Jugendamt
JZ	Juristenzeitung
Jura	Juristische Ausbildung
KG	Kammergericht
KindPrax	Kindschaftsrechtliche Praxis
KindRG	Kindschaftsrechtsreformgesetz
MDR	Monatsschrift Deutsches Recht
MüKo	Münchener Kommentar zum Bürgerlichen Gesetzbuch
NJW	Neue Juristische Wochenschrift
NJW-RR	Neue Juristische Wochenschrift Rechtsprechungs-Report
NVwZ	Neue Zeitschrift für Verwaltungsrecht
OLG	Oberlandesgericht
PAS	Parental Alienation Syndrome
PTBS	Posttraumatische Belastungsstörung
Rn.	Randnummer
Urt.	Urteil
ZfJ	Zentralblatt für Jugendrecht
ZKJ	Zeitschrift für Kindschaftsrecht und Jugendhilfe
ZPO	Zivilprozessordnung

A Einleitung

Im Sommer 2010 hat das Bundesverfassungsgericht (BVerfG) die bestehenden gesetzlichen Regelungen zum Sorgerecht von Vätern nichtehelicher Kinder für verfassungswidrig erklärt.[1] Die einschlägigen Regelungen §§ 1626a I Nr. 1, 1672 I BGB wurden bereits seit ihrer Einführung durch das Kindschaftsrechtsreformgesetz in der Fachwelt kritisiert. Bisher hielten sie jeder Kritik und auch einer verfassungsrechtlichen Überprüfung[2] stand. Dies hat sich nun geändert. In seinem Beschluss vom 21.07.2010 bezieht sich das BVerfG ausdrücklich auf ein Urteil des Europäischen Gerichtshofs für Menschenrechte (EGMR). Der EGMR hatte einige Monate zuvor die Regelungen des deutschen Familienrechts zur elterlichen Sorge von Vätern nichtehelicher Kinder für konventionswidrig erklärt.[3] Schon im Dezember 2010 und im September 2011 erfolgten weitere Verurteilungen Deutschlands durch den EGMR, welche erneut für Diskussionstoff im Familienrecht sorgen.[4] Der Gerichtshof hat in diesen Entscheidungen die Anwendung der gesetzlichen Regelung der §§ 1684, 1685 II BGB zum Umgangsrecht des biologischen Vaters durch deutsche Gerichte in einer bestimmten Konstellation als konventionswidrig bewertet.[5] Was hat es auf sich mit diesem in Straßburg beheimateten Gerichtshof, der augenscheinlich solch großen Einfluss auf das deutsche Familienrecht ausübt?

Das Familienrecht ist eines der Rechtsgebiete, welches am stärksten von Veränderungen gesellschaftlicher Verhältnisse beeinflusst wird. Neben innerfamiliären Veränderungsprozessen – wie nahezu gleich bleibend hohen Scheidungszahlen[6] und der Zunahme nichtehelicher Lebensgemeinschaften, Stieffamilien und alleinerziehender Elternteile – spielen zunehmend auch europäische Einflüsse eine große Rolle.

In Europa ist das Familienrecht von einer Vielfalt nationaler Rechte geprägt. Bedingt durch ein fortschreitendes Zusammenwachsen der europäischen Staaten,

1 Beschluss des BVerfG vom 21.07.2010, Az. 1 BvR 420/09, FamRZ 2010, 1403 ff.

2 BVerfG Urt. v. 29.01.2003, Az. 1 BvL 20/99 u. 1 BvR 933/01, FamRZ 2003, 285 ff.

3 EGMR Fall Zaunegger Urt. v. 03.12.2009, Nr. 22028/04, FamRZ 2010, 107 ff.

4 *Willutzki* ZKJ 2011, 90 ff. zur „neuen Baustelle im Kindschaftsrecht".

5 EGMR Fall Anayo Urt. v. 21.12.2010, Nr. 20578/07, FamRZ 2011, 269 ff. und EGMR Fall Schneider Urt. v. 15.09.2011, Nr. 17080/07, FamRZ 2011, 1715 ff.

6 Laut dem Statistischen Bundesamt, Jahrbuch 2010, www.destatis.de, sind die Scheidungszahlen im Jahr 2009 im Vergleich zu 2008 um rund 3% leicht zurückgegangen.

Mobilität, Migration und grenzüberschreitender Sachverhalte können sich Rechtsreformen einzelner Länder über Landesgrenzen hinweg auswirken. Der stetige Wandel gesellschaftlicher Verhältnisse und internationaler Rechtsquellen – wie die Europäische Konvention für Menschenrechte (EMRK) – üben einen zunehmend stärkeren Einfluss auf die nationale Rechtsprechung und Rechtsentwicklung aus.[7]

Eine zentrale Rolle spielt hier als Hüter der EMRK der EGMR. Pressebekannte Entscheidungen des EGMR[8] wie in dem Pflegekindfall Görgülü[9] oder jüngst in den Fällen Zaunegger[10], Anayo[11] und Schneider[12], welche die elterliche Sorge nichtehelicher Väter und das Umgangsrecht biologischer Väter betrafen, haben den Gerichtshof in den letzten Jahren in Deutschland verstärkt in die Wahrnehmung der Allgemeinheit gerückt. Infolge des zeitgemäßen, entwicklungsoffenen Verständnisses des EGMR von Familie wird der EGMR bereits als „Motor einer Harmonisierung des Familienrechts" in Europa gesehen.[13]

Im deutschen Familienrecht wird dem Kindeswohl stets vorrangige Bedeutung beigemessen. Der EGMR wird im Bereich des Familienrechts häufig mit einer starken Tendenz zum Schutz der Interessen biologischer Abstammung und Väterrechten in Verbindung gebracht. Der zunehmende Einfluss des EGMR auf das deutsche Familienrecht wird daher zum Teil durchaus kritisch beurteilt. Es wird befürchtet, dass unterschiedliche Gewichtungen bezüglich biologischer Herkunft eines Kindes im Verhältnis zu seinen sozialen Bindungen negative Folgen für die Interessen des Kindes haben könnten.[14]

So wird vor einer zu starken Betonung der Rechte leiblicher Eltern gewarnt, welche die Rechtsposition und das Wohl des Kindes gefährden könnte.[15] Derartige Tendenzen könnten im Widerspruch zu Grundsätzen des deutschen Familienrechts und der deutschen Rechtsprechung im familienrechtlichen Bereich stehen. Weiterhin werden Bedenken geäußert, die Straßburger Rechtsprechung könnte zu einer Verunsicherung der deutschen Fachgerichte führen.[16]

---

7 *Dethloff* § 1 Rn. 56 f.

8 Sämtliche Entscheidungen des EGMR, die nicht in juristischen Fachzeitschriften mit Fundstellen nachgewiesen werden konnten, sind in der Datenbank des EGMR auf dessen Homepage zu finden (http://cmiskp.echr.coe.int).

9 EGMR Fall Görgülü Urt. v. 26.02.2004, Nr. 74969/01, FamRZ 2004, 1456 ff.

10 EGMR Fall Zaunegger Urt. vom 03.12.2009, Nr. 22028/04, FamRZ 2010, 107 ff.

11 EGMR Fall Anayo Urt. v. 21.12.2010, Nr. 20578/07, FamRZ 2011, 269 ff.

12 EGMR Fall Schneider Urt. v. 15.09.2011, Nr. 17080/07, FamRZ 2011, 1715 ff.

13 *Rixe* FPR 2008, 222, 223, 230; *Rixe* ZKJ 2006, 276, 278.

14 *Hoffmann* ZfJ 2005, 44, 49.

15 *Zenz* FamRZ 2007, 2060, 2062; *Höhnerlein* EuLF 2001, 252, 257.

16 *Benda* EuGRZ 2002, 1, 3.

Das deutsche Familienrecht hat in den letzten Jahren zahlreiche Reformen erfahren. Dies gilt insbesondere in den Bereichen des Sorge- und Umgangsrechts nach Trennung und Scheidung, des Verfahrensrechts und im Bereich des Abstammungsrechts. Beispielhaft sind hier die Neuregelung des Familienverfahrensgesetzes (FamFG) zum 01.09.2009 und die zum 01.04.2008 in Kraft getretene Neuregelung zur Klärung von Abstammungsverhältnissen gemäß § 1589a BGB. Ganz aktuell steht die Neuregelung der §§ 1626a , 1672 BGB zur Debatte.

Die vorliegende Untersuchung hat sich zum Ziel gesetzt, aktuelle Entwicklungen im Bereich des Sorge- und Umgangsrechts nach Trennung und Scheidung sowie im Bereich des Abstammungsrechts im Lichte der aktuellen Rechtsprechung des EGMR zu betrachten. Zu prüfen ist, inwieweit die geltenden deutschen gesetzlichen Regelungen und deren Anwendung durch deutsche Fachgerichte den Anforderungen des EGMR entsprechen.

Dazu werden zunächst die rechtlichen Grundlagen zur Rechtsprechung des EGMR und deren Bindungswirkung für deutsche Gerichte erörtert. Es folgen humanwissenschaftliche Grundlagen zu den Bereichen Bindungsforschung, Traumaforschung, Resilienzforschung, Scheidungsfolgenforschung, Kindeswohl und Kindeswille sowie Kind und Zeitempfinden. Eine Auseinandersetzung mit diesen Themenbereichen ist Voraussetzung, um die Rechtsprechungsgrundsätze des EGMR und deutsche Gesetze sowie deren Anwendung im Hinblick auf eine Kindeswohlvereinbarkeit beurteilen zu können.

Anhand einer systematischen Untersuchung aktueller Entscheidungen des EGMR in den Bereichen elterliche Sorge und Umgang bei Trennung und Scheidung sowie in dem Bereich Abstammungsrecht werden Grundsätze und Anforderungen seiner aktuellen Rechtsprechung herausgearbeitet.

Diese sind anschließend mit dem geltendem deutschen Recht und dessen Anwendung in Beziehung zu setzen. Dieser Teil bildet das Kernstück der vorliegenden Untersuchung, die sich auf die Bereiche elterliche Sorge bei Trennung und Scheidung, das Verfahrensrecht in kindschaftsrechtlichen Verfahren sowie Anfechtungs- und Feststellungsmöglichkeiten von Abstammungsrechtsverhältnissen konzentriert. Eine besondere Berücksichtigung erfahren dabei die Rechtspositionen des Vaters nichtehelicher Kinder und die Rechtsposition des lediglich biologischen Vaters. Abschließend werden jeweils Bewertungen und Ausblicke auf zukünftige Entwicklungsmöglichkeiten und den zukünftigen Umgang mit der Rechtsprechung des EGMR im Familienrecht vorgenommen.

B Rechtliche Grundlagen zur Rechtsprechung des EGMR

I. Der EGMR

Nach der Ratifizierung der europäischen Menschenrechtskonvention im Jahr 1953 durch zehn Mitgliedsstaaten wurden im Januar 1959 die ersten Richter zum EGMR gewählt. Heute, rund 50 Jahre später, haben 47 Staaten die Konvention ratifiziert und sich der Gerichtsbarkeit des EGMR unterstellt. Der Gerichtshof und das Konventionssystem haben Vorbildfunktion für andere Systeme des regionalen Menschenrechtsschutzes erlangt.

1. Die Rolle des EGMR

Der EGMR wacht über die von der EMRK und ihren Zusatzprotokollen verbürgten Menschenrechte. Der EGMR ist zwar ein internationales Gericht, doch die Probleme, mit denen er sich auseinanderzusetzen hat, sind eher nationaler Natur. Es geht nicht um die Beziehungen zwischen Staaten, sondern um die Beachtung der Konvention im nationalen Bereich.[17]

Der Gerichtshof erfüllt eine Doppelfunktion[18], indem er sowohl dem Einzelnen den Schutz seiner Individualrechte im Einzelfall garantieren als auch einen allgemeingültigen, objektiven Mindeststandard an europäischem Grundrechtsschutz etablieren will. Das Prüfungsziel der Rechtsprechung des EGMR ist deshalb nicht immer eindeutig auszumachen. Die Einzelfallgerechtigkeit und die Ermittlung objektiver Standards zum Grundrechtsschutz stehen sich hier gegenüber.[19]

Möchte man den optimalen Grundrechtsschutz für jeden Einzelnen erreichen, müsste die Einzelfallgerechtigkeit im Vordergrund stehen. Die Anwendung unbestimmter Rechtsbegriffe, die im Einzelfall ausgelegt werden können, ermöglicht eine Individualisierung des Verfahrens. Doch diese Tendenz erscheint nicht unproblematisch. Die Kontinuität der Rechtsprechung des EGMR und die Ver-

---

17 *Fahrenhorst* (1994), S. 51; *Merrills* (1993), S. 9; *Weidmann* (1983), S. 294.

18 *Weidmann* (1983), S. 237; zur unterschiedlichen Gewichtung dieser beiden Funktionen *Tomuschat* EuGRZ 2003, 95, 99 und *Wildhaber* EuGRZ 2002, 569, 570.

19 *Weidmann* (1983), S. 236.

allgemeinerungsfähigkeit seiner Aussagen sind wichtige Bestandteile für die Akzeptanz der Rechtsprechung des EGMR bei den Gerichten der Vertragsstaaten. Je mehr der EGMR auf den Einzelfall abstellt, desto größer ist die Gefahr, dass nationale Gerichte dieser Rechtsprechung nicht folgen.[20]

So wird der EGMR von Teilen der Literatur[21] bereits als „Quasiverfassungsgericht“ angesehen. Dieser Ansicht nach ist das System der Einzelbeschwerden lediglich Mittel zum Zweck, welcher darin bestehe, innerstaatliche Mängel des Menschenrechtsschutzes zu ermitteln, zu beheben und auf diesem Wege zu einer Verbesserung des allgemeinen Niveaus des Menschenrechtsschutzes zu gelangen. Dafür spräche die Tatsache, dass Urteile des EGMR nur deklaratorische Wirkung entfalten. Der Stellenwert der Hilfe für den Einzelnen bleibe dabei eher zweitrangig. Angesichts der steigenden Arbeitsbelastung des EGMR sollte dieser sich in der Rolle eines Verfassungsgerichtshofes auf Grundsatzentscheidungen beschränken.[22]

Andere befürworten das Prinzip der Einzelbeschwerden. [23] Die EMRK wolle den Zugang jedes Einzelnen zur Kontrollinstanz in Straßburg ermöglichen. Der Schutz des Einzelnen sei keinesfalls als zweitrangig zu bewerten und die Effektivität reiner Grundsatzentscheidungen wird bezweifelt. Zu groß sei die Gefahr, dass diese einfach unbeachtet bleiben. Außerdem werde so das Vertrauen der Bürger in die europäischen Rechtsschutzinstanzen beschädigt.

Gleich welchem der beiden Prüfungsziele man den Vorrang einräumt, es kann festgehalten werden, dass der EGMR – ähnlich wie das BVerfG – in Deutschland keine Superrevisionsinstanz darstellt.[24] Letztendlich soll die Hauptaufgabe des EGMR in Zukunft darin liegen, durch Auslegung und Anwendung der einzelnen Konventionsrechte und Konventionsfreiheiten eine europäische Kultur- und Werteordnung zu schaffen.[25] Dies soll freilich nicht bedeuten – wie eine ehemalige Richterin des BVerfG zutreffend betont[26] –, dass es Aufgabe des EGMR ist, Rechtsangleichung zu betreiben. Vielmehr soll der EGMR lediglich gleiches Maß an die zu überprüfenden unterschiedlichen, nationalen Regelungen anlegen, wenn er diese auf deren Menschenrechtskonformität prüft.

---

20 *Ress* in FS Mosler (1983), S. 719, 720 ff.

21 *Wiater* (2009), S. 343, 345; *Wildhaber* EuGRZ 2002, 569, 569, 573.

22 *Wildhaber* EuGRZ 2002, 569, 570, 574.

23 *Tomuschat* EuGRZ 2003, 95, 99; *Grabenwarter* EuGRZ 2003, 174, 176.

24 EGMR Fall Görgülü Urt. v. 26.02.2004, Nr. 74969/01, FamRZ 2004, 1456, 1460.

25 *Wiater* (2009), S. 344.

26 *Hohmann-Dennhardt* FF 2011, 181, 184.

2. Die Organisation des EGMR

Der Gerichtshof ist unterteilt in vier Sektionen. Die Besetzung, welche für drei Jahre vorgesehen ist, soll geographisch und bezüglich der Repräsentation der Geschlechter ausgewogen sein. Ebenso müssen die verschiedenen Rechtssysteme der Mitgliedstaaten berücksichtigt werden. Den Vorsitz von je einer Sektion haben die beiden Vizepräsidenten des Gerichtshofs und zwei vom Gerichtshof gewählte Sektionspräsidenten inne. Für zwölf Monate werden innerhalb jeder Sektion Ausschüsse mit drei Richtern gebildet. Sie sind, wie zuvor die Kommission, zuständig für die Aussonderung von Fällen. Außerdem erfolgt innerhalb jeder Sektion die Einrichtung von Kammern mit sieben Mitgliedern. Dies geschieht auf der Grundlage des Rotationsprinzips. Der Sektionspräsident und der gewählte Richter des Mitgliedstaats, welcher als Partei beteiligt ist, müssen in jedem Fall der Kammer angehören. Schließlich gibt es die Große Kammer, welche aus siebzehn Richtern besteht. Von Amts wegen haben hier der Präsident des Gerichtshofs, die Vizepräsidenten und die Sektionspräsidenten den Vorsitz inne.[27]

Am Gerichtshof sind gemäß Art. 20 EMRK so viele Richter tätig, wie die Konvention über Vertragsparteien verfügt. Die Richter sind nicht als Vertreter der Mitgliedstaaten, sondern als unabhängige Mitglieder des Gerichtshofs zu sehen. Ein Richter des Gerichtshofes muss gemäß Art. 21 I EMRK ein hohes sittliches Ansehen genießen und entweder die für die Ausübung hoher richterlicher Ämter erforderlichen Voraussetzungen erfüllen oder ein Rechtsgelehrter von anerkanntem Ruf sein. Mit Inkrafttreten des 14. EMRK-Zusatzprotokolls[28] am 01.06.2010 beträgt die Amtszeit eines Richters neun Jahre. Die Richter werden von der Parlamentarischen Versammlung des Europarates aus einer von den jeweiligen Mitgliedsstaaten erstellten Liste aus drei Kandidaten gewählt. Durch die parlamentarische Wahl ist die demokratische Legitimation des einzelnen Richters und des EGMR insgesamt gegeben.[29] Seit dem 04.11.2011 ist der britische Richter Sir Nicolas Bratza Präsident des EGMR. Für Deutschland war bisher die Richterin Renate Jaeger vom 01.11.2004 bis zum 31.12.2010 am EGMR tätig. Infolge des Erreichens der Altersgrenze von 70 Jahren hat sie am 31.12.2010 den EGMR verlassen. Die Parlamentarische Versammlung des Europarates wählte am 22.06.2010 die 47jährige Prof. Dr. Dr. h.c. Angelika Nußberger als neue deutsche Richterin am EGMR.

27 www.coe.int/T/D/Menschenrechtsgerichtshof/geschichte.asp.; *Grabenwarter* (2009) § 8, Rn. 1 ff., S. 36 ff.

28 Text des EMRK-Zusatzprotokolls Nr. 14 in EuGRZ 2005, 279.

29 *Engel* EuGRZ 2010, 368, 368.

3. Das Verfahren der Individualbeschwerde

Die Individualbeschwerde nach Art. 41 Abs. 1 EMRK ermöglicht dem Einzelnen, auf internationaler Ebene Rechtsschutz im Falle von Verletzungen der Grund- und Menschenrechte durch einen Mitgliedsstaat des Europarates zu erlangen.[30] Dies geschieht gemäß Art. 41 I EMRK in Form einer Feststellung der erlittenen Verletzung. Die Urteile des EGMR haben keine kassatorische Wirkung. Gemäß Art. 46 I EMRK sind die Mitgliedstaaten jedoch verpflichtet, die Urteile zu beachten. Bezüglich der tatsächlichen Umsetzung des Urteils ist der EGMR auf die Freiwilligkeit der Mitgliedsstaaten angewiesen. In einigen Fällen kann es gemäß Art. 41 I EMRK zur Festsetzung einer Entschädigung kommen.

Wichtigste Zulässigkeitskriterien der Beschwerde sind gemäß Art. 35 I EMRK die Erschöpfung des innerstaatlichen Rechtsweges und die Einlegung der Beschwerde innerhalb einer Sechsmonatsfrist ab Kenntnisnahme des Urteils vom BVerfG.

Die Kammern entscheiden durch einen Mehrheitsbeschluss. Jeder der an der Prüfung des Falles beteiligten Richter ist berechtigt, dem Urteil des EGMR ein Sondervotum mit zustimmender oder abweichender Meinung hinzuzufügen. Innerhalb einer Dreimonatsfrist ist den Parteien die Beantragung einer Verweisung des Falles an die Große Kammer möglich. Dazu muss der Fall eine schwierige Frage der Auslegung oder Anwendung der Konvention oder eine schwerwiegende Frage allgemeiner Bedeutung aufweisen. Ein Ausschuss mit fünf Richtern der Großen Kammer entscheidet über diesen Antrag. Entscheidet die Große Kammer mit Mehrheitsbeschluss, ist das Urteil endgültig. Gleiches gilt, wenn nach der Kammerentscheidung die Dreimonatsfrist abgelaufen ist oder die Parteien erklären, sie hätten nicht die Absicht, eine Verweisung zu beantragen.

Vor dem EGMR sind aktuell mehr als 100.000 Beschwerden anhängig. Im Jahr 2009 wurden mehr als 35.000 Beschwerden entschieden. Ende 2009 waren dennoch 119 300 Beschwerden anhängig, ein Jahr später, Ende 2010 waren es fast 140 000. Mehr als 90% der Beschwerden werden als unzulässig zurückgewiesen, in den meisten Fällen wegen offensichtlicher Unbegründetheit. Durch das Inkrafttreten des 14. Zusatzprotokolls vom 12.05.2009 am 01.06.2010 soll der Arbeitsüberlastung des Gerichtshofs entgegengewirkt werden, indem die zügigere Bearbeitung offensichtlich unzulässiger sowie auch offensichtlich unbe-

---

30 www.coe.int/T/D/Menschenrechtsgerichtshof/geschichte.asp.; *Grabenwarter* (2009) § 9, Rn. 1 ff., S. 43 ff.; *Wittinger* NJW 2001, 1238, 1238 ff.; *Fahrenhorst* Jura 1987, 130, 135 ff.

gründeter „Trivial-Beschwerden“ ermöglicht wird („de minimis non curat praetor“).[31]

4. Die Besonderheiten der Rechtsprechung des EGMR

Um die Rechtsprechung des EGMR richtig interpretieren zu können, muss man sich zuvor mit einigen Besonderheiten dieser Rechtsprechung vertraut machen. Die Rechtsprechung des EGMR ist geprägt von einem Bemühen um Effektivität der Grundrechtsgarantien und einer evolutiven Konventionsauslegung, die sich an den wandelnden Umständen der Gesellschaft in Europa orientieren soll.[32] Um dies zu erreichen, weisen die Grundsätze zur Auslegung der EMRK neben den allgemein bekannten Auslegungsregeln, die sich nach Wortlaut, Historie, Systematik und Teleologie des Gesetzestextes richten, einige Besonderheiten auf.

a) Die Autonome Auslegung und Rechtsvergleichung

Im Rahmen der systematischen Auslegung ist auf den Sonderfall der „autonomen Auslegung“ hinzuweisen. Unbestimmte Rechtsbegriffe wie etwa „Privat- und Familienleben“ in Art. 8 I EMRK werden autonom ausgelegt. Das heißt, derartige Begriffe werden als Begriffe einer eigenständigen Konventionsordnung verstanden, die von den Rechtsordnungen der einzelnen Konventionsstaaten unabhängig ist. Die Begriffe haben daher eine eigene Tragweite für den Zweck der Konvention, völlig unabhängig vom Sinn, der ihnen in der jeweiligen nationalen Rechtsordnung zukommt. Ziel der EMRK ist die Schaffung angeglichener Mindeststandards des Grundrechtsschutzes in den Mitgliedstaaten. Die autonome Interpretation der Konventionsbegriffe ermöglicht die Erfüllung dieses Zwecks.[33] Trotzdem berücksichtigt der EGMR auch die Rechtsordnungen der Mitgliedstaaten. Dies geschieht im Wege der „rechtsvergleichenden Auslegung“, welche Gemeinsamkeiten und Unterschiede in Lehre, Meinung und Praxis der verschiedenen Rechtssysteme herausarbeitet. Je mehr Übereinstimmungen vorhanden sind, umso stärker ist der Anhaltspunkt für die Auslegung.[34]

31 *Meyer-Ladewig/Petzold* NJW 2011, 3126, 3126 ff.; *Schmaltz* DRiZ 2010, 120, 122; *Kohler/Pintens* FamRZ 2009, 1529, 1534; ausführlich zur Verfahrenslast auch *Keller* EuGRZ 2008, 359, 360.

32 *Weidmann* (1983), S. 80.

33 *Wildhaber/Breitenmoser* Art. 8 EMRK Rn. 21; *Grabenwarter* (2009) § 5 Rn. 9 ff., S. 32 f; *Fahrenhorst* (1994), S. 96.

34 *Wildhaber/Breitenmoser* Art. 8 EMRK Rn. 23; *Grabenwarter* (2009) § 5 Rn. 11, S. 33.

b) Die evolutive Auslegung

Neben der Schaffung einheitlicher Mindeststandards des Menschenrechtsschutzes verfolgt die EMRK auch das Ziel eines möglichst effektiven Menschenrechtsschutzes. Diesem Effektivitätsprinzip[35] dient der Sonderfall der teleologischen Auslegung, welcher als „evolutive Auslegung“ bezeichnet wird. Der EGMR hat mehrfach darauf hingewiesen, dass „ die EMRK als „living instrument“ im Lichte der in den demokratischen Gesellschaften der Vertragsstaaten heute vorherrschenden Bedingungen auszulegen ist“ [36]. Somit hat eine evolutiv-dynamische Auslegung stattzufinden, welche im Gegensatz steht zu einer statisch-historischen Auslegungsmethodik. Begriffe, die in der EMRK vorkommen, sind an den neuen sozialen Tatbeständen zu orientieren. Die flexible Auslegung verhindert die Versteinerung eines Begriffs. Dies umfasst allerdings keine Modifikation der Konventionsgarantien. Die Anpassung der Konvention an gewandelte gesellschaftliche Rahmenbedingungen führt zu einer rechtsschöpferischen Tätigkeit der Richter in Straßburg.[37] Diese rechtsschöpferische Tätigkeit sollte jedoch darum bemüht sein, einen angemessenen Ausgleich zwischen Effektivität der EMRK und Beachtung der verschiedenen nationalen Ordnungsvorstellungen zu schaffen. Die Ermittlung gemeinsamer Mindeststandards ist nicht gleichzusetzen mit einer detaillierten Übereinstimmung aller nationalen Rechtsordnungen. Erfolgt die Auslegung der Konvention allzu dynamisch, könnte dies zu einer Einschränkung der Souveränität der Mitgliedstaaten führen. Folge wäre eine schwindende Akzeptanz der Rechtsprechung des EGMR.[38] Die evolutive Auslegung muss im Einklang mit den sich wandelnden Wertvorstellungen der demokratischen Staaten Europas bleiben.[39] Aufgrund der evolutiven Auslegungspraxis des EGMR wird diesem eine bedeutsame Rolle bei der Konkretisierung und stetigen Fortentwicklung eines einheitlichen Familienrechts in Europa zugeschrieben.[40]

35 *Fahrenhorst* (1994), S. 36.

36 EGMR Fall Marckx Urt. v. 13.06.1979, Nr. 6833/74, EuGRZ 1979, 454, 457; EGMR Fall Tyrer Urt. v. 25.04.1978, Nr. 5856/72, EuGRZ 1979, 162, 164.

37 *Wildhaber/Breitenmoser* Art. 8 EMRK Rn. 17 f; *Grabenwarter* (2009) § 5 Rn. 12 ff., S. 34 f; *Matscher* in FS Mosler (1983), S. 545, 552.

38 *Papier* EuGRZ 2010, 368; *Bernhardt* in FS Zemanek (1994), S. 11, 23; *Hailbronner* in FS Mosler (1983), S. 359, 361.

39 *Bernhardt* in FS Mosler (1983), S. 75, 82.

40 *Rixe* FPR 2008, 222, 230.

c) Der Beurteilungsspielraum

Mit dem Ziel des effektiven Menschenrechtsschutzes und dem Grundsatz der nationalen Autonomie der Vertragsstaaten bezüglich der Ausgestaltung ihrer innerstaatlichen Rechtsordnungen stehen sich zwei Positionen in einem Spannungsverhältnis gegenüber. Um die europäische Kontrolle und die nationale Souveränität miteinander in Ausgleich zu bringen, hat der EGMR das Instrument des Beurteilungsspielraums der Mitgliedstaten entwickelt. Die Notwendigkeit dieses Spielraums ergibt sich aus dem subsidiären Charakter der europäischen Kontrolle. Der EGMR kann weder detaillierte Untersuchungen in den Staaten vornehmen, noch alle politischen und sozialen Bedingungen auf nationaler Ebene einschätzen. Nationale Behörden verfügen über mehr Sachnähe und Vertrautheit mit den Umständen des Einzelfalles. Dies führt zu einer differenzierteren Bewertung des konkreten Falles und den nötigen Maßnahmen. Dem EGMR bleibt die Kontrolle, ob die Grenzen der Anforderungen der EMRK eingehalten wurden.[41]

Das Subsidiaritätsverständnis der Rechtsprechung des EGMR bedeutet allerdings nicht, dass nationale Grund- und internationale Menschenrechtsstandards sowie nationale und internationale Kultur- und Wertemodelle voneinander abgegrenzt oder zweigeteilt werden können.[42]

Der Umfang des Beurteilungsspielraums ist für jeden Einzelfall neu zu bestimmen. Das Verhältnismäßigkeitsprinzip korrigiert und begrenzt den Spielraum. Der Spielraum wird in Fällen, in denen Kernbereiche der Konventionsgarantien betroffen sind oder ein Konsens zwischen den nationalen Rechtsordnungen besteht, stärker eingeschränkt.[43]

Nachteilig wirkt sich der Spielraum für den Schutzsuchenden aus. Seine Position erleidet eine Schwächung, wenn der Spielraum großzügig ausgestaltet wird sowie dadurch, dass der EGMR keine eigene inhaltliche Verhältnismäßigkeitsabwägung der betroffenen Interessen vornimmt. Er prüft lediglich, ob eine solche Abwägung durch die nationalen Gerichte in nachvollziehbarer Weise durchgeführt wurde.[44]

Die Einräumung eines Beurteilungsspielraums und die damit einhergehenden Beschränkung des EGMR auf eine Rahmenkontrolle beinhalten aber auch Vor-

---

41 EGMR Fall Handyside Urt. v. 07.12.1976, Nr. 5493/72, EuGRZ 1977, 38, 41; *Wildhaber* EuGRZ 2002, 569, 570; *Callies* EuGRZ 1996, 293, 294; *Bernhardt* in FS Mosler (1983), S. 75, 78, 81 f.; *Hailbronner* in FS Mosler (1983), S. 359, 381; *Wildhaber/Breitenmoser* Art. 8 EMRK Rn. 663 ff.;

42 *Wiater* (2009), S. 364.

43 *Callies* EuGRZ 1996, 293, 294.

44 *Scheyli* EuGRZ 2003, 455, 459; *Callies* EuGRZ 1996, 293, 295.

teile. Die Einräumung des Beurteilungsspielraums ermöglicht eine Rücksichtnahme auf unterschiedliche nationale Rechtstraditionen und fördert so die Akzeptanz der Rechtsprechung des EGMR. So können einerseits die staatliche Identität, gesellschaftliche Strukturen, Traditionen und nationale Verschiedenheiten bewahrt und andererseits die Schaffung gemeinsamer Mindeststandards zum Schutze der Bürger erreicht werden.[45] Der EGMR sollte nicht Rechtsangleichung betreiben, sondern Beurteilungsspielräume und Einschätzungsprärogativen des nationalen Gesetzgebers respektieren und beachten. Die Beseitigung und Vermeidung von Völkerrechtsverletzungen wird zwar häufig leichter zu erreichen sein, wenn innerstaatliches Recht mit der Konvention harmonisiert wird. Völkerrechtlich obliegt es jedoch den Mitgliedsstaaten, in welcher Weise sie ihre Pflicht zur Beachtung der EMRK nachkommen.[46]

d) Die Struktur der Urteile der EGMR

Die Urteile des EGMR weisen stets ein sich kontinuierlich wiederholendes Schema auf.[47] Nach einer ausführlichen Darstellung des Sachverhalts („as to the fact") folgt im ersten Abschnitt des Urteils die Schilderung von Ablauf und Ausgang der eingeleiteten nationalen Verfahren unter Nennung der einschlägigen nationalen Rechtsnormen. Der zweite Abschnitt des Urteils behandelt die Frage der geltend gemachten Konventionsverletzung. Jede möglicherweise verletzte Garantie der Konvention wird einzeln betrachtet. Der Gerichtshof stellt hierbei vergleichend die Argumentation der betroffenen Parteien, der Kommission und seine eigene Rechtsauffassung dar. Ferner nimmt er eine Bewertung der Fakten vor. Diese Bewertung erfolgt auch anhand der früheren Rechtsprechung des Gerichtshofs, so dass neue Urteile des EGMR mit der Entwicklung der früheren Rechtsprechung verbunden werden. Dies führt zu einer Verfestigung des Konventionsrechts. In vielen Fällen erfolgt im Fall einer festgestellten Konventionsverletzung unmittelbar im Anschluss eine Entscheidung über die Gewährung einer gerechten Entschädigung für die verletzte Partei nach § 41 EMRK. Am Ende des Urteils findet sich eine komprimierte Fassung der Feststellung über das Bestehen einer Konventionsverletzung, die mit einer Urteilsformel vergleichbar ist.

Die Entscheidungsfindung des EGMR wird als wahlweise diskursiv, intersubjektiv oder autoritativ, deskriptiv oder präskriptiv umschrieben.[48] Diskursiv, weil sich der EGMR mit dem Zustandekommen der nationalen staatlichen Rechts-

---

45 *Callies* EuGRZ 1996, 293, 294; *Bernhardt* in FS Mosler (1983), S. 75, 87f; *Hailbronner* in FS Mosler (1983), S. 359, 383.

46 BVerfG EuGRZ 2011, 297, 309; *Hohmann-Dennhardt* FF 2011, 181, 184.

47 *Haß* (2006), S. 58 ff.

48 *Wiater* (2009), S. 346.

findung auseinandersetze. Intersubjektiv, weil der EGMR den Rechts- und Sachvortrag der Parteien zum Bewertungsgegenstand macht. Deskriptiv, weil der EGMR seine Wertungen oftmals aus einer durch die Rechtsvergleichung gewonnene Zusammenschau der Wertungen gewinnt. Präskriptiv und zugleich autoritativ, weil die Grundpfeiler der Konvention zum normativen Maßstab erklärt werden, an dem sich Individuum, Gesellschaft und staatliche Autoritäten bei der Durchsetzung ihrer widerstreitenden Interessen auszurichten haben.

e) Das Sondervotum

Eine Besonderheit, die auch in Deutschland durch die Rechtsprechung des BVerfG bekannt ist, bildet das Sondervotum. Gemäß Art. 51 Abs. 2 EMRK ist die Beifügung von abweichenden Meinungen auch zu einem Urteil des EGMR möglich. Die Tatsache, dass nicht alle Mitglieder des Gerichts mit der Entscheidung einverstanden sind und andere Interpretationsmöglichkeiten denkbar sind, kann die Autorität einer Entscheidung schwächen.[49] Ein grundsätzlicher Autoritätsverlust der Rechtsprechung des EGMR durch die Veröffentlichung von Sondervoten ist jedoch nicht zu erkennen. Letztlich ist entscheidend, wie viele Richter die Mehrheit bilden, welche hinter der Entscheidung steht und wie konsensfähig die Entscheidung selbst in den verschiedenen nationalen Rechtsordnungen ist.[50] Daher sollte der Einfluss von Sondervoten auf die Überzeugungskraft der Rechtsprechung des EGMR nicht überbewertet werden. Ein Sondervotum kann allerdings auch Schwächen eines Urteils ans Licht bringen. Dies wird im Einzelfall näher zu betrachten sein.

5. Das Verhältnis zwischen EGMR und BVerfG

Die Aufgaben des BVerfG bestehen darin, zu prüfen, ob Maßnahmen der öffentlichen Gewalt mit dem Grundgesetz vereinbar sind, sowie darin, staatsrechtliche Fragen zu klären. Das BVerfG sichert die Grundrechtsverwirklichung und übt eine Integrationsfunktion aus, die den Zusammenhalt der Gesellschaft fördert. Infolge der immer stärker werdenden europäischen Ausrichtung tritt zur Aufgabe der nationalen Integration auch eine Integration europäischer Einflüsse hinzu. Gleichzeitig gewinnt der EGMR durch den erheblich vereinfachten Zugang zum Gerichtshof und aufgrund seiner steigenden Rechtsprechungsaktivität an Bedeutung. Denkbar ist, dass dies zu einem Kompetenz- und Bedeutungsverlust des

---

49 *Ritterspach* in FS Zeidler (1987), S. 1379, 1386; *Ress* in FS Mosler (1983), S. 719, 733.

50 *Uerpmann* (1993), S. 222 f.

BVerfG führen könnte. Das steigende Ausmaß der Rechtsprechungstätigkeit des EGMR könnte faktisch mit einer Einschränkung des Spielraums des BVerfG bei der Auslegung von Grundrechten einhergehen. Eine Individualbeschwerde in Straßburg ist erst zulässig, wenn der innerstaatliche Rechtsweg einschließlich Verfassungsbeschwerde erschöpft ist. Man könnte meinen, der EGMR sitze „am längeren Hebel".[51] Faktisch wird daher inzwischen nicht Karlsruhe, sondern Straßburg als „Endstation" in familienrechtlichen Streitigkeiten gesehen.[52]

Trotz allem soll ein Kompetenz- oder Bedeutungsverlustverlust des BVerfG nicht zu befürchten sein.[53] Aufgrund des Erfordernisses der Erschöpfung des innerstaatlichen Rechtsweges ist mit Zuständigkeitskonflikten nicht zu rechnen. Kommt es doch zu Divergenzen oder Kollisionen in der Rechtsprechung, so ist zu beachten, dass die Urteile des EGMR keine kassatorische Wirkung besitzen und die EMRK teilweise sogar ein geringeres Schutzniveau gewähren als das deutsche Grundgesetz. Die EMRK bildet keine Konkurrenzverfassung zum Grundgesetz. Es wird davon ausgegangen, dass trotz eines internationalen und supranationalen Grundrechtsschutzes die Gerichte der Mitgliedsstaaten die wichtigsten Hüter der Grundrechte in ihrem Jurisdiktionsbereich bleiben werden. Auch seine Integrationsfunktion wird das BVerfG nicht einbüßen, denn als menschenrechtlicher Mindeststandard ist die EMRK ihrem Status und ihrer Funktion nach noch keine Verfassungsurkunde. Aufgaben des BVerfG werden darin gesehen, die Offenheit und Integrationsbereitschaft des Grundgesetzes zu wahren und Hilfe bei der Einhaltung und Durchsetzung des Völkerrechts zu leisten. Die staatsübergreifende Zusammenarbeit mit allen europäischen Verfassungsgerichtshöfen zur Entwicklung eines europaweiten Grundrechtsstandards wird sowohl vom ehemaligen als auch vom derzeitigen Präsidenten des BVerfG als Zukunftsaufgabe verstanden.[54] Fast schon auffällig wird – jedenfalls auf Seiten des BVerfG – immer wieder die Aufgabe der Gerichtshöfe, gemeinsam zu einer Harmonisierung des europäischen Menschen- und Grundrechtsschutzes zusammenzuwirken, und die Bereitschaft zu einem Rechtsdialog und zu einem Aufeinanderzugehen betont.[55]

Eines ist außerdem festzustellen: Die Verfassungsbeschwerde bildete lange Zeit einen wirksamen Filter für den EGMR. Infolge der Zunahme von un- und

51 *Nickel* JZ 2001, 625, 626.

52 *Groh* FPR 2009, 153, 155; *Der Spiegel* betitelte in einem Artikel der Ausgabe 42/2010, S. 58 ff. den EGMR als „Die Superinstanz".

53 *Papier* EuGRZ 2010, 368; *Heckötter* (2007), S. 287 ff.; *Nickel* JZ 2001, 625, 627; *Limbach* EuGRZ 2000, 417, 418.

54 *Papier* EuGRZ 2010, 368; *Voßkuhle* NVwZ 2010, 1, 4, 8.

55 *Hohmann-Dennhardt* FF 2011, 181, 182; BVerfG EuGRZ 2011, 297, 309: „internationaler und europäischer Dialog der Gerichte".

kaum begründeten Nichtannahmeentscheidungen verliert das BVerfG seine Filterfunktion und es wachsen die Erfolgsaussichten einer EGMR-Beschwerde.[56] Vor dem Hintergrund der zunehmenden starken Arbeitsbelastung des EGMR wird mehr Kooperation der beiden Gerichte gefordert.[57]

6. Zusammenfassung

Die Rechtsprechung des EGMR weist einige Besonderheiten auf. Um eine gewisse Autorität der Rechtsprechung des EGMR zu erhalten, ist es nötig, die evolutive Auslegung im Rahmen eines gewissen internationalen Konsenses zu halten. Auch ist den nationalen Staaten aufgrund der größeren Sachnähe zum Einzelfall ein Beurteilungsspielraum bei der Bewertung des Einzelfalls und der Auswahl der nötigen Maßnahmen einzuräumen. Die Anerkennung nationaler Unterschiede erhöht die Akzeptanz der Rechtsprechung des EGMR bei den nationalen Gerichten. Weitere Autoritätsfaktoren sind in der breiten internationalen Zusammensetzung des Gerichtshofs, einer gewissen Kontinuität und Qualität der Rechtsprechung, sowie der Bekanntheit und Überschaubarkeit der Entscheidungen zu sehen.

EGMR und BVerfG stehen nicht in einem Konkurrenzverhältnis zueinander, sondern kooperieren vielmehr mit dem Ziel eines wirksamen Grundrechtsschutzes für alle Bürger. Für das Familienrecht bedeutet dies, dass von der EMRK und der Rechtsprechung des EGMR eine Orientierungswirkung ausgeht, zu deren Beachtung deutsche Gerichte verpflichtet sind. Einige Vorgaben sollten jedoch vor einer Übernahme in das eigene Recht und die eigene Rechtsprechung genauer betrachtet werden.

II. Die Bindung deutscher Familiengerichte an die Entscheidungen des EGMR

Mit Beschluss vom 14.10.2004 traf das Bundesverfassungsgericht[58] grundlegende Feststellungen hinsichtlich der Verpflichtung deutscher Gerichte, sich mit

56 *Rudolf/Raumer* AnwBl 2009, 313, 317.

57 *Heckötter* (2007), S. 297 f.; *Jaeger* EuGRZ 2005, 193, 194, 200; *Nickel* JZ 2001, 625, 632; *Limbach* EuGRZ 2000, 417, 418.

58 „Görgülü-Beschluss" des BVerfG vom 14.10.2004, Az. 2 BvR 1481/04, FamRZ 2004, 1857 ff.; erneut bekräftigt BVefG FamRZ 2009, 291, 293; ausführliche Analyse der Aussagen des BVerfG in seiner Entscheidung vom 14.10.2004 zur Bindungswirkung der Urteile des EGMR in *Heckötter* (2007), S. 184 ff.

Urteilen des EGMR bei der Entscheidungsfindung auseinanderzusetzen, sowie hinsichtlich der innerstaatlichen Bindungswirkung der Urteile aus Straßburg. Seine Rechtsprechungsgrundsätze zur Bindungswirkung der Rechtsprechung des EGMR hat das BVerfG aktuell bestätigt und konkretisiert im Rahmen seines Urteils zur Sicherungsverwahrung vom 04.05.2011.[59]

Die EMRK steht in der Normenhierarchie innerhalb Deutschlands im Range eines förmlichen Bundesgesetzes und kann daher keinen verfassungsrechtlichen Prüfungsmaßstab bilden. Auch kann ein Beschwerdeführer vor dem BVerfG nicht unmittelbar die Verletzung eines in der EMRK enthaltenen Menschenrechts mithilfe einer Verfassungsbeschwerde geltend machen. Die EMRK kann jedoch die Auslegung der Grundrechte und der rechtstaatlichen Grundsätze des GG beeinflussen. Dies soll aus der Völkerrechtsfreundlichkeit der deutschen Verfassung und dem daraus abgeleiteten Grundsatz der völkerrechtskonformen Auslegung folgen (Art. 1 II GG). Damit stellt die Konvention und die Rechtsprechung des EGMR auf der Ebene des Verfassungsrechts eine „Auslegungshilfe“ für die Bestimmung von Inhalt und Reichweite der Grundrechte und der rechtsstaatlichen Grundsätze dar und ist von allen staatlichen Organen zu berücksichtigen („faktische Orientierungs- und Leitbildfunktion“).[60] Die Heranziehung der EMRK als Auslegungshilfe ist ergebnisorientiert. Sie zielt nicht auf eine schematische Parallelisierung einzelner verfassungsrechtlicher Begriffe, sondern dient der Vermeidung von Völkerrechtsverletzungen. Eine unreflektierte Adaption völkerrechtlicher, insbesondere autonom gebildeter Begriffe der EMRK verbietet sich.[61] Soweit es mittels Auslegungs- und Abwägungsspielräumen möglich ist, sind die deutschen Gerichte verpflichtet, die konventionsgemäße Auslegung vorrangig zu behandeln. Sie muss zur Kenntnis genommen und auf den Fall angewendet werden, wenn sie nicht gegen deutsches Verfassungsrecht verstößt. Zumindest ist eine Einbeziehung in die Entscheidungsfindung notwendig.[62] Die konventionskonforme Auslegung muss methodsich vertretbar und mit den Vorgaben des GG vereinbar sein. Die völkerrechtskonforme Auslegung und die damit einhergehende Berücksichtigungspflicht soll ihre Grenzen in Fällen finden, in denen es durch die Anwendung der EMRK und der Grundsätze der Rechtsprechung des EGMR zu einer, von der Konvention nicht gewollten Einschrän-

59 Urteil des BVerfG vom 04.05.2011, Az. 2365/09, EuGRZ 2011, 297 ff.

60 BVerfG EuGRZ 2011, 297, 309; BVefG FamRZ 2004, 1857, 1859; so auch schon BVerfG EuGRZ 1987, 203 ff.; vgl. *Ress* EuGRZ 1996, 350, 353; als Beispiel für die Heranziehung des Art. 8 EMRK zur Auslegung der Verfassung des Bundeslandes Brandenburg vgl. Beschluss des VerfG Brandenburg vom 15.07.2011, Az. 22/11, 1/11 EA, FamRZ 2011, 1874 f.

61 BVerfG EuGRZ 2011, 297, 309 f.

62 BVerfG FamRZ 2004, 1857, 1862.

kung des Grundrechtsschutzes nach dem GG kommen würde. In derartigen Fällen kann die EMRK nicht als Auslegungshilfe dienen.

Mit dieser Einschränkung betont das BVerfG die Souveränität der deutschen Verfassung. Im Falle eines drohenden Verstoßes gegen tragende Grundsätze der Verfassung soll es nicht dem Ziel der Völkerrechtsfreundlichkeit widersprechen, wenn ausnahmsweise Völkervertragsrecht nicht beachtet wird.[63] Folgt eine Behörde oder ein Gericht der Auffassung des EGMR bei der innerstaatlichen Rechtsanwendung nicht, kann die Behörde oder das Gericht dies aber in einer der Kontrolle des Bundesverfassungsgerichts standhaltenden Form nachvollziehbar begründen, so ist eine, einem Urteil des EGMR entgegengesetzte innerstaatliche Entscheidung denkbar.[64] Fälle, in denen die Beachtung einer Entscheidung des EGMR den Wesensgehalt eines kollidierenden Grundrechts verletzen würde, dürften in der Praxis nur selten vorkommen. Denn das BVerfG ist in der Sache grundsätzlich darum bemüht, Widersprüche zwischen seiner Rechtsprechung und derjenigen des EGMR nicht dauerhaft bestehen zu lassen.[65]

Die Verletzung eines von der EMRK gewährleisteten Menschenrechts kann mittelbar mit der Verfassungsbeschwerde gerügt werden. Eine solche Verfassungsbeschwerde ist auf eine Verletzung des Rechtsstaatsprinzips gemäß Art. 20 III GG in Verbindung mit dem jeweils „verwandten“ Grundrecht des Grundgesetzes zu stützen. Diese Möglichkeit entspricht der „Schaffung eines neuen Grundrechts“.[66]

Für die deutschen Familiengerichte folgt daraus, dass sie eine generelle Berücksichtigungspflicht der Urteile des EGMR trifft. Wird diese versäumt, hat der Betroffene die Möglichkeit der verfassungsrechtlichen Überprüfung der Fachgerichtsentscheidung im Wege der Verfassungsbeschwerde. Die Richter an den Familiengerichten müssen sich Kenntnis von der Rechtsprechung des EGMR verschaffen und sich mit dieser Rechtsprechung auseinandersetzen. Im Wege einer einzelfallbezogenen, gründlichen und verständlichen Argumentation ist ein Abweichen von der Rechtsprechung des EGMR theoretisch immer möglich. Oberstes Ziel bleibt jedoch die völkerrechtsfreundliche Auslegung des betroffenen Grundrechts. Je fundierter und einsichtiger die Begründungen der Urteile der deutschen Familiengerichte sind, desto geringer sollte die Gefahr sein, von den Straßburger Richtern hinsichtlich einer Verletzung der Menschenrechte verurteilt zu werden.

---

63 BVerfG EuGRZ 2011, 297, 309 f.; BVerfG FamRZ 2004, 1857, 1859.

64 *Haß* (2006), S. 133.

65 *Groh* FPR 2009, 153, 155.

66 BVerfG FamRZ 2004, 1857, 1861 f.; *Groh* FPR 2009, 153, 154; *Papier* EuGRZ 2006, 1, 2; *Breuer* NVwZ 2005, 412, 412; *Meyer-Ladewig/Petzold* NJW 2005, 15, 19 f.; *Klein* JZ 2004, 1176, 1178.

III. Die Besonderheit der mehrpoligen Rechtsverhältnisse

Das BVerfG[67] warnt in den vorgenannten Grundsatzentscheidungen vor einer schematischen Anwendung von EGMR-Entscheidungen auf Privatrechtsverhältnisse im deutschen Recht. Im Privatrecht handele es sich um mehrpolige Rechtsverhältnisse[68], bei deren Ausgestaltung es auf eine sensible Abwägung zwischen verschiedenen subjektiven Rechtspositionen ankomme. Die nationalen Gerichte dürften nicht übersehen, dass das Individualbeschwerdeverfahren vor dem EGMR, insbesondere im Falle zivilrechtlicher Ausgangsverfahren, die beteiligten Rechtspositionen und Interessen möglicherweise nicht vollständig abbilde. Verfahrensbeteiligt vor dem Gerichtshof sei neben dem Beschwerdeführer nur die betreffende Vertragspartei.

Eine schematische Anwendung eines für den Beschwerdeführer günstigen Urteilsspruchs des EGMR auf das Privatrechtsverhältnis könne zu verfassungsrechtlichen Problemen führen, wenn der „unterlegene" und möglicherweise nicht im Verfahren vor dem Gerichtshof beteiligte Grundrechtsträger gar nicht mehr als Verfahrenssubjekt wirksam in Erscheinung treten könne. Dieses „unterlegene" Rechtssubjekt kann in kindschaftsrechtlichen Verfahren insbesondere das betroffene Kind sein.

Der strukturelle Vergleich mit dem deutschen Recht zeigt, dass die Verfassungsbeschwerde vor dem BVerfG gar keinen Antragsgegner kennt. Auch im deutschen Recht wird derjenige, der dem Beschwerdeführer in einem Zivilrechtsstreit als Prozessgegner gegenüberstand, nicht zum Verfahrensbeteiligten, wenn eine Grundrechtsverletzung durch Zivilurteil gerügt wird. Das BVerfG trifft jedoch die Verpflichtung, nach § 94 Abs. 3 BVerfGG den (begünstigten) Prozessgegner des Ausgangsverfahrens anzuhören.[69] Hierin wird ein Vorteil des Verfahrens vor dem BVerfG gegenüber dem EGMR für die Überprüfung einer angemessenen Interessenabwägung in mehrpoligen Grundrechtsverhältnissen gesehen. Es wird betont,[70] dass das BVerfG gerade in Bezug auf betroffene Kinder stets besonderen Wert auf dessen sachgerechte Interessenvertretung legt. Die Zweiseitigkeit des Beschwerdeverfahrens vor dem EGMR berge die Gefahr, dass nicht alle für die richterliche Beurteilung erforderlichen Aspekte berücksichtigt

67 BVerfG 2011, 297, 309 f.; BVerfG FamRZ 2004, 1857, 1861 f.; vgl. auch *Papier* EuGRZ 2006, 1, 6.

68 Zum Umgang mit mehrpoligen Rechtsverhältnissen *Callies* JZ 2006, 321, 329 f. Eine mehrpolige praktische Konkordanz muss auf die wechselseitige Optimierung aller beteiligten Rechtsgüter des mehrpoligen Verfassungsverhältnisses ausgerichtet sein. Dabei müssen allen Rechtsgütern Grenzen gezogen werden, damit sie zur optimalen Wirksamkeit gelangen können.

69 *Cremer* EuGRZ 2004, 683, 695 f.

70 *Schorn* (2010), S. 133 f.; so auch *Papier* EuGRZ 2006, 1, 6.

würden, namentlich alle Interessen der von der Entscheidung betroffenen Rechtssubjekte. Eine Verfahrensbeteiligung des betroffenen Kindes – etwa wie im deutschen Recht in Form eines unabhängigen Verfahrensbeistandes, der nur die Interessen des Kindes vertritt –, kennt der EGMR nicht. Dies wird von Richtern des EGMR selbst kritisiert.[71]

Andere weisen den Vorwurf einer nur ausschnittsweisen Wahrnehmung komplexer Grundrechtsverhältnisse durch den EGMR zurück.[72] Die Kritik an der Bipolarität des Beschwerdeverfahrens sei in seiner Pauschalität nicht gerechtfertigt, da der EGMR im Rahmen der vorzunehmenden Interessenabwägung immer auch die Kindesinteressen betone. Es wird außerdem auf eine prozessuale Fürsorgepflicht des beklagten Staates, auf die Anhörung der vor dem EGMR nicht beteiligten Partei hinzuwirken oder deren Stellungnahme in seinen eigenen Sachvortrag mit aufzunehmen, verwiesen.

Der Empfehlung des BVerfG an die nationalen Gerichte, Urteile des EGMR nicht schematisch zu übernehmen, ist jedenfalls zuzustimmen. Für die folgende Untersuchung der neueren Rechtsprechung des EGMR ist dies ebenso zu berücksichtigen, wie die Besonderheit der Drittwirkung von kindschaftsrechtlichen Streitverhältnissen.

IV. Für das Familienrecht einschlägige EMRK-Normen in der bisherigen Rechtsprechung des EGMR

1. Der Schutzbereich des Art. 8 I EMRK

a) Allgemein

Art. 8 EMRK gibt jeder Person das „Recht auf Achtung ihres Privat- und Familienlebens, ihrer Wohnung und ihrer Korrespondenz". Die Überprüfung einer Verletzung des Art. 8 EMRK erfolgt ähnlich wie bei einem deutschen Grundrecht. Es ist zu prüfen, ob der Schutzbereich eröffnet ist, bestimmte Eingriffe in diesen vorliegen und ob diese Eingriffe gerechtfertigt sind. Der Schutzbereich des Art. 8 I EMRK umfasst die vier Schutzbereiche „Privatleben", „Familienleben", „Wohnung" und „Korrespondenz". Die Schutzbereiche können sich teilweise überlagern. Die vorliegende Untersuchung konzentriert sich auf das Privatleben und insbesondere auf das Familienleben. Die Ausgestaltung und Kon-

---

71 EGMR Fall Kroon Urt. v. 27.10.1994, Nr. 29/1993/424/503, FamRZ 2003, 813, 815.

72 *Cremer* EuGRZ 2004, 683, 695 f.

kretisierung des Schutzbereiches ergeben sich aus der Rechtsprechung des EGMR. Sie erfolgen daher kasuistisch.

Unter „Privatleben“ wird eine geschützte Sphäre verstanden, in der es einer Person möglich ist, ein Leben nach ihrer Wahl zu leben und ihre Persönlichkeit zu entfalten, sowie Beziehungen zu anderen Menschen aufzunehmen. In diesen Schutzbereich fallen der Name, die geschlechtliche Ausrichtung, das Sexualleben, die Identifizierung mit dem Geschlecht, die körperliche Integrität und die geistige Gesundheit.[73] Die Gewährleistungsinhalte des Art. 8 I EMRK bezüglich des Privatlebens sind demnach im Selbstbestimmungsrecht über den eigenen Körper, dem Schutz der Privatsphäre und der freien Gestaltung der persönlichen Lebensführung zu sehen.[74] In Fällen von Überschneidungen mit dem Schutzbereich „Familienleben“ greift ein kombinierter Schutzbereich des Privat- und Familienlebens ein.[75]

Das Hauptaugenmerk dieser Arbeit liegt auf dem Schutz des Familienlebens. Zunächst wird erörtert, was den konventionsrechtlichen Familienbegriff ausmacht. Anschließend wird der Schutzbereich des Familienlebens konkretisiert.

b) Konventionsrechtlicher Familienbegriff

Voraussetzung für die Eröffnung des Schutzbereichs ist das Bestehen einer Familie.[76] Der Begriff „Familienleben“ ist ein autonomer Begriff, der unabhängig vom innerstaatlichen Recht der Mitgliedstaaten auszulegen ist. Familiäres Zusammenleben beinhaltet verschiedene Faktoren wie gegenseitige Liebe und Empfindungen, das Alter der betroffenen Personen, persönliche und soziale Verpflichtungen, Verantwortungsgefühl, wirtschaftliche Zwänge und gesellschaftliche Vorstellungen. Inbegriff einer intimen, emotionellen Verbindung gelebter und gewachsener Beziehungen unter Menschen ist die Kleinfamilie. Die Konventionsorgane unterscheiden verschieden intensive familiäre Kreise. Der innerste Kreis ist in der Kleinfamilie zu sehen. Dies ist nicht nur die „legitime“ oder „eheliche“ Familie, sondern auch die Beziehung von Eltern zu ihren nichtehelichen Kindern. Auch unter den Begriff Familienleben fällt die erweiterte Familie, die alle miteinbezieht, welche mittels Blutsverwandtschaft, Eheschließung oder Adoption mit der Familie verbunden sind. Familienleben wird hier nicht nur von der rechtlichen Position aus bewertet, sondern nach dem tatsächlichen Zusammenleben. Ob eine familiäre Beziehung im Sinne des Art. 8 I EMRK vorliegt,

73 *Frowein/Peukert* Art. 8 EMRK Rn. 3 ff.; *Meyer-Ladewig* Art. 8 EMRK Rn. 3.

74 *Grabenwarter* (2009) § 22, Rn. 7 ff., S. 199 ff.

75 *Wildhaber/Breitenmoser* Art. 8 EMRK Rn. 162-181, 338; *Fahrenhorst* (1994), S. 99 ff.

76 EGMR Fall Marckx Urt. v. 13.06.1979, Nr. 6833/74, EuGRZ 1979, 454, 455.

beurteilt der Gerichtshof anhand tatsächlicher Anhaltspunkte. Dies können das gemeinsame Wohnen, Art und Länge der Beziehung oder das Interesse und die Bindung der Partner untereinander durch gemeinsame Kinder oder andere Umstände sein.[77]

Nachdem zunächst geprüft wurde, ob die erforderliche Intensität und Enge der Beziehungen vorliegen, wird in einem zweiten Schritt geprüft, ob die zu beurteilende Beziehung familiäre Strukturen aufweist und damit ein „close link" vorliegt. Diese zusätzliche Voraussetzung ist zur Abgrenzung des Familienlebens vom bloßen Privatleben nötig. Demnach erfolgt die Prüfung zweistufig.[78] Der „close link" fungiert als Filter oder Begrenzung bezüglich der Anspruchsberechtigung. Die Anforderungen, welche an die Intensität der Beziehung gestellt werden, variieren nach Art der Personenverbindung. Je enger der Verwandtschaftsgrad ist, desto weniger hoch sind die Anforderungen an die Intensität der Beziehung.[79]

c) Verheiratete Eltern und Kinder

Die Ehe stellt Familienleben im Sinne des Art. 8 I EMRK dar. Nicht geschützt sind Scheinehen oder die bloße Verlobung.[80] Alle Beziehungen, die aus einer rechtmäßig geschlossenen Ehe hervorgehen, sind unter Familienleben zu subsumieren, selbst wenn sie nur beabsichtigt sind.[81] Kinder, die aus einer rechtmäßigen Ehe hervorgehen, stellen demnach „ipso jure" einen Teil des Familienlebens dar. Die Eltern brauchen dazu zum Zeitpunkt der Geburt nicht mehr zusammenzuleben oder eine Beziehung zu führen.[82] Ebenso ist gleichgültig, ob die Kinder ehelich oder nichtehelich, die Eltern noch nicht verheiratet oder schon geschieden sind.[83] Zwischen den Eltern endet das Familienleben mit der Scheidung. Im Verhältnis zu den Kindern bleibt es bestehen.[84] Im Falle erwachsener Kinder ist ein Familienleben ebenfalls anzunehmen. Allerdings muss neben den rechtlichen Beziehungen eine faktische Familieneinheit bestehen. Diese muss zusätzliche

---

77 *Wildhaber/Breitenmoser* Art. 8 EMRK Rn. 340 ff; *Grabenwarter* § 22 Rn. 16, S. 204; *Wittinger* (1999), S. 33 ff.

78 *Palm-Risse* (1990), S. 213.

79 *Palm-Risse* (1990), S. 271.

80 *Wildhaber/Breitenmoser* Art. 8 EMRK Rn. 349 f.

81 EGMR Fall Abdulaziz Urt. v. 28.05.1985, Nr. 15/1983/71/107-109, EuGRZ 1985, 567, 569; *Fahrenhorst* (1994), S. 106 ff.

82 EGMR Fall Keegan Urt. v. 26.05.1994, Nr. 16/1993/411/490, FamRZ 1995, 110, 111; EGMR Fall Berrehab Urt. v. 21.06.1988, Nr. 3/1987/126/177, EuGRZ 1993, 547,549.

83 *Wildhaber/Breitenmoser* Art. 8 EMRK Rn. 352.

84 *Grabenwarter* (2009)§ 22 Rn. 17 f., S. 205 f.

Elemente einer Abhängigkeit enthalten, die über eine normale, gefühlsmäßige Bindung hinausgehen.[85]

d) Eltern und nichteheliche Kinder

Im Fall Marckx erging die Grundsatzentscheidung über die Unterscheidung zwischen ehelicher und nichtehelicher Familie. Der EGMR entschied, dass der Staat verpflichtet ist, auch Müttern unehelicher Kinder die Führung eines normalen Familienlebens zu ermöglichen.[86] Dieses Urteil wurde durch den Fall Johnston bestätigt. Der EGMR forderte, dass nichteheliche Kinder in eine rechtlich und sozial eine dem ehelichen Kind vergleichbare Lage gebracht werden müssten. Außerdem müsse auch im Verhältnis zum Vater ein Familienleben ermöglicht werden.[87] Demnach fällt auch das Verhältnis zwischen einem Vater und seinem nichtehelichen Kind in den Schutzbereich. Dies soll auch gelten, wenn das Verhältnis zwischen Vater und Mutter nicht bzw. nicht mehr als Familienleben bewertet werden kann oder der Vater nicht mit seinem Kind zusammenlebt.[88] Die Basis für das Bestehen des Familienlebens zwischen dem Vater und seinem nichtehelichen Kind bildet die frühere Beziehung zwischen ihm und der Mutter des Kindes. Allerdings müssen neben der Blutsverwandtschaft zusätzlich tatsächliche Umstände – wie eine realistische Beziehung oder regelmäßige Kontakte zum Kind – bestehen, um ein Familienleben zu begründen.[89] Ein solches Indiz kann auch die rechtliche Anerkennung der Vaterschaft liefern.[90]

e) Adoptivfamilien

Beziehungen zwischen Adoptiveltern und Adoptivkindern fallen ebenfalls unter den Begriff Familienleben. Mit der rechtmäßigen Adoption geht eine Beendigung des Familienlebens zwischen dem Kind und seinen ursprünglichen Eltern einher.[91] Im Fall Keegan entschied der EGMR, dass zur Adoptionsfreigabe eines nichtehelichen Kindes das Einverständnis des leiblichen Vaters nötig ist.[92]

---

85 *Wildhaber/Breitenmoser* Art. 8 EMRK Rn. 353.

86 EGMR Fall Marckx Urt. v. 13.06.1979, Nr. 6833/74, EuGRZ 1979, 454, 455.

87 EGMR Fall Johnston Urt. 18.12.1986, Nr. 6/1985/92/139, EuGRZ 1987, 313, 319,

88 EGMR Fall Berrehab Urt. v. 21.06.1988, Nr. 3/1987/126/177, EuGRZ 1993, 547, 549.

89 EGMR Fall Keegan Urt. v. 26.05.1994, Nr. 16/1993/411/490, FamRZ 1995, 110, 111; EGMR Fall Berrehab Urt. v. 21.06.1988, Nr. 3/1987/126/177, EuGRZ 1993, 547,549.

90 EGMR Fall Keegan Urt. v. 26.05.1994, Nr. 16/1993/411/490, FamRZ 1995, 110, 111.

91 *Frowein/Peukert* Art. 8 EMRK Rn. 17; *Wittinger* (1999), S. 49; *Palm-Risse* (1990), S. 204.

92 EGMR Fall Keegan Urt. v. 26.05.1994, Nr. 16/1993/411/490, FamRZ 1995, 110, 111 f.

f) Pflegefamilien

Im Gegensatz dazu endet das Familienleben zwischen natürlichen Eltern und Kind nicht, wenn das Kind der öffentlichen Fürsorge oder Pflegeeltern übergeben wird.[93] Ob die Beziehung eines Kindes zu seinen Pflegeeltern unter Familienleben fällt, wurde bis jetzt vom EGMR offen gelassen. Zumindest wurde eine solche Beziehung jedoch unter dem Begriff Privatleben der Pflegemutter bejaht.[94] Es sind Einzelfälle denkbar, in welchen das Pflegekind derart in die Pflegefamilie integriert wird, dass die persönlichen Bindungen eher einem Adoptions- als einem Pflegeverhältnis entsprechen. In derartigen Fällen könnte es angemessen sein, für die Beziehung zwischen Pflegefamilie und Pflegekind ein Familienleben zu bejahen.[95] In dem Fall K. und T. gegen Finnland spricht der EGMR bezüglich des Verhältnisses der betroffenen Kinder zu ihren Pflegeeltern von einer „de-facto Familiensituation". Das Interesse des Kindes an einer solchen Familiensituation könne das Interesse der Eltern an einer Familienzusammenführung überwiegen.[96] Die Formulierung lässt vermuten, dass auch die Beziehung eines Kindes zu seinen Pflegeeltern ein Familienleben i.S.d. Art. 8 I EMRK darstellen kann. Bezüglich des Schutzes der Pflegefamilie hat der EGMR allerdings bis jetzt noch keine ausdrückliche Entscheidung getroffen.

g) Nichteheliche Lebensgemeinschaft

Obwohl nichteheliche Lebensgemeinschaften an Umfang und Bedeutung in Europa stark zugenommen haben, resultiert nach dem EGMR aus Art. 8 I EMRK keine Pflicht des Staates, unverheirateten Paaren den gleichen Status einzuräumen, wie verheirateten. Dies soll sogar im Falle eines heiratswilligen Paares gelten, das aufgrund eines Scheidungsverbotes nicht heiraten kann.[97] Ob daher ein Familienleben im Sinne des Art. 8 EMRK vorliegt, wird differenziert beurteilt und hängt einzelfallbezogen von einzelnen Faktoren ab, wie Dauer, Stabilität, Intensität der Beziehung, finanzielle Verflochtenheit und Vorhandensein gemeinsamer Kinder.[98]

---

93 EGMR Fall Olsson Urt. v. 25.02.1988, Nr. 2/1987/125/176, EuGRZ 1988, 591, 597; EGMR Fall Williams Urt. v. 08.07.1987, Nr. 4/1986/107/150, EuGRZ 1990, 533, 539.

94 *Frowein/Peukert* Art. 8 EMRK Rn. 18.

95 *Palm-Risse* (1990), S. 205 f.

96 EGMR Fall K. und T. gegen Finnland Urt. v. 12.07.2001, Nr. 25702/94, Rn. 155, NJW 2003, 803, 811.

97 EGMR Fall Johnston Urt. v. 18.12.1986, Nr. 6/1985/92/139, EuGRZ 1987, 313, 317 f.

98 *Wildhaber/Breitenmoser* Art. 8 EMRK Rn. 386.

h) Erweitertes Familienleben

Bezüglich des erweiterten Familienlebens, welches Beziehungen zu Großeltern, Geschwistern, Onkel, Tanten und anderen Blutsverwandten umfasst, wird auf das Vorliegen eines effektiven Familienlebens abgestellt. Dies kann im Einzelfall in der Führung eines gemeinsamen Haushalts, Abhängigkeitsverhältnissen oder engen, tatsächlich gelebten Bindungen liegen.[99]

2. Der Gewährleistungsumfang des Art. 8 I EMRK

Ziel des Art. 8 EMRK ist der Schutz des Zusammenseins von Eltern und Kind. Die Konventionsgarantie gibt ein Recht auf Zusammenleben oder persönlichen Kontakt zwischen Kind und Eltern. Zunächst stellt Art. 8 EMRK ein Abwehrrecht gegen willkürliche Eingriffe in das Familienleben dar. Darüber hinaus beinhaltet Art. 8 EMRK die positive Verpflichtung der Staaten dafür zu sorgen, dass sich ein Familienleben zwischen den Familienmitgliedern normal entwickeln kann.[100]

3. Die Eingriffe in den Schutzbereich des Art. 8 EMRK

Eingriffe in das Privatleben sind im Bereich der Selbstbestimmung über den eigenen Körper, des Rechts auf sexuelle Selbstbestimmung und im Bereich persönlicher Daten denkbar.

Ein Eingriff in das Familienleben liegt vor, wenn durch staatliche Maßnahmen das Zusammenleben oder Zusammensein von Eltern bzw. Elternteilen und ihren Kindern verhindert wird. Dies kann infolge von Sorgerechts- und Umgangsrechtsentscheidungen, Entscheidungen im Ausländerrecht über Ausweisung oder Verweigerung der Einreise oder infolge von Entscheidungen über Gefängnisaufenthalte geschehen.[101] Ein besonders schwerer Eingriff in Art. 8 I EMRK ist die dauernde erzwungene Trennung von Eltern und Kind infolge einer Unterbrin-

---

99 EGMR Fall Marckx Urt. v. 13.06.1979, Nr. 6833/74, EuGRZ 1979, 454, 458; *Wildhaber/Breitenmoser* Art. 8 EMRK Rn. 388 ff.; *Frowein/Peukert* Art. 8 EMRK Rn. 16; *Rixe* zum EGMR Fall Bronda Urt. v. 09.06.1998, Nr. 40/1997/824/1030, FamRZ 1999, 680, 680; aktuell zum Familienleben i.S.d. Art. 8 I EMRK in Bezug auf Geschwister EGMR Fall Mustafa & Armagan Akin Urt. v. 06.04.2010, Nr. 4694/03, Rn. 19.

100 EGMR Fall Marckx Urt. v. 13.06.1979, Nr. 6833/74, EuGRZ 1979, 454, 455, 458; *Frowein/Peukert* Art. 8 EMRK Rn. 19 ff.; *Meyer-Ladewig* Art. 8 EMRK Rn. 20; *Palm-Risse* (1990), S. 244 ff.

101 *Frowein/Peukert* Art. 8 EMRK Rn. 22 ff.; *Grabenwarter* (2009) § 22 Rn. 27 f.; S. 212.

gung des Kindes in Heimen oder bei Pflegeeltern. Eingriffe sind auch durch Entscheidungen der nationalen Fachgerichte im Bereich des Sorge- und Umgangsrechts möglich. So beinhaltet die Übertragung des Sorgerechts auf den einen Elternteil immer auch einen Eingriff in das Familienleben des anderen Elternteils. Ebenso verhält es sich mit dem Entzug oder der Beschränkung von Umgangsrechten.[102]

4. Die Eingriffsrechtfertigung gemäß Art. 8 II EMRK

Nach Art. 8 II EMRK darf eine Behörde in die Ausübung des Rechts aus Art. 8 I EMRK eingreifen, „soweit der Eingriff gesetzlich vorgesehen und in der demokratischen Gesellschaft notwendig ist für die nationale und öffentliche Sicherheit, für das wirtschaftliche Wohl des Landes, zur Aufrechterhaltung der Ordnung, zur Verhütung von Straftaten, zum Schutze der Gesundheit oder der Moral oder zum Schutz der Rechte und Freiheiten anderer".

Somit sind für die Rechtfertigung eines Eingriffs eine gesetzliche Grundlage, die Verfolgung eines legitimen Ziels und eine Überprüfung der Verhältnismäßigkeit des Eingriffs notwendig. Unter den in Art. 8 II EMRK aufgeführten Schrankenzielen sind für das Familienrecht insbesondere der „Schutz der Gesundheit und Moral", welcher sowohl das physische als auch das psychische Wohlbefinden umfasst, und der „Schutz der Rechte und Freiheiten anderer" interessant. Das Kindeswohl kann unter beide Begriffe subsumiert werden.[103]

Hinsichtlich der Maßnahmen, die in Elternrechte eingreifen, verfügen die Behörden der Konventionsstaaten über einen Beurteilungsspielraum. Dies begründet sich – wie bereits erläutert – in der Subsidiarität der Straßburger Kontrolle. Die zuständigen nationalen Behörden haben direkten Kontakt zu den Betroffenen und Zeugen und können daher die Umstände differenzierter bewerten und flexibel auf neue Entwicklungen reagieren.[104] Die Kontrolle des Gerichtshofs beschränkt sich auf die Beurteilung, ob die Rechtfertigungsgründe des Eingriffs „im Lichte der Konvention und des Falles als Ganzes einschlägig und ausreichend" sind.[105]

---

102 *Wildhaber/Breitenmoser* Art. 8 EMRK Rn. 392 f., 400, 403.

103 EGMR Fall Olsson Urt. v. 25.02.1988, Nr. 2/1987/125/176, EuGRZ 1988, 591, 598; EGMR Fall Williams Urt. v. 08.07.1987, Nr. 4/1986/107/150, EuGRZ 1990, 533, 540; *Fahrenhorst* (1994), S. 124; *Palm-Risse* (1990), S. 345.

104 *Wildhaber/Breitenmoser* Art. 8 EMRK Rn. 394, 661 ff.; *Fahrenhorst* (1994), S. 127 f.

105 EGMR Fall Olsson Urt. v. 25.02.1988, Nr. 2/1987/125/176, EuGRZ 1988, 591, 599; EGMR Fall Handyside Urt. v. 07.12.1976, Nr. 5493/72, EuGRZ 1977, 38, 42 f.; *Wildhaber/Breitenmoser* Art. 8 EMRK Rn. 669; *Meyer-Ladewig* Art. 8 EMRK Rn. 44.

Die Frage, ob eine Maßnahme in der demokratischen Gesellschaft notwendig ist, führt zu einer Überprüfung der Verhältnismäßigkeit des Eingriffs. „Notwendig“ ist im Sinne eines dringenden sozialen Bedürfnisses zu verstehen.[106] Die Verhältnismäßigkeitsprüfung wirkt als einschränkendes Korrektiv im Verhältnis zum Beurteilungs- und Ermessensspielraum des Staates und verhindert ein Leerlaufen der Kontrolle durch den Gerichtshof.[107] Wie stark der Beurteilungsspielraum im jeweiligen Fall eingeschränkt ist, hängt von der Schwere des Eingriffs, der Natur des betroffenen Schutzbereichs, der Gewichtigkeit des Schrankenziels, dem Adressatenkreis des Eingriffs und von der Tatsache ab, ob bezüglich der Handhabung der betroffenen rechtlichen Problematik bereits ein einheitlicher europäischer Konsens besteht.[108]

Je schwerer der Eingriff für die Betroffenen wiegt, desto genauer erfolgt die Verhältnismäßigkeitsprüfung bezüglich aller Sach- und Rechtsfragen, nationaler Sicherungs- und Schutzvorkehrungen und Auswirkungen des Eingriffs.[109] Die Schwere des Eingriffs wird nach quantitativen Kriterien wie Dauer, Länge, Ausmaß und Auswirkung des Eingriffs und nach qualitativen Kriterien wie Irreversibilität, materielle, physische oder psychische Auswirkung des Eingriffs beurteilt.[110]

5. Die verfahrensrechtlichen Dimensionen von Art. 8 EMRK

Art. 8 I EMRK enthält keine ausdrücklichen Verfahrensgarantien. Dennoch müssen Entscheidungsfindungsprozesse, auf deren Grundlage Eingriffe in Art. 8 EMRK vorgenommen werden, bestimmten Voraussetzungen genügen. Das Verfahren muss fair sein und die Interessen der Betroffenen aus Art. 8 EMRK müssen ausreichend berücksichtigt werden. Auch ist eine angemessene Verfahrensdauer bei familienrechtlichen Entscheidungen zu beachten.[111]

Je länger ein Verfahren – und damit die Trennung des Kindes von den Eltern – andauert, desto größer ist die Gefahr, dass eine Rückführung aufgrund der neu

---

106 EGMR Fall Olsson Urt. v. 25.02.1988, Nr. 2/1987/125/176, EuGRZ 1988, 591, 598; EGMR Fall Williams Urt. v. 08.07.1987, Nr. 4/1986/107/150, EuGRZ 1990, 533, 540.

107 *Wildhaber/Breitenmoser* Art. 8 EMRK Rn. 668 ff.; *Fahrenhorst* (1994), S. 124 f.

108 *Wildhaber/Breitenmoser* Art. 8 EMRK Rn. 679 ff.

109 EGMR Fall Olsson Urt. v. 25.02.1988, Nr. 2/1987/125/176, EuGRZ 1988, 591, 599; EGMR Fall Sunday Times EuGRZ 1979, 386, 386 f.; EGMR Fall Handyside Urt. v. 07.12.1976, Nr. 5493/72, EuGRZ 1977, 38, 42 f.

110 *Wildhaber/Breitenmoser* Art. 8 EMRK Rn. 680 f.

111 EGMR Fall Williams Urt. v. 08.07.1987, Nr. 4/1986/107/150, EuGRZ 1990, 533, 540; *Wildhaber/Breitenmoser* Art. 8 EMRK Rn. 396 ff.; *Grabenwarter* (2009) § 22 Rn. 51, S. 230; *Meyer-Ladewig* Art. 8 EMRK Rn. 29, 43; *Brötel* DeuFamR 1999, 143, 146 ff., 150.

gewachsenen Bindungen des Kindes gegen das Kindeswohl verstößt. Somit birgt jede prozessuale Verzögerung die Gefahr einer de facto Entscheidung des betroffenen Falles, noch bevor dieser gerichtlich verhandelt wird. Dies widerspricht einem effektiven Schutz der Rechte aus Art. 8 I EMRK. Die künftigen Beziehungen zwischen Eltern und Kindern sollten nur nach den einschlägigen Gesichtspunkten und nicht durch bloßen Zeitablauf beurteilt und entschieden werden.[112]

6. Die Verfahrensgarantien des Art. 6 I EMRK

Oft geht mit der Rüge einer Verletzung der Rechte aus Art. 8 I EMRK gleichzeitig auch die Rüge einer Verletzung der Rechte aus Art. 6 I EMRK einher. Art. 6 I EMRK garantiert für Streitigkeiten über zivilrechtliche Ansprüche und strafrechtliche Anklagen bestimmte Verfahrensrechte. Von besonderer Bedeutung für familienrechtliche Verfahren sind die Garantie des fairen Verfahrens und die Garantie einer Entscheidung innerhalb einer angemessenen Frist. Der Grundsatz des fairen Verfahrens in Art. 6 I 1 EMRK soll sicherstellen, dass der Beteiligte nicht bloß Objekt des Gerichtsverfahrens ist, sondern angemessene Mitwirkungsrechte erhält. Der Betroffene soll vor Willkür des Gerichts geschützt werden.[113]

Für die Bewertung, ob eine Entscheidung in angemessener Frist ergeht, ist zunächst der Zeitraum zu betrachten. Für Zivilsachen soll der Zeitraum vom Eingang des Antrags oder der Klage bei Gericht bis zur abschließenden Entscheidung oder anderweitigen Erledigung maßgeblich sein. Je nach Inhalt der Beschwerde kann bei Erschöpfung des innerstaatlichen Rechtsweges auch die Zeit bis zur Entscheidung des BVerfG mit eingerechnet werden, obwohl das BVerfG keine Superrevisionsinstanz ist.[114] Eine feste zeitliche Grenze bezüglich der angemessenen Frist gibt der EGMR nicht vor. Die Angemessenheit bedarf einer Beurteilung im Einzelfall und hängt von verschiedenen Faktoren wie Schwierigkeit der Sache, Verhalten des Beschwerdeführers, Verhaltensweisen der Behörden und der Gerichte und Bedeutung der Sache für den Beschwerdeführer ab.[115]

---

112 EGMR Fall Williams Urt. v. 08.07.1987, Nr. 4/1986/107/150, EuGRZ 1990, 533, 541; *Brötel* DeuFamR 1999, 143, 147.

113 *Meyer-Ladewig* Art. 6 EMRK Rn. 35; *Frowein/Peukert* Art. 6 Rn. 71 ff.

114 EGMR Fall Klein Urt. v. 27.07.2000, Nr. 33379/96, NJW 2001, 213, 213; *Meyer-Ladewig* Art. 6 EMRK Rn. 71 ff.

115 EGMR Fall Klein Urt. v. 27.07.2000, Nr. 33379/96, NJW 2001, 213, 213; EGMR Fall Gast und Popp Urt. v. 25.02.2000, Nr. 29357/95, NJW 2001, 211, 212; *Meyer-Ladewig* Art. 6 EMRK Rn. 77; *Frowein/Peukert* Art. 6 EMRK Rn. 144 ff.

Stellt der EGMR eine Verletzung des Art. 6 I EMRK fest, so folgt daraus meist die Verurteilung des betroffenen Konventionsstaates zur Zahlung einer gerechten Entschädigung gemäß Art. 41 EMRK. Selten hält der Gerichtshof allein die Feststellung einer Verletzung für ausreichend.[116]

7. Weitere das Familienrecht betreffende Artikel der EMRK

Das Familienrecht betreffende Artikel der EMRK sind darüber hinaus in Art. 12 EMRK zu finden, welcher die Ehefreiheit garantiert. Dieser Artikel ist nicht Gegenstand der vorliegenden Untersuchung.

Schließlich ist das Diskriminierungsverbot in Art. 14 EMRK zu erwähnen. Art. 14 EMRK verfügt über keine eigene Bedeutung, sondern dient der Ergänzung anderer materieller Vorschriften der EMRK. Voraussetzung für seine Anwendung ist, dass der betroffene Sachverhalt in den Anwendungsbereich einer oder mehrerer Vorschriften der Konvention fällt.[117] Im familienrechtlichen Bereich ist ein Diskriminierungsverbot gemäß Art. 14 i.V.m. Art. 8 EMRK denkbar. So wurde im Fall Marckx eine Verletzung des Art. 14 i.V.m. Art. 8 EMRK infolge der Ungleichbehandlung von ehelichen und nichtehelichen Kindern im belgischen Recht bejaht.[118] Väter nichtehelicher Kinder berufen sich ebenfalls auf Art. 14 i.V.m. Art. 8 EMRK, um Ungleichbehandlungen gegenüber verheirateten Vätern zu rügen.[119]

8. Zusammenfassung

Eingriffe in das Familienleben sind aufgrund von Sorge- und Umgangsrechtsentscheidungen oder ausländerrechtlichen Entscheidungen denkbar. Der schwerste Eingriff in das Familienleben ist die Trennung von Familienmitgliedern. Bei der Rechtfertigung von Eingriffen gemäß Art. 8 II EMRK stehen die Interessen des Kindes im Mittelpunkt. In Bezug auf Verfahrensgarantien können sowohl Art. 8 I EMRK als auch Art. 6 I EMRK einschlägig sein. Schließlich ist das Diskriminierungsverbot aus Art. 14 i.V.m. Art. 8 EMRK zu beachten.

---

116 *Meyer-Ladewig* Art. 6 EMRK Rn. 84;

117 *Meyer-Ladewig* Art. 14 EMRK Rn. 5.

118 EGMR Fall Marckx Urt. v. 13.06.1979, Nr. 6833/74, EuGRZ 1979, 454, 460.

119 EGMR Fall Elsholz Urt. v. 13.07.2000, Nr. 25735/94, EuGRZ 2002, 595, 600; EGMR Fall Keegan Urt. v. 26.05.1994, Nr. 16/1993/411/490, FamRZ 1995, 110, 112.

C Sozialwissenschaftliche Grundlagen

Es folgt eine kurze Übersicht zu den humanwissenschaftlichen Hintergründen, denen in kindschaftsrechtlichen Verfahren maßgebliche Bedeutung zukommt.

I. Die Bindungsforschung

1. Die Bindungstheorie

Die Bindungstheorie wurde von dem englischen Psychoanalytiker John Bowlby begründet. Bowlby beschäftigte sich mit den negativen Auswirkungen von Mutterentbehrung („Deprivation") auf die seelische Gesundheit und Entwicklung des Kindes.[120]

Die Bindungstheorie ist als empirisch fundierte Theorie über die psychische Entwicklung des Menschen anerkannt. Als „Bindung" ist die besondere emotionale und lang andauernde Beziehung eines Kindes zu seinen Eltern oder Personen, die es beständig betreuen, zu verstehen. Hat ein Kind eine derartige Bindung zu einer Person aufgebaut, ist diese Person ohne emotionale Belastung des Kindes nicht mehr zu ersetzen. Das Bindungssystem soll als primäres, genetisch verankertes, motivationales System zu verstehen sein.[121] Die sichere Bindung zu einer Bezugsperson wird als Hauptursache für Sicherheit, Selbstachtung, Selbstbeherrschung und soziale Kompetenz gesehen. Durch Bindungen lernt ein Kind eigene Gefühle zu erkennen und Gefühle anderer zu deuten.[122] Somit behandelt die Bindungstheorie die emotionale Entwicklung des Menschen und die emotionalen Folgen unangemessener Bindungserfahrungen.

Als Grundprinzip des empirischen Zugangs der modernen Bindungstheorie wird das evolutionsbiologische Konzept der Anpassung, welches in der Psychologie übernommen wurde, verstanden. Ein psychologisch angepasstes Kind entwickelt im Laufe des Erwachsenwerdens eine „konstruktive internale Kohärenz". Dies bedeutet, dass das Kind und später der Erwachsene Gefühle sicher organi-

---

120 *Bowlby* (1972), S. 11 ff.

121 *Brisch* (2009), S. 36; *Grossmann/Grossmann* (2005), S. 29; *Balloff* (2004), S. 151, 155.

122 *Eliot* (2001), S. 436.

sieren, die Wirklichkeit angemessen wahrnehmen und auch im Falle belastender Gefühle zielorientiert planen und handeln kann.[123]

Mit der Zeit verinnerlicht das Kind seine Erfahrungen aus Kommunikation und Interaktionen mit den Eltern. Die Verinnerlichung dieser Erfahrungen werden bei Bowlby „Internale Arbeitsmodelle" genannt.[124] Der Säugling bzw. das Kleinkind entwickelt Erwartungen gegenüber seinen einzelnen Bindungspersonen bezüglich Verfügbarkeit und Art der Reaktionen sowie Gefühle, Wissen und Vorstellungen in Bezug auf die eigene Person. Diese Internalen Arbeitsmodelle entwickelt das Kind in Bezug auf seine Umwelt, seine Bindungspersonen und sich selbst. Die Arbeitsmodelle dienen dem Kind zur Abschätzung, was andere tun werden und was mit ihm geschieht.[125] Größte Bedeutung hat die feinfühlige, kooperative und wertschätzende Interaktion zwischen Mutter und Kind als positives Vorbild für das eigene Verhalten des Kindes z.B. gegenüber Geschwistern. Es besteht ein Zusammenhang zwischen mütterlicher Feinfühligkeit und positiven Entwicklungsverläufen des Kindes.

2. Die Bindungsmuster

Am Ende des ersten Lebensjahres können bei verschiedenen Kindern verschiedene Bindungsqualitäten festgestellt werden.

Das Bindungsmuster der „sicheren Bindung" weist die Merkmale emotionalen Wohlbefindens sowie unbefangenen und angemessenen Umgang mit Belastungssituationen auf. Dazu kommt eine Ausgeglichenheit zwischen Anpassung, Aktivität und Einholung von Hilfe in Situationen der Verunsicherung sowie komplikationsloses Annehmen von Hilfe und Zuversicht gegenüber Bindungspersonen. Eine solche sichere Bindung konnte bei Kindern beobachtet werden, die eine stabil verfügbare, hilfsbereite und feinfühlige Bindungsperson hatten.

Kinder, die „unsicher-vermeidend" gebunden sind, zeigen dagegen ein Unterdrücken von Gefühlen, Vermeidung von Nähe und Abhängigkeit, Erwartungen von Abweisung, Verunsicherungen bei Belastungen, ein Verleugnen des Verlangens nach engeren Beziehungen, Misstrauen und Verschiebung ihrer Aufmerksamkeit auf Objekte. Diese Kinder hatten von ihren Bindungspersonen häufige Zurückweisungen, Misshandlungen, verdeckte Feindseligkeit und unsensibles sowie überstimulierendes Verhalten erfahren.

---

123 *Grossmann* in Ahnert (2004), S. 30.

124 *Brisch* (2009), S. 37; *Grossmann/Grossmann* (2005), S. 55 f.

125 *Grossmann/Grossmann* (2005), S. 79; *Ainsworth/Bowlby* in Grossmann/Grossmann (2003), S. 83, 85, 382 f.

„Unsicher-ambivalent“ gebundene Kinder neigen dazu, leichter irritierbar und frustrierbar zu sein. Sie weisen Trennungsangst, reduziertes Erkundungsverhalten, Wechsel zwischen Anhänglichkeit und Kontaktwiderstand, Neigungen zur Kontrolle über Bindungspersonen sowie permanentes Abfordern von Aufmerksamkeit und geringe Kompromissneigung auf. Bindungspersonen dieser Kinder zeichneten sich durch Inkonsistenz im Verhalten aus. Sie wechselten häufig zwischen hilfsbereitem, zugänglichem und abweisendem Verhalten. Sie zeigten teilweise enttäuschte Erwartungshaltung und drohten dem Kind, es zu verlassen.

Im Vierten Bindungsmuster, der „desorganisierten Bindung“, mangelt es an einer klaren Bindungsstrategie. Die Kinder wechseln zwischen Bestrafung, Protest und Fürsorge gegenüber ihrer Bindungsperson. Sie zeigen sich sowohl distanzarm als auch scheu. Sie weisen sozialkognitive Inkohärenz und Neigungen zu Bizarrverhalten und Übersprungsbewegungen auf. Ein solches Verhalten resultierte meist aus einem gehemmten Verhalten der Bindungsperson, etwa infolge eigener unverarbeiteter, traumatischer Erlebnisse und Verluste oder psychiatrischer Krankheit, postnataler Depressionen oder Drogenabhängigkeit. Die Kinder waren oft Opfer von Vernachlässigung und einem häufigen Wechsel von Bezugspersonen ausgesetzt. [126]

Die verschiedenen Bindungsmuster sollen auch Folgen für die weitere Persönlichkeitsentwicklung eines Menschen haben. So soll eine sichere Bindung zu einer erhöhten Stressresistenz führen. Die drei übrigen Bindungsmuster dagegen erhöhen das Risiko, bei Stressbelastungen Labilität und Starrheit zu entwickeln. Dazu kommen niedrigere Belastbarkeit infolge der Unfähigkeit, Gefühle angemessen zu integrieren, häufige Selbstunzufriedenheit, Ängstlichkeit, Hilflosigkeit und Probleme im Aufbau von Sozialbeziehungen.[127]

Es wird davon ausgegangen, dass Bindungsmuster vermehrt von der Elterngeneration an die Kindergeneration weitergegeben werden. Nachdem Bindungsmuster von Kindern und ihren Eltern verglichen wurden, kam man zu dem Ergebnis, dass Bindungsrepräsentationen der Eltern und Bindungsmuster der Kinder häufig übereinstimmten. Dies ist mittels eines Zusammenhangs zwischen Bindungsrepräsentation der Eltern und ihrem Pflege- sowie Interaktionsverhalten gegenüber ihren Kindern, welches sich wiederum auf die Bindungsqualität der Kinder auswirkt, zu erklären.[128] In neuen Beziehungen zeigen die unausgewogenen, ungünstigen Bindungsrepräsentationen von frühkindlichen Umgangserfah-

126 *Brisch* (2009), S. 51 f.; *Grossmann/Grossmann* (2005), S. 158 f.

127 *Brisch* (2009), S. 93 ff.; *ders.* in Bd. 15 der Brühler Schriften zum Familienrecht (2008), S. 97, 104 f. zu den so genannten „Bindungsstörungen“, die eine schwerwiegende Gefährdung des Kindeswohls bedeuten können; *Dettenborn/Walter* (2002), S. 39.

128 *Brisch* (2009), S. 40, 62 ff., 68 ff.; *ders.* in Bd. 15 der Brühler Schriften zum Familienrecht (2008), S. 96; *Brisch/Hellbrügge* (2003), S. 54 ff.; *Fonagy* in Fonagy/Target (2003), S. 51 f.

rungen und die wenig entwickelte Regulation negativer Gefühle ihre Wirkung. Die betroffene Person schafft wieder Muster von Familienbeziehungen, in welchen sie bekannte alte Rollen übernehmen. So entsteht eine intergenerationale Kontinuität von Misshandlungen. Dies kann im schlimmsten Fall dann zu Transmissionen von Misshandlungen und Missbrauch über Generationen führen.[129]

3. Bindungsforschung und Neurobiologie

In der frühkindlichen Entwicklung des menschlichen Gehirns üben Umweltfaktoren einen starken Einfluss aus. Zu diesen Umweltfaktoren zählt auch die Interaktion mit einer Bezugsperson. Neben der Entwicklung von Nervenzellen und ihren Verbindungen haben frühkindliche Lern- und Erfahrungsprozesse auch Auswirkungen auf neurochemische Vorgänge im Gehirn. Botenstoffe wie Dopamin, Noradrenalin und Serotonin haben wichtige Funktionen im Gehirn und können im Fall von zu starker oder zu schwacher Ausschüttung zu Fehlfunktionen des Gehirns und psychischen Krankheiten führen. Schon frühkindliche Lern- und Erfahrungsprozesse führen zu einer Ausbalancierung der Systeme, welche diese Botenstoffe ausschütten. So werden die Voraussetzungen geschaffen, dass diese Systeme im erwachsenen Gehirn koordiniert funktionieren. Kommt es schon in der frühkindlichen Phase der Entwicklung zu einem neurochemischen Ungleichgewicht im limbischen System, etwa aufgrund früher Trennungserlebnisse, die Stress verursacht haben, so hat dies Auswirkungen auf die späteren Funktionsweisen des Gehirns.[130]

Es wird davon ausgegangen, dass positive und negative Gefühlserfahrungen während der ersten Lebensjahre Auswirkungen auf die Entwicklung des Menschen haben können. Versäumnisse in der frühkindlichen Entwicklungsphase des Gehirns können durch das Vorenthalten von Gefühlen, Spiel, Erfahrung, Lernen und den damit verbundenen Erfolgs- und Glückserlebnissen sowie Ermutigung und Frustration entstehen. Dies kann die Entwicklung lernrelevanter Systeme wie das limbische System behindern und zu Unter- bzw. Fehlentwicklungen des Gehirns führen, welche später Auslöser psychischer Krankheiten sein können.[131]

---

129 *Gloger-Tippelt/König* in Deegener/Körner (2005), S. 347-363; *Schechter* in Brisch/Hellbrügge (2003), S. 228 f.

130 *Braun/Helmeke* in Ahnert (2004), S. 291 f.

131 *Braun/Helmeke* in Ahnert (2004), S. 295 f.

4. Bindungstheorie versus Systemtheorie

Im Bereich des Sorge- und Umgangsrechts stehen sich die Bindungstheorie und der systemische Ansatz gegenüber. Während nach der Bindungstheorie dem Kind Stabilität, Kontinuität und der Erhalt zumindest einer Hauptbezugsperson gewährleistet werden sollte, wird nach dem systemischen Ansatz der Erhalt der Gesamtheit aller Beziehungen angestrebt.[132]

Systemtheoretisch orientierte Psychologen und Juristen stehen einer bindungstheoretisch orientierten Sichtweise des Kindeswohlbegriffs kritisch gegenüber. Die menschliche Existenz müsse als nie stillstehender Bewegungsfluss wechselnder Höhen und Tiefen gesehen werden. Insbesondere Veränderungs- und Entwicklungsaspekte hinsichtlich der Eltern-Kind-Beziehung würden im Rahmen der Bindungstheorie nicht ausreichend berücksichtigt.[133] Das Kindeswohl dürfe nicht als statisches oder finalistisches Konzept verstanden werden. Der Kindeswohlbegriff dürfe nicht dazu dienen, ausnahmslos den zum Wohle des Kindes geeigneteren Elternteil zu suchen und zu bestimmen. Vielmehr sei das Kindeswohl als der Erhalt eines einzigartigen und grundsätzlich nicht austauschbaren Beziehungsnetzwerkes, das im Fortbestand der „psychologischen“ Familie bestehe, auszumachen. Denn nur auf diese Weise würden sich gewachsene Bindungen zu Mutter und Vater weiterleben und damit Entwicklungskomponenten sichern lassen, die für die Identität, Selbstwertgefühl und spätere Lebensgestaltung des heranwachsenden Kindes ausschlaggebend seien. Kindeswohl dürfe nicht länger als etwas verstanden werden, was sich im jeden Fall aus einem zum gegenwärtigen Zeitpunkt bestehenden Beziehungsnetzwerk via Prädikate wie elterliche Eignung und/oder kindliche Bindung herausdestillieren lasse. Kindeswohl müsse definiert werden als eine Herstellungsanweisung mit dem Ziel, dem Kind bei Zerfall der Ehe sowohl den Erhalt seiner Elternschaft als auch das qualitative Niveau der zu ihnen bestehenden Beziehungen zu maximieren.[134] Es wird jedoch zu Recht darauf hingewiesen, dass mit dem Versuch, möglichst viel von den kindlichen Beziehungen zu seinen beiden Eltern zu erhalten, unterschätzt werde, welche Bedeutung die Beziehung der Eltern untereinander für die Beziehung des Kindes zu seinen Eltern habe.[135] Diese Aussage wird von den noch darzustellenden Erkenntnissen der Scheidungsfolgenforschung gestützt.[136]

---

132 Ausführlich *Hansen* (1993), S. 29 ff.

133 *Jopt* FamRZ 1987, 875, 882; *Hansen* (1993), S. 38.

134 *Jopt* FamRZ 1987, 875, 878, 882.

135 *Koechel* (1995), S. 33.

136 Vgl. Teil C. IV. 2.

In der Fachliteratur[137] wird betont, dass über das Bestreben, die gesamte Familie zu erhalten, die individuellen Bedürfnisse des Kindes nicht aus den Augen verloren werden dürften. Es wird befürchtet, dass eine system- oder strukturbezogene Perspektive allein das Leitbild der fortbestehenden Elternschaft verfolge, ohne die soziale Wirklichkeit, in welcher das Kind im Einzelfall lebt, angemessen zu berücksichtigen. Die Bindungstheorie stelle dagegen einen individualistischen und pragmatischen Ansatz dar, welcher sich nach der gelebten Wirklichkeit richte. Hauptkritikpunkt an der Systemtheorie ist die Tatsache, dass diese Perspektive sich auf den Erhalt der Beziehungen konzentriere, ohne deren Qualität zu beachten.

Im Falle der Scheidung oder Trennung der Eltern besteht die eigentliche Meinungsverschiedenheit hinsichtlich des grundsätzlich angemessenen staatlichen Interventionsansatzes.[138] Nach der Bindungstheorie liegt die Schaffung klarer Sorgerechtsverhältnisse durch Etablierung einer Restfamilie unter weitestgehendem Ausschluss des nichtsorgeberechtigten Elternteils nahe. Im Rahmen des systemischen Ansatzes erscheint die Reorganisation der gesamten Familie unter weitestmöglicher Einbeziehung beider Elternteile erstrebenswert.

Die Lösung des Konfliktes könnte eine Kombination von system- und bindungstheoretischen Ansätzen, die sich nicht ausschließen, sondern ergänzen können,[139] sein. So könnte es möglich sein, sowohl alle für das Kind förderlichen Beziehungen zu erfassen, als auch die einzelnen Beziehungen angemessen zu gewichten.

5. Der Begriff „Bindung“ im Familienrecht

Im Gesetz selbst wird der Bindungsbegriff seit dem Kindschaftsrechtreformgesetz 1998 nicht mehr angewandt. Eine Ausnahme bildet § 1626 III BGB, welcher besagt, dass in der Regel sowohl der Umgang mit beiden Elternteilen als auch mit anderen Personen, zu denen das Kind Bindungen besitzt, dem Kindeswohl entsprechen. Oft kommt es in der juristischen Praxis jedoch zu einer Vermischung der Begriffe „Bindung“ und „Beziehung“. Wird etwa davon gesprochen, dass nach Trennung oder Scheidung der Eltern eine Aufrechterhaltung der sozialen und emotionalen Bindungen zu Eltern, Geschwistern und anderen Bezugspersonen angestrebt werden sollte, so zeigt sich die Ungenauigkeit bezüglich bindungstheoretischer Begriffe.[140] Denn „Bindungen“ baut ein Kind bis zum

137 *Kostka* FPR 2005, 89, 90 f. und 95; *Kostka* (2004), S. 118 f. und 315.

138 Staudinger/*Coester* § 1671 BGB Rn. 219.

139 Staudinger/*Coester* § 1671 BGB Rn. 220.

140 *Schwab* FamRZ 1998, 457, 464.

fünften Lebensjahr in der Regel nur zu seinen Eltern oder anderen Bezugspersonen auf, die es feinfühlig betreuen und versorgen, nicht aber zu Geschwistern. Bindungen sollen vielmehr als grundlegende Variante von Beziehungen zu verstehen sein. Sie beinhalten im Ergebnis lang andauernde, emotionale, gelebte Beziehungen des Kindes mit Personen, welche es betreuen, versorgen, unterstützen und ihm Schutz bieten. Bindungen stellen für ein Kind Lebenswurzeln dar. Auch das Sorgerechtskriterium „Bindungstoleranz" meint nicht nur die klassische Bindung. Vom betreuenden Elternteil wird die Fähigkeit verlangt, Beziehungen des Kindes zu allen Bezugspersonen, die für das Kind wichtig sind, zu unterstützen. Dazu gehören auch Personen, welche nicht als Bindungsfiguren im Sinne der Bindungstheorie angesehen werden.[141]

Es stellt sich die Frage, welchen Stellenwert die Bindungen als Entscheidungskriterium im Kindschaftsrecht neben Kontinuitäts-, Förderungsprinzip und Kindeswillen haben. Die verschiedenen Aspekte sind weniger in einer Rangordnung als vielmehr miteinander verknüpft zu sehen. Beziehungsentwicklungen sollen unter dem Gesichtspunkt der Kontinuität und der unterschiedlichen Qualitäten von Bindung im Hinblick auf die Förderungskompetenz der Eltern zu beurteilen sein. Ferner kann ein Zusammenhang zwischen der Entwicklung des Kindeswillens und sozio-emotionalen Erfahrungen des Kindes mit seinen Eltern vermutet werden.[142]

6. Zusammenfassung

Die Bindungsforschung liefert hilfreiche Einsichten, welche Faktoren und Zusammenhänge in der Entwicklung des Kindes eine wichtige Rolle spielen. Macht ein Kind mit seinen Bindungspersonen Erfahrungen emotionaler Sicherheit und Ermutigung, kann es im Erwachsenenalter die Fähigkeit entwickeln, enge und tragfähige Beziehungen einzugehen. Damit haben frühe Bindungserfahrungen Einfluss auf psychische Gesundheit und Lebensqualität eines Menschen. Neurobiologisch konnte nachgewiesen werden, dass positive Bindungserfahrungen großen Einfluss auf die Entwicklung des kindlichen Gehirns, seine Funktionen und spätere psychische Gesundheit haben.

141 *Balloff* FPR 2005, 213, 214; *Balloff* (2004), S. 155; Staudinger/*Coester* § 1671 BGB Rn. 207 f.

142 *Schwabe-Höllein/Kindler/August-Frenzel*, Praxis der Rechtspsychologie 11 (2), Dezember 2001, 41, 42.

II. Die Traumaforschung

Infolge traumatisierender Ereignisse können Menschen eine „Posttraumatische Belastungsstörung“, kurz PTBS, entwickeln. Die American Psychiatric Association definiert die Störung im amerikanischen Diagnosehandbuch der psychischen Störungen („Diagnostic and Statistical Manuel“, kurz: DSM-IV).[143]

Ein traumatisierendes Erlebnis kann darüber hinaus auch eine „akute Belastungsstörung“ oder eine andauernde Persönlichkeitsänderung hervorrufen. Die „akute Belastungsstörung“ kennzeichnet eine vorübergehende Störung von beträchtlichem Schweregrad, die sich bei einem psychisch nicht manifest gestörten Menschen als Reaktion auf eine außergewöhnliche körperliche und/oder seelische Belastung entwickelt und im Allgemeinen innerhalb von Stunden oder Tagen abklingt.[144]

Darüber hinaus kann eine PTBS einer Persönlichkeitsänderung vorangegangen sein. Die Persönlichkeitsänderung ist dann als eine chronische, irreversible Auswirkung einer PTBS zu deuten. Die Persönlichkeitsänderung muss andauernd sein. Unflexibles, unangepasstes Verhalten, das zu Beeinträchtigungen in zwischenmenschlichen, sozialen und beruflichen Beziehungen führt, ist hier charakteristisch. Die Mindestdauer der Störung umfasst zwei Jahre.[145]

Der Mensch kann mit Stress besser umgehen, wenn das Geschehene irgendeinen Sinn ergibt oder gar eine positive Funktion enthält. Vorstellbar wäre etwa die Überzeugung, es handele sich um eine „göttliche Prüfung“. Sind die traumatischen Ereignisse aber mit Handlungen von Familienangehörigen oder Freunden verbunden, wie eine Vergewaltigung durch nahe stehende Personen, so wirkt sich dies am schlimmsten aus.[146]

1. Gewalt in der Familie

Im Familienrecht spielt Gewalt in der Familie als eine Ursache von Traumatisierungen bei Kindern eine wichtige Rolle. Diese Gewalt kann sich äußern in sexuellem oder physischem Missbrauch bzw. Vernachlässigung. Eine Studie über die Situation in Amerika berichtet, dass pro Jahr drei Millionen Kinder aufgrund sexuellen Missbrauchs gemeldet werden. Unter anderem Adoptivfamilien, stationäre Behandlung und Hausdienstleistungen führen zu Jahreskosten, die auf 22

143 *Flatten* in Seidler (2003), S. 37, *Lamprecht* (2001), S. 18 ff.

144 *Lamprecht* (2001), S. 23.

145 *Steil/Ehlers* in Reinecker (2003), S.157; *Lamprecht* (2001), S. 22 f.

146 *Gaschler*, Gehirn & Geist 04/2002, S. 27; *Roth* (2001), S. 290.

Milliarden Dollar geschätzt werden. 50% der misshandelten Kinder befinden sich in den 15% der Familien, die unter der Armutsgrenze leben und als „Risikofamilien" mit Drogen- und Alkoholmissbrauch sowie psychiatrischen Krankheiten zu kämpfen haben. Ist nur ein Elternteil verfügbar, erhöht sich das Risiko der Kinder ebenfalls. Missbrauchte Kinder leiden später mit großer Wahrscheinlichkeit an chronischen Gesundheitsproblemen. Außerdem ist zu beobachten, dass oft aus früheren Opfern zukünftige Täter werden. So sollen 75% von Sexualstraftätern selbst als Kind missbraucht worden sein.[147] Auch in Deutschland gewinnt die Problematik zunehmend an Bedeutung. Nicht nur Gewalt gegenüber Kindern, sondern auch gewaltförmige Beziehungen der Eltern untereinander haben Folgen für die Entwicklung der Kinder. Erziehungsfähigkeit und Qualität der Eltern-Kind-Beziehung erweisen sich als umso schlechter, je stärker konfliktbehaftet sich die elterliche Partnerbeziehung darstellt.[148] Emotionale Bindungen an die Eltern und soziale Normen der Gemeinschaft werden durch das Erleben innerfamiliärer Gewalt unterminiert. Dies führt zu niedriger Selbstkontrolle, mangelnder Empathiefähigkeit, geringer Frustrationstoleranz, Neigung zu riskantem Verhalten und einer gering ausgebildeten Fähigkeit zum Bedürfnisaufschub. Innerfamiliäre Gewalt wurde als entscheidender Einflussfaktor auf Sozialverhalten und Delinquenz junger Menschen identifiziert. Das Risiko späterer Gewaltausübung oder eines Erduldens von Gewalt in der Partnerschaft wird durch das Miterleben häuslicher Gewalt deutlich erhöht.[149]

2. Neurobiologische und entwicklungspsychologische Folgen

Traumatisierende Ereignisse haben unmittelbare Folgen für Struktur und Arbeitsweisen des Nervensystems. Das Stressabwehrsystem und Nervenzellen können dauerhaft geschädigt werden, indem es im Gehirn zu einem Ungleichgewicht bei der Ausschüttung von Hormonen kommt. Der Körper kann auf weitere Belastungen nicht mehr angemessen reagieren. Im Gehirn entstehen Narben, die Einfluss auf das gesamte weitere Leben haben können. Gerade bei Kindern, deren Gehirn sich noch in der Entwicklung befindet, ist dies gefährlich.[150] Psychi-

147 *Lamprecht* (2001), S. 31 f.

148 *Kindler/Salzgeber/Fichtner/Werner* FamRZ 2004, 1241, 1246 f.; *Enzmann/Wetzels* FPR 2001, 246, 246.

149 *Kindler*, FPR 2005, 16, 17 f.; *Enzmann/Wetzels*, FPR 2001, 246, 248 f.

150 *Seidler/Reinberger*, Gehirn & Geist 03/2005, S. 12; *Schauer/Neuner/Elbert*, Gehirn & Geist 05/2003, S. 35, 37; *Roth/Münte* in Seidler (2003), S. 13 ff.; *Lamprecht* (2001), S. 38, 40f., 46; *Rehmann*, FAZ 02.02.2005, Ausgabe Nr. 27, S. 9; *Elbert/Schnabel*, Die Zeit, Ausgabe Nr. 7, 10. Februar 2005.

sche Traumatisierungen können gravierende Folgen für die Entwicklung eines Kindes haben. Sie haben Auswirkungen auf die physische und psychische Gesundheit. Fehlregulationen verschiedener Botenstoffe führen zu negativen Veränderungen der Strukturen im Gehirn. Somit können das Erleben von Gewalt, Vernachlässigung und Missbrauch Hirnstrukturen, die für die Emotionalität einer Person zuständig sind, irreversibel schädigen.

Traumatisierungen beeinflussen das soziale Leben insbesondere in der Familie. Traumatisierte Kinder können Probleme im Bindungsverhalten und im sozialen Miteinander entwickeln und zu späterer Delinquenz neigen. Traumatisierungen der Eltern bergen die Gefahr, dass die Eltern Defizite im kommunikativen Umgang mit ihren Kindern entwickeln. So kann es zu transgenerationeller Weitergabe von Traumatisierungen kommen. Dies hängt eng mit der transgenerationellen Weitergabe von Bindungsmustern zusammen.[151]

3. Der Begriff „Traumatisierung" im Familienrecht

Im Familienrecht sollte darauf geachtet werden, den Begriff „Traumatisierung" nicht inflationär zu verwenden. Nach den gängigen Definitionen im DSM-IV und ICD-10[152] kann ein Traumata auslösendes Ereignis nur ein Ereignis sein, bei welchem eine Person oder eine ihr nahe stehende Person unmittelbarer Lebensgefahr oder einer drohenden ernsthaften Verletzung bzw. Gefahr für die körperliche Unversehrtheit ausgesetzt ist. Wird im Zusammenhang von Trennungen von Kindern und ihren Bezugspersonen von „Traumatisierungen" gesprochen, handelt es sich dabei nicht um ein Trauma im medizinischen Sinne.

III. Risikoforschung und Resilienz

Die moderne Risikoforschung beschäftigt sich mit der Frage, ob und wie belastende Lebensumstände und -erfahrungen die Entwicklung von Kindern und Jugendlichen langfristig beeinträchtigen können. In diesem Zusammenhang wurden Faktoren ermittelt, die Einfluss auf die Entstehung und Aufrechterhaltung von Entwicklungs- und Verhaltensstörungen bei Kindern und Jugendlichen haben. Diese lassen sich in zwei Gruppen unterteilen. Nämlich in Eigenschaften des Kindes und Merkmale seiner Umwelt. Zunächst gibt es Risikofaktoren, die

151 *Hüther* in Brisch/Hellbrügge (2003), S. 100, 102 ff.; *Schechter* in Brisch/Hellbrügge (2003), S. 224; *Lamprecht* (2001), S. 40; *Sack* in *Lamprecht* (2001), S. 75; *Kühner* (2001), S. 39.

152 *Flatten* in Seidler (2003), S. 37, *Lamprecht* (2001), S. 18 ff.

sich auf biologische und psychische Merkmale des Individuums beziehen, wie genetische Dispositionen, geringes Geburtsgewicht, ein schwieriges Temperament – etwa starke Ausprägung des Merkmals Neurotizismus[153], Intelligenz oder Geschlecht. Daneben können Risikofaktoren auftreten, die psychosoziale Merkmale der Umwelt des Individuums betreffen. Vorstellbar sind hier schwierige, disharmonische Familienverhältnisse, Substanzenmissbrauch, Armut und Arbeitslosigkeit der Eltern und Fehlen sozialer Unterstützungsnetze durch Verwandte und Bekannte. Es konnte festgestellt werden, dass sich prä- und perinatale Komplikationen eher auf die motorische und kognitive Entwicklung auswirken, während negative familiäre Risikofaktoren Störungen der kognitiven und sozial-emotionalen Entwicklung bedingen. Frühe Belastungen von Kindern haben oft nicht nur vorübergehende Entwicklungsstörungen und -verzögerungen, sondern dauerhafte Beeinträchtigungen der individuellen Entwicklungschancen zu Folge. Treten Risikofaktoren gehäuft in einer Familie auf, können sie kumulieren und sich wechselseitig verstärken.

Beobachtungen von Risikogruppen ergaben, dass es Kinder gibt, welche selbst schwere Belastungen unbeschadet überstehen. Man kam zu dem Schluss, dass es auch Schutz- oder protektive Faktoren geben müsse. Das zentrale Konzept in diesem Bereich ist das der „Resilienz“. Dies ist die Fähigkeit, Entwicklungsrisiken zu mindern und zu kompensieren, negative äußere Einflüsse zu überwinden und sich gesundheitsförderliche Kompetenzen anzueignen. Resilienz soll maßgeblich auf drei Faktoren beruhen. Zunächst ist die Eigenschaft des Kindes zu erwähnen, positive Reaktionen in seinem sozialen Umfeld auszulösen. Hierbei erweisen sich ein robustes, aktives und kontaktfreudiges Temperament und eine gute bis überdurchschnittliche Intelligenz, Selbstvertrauen und ein positives Selbstwertgefühl des Kindes als förderlich. Den zweiten Faktor bilden emotionale Bindungen und Sozialisierungspraktiken der Familien, welche Vertrauen, Selbständigkeit und Initiativen des Kindes verstärken. Der dritte Faktor ist schließlich in externalen Unterstützungssystemen zu finden, welche zur Förderung der Kompetenzen und der Entwicklung positiver Wertvorstellungen beitragen. Somit kommen der Erfahrung gelungener Bewältigung und positiven Bindungsbeziehungen, welche eng mit einem positiven Selbstbild des Kindes verbunden sind, entscheidende Bedeutung zu. Gerade für Kinder im Säuglingsalter, welche nur begrenzte Bewältigungskompetenzen besitzen, sind Erfahrungen von emotionaler Sicherheit und Verlässlichkeit im Umgang mit der ersten Bezugsperson wichtig, um Widerstandfähigkeit gegenüber belastenden Erfah-

153 *Saum-Aldehoff*, Psychologie Heute 02/2005, S. 47.

rungen zu erwerben.[154] Hier zeigt sich abermals der Wert positiver Bindungserfahrungen.

Es wird jedoch vor einer einseitigen und zu starken Zentrierung auf die frühe Kindheit im Rahmen der Bindungs- und Traumaforschung gewarnt. Diese Ansicht beruht auf der Annahme, dass der Mensch nicht nur ein Produkt seiner Sozialisation ist, sondern sich auch aus eigener Kraft entwickeln kann. Vielmehr soll Resilienz in jedem Lebensalter erlernbar sein.[155] Dieser Ansicht ist entgegenzusetzen, dass die Relativierung negativer Kindheitserfahrungen durch positive Beziehungserfahrungen im weiteren Leben zwar vorstellbar ist. Doch die neurobiologischen Befunde, welche auf dauerhafte Schäden im Nervensystem aufgrund von Traumatisierungen und negativen Bindungserfahrungen hindeuten, sprechen gegen einen vollständigen Ausgleich derartiger Erfahrungen.

IV. Die Scheidungsfolgenforschung

Ein inzwischen sehr ausführlich erforschtes Gebiet stellt die Folgen von Trennung und Scheidung der Eltern für die betroffenen Kinder dar.[156]

1. Die Studie von Wallerstein, Lewis & Blakeslee

Die bekannteste Studie bezüglich Langzeitwirkungen elterlicher Scheidung auf Kinder dürfte eine Studie aus den USA von *Wallerstein*, *Lewis* und *Blakeslee* über Trennungskinder aus der Mittelschicht in Nordkalifornien sein.[157] Diese Studie hat ergeben, dass Trennungen oder Scheidungen der Eltern für die Kinder sowohl psychologische als auch ökonomische sowie soziale Langzeitwirkungen haben.

Die Kinder wiesen wenige Erinnerungen an eine intakte Familie auf. Viele Eltern büßten infolge des Trennungsgeschehens an Erziehungsfähigkeit ein. Dies konnte zu einem weitgehenden Verlust von Versorgung und Schutz während der Jahre des Aufwachsens und zu einer „verlorenen Kindheit" führen. Sehr stark im Vordergrund stand die Erfahrung von Einsamkeit etwa aufgrund notwendig gewordener Arbeitsaufnahme der Mutter oder Trennung vom Vater oder Ge-

---

154 *Brisch* (2009), S. 77; *Laucht* in Brisch/Hellbrügge (2003), S. 54 f., 64 ff., 67 ff.; *Lenz* FPR 2005, 246, 246 f.; *Nuber*, Psychologie Heute 09/2005, S. 22; *Petermann/Niebank/Scheithauer* (2003), S. 344 ff.; *Dornes* (2002), S. 103 ff.

155 *Nuber*, Psychologie Heute 09/2005, S. 24; *Welter-Enderlin*, Psychologie Heute 09/2005, S. 26.

156 Ausführliche Darstellung des Forschungsstandes *Fthenakis* in *Fthenakis* (2008), S. 5 ff.

157 *Wallerstein/Lewis/Blakeslee* (2002).

schwistertrennung. Hatten die Kinder Gewalttaten erlebt, genügte es nicht, sie aus dem gewalttätigen Milieu zu entfernen. Darüber hinaus war eine intensive psychologische Betreuung notwendig. Die Eltern-Kind-Beziehungen in Trennungsfamilien erwiesen sich als weniger stabil als die intakter Familien. Die Fähigkeit des Vaters, Kontakte zum Kind aufrecht zu erhalten, hing stark vom psychologischen Zustand und der Stimmung des Vaters in den Nachscheidungsjahren ab. Auch der Entwicklungsstand des Kindes hatte Einfluss auf die Umgangsmotivation des Vaters. Sorge- und Umgangsrechtsregelungen, die ohne Mitsprache des Kindes und Rücksicht auf dessen Zeitpläne zustande kamen, wurden als willkürlich, repressiv und Verlust an Freiheit empfunden. Bezüglich der Qualität der Beziehung zu beiden Elternteilen konnte festgestellt werden, dass kein Kind durchgehend die schlechte Meinung des einen Elternteils über den anderen übernahm. Vielmehr bildeten und revidierten die Kinder ihre Urteile aufgrund eigener Beobachtungen.

Die heranwachsenden Trennungskinder zeigten sich in der Adoleszenz besonders verletzlich und wenig widerstandsfähig gegenüber Drogen, Alkohol und verfrühten sexuellen Aktivitäten. Im Erwachsenenalter wurden sowohl ökonomische als auch weitere psychologische Folgen deutlich. Aus finanziellen Gründen waren Scheidungskinder oft gezwungen, Berufe zu wählen, die deutlich unter dem Niveau der Eltern lagen und nicht ihren Wünschen entsprachen. Bezüglich eigener partnerschaftlicher Beziehungen, Eheschließung und Familiengründung herrschten häufig Ängstlichkeit und Zweifel an der eigenen Beziehungsfähigkeit. Ferner konnte ein Zusammenhang zwischen erlebter Trennung der Eltern und dem erhöhten Risiko, selbst eine Ehescheidung zu erfahren, festgestellt werden.

Zusammenfassend konnte dargelegt werden, dass in jeder Stufe der Entwicklung des Kindes die Folgen der elterlichen Scheidung erneut und auf verschiedene Weise erlebt wurden und die Auswirkungen durch Kumulation an Stärke gewannen. Besonders kritisiert wurde das Versäumnis der Gerichte, im Rahmen von Sorge- und Umgangsrechtsregelungen die sich im Laufe der Entwicklung verändernden Ansprüche des Kindes zu berücksichtigen und die Kinder angemessen an der Planung ihres Lebens zu beteiligen.[158] Schließlich konnte festgestellt werden, dass nicht die rechtliche Form des Sorge- und Umgangsrechts, sondern Faktoren wie psychische Gesundheit der Eltern, Qualität der Eltern-Kind-Beziehung, Konfliktniveau und Kooperationsbereitschaft zwischen den Eltern und die Fähigkeit der Eltern, dem Kind weiterhin die nötige Routine in beiden Haushalten zu bieten, für das Wohlbefinden des Kindes entscheidend sind.[159]

158 *Wallerstein/Lewis/Blakeslee* (2002), S. 199, 303 ff.; *Wallerstein/Lewis* FamRZ 2001, 65, 66 ff.
159 *Wallerstein/Lewis/Blakeslee* (2002), S. 229.

2. Die Scheidungsfolgenforschung in Deutschland

Scheidungsfolgen werden auch in Deutschland erforscht.[160] Auch hier kam man zu dem Ergebnis, dass Kinder die am stärksten betroffene Risikogruppe bei Scheidungskonflikten sind. Als Faktoren des familialen Systems der Scheidungsfamilie werden familiales Konfliktniveau, Kompetenz des sorgeberechtigten Elternteils, Qualität der Eltern-Kind-Beziehung, Beziehung des Kindes zum nichtsorgeberechtigten Elternteil, Art der Sorgerechtsregelung und Ehestatus nach der Scheidung bzw. Wiederheirat eines Elternteils angeführt. Entscheidend komme es jedoch nicht auf das Scheidungsereignis und die Vollständigkeit der Familie, sondern auf das Konfliktniveau der Familie, die Qualität der Elternbeziehung und das Entwicklungsumfeld an. Die kindliche Reaktion wird bestimmt durch den Kontext, in dem der Konflikt abläuft, und die Interpretation der Geschehnisse durch das Kind. Elterliche Erziehungsfähigkeit kann durch das Scheidungsgeschehen eingeschränkt sein. Dazu kommen weitere Faktoren, die auf das familiale System einwirken, wie Verfügbarkeit eines sozialen und verwandtschaftlichen Netzes, ökonomische Situation der Familie, Inanspruchnahme von Interventionsansätzen und deren Qualität, Qualität der einschlägigen Rechtsnormen, kultureller Hintergrund und der Zeitfaktor. Scheidungsgeschehen kann für Kinder einhergehen mit unangemessener Verantwortungsübernahme, Schuldgefühlen, Loyalitätskonflikten und Rückweisungserfahrungen. Vertreter systemischer Theorien sehen einen Zusammenhang zwischen Selbstwertgefühl des Kindes und Umgangshäufigkeit und folgern daraus eine positive Auswirkung fortbestehender Beziehungen. Als langfristige Auswirkungen erlebter Scheidung der Eltern werden erhöhtes Risiko psychischer Erkrankung, erhöhtes Suizidrisiko, Probleme bei der Gestaltung von Partnerschaftsbeziehungen und Ehen sowie delinquentes Verhalten genannt. Die Vaterabwesenheit wird mit negativen Auswirkungen auf die Geschlechterrollenentwicklung junger Mädchen in Verbindung gebracht. Insgesamt sollen Jungen eher mit agierendem, aggressiven Verhalten und Mädchen mit internalisierenden Verhaltensweisen auf die Elterntrennung reagieren. Es wird angenommen, dass Bewältigungs- und Handlungsstrategien Einfluss auf den Zusammenhang zwischen elterlichen Konflikten und Verhalten der Kinder haben.

Wie ein Kind die familiären Veränderungen, die durch eine Scheidung der Eltern eintreten, bewältigt, soll insbesondere davon abhängen, welche Beziehungen das Kind bis zur Elterntrennung entwickeln konnte, wie diese in das System

160 Ausführlicher Überblick *Altrogge* (2007), S. 153 ff.; *Walper* FPR 2005, 86, 87 ff.; *Schmidt-Denter/Schmitz* in *Walper/Schwarz* (1999), S. 74; *Fthenakis*, Familiendynamik 1995, 127, 129 ff.; *Niesel*, Familiendynamik 1995, 154, 156 ff.

Familie eingebettet sind und wie diese Beziehungen in der Zukunft gestaltet werden können. Der Erhalt der Bindungen und Beziehungen, welche das Kind vor dem Auseinanderbrechen der Familie hat entwickeln können, liefert das wichtigste Argument für einen Umgang des Kindes mit den Eltern. Das Kind sollte die Möglichkeit haben, sich kontinuierlich mit beiden Elternfiguren auseinandersetzen. Dies ist für die Entwicklung des kindlichen Selbstvertrauens und Selbstwertgefühls ebenso nötig wie zur Entwicklung der eigenen Identität. Die Eltern sollten sich um Kooperation bemühen. Stehen die Kinder ständig im Spannungsfeld zwischen den streitenden Eltern, führt dies zu einer Verunsicherung der Kinder hinsichtlich ihrer eigenen Beziehungen zu den Eltern und Loyalitätskonflikten.[161] Im Rahmen der Bindungsforschung wurde festgestellt, dass Kinder in solchen Situationen selbst Affekte der Eltern aus der Ebene des Paarkonflikts übernehmen und ihrerseits depressiv oder aggressiv reagieren können. Die Kinder können beide Eltern im Umgang nicht mehr als sichere emotionale Basis nutzen und erfahren Angst und Verunsicherung hinsichtlich ihrer Bindungen. Dadurch können explorative Fähigkeiten des Kindes eingeschränkt werden und es kommt regelmäßig zu einer Verschlechterung der kognitiven Fähigkeiten des Kindes mit Schulproblemen bis Schulversagen.[162]

Hinsichtlich der Gestaltung von Umgangskontakten wird immer wieder darauf hingewiesen, dass nicht der Häufigkeit, sondern der Art und Qualität des Umgangs zwischen Kind und dem umgangsberechtigten Elternteil, entscheidende Bedeutung für das Kindeswohl zukommt.[163] Auch kann es gewichtige Ausnahmefälle geben, wie häusliche Gewalt oder ein zu hohes Konfliktniveau zwischen den Eltern, die dazu führen können, dass eine Aufrechterhaltung der Kontakte nicht dem Kindeswohl entspricht.[164] Es wurde festgestellt, dass an Kinder, die mit fortgesetzten und intensiven Streitigkeiten der Eltern konfrontiert sind, vermehrte Anforderungen hinsichtlich der emotionalen Bewältigung dieser Erfahrungen gestellt werden. Diese Kinder können Stressreaktionen entwickeln, die physiologisch messbar sind. Daher können reduzierte Kontakte zum getrennt lebenden Kindesvater im Kontext elterlicher Zwistigkeiten im Einzelfall dem Kin-

161 *Balloff* FPR 2005, 210, 212; *Klüber/Terlinden-Arzt* FPR 2002, 215, 216 ff.

162 *Brisch* in Bd. 15 der Brühler Schriften zum Familienrecht (2008), S. 107.

163 *Kindler* ZKJ 2009, 110, 110 f.; *Walper/Langmeyer* ZKJ 2008, 94, 95; *Gödde/Fthenakis* in *Fthenakis* (2008), S. 72 f.; *Balloff* (2007), S. 97; *Kindler/Reinhold* FPR 2007, 291, 292; *Walper* in Bd. 14 der Brühler Schriften zum Familienrecht (2006), S. 121; Detaillierter Überblick über den Forschungsstand *Kostka* (2003), S. 206 ff., 212 ff., 526.

164 *Salgo* FPR 2008, 441, 443; *Kindler* FPR 2011, 207, 210; *Kindler/Fichtner* FPR 2008, 139, 143; *Walper/Langmeyer* ZKJ 2008, 94, 95; *Kölch/Fegert* FamRZ 2008, 1573, 1577.

deswohl sogar zu Gute kommen.[165] Ebenso so schädlich wirkt es sich aus, wenn Kinder Zeugen von Gewalt zwischen Bindungspersonen werden, weil sie dies so erleben, als würden sie selbst angegriffen. Durch die Indentifikation mit dem angegriffenen Elternteil reagiert das Stresssystem des Kindes intensiv mit. Der freie Umgang mit dem gewalttätigen Elternteil – selbst wenn dieser nie gegen das Kind Gewalt ausgeübt hat – ist für das Kind eine sehr angstvolle Situation.[166] Die Regelvermutung zur Kindeswohldienlichkeit von Umgang kann in Fällen von häuslicher Gewalt und bei fortwährend hohem elterlichem Konfliktniveau demnach keine Geltung beanspruchen.[167]

V. Kindeswohl und Kindeswille

1. Der Kindeswille als Kindeswohlkriterium

In dem Bereich Sorge- und Umgangsrecht nach Trennung und Scheidung sind die Begriffe Kindeswohl und Kindeswille von zentraler Bedeutung. Das „Kindeswohl" ist ein unbestimmter Rechtsbegriff, deren Auslegung zum Inhalt richterlichen Entscheidens wird. Das Kindeswohl ist die einzige Legitimation zum Eingriff des Staates in die Familienautonomie. Als Definition des Begriffs wird vorgeschlagen[168], unter dem familienrechtspsychologischen Aspekt als Kindeswohl die für die Persönlichkeitsentwicklung eines Kindes oder Jugendlichen günstige Relation zwischen seiner Bedürfnislage und seinen Lebensbedingungen zu verstehen. Als eine Kindeswohlgefährdung ist die Überforderung der Kompetenzen eines Kindes, vor allem der Kompetenzen, die ungenügende Berücksichtigung seiner Bedürfnisse in seinen Lebensbedingungen ohne negative körperliche und/oder psychische Folgen zu bewältigen. Durch die Mängellage wird die Bedürfnislage ignoriert. Dies ist der Kern einer für die Persönlichkeitsentwicklung ungünstigen Relation zwischen Bedürfnissen und Lebensbedingungen.

Der „Kindeswille" ist ein Kriterium zur Beurteilung des Kindeswohls. Er wird als die altersgemäße, stabile und autonome Ausrichtung des Kindes auf erstrebte, persönliche bedeutsame Zielzustände verstanden. Dabei geht es um vom Kind selbst definierte Interessen.[169] § 159 FamFG impliziert eine Verpflichtung, dem

---

165 *Walper* in Bd. 14 der Brühler Schriften zum Familienrecht (2006), S. 109, 123, die statt zu einer vorschnellen Umgangsverringerung oder gar -aussetzung zunächst zur Entwicklung von Interventionsangeboten zur Reduktion des destruktiven Konfliktverhaltens der Eltern rät.

166 *Brisch* in Bd. 15 der Brühler Schriften zum Familienrecht (2008), S. 108.

167 *Salgo* FF 2010, 352, 357.

168 *Dettenborn/Walter* (2002), S. 62, 66.

169 *Dettenborn* (2007), S. 65.

Kindeswillen im Rahmen der gerichtlichen Entscheidungsfindung umfassend materiellrechtliche Beachtung zu schenken. Bei der Entscheidungsfindung kommen dem Kindeswillen zwei Funktionen zu. Zum einen ist der Kindeswille Ausdruck der inneren Verbundenheit des Kindes mit dem gewünschten Elternteil. Zum anderen kann der Kindeswille aber auch Akt der Selbstbestimmung eines hierzu in natürlichem Sinne fähigen Kindes sein. Der Kindeswille fungiert als Bindungsindiz. Eine absolute untere Altersgrenze für die grundsätzliche Beachtlichkeit des Kindeswillens gibt es nicht. Jedenfalls wird es für geboten erachtet, die betroffenen Kinder ab dem dritten Lebensjahr anzuhören.[170] Entwicklungspsychologisch ist erwiesen, dass unauffällige Kinder bereits in einem Alter von drei bis vier Jahren alle notwendigen sozialen und psychischen Kompetenzen erworben haben, um einen eigenen, autonomen und festen Willen zu haben und diesen bei hinreichender Sprachentwicklung formulieren können. Dabei ist lediglich zu beachten, dass es sich bei Anhörungen von Kindern im Alter unter drei oder vier Jahren eher um eine Anschauung und Beobachtung der Interaktion zwischen Eltern und Kind handelt.[171]

2. Der beeinflusste Kindeswille

Loyalitätskonflikte, Verdrängungsmechanismen oder elterliche Manipulation können jedoch dazu führen, dass der Kindeswille als Bindungsindiz versagt. Im Falle der Beeinflussung durch einen Elternteil neigt die Rechtsprechung überwiegend dazu, den Kindeswunsch nicht als Ausdruck seiner wirklichen Bindung anzusehen und deshalb zu ignorieren. Vor einer derart pauschalen Vorgehensweise wird gewarnt.[172] Zum einen stelle jede Erziehung und Zuwendung eine „Beeinflussung" dar. Disqualifizierend könne nur eine illegitime, etwa eigensüchtige und aufhetzende Einflussnahme wirken. Zum anderen könne eine derartige Beeinflussung zu wirklicher psychischer Prägung des Kindes führen. Wolle man das Kind ernst nehmen, müsse auch diese Tatsache hingenommen werden. Dies gelte nicht nur für die manipulierte Bindung, sondern auch für die Ablehnung eines Elternteils.[173] Darüber hinaus könne die Identifikation mit einem Elternteil – psychologisch gesehen – ein rationales Verhalten des Kindes sein, die Belastung durch den Elternstreit zu reduzieren und zu bewältigen.[174]

170 Staudinger/*Coester* § 1671 BGB Rn. 233 ff.; *Dettenborn* (2007), S. 77.

171 *Balloff* (2004), S. 143, 168.

172 Staudinger/*Coester* § 1671 BGB Rn. 239; ders. § 1666 BGB Rn. 79.

173 OLG Hamburg FamRZ 2002, 566, 567.

174 KG FamRZ 2005, 1768, 1769 mit ausführlicher, kritischer Auseinandersetzung zum so genannten Parental Alienation Syndrom (PAS).

Kann das Kind seine Entscheidung mit einem solchen eigenständigen, vernünftigen Motiv begründen, kann eine vorhandene Beeinflussung außer acht bleiben.[175] Beruht der Kindeswille – auch des älteren Kindes – auf illegitimer elterlicher Beeinflussung, so scheidet seine Respektierung als Akt der Selbstbestimmung jedoch aus, wenn sich der Kindeswunsch nur als projizierter Elternwille, also eigentlich als Ausdruck von Fremdbestimmung darstellt und die wirklichen Bindungsverhältnisse nicht zutreffend bezeichnet. Aber auch hier soll der Kindeswille als bewusste Selbstbestimmung zu achten sein, wenn sich ein Jugendlicher die ursprüngliche elterliche Position nachdrücklich zu Eigen gemacht hat.[176] Veranlasst das Gericht Umgangskontakte gegen den ausdrücklichen Willen eines Kindes, hat dies meistens keine Verbesserung oder Stabilisierung der Beziehungen des Kindes mit dem Umgang begehrenden Elternteil zur Folge. Das Gegenteil ist der Fall. Im höheren Lebensalter der Kinder führt dies oft zu einem rigorosen Kontaktabbruch.[177]

3. Das Parental Alienation-Syndrom (PAS)

Im Zusammenhang mit der Verweigerung von Umgangskontakten zwischen dem Kind und dem nicht betreuenden Elternteil durch den betreuenden Elternteil hat das so genannte Parental-Alienation-Syndrom (PAS) traurige Berühmtheit erlangt. Es beruht auf einer umstrittenen Theorie des amerikanischen Kinderpsychiaters Richard Gardender. In Ahnlehnung an Gardener wird PAS in der deutschen Rezeption des PAS[178] als kompromisslose Zuwendung eines Kindes zu einem – dem „geliebten“, „guten“ – Elternteil und die ebenso kompromisslose Abwendung vom anderen – dem „gehassten“, „bösen“ Elternteil. Die Manifestation der Abwendung bildet häufig die Umgangsverweigerung. PAS soll das Ergebnis massiver Manipulation des Kindes durch einen Elternteil sein. Als Intervention werden ein Sorgerechtswechsel auf den abgelehnten Elternteil und eine damit verbundene Trennung des Kindes vom bisher betreuenden Elternteil, in Extremfällen sogar die vorläufige Fremdunterbringung des Kindes empfohlen.

Sowohl die Theorie des PAS als auch die damit verbundenen Interventionsvorschläge werden in der psychologischen Fachwelt scharf kritisiert und weitgehend nicht anerkannt.[179] Problematisch an dieser Theorie sind insbesondere die

---

175 OLG Hamm FamRZ 1989, 654, 655.

176 AG Frankfurt ZKJ 2007, 498, 500.

177 *Balloff* (2004), S. 145 unter Verweis auf *Wallerstein/Lewis* FamRZ 2001, 65, 69.

178 *Kodjoe/Koeppel* DAVorm 1998, 9 ff.

179 *Balloff* (2007), S. 112; *Balloff* (2004), S. 146; *Kostka* (2004), S. 225 ff.; *Dettenborn/Walter* (2002), S. 91 ff.; *Salzgeber* FF 2003, 232, 233 ff.; *Bruch* FamRZ 2002, 1304, 1305 ff.; Staudin-

praktisch völlige Negierung des Kindeswillens und die Forderung eines erzwungenen Umgangs mit dem abgelehnten Elternteil.[180] Einige gehen so weit zu vermuten, dass hinter der Diskussion um PAS weniger die Kindesinteressen als vielmehr die Betonung von Vaterrechten und Vergeltungsmaßnahmen gegen den betreuenden Elternteil stehen. Im Bemühen, den (biologischen) Elternteil zu seinem Recht kommen zu lassen und einen Schuldigen zu finden, würden Kindeswille und Kindeswohl völlig vernachlässigt.[181]

Letztlich soll das so genannte PAS bei familiengerichtlichen Auseinandersetzungen eine weitaus geringere Rolle spielen als bisweilen in Diskussionen angenommen.[182] In der jüngeren familienrechtspsychologischen Literatur wird PAS immer weniger Bedeutung beigemessen und der Kindeswille wieder mehr in den Mittelpunkt gestellt. Während zeitweilig unter dem Einfluss familiendynamischer Theorien angenommen wurde, hinter Widerständen voradoleszenter Kinder gegen übliche Umgangsregelungen stünden meist Einflüsse des hauptsächlich betreuenden Elternteils, sofern keine objektivierbare negative Erfahrung des Kindes mit dem besuchsberechtigten Elternteil vorliege, wird heute angemahnt, die Eigenständigkeit kindlicher Willensäußerungen nicht zu unterschätzen. In einer Analyse von Gutachtenfällen sollen sich selbst bei erkennbar massiven Beeinflussungsversuchen eines Elternteils trotzdem die Hälfte der Kinder in einer den Wünschen des beeinflussenden Elternteils nicht entsprechender Weise geäußert haben.[183] Statt das zweifelhafte PAS zu bemühen, wird geraten, im Rahmen der Beurteilung des Kindeswillens die Motivationssuche des Kindes, Alter, Persönlichkeitsentwicklung und Entwicklungsstand des Kindes zu berücksichtigen.[184] Im Bereich der Motivationssuche sei zu ermitteln, welches Ziel das Kind mit seiner Willensäußerung unter den gegebenen Umständen verfolge. Meist stünden keine Erwachseneneinflüsse hinter den Äußerungen des Kindes, sondern die Hoffnung und der Wunsch auf Beendigung des Konflikts und die Hoffnung, aus dem Mittelpunkt des Konflikts herauszukommen. Ein solcher Wusch sei legitim und müsse ernst genommen und ebenso respektiert werden wie elterliche Wünsche nach Kontakt oder Kontaktverboten. Gründe könnten außerdem beim umgangsbegehrenden Elternteil oder in der Trennungsgeschichte der jeweiligen

---

ger/*Coester* § 1671 BGB Rn. 208 m.w.N; für eine differenzierte Betrachtungsweise *Warshak* ZfJ 2005, 186, 195, 200.

180 *Kostka* (2004), S. 230, 234, 240 ; *Salzgeber* FF 2003, 232, 234; *Wallerstein/Lewis/Blakeslee* (2002), S. 138 f.; *Bruch* FamRZ 2002, 1304, 1313 f.; Staudinger-*Coester* (2004) § 1666 BGB Rn. 131.

181 *Kostka* (2004), S. 240, 248, 251 ; *Balloff* (2004), S. 146 ; *Salzgeber* (2001), S. 334.

182 *Kölch/Fegert* FamRZ 2008, 1573, 1577.

183 *Kindler* FPR 2009, 150, 152.

184 *Balloff* (2007), S. 70 ff.; *Balloff* (2004), S. 142.

Familie liegen. Gründe älterer Kinder würden meist in der eigenen Autonomieentwicklung und sich entwickelnden eigenen Interessen und der eigenen autonomen Lebensgestaltung liegen.[185]

VI. Kind und Zeitempfinden

Das Zeitmoment kann im Rahmen kindschaftsrechtlicher Verfahren eine entscheidende Rolle spielen.[186] Das Zeitempfinden eines Kindes unterscheidet sich von dem eines Erwachsenen. Mit zunehmendem Alter nähert es sich dem Zeitempfinden eines Erwachsenen an. Kinder leben bis zu einem gewissen Alter ausschließlich im Hier und Jetzt. Sie schätzen Zeitspannen auf der Grundlage der Dringlichkeit ihrer Triebwünsche ein. Das Zeiterleben steht im Zusammenhang mit der Geschwindigkeit von Bedürfnisbefriedigung, die das Kind als notwendig oder angenehm empfindet. Jeder Aufschub erscheint ihnen endlos und führt zu erhöhter psychischer Belastung. Daher empfinden Kinder einen derartigen Zeitraum länger als Erwachsene. Der Zeitraum, der zur Bedürfnisbefriedigung zur Verfügung steht, ist umso kürzer, je jünger das Kind ist. Dies resultiert aus der größeren Abhängigkeit von Bezugspersonen und den geringeren eigenen Kompensationsmöglichkeiten jüngerer Kinder bei Bedürfnisfrustration. Es besteht auch ein Zusammenhang mit der Bindungstheorie. Die schnellere Bedürfnisbefriedigung ermöglicht eine beschleunigte Entstehung von Bindungen. Bindungen können umso schneller aufgebaut werden, je jünger das Kind ist. Wird ein Kind älter, geht die Notwendigkeit der Präsenz von Bindungspersonen in eine symbolische Repräsentanz sowie die Ausbildung von internen Arbeitsmodellen über. Erfolgt die Bedürfnisbefriedigung inadäquat oder instabil, etwa aufgrund Wechsel oder Trennungen von Bindungspersonen, ist die Wahrscheinlichkeit von Folgeschädigungen höher, je jünger das Kind ist. Der Abbau von Bindungen erfolgt mit steigendem Alter des Kindes langsamer. Aus der Besonderheit kindlichen Zeitempfindens folgt für das Familienrecht, dass nicht rechtsfindungsbezogene Verfahrensverzögerungen unbedingt vermieden werden sollten. Es wird angenommen, dass die biologische Voraussetzung der Elternschaft für Kinder belanglos ist, da sie diejenige Person als maßgebliche Bezugsperson anerkennen, welche ihre täglichen Bedürfnisse erfüllt. Wird ein Kind in einem Alter, in dem es noch von den Besonderheiten des kindlichen Zeitempfindens geprägt ist, von seiner maßgeblichen Bezugsperson getrennt, so empfindet es diese Trennung

---

185 *Kölch/Fegert* FamRZ 2008, 1573, 1577; *Klüber/Terlinden-Arzt* FPR 2002, 215, 216 ff.

186 *Salgo* FF 2010, 352, 353 f.; *Dettenborn/Walter* (2002), S. 48 f.; grundlegend *Heilmann* ZfJ 1998, 317, 318 f.; MüKo-*Heilmann* § 155 FamFG Rn. 2.

schneller als dauerhaft und endgültig. Jedes Kind hat ein Grundbedürfnis nach dauernden, stabilen und gesicherten inneren und äußeren Verhältnissen. Wird dieses Bedürfnis nicht gewährleistet, kann es zu Entwicklungsverzögerungen oder Entwicklungsstörungen führen. Die Durchführung eines kindschaftsrechtlichen Verfahrens bedeutet für das Kind stets eine Beeinträchtigung dieses Grundbedürfnisses. Anzeichen bestehender Unsicherheiten wie direkter Kontakt des Kindes mit dem Gericht, Begutachtung und Verlustängste der Eltern oder Pflegeeltern werden von Kindern wahrgenommen und können Auswirkungen auf ihre Entwicklung haben.

D Fallanalysen zum Sorge- und Umgangsrecht bei Trennung und Scheidung

I. Fall Elsholz gegen Deutschland[187]

1. Sachverhalt

Der deutsche Staatsangehörige und Beschwerdeführer Egbert Elsholz hat einen nichtehelichen Sohn, welcher im Dezember 1986 geboren wurde. Die Vaterschaft hatte er im Januar 1987 anerkannt und seinen Unterhaltspflichten ist er regelmäßig nachgekommen. Der Beschwerdeführer lebte mit der Mutter des Kindes von November 1985 bis Juni 1988 zusammen. Nach der Trennung fanden bis Juli 1991 regelmäßige Kontakte und Urlaube zwischen Vater und Sohn statt. Danach ist der Kontakt abgebrochen. Nach erfolglosen Vermittlungsversuchen durch das Jugendamt beantragte der Beschwerdeführer im August 1992 und im September 1993 die gerichtliche Regelung des Umgangs mit seinem Sohn.

2. Rechtliche Beurteilung nach nationalem Recht

Maßgeblich für die Beurteilung nach deutschem Recht waren die §§ 1634, 1705, 1711 BGB a. F. Danach stand der nichtehelichen Mutter das Sorgerecht für das nichteheliche Kind zu. Dem Vater wurde der persönliche Umgang mit dem Kind nur erlaubt, wenn die Mutter hiermit einverstanden war oder, wenn das Vormundschaftsgericht zu dem Ergebnis kam, dass der Umgang dem Kindeswohl diente. Beide Anträge des Beschwerdeführers auf Umgangsgewährung wies das Amtsgericht Mettmann im November 1992 und im Dezember 1993, jeweils nach mündlicher Verhandlung und Anhörung des damals fünf bzw. sechs Jahre alten Kindes, zurück. In seiner Anhörung hatte das Kind zum Ausdruck gebracht, den Vater nicht mehr sehen zu wollen. Gemäß § 1711 II BGB a.F. sei der Umgang nur zu gewähren, wenn er dem Wohle des Kindes nützlich und förderlich sei. Dies sei in diesem Fall aufgrund des gespannten Verhältnisses zwischen der Mutter des Kindes und dem Beschwerdeführer nicht der Fall. Ein Umgang würde den Jungen aufgrund der Spannungen zwischen den Eltern in Loyalitätskon-

187 EGMR Fall Elsholz Urt. v. 13.07.2000, Nr. 25735/94, EuGRZ 2002, 595 ff.

flikte stürzen und dies gefährde die ungestörte Entwicklung des Kindes und sei damit nicht mit dem Kindeswohl vereinbar. Aufgrund der umfassenden Aufklärung und Offensichtlichkeit des Sachverhalts wurde die Notwendigkeit eines Sachverständigengutachtens abgelehnt. Auf die vom Jugendamt empfohlene Einholung eines psychologischen Sachverständigengutachtens bezüglich der Frage des Umgangsrechts wurde ebenfalls aufgrund der Offensichtlichkeit des Sachverhaltes verzichtet.

Das Landgericht Wuppertal schloss sich dieser Ansicht ohne persönliche Anhörung der Beteiligten an und wies die Beschwerde des Beschwerdeführers im Januar 1994 zurück. Es zähle allein, dass sich in der gegenwärtigen Situation Kontakte mit dem Vater negativ auf das Kind auswirken würden. Dieser Schluss sei so eindeutig, dass es weder der Einholung eines Sachverständigengutachtens noch einer erneuten Anhörung der Beteiligten bedürfe. Eine Annahme der Beschwerde beim BVerfG wurde im April 1994 abgelehnt. Die Beschwerde werfe keine Fragen grundsätzlicher Bedeutung auf, die das Grundgesetz betreffen würden.

3. Beurteilung durch den EGMR

Vor dem EGMR rügte der Beschwerdeführer eine Verletzung des Art. 8 I EMRK infolge der Verweigerung eines Umgangsrechts mit seinem Sohn. Die Gerichte hätten der Möglichkeit einer Eltern-Kind-Entfremdung nach den amerikanischen Forschungsergebnissen zum Thema Parental-Alienation-Syndrom (PAS) nicht genügend Beachtung geschenkt. Die Einholung eines psychologischen Gutachtens wäre unbedingt notwendig gewesen.

Das Urteil des EGMR erging am 13.07.2000. Der EGMR bejaht das Vorliegen eines Familienlebens im Sinne des Art. 8 I EMRK und einen Eingriff in die Ausübung der daraus resultierenden Rechte. Er weist darauf hin, dass das Zusammensein für einen Elternteil und sein Kind einen grundlegenden Bestandteil des Familienlebens darstelle, selbst dann, wenn die Beziehung zwischen den Eltern zerbrochen ist.

Bei der Überprüfung der Rechtfertigung dieses Eingriffs gemäß Art. 8 II EMRK wiederholt der EGMR den Grundsatz der Subsidiarität der eigenen Rechtsprechung gegenüber der nationalen Rechtsprechung des betroffenen Mitgliedstaates. Er gesteht den nationalen Behörden und Gerichten einen Beurteilungsspielraum zu. Dem EGMR bliebe selbst nur eine Überprüfung der Entscheidung, welche die nationalen Behörden und Gerichte im Rahmen ihres Beurteilungsspielraums getroffen hätten, im Lichte der Konvention. Insbesondere im Bezug auf die im Vergleich zum Sorgerecht weitergehenden Beschränkungen des Umgangsrechts sei trotz des weiten Beurteilungsspielraums der Behörden eine genauere Kontrolle des effektiven Schutzes der Beteiligten angebracht. Es müsse zu einem gerechten Ausgleich der Interessen des Kindes und denen des Elternteils kommen. Hier müsse das Wohl des Kindes, das je nach Art und Bedeutung gegenüber dem Wohl der Eltern überwiegen könne, besonders beachtet werden. Insbesondere könne der Elternteil nach Art. 8 EMRK nicht berechtigt sein, solche Maßnahmen zu verlangen, die die Gesundheit und Entwicklung des Kindes beeinträchtigen würden.

Im vorliegenden Fall bestehe die Gefahr, dass die Familienbeziehungen zwischen Kind und Vater deutlich beeinträchtigt würden. Die Interessen des Beschwerdeführers seien in diesem Fall durch den Verzicht auf ein psychologisches Gutachten und die fehlende persönliche Anhörung vor dem Landgericht nicht genügend berücksichtigt worden. Die angeführten Gründe für den Verzicht auf ein Gutachten seien nicht ausreichend und der Beurteilungsspielraum damit überschritten. Folglich sieht der EGMR Art. 8 I EMRK als verletzt an. Ebenso bejaht er aus den gleichen Gründen eine Verletzung des Art. 6 I EMRK.[188] Abgelehnt wird eine Verletzung des Art. 14 i.V.m. Art. 8 EMRK. Eine Ungleichbehandlung und Diskriminierung des Beschwerdeführers gegenüber geschiedenen Vätern sei nicht ersichtlich.[189]

Bemerkenswert ist die teilweise abweichende Meinung des Richters Baka (Ungarn), der sich die Richterin Palm (Schweden), der Richter Hedigan und der Richter Levits (Lettland) anschlossen:[190] Dieser Meinung nach ist in dem Verzicht auf das psychologische Gutachten und die unterbliebene Anhörung vor dem Landgericht keine Überschreitung des nationalen Beurteilungsspielraums zu sehen. Bezüglich Tatsachenfeststellung und Beweiswürdigung seien dem EGMR Grenzen gesetzt. Deshalb sei der Beurteilungsspielraum gerade in Fällen, in denen es um den Schutz des Kindeswohls gehe, sehr groß. Die Feststellungen, welche das Amtsgericht nach direktem Kontakt zu allen Beteiligten und eingehender Prüfung traf, seien ausreichend gewesen. Eines Gutachtens und einer erneuten ebenso gründlichen Überprüfung durch das Landgericht hätte es nicht bedurft. Dies hätte nur zu weiteren Belastungen für das Kind und Verfahrensverzögerungen geführt. Weder Art. 8 I EMRK noch Art. 6 I EMRK seien verletzt.

188 EGMR Fall Elsholz Urt. v. 13.07.2000, Nr. 25735/94, EuGRZ 2002, 595, 598 ff.

189 EGMR Fall Elsholz Urt. v. 13.07.2000, Nr. 25735/94, EuGRZ 2002, 595, 600.

190 EGMR Fall Elsholz Urt. v. 13.07.2000, Nr. 25735/94, EuGRZ 2002, 595, 601 f.

4. Analyse des Urteils

Mit dem Fall Elsholz wurde Deutschland erstmals vom EGMR in einem kindschaftsrechtlichen Fall verurteilt. Entsprechend stark war das Echo auf die Entscheidung. Die Reaktionen erreichten ein breites Spektrum von Empörung bis Zustimmung. Es wurde die Unberechenbarkeit von Entscheidungen des EGMR kritisiert, der fern vom Geschehen und nach einem durch den Weg durch die Instanzen unvermeidbaren zeitlichen Abstand fachgerichtliche Urteile zu prüfen habe, die mehr als auf jedem anderen Gebiet auf den unmittelbaren Eindruck angewiesen seien. Was dem Wohle des Kindes diene, bedürfe der Beurteilung vor Ort. Die mit großem zeitlichem und arbeitsmäßigem Aufwand durchgeführten Verfahren vor dem EGMR hinterließen ein ungutes Gefühl und trügen zur Verunsicherung der Fachgerichte bei.[191]

Von den Befürwortern der Entscheidung wurde die Einflussnahme des EGMR auf die Rechtsprechung innerstaatlicher Gerichte als rechtens und zweckmäßig angesehen. Sie entspreche dem Zweck der Institution des EGMR, Behörden und Gerichte zur Einhaltung der Grund- und Menschenrechte anzuhalten.[192] Es sei davon auszugehen, dass das Urteil auf die Fortentwicklung des deutschen Kindschaftsrechts und insbesondere auf die einschlägige Gerichtspraxis erheblichen Einfluss haben werde.[193] Als Folge des Urteils wurde daher vermutet, dass Familiengerichte – gerade im Falle von Einschränkungen des Umgangsrechts – künftig besser ermitteln und später ihre Vorgehensweise im Rahmen des Amtsermittlungsgrundsatzes besser begründen müssten.[194] Auch angesichts der Vermeidung psychischer Folgen eines Kontaktverlustes zwischen Vater und Kind auf Seiten des Vaters, erfuhr das Urteil Zustimmung.[195]

In sozialwissenschaftlicher Hinsicht wurde die Entscheidung gelobt, da der EGMR im Rahmen der Wiedergabe des Vortrags des Beschwerdeführers ausdrücklich und ausführlich auf die Problematik des PAS eingegangen sei.[196] Dies ist jedoch zu relativieren und mitnichten ein Beweis für eine besondere sozialwissenschaftliche Qualifizierung der Richter aus Straßburg. Die Theorie des PAS wird in der psychologischen Fachwelt scharf kritisiert und weitgehend nicht anerkannt.[197]

---

191 *Benda* EuGRZ 2002, 1, 3.

192 *Liermann* DAVorm 2000, 629, 635.

193 *Koeppel* DAVorm 2000, 639, 641.

194 *Lenz* FF 2001, 190, 192.

195 *Kodjoe*, DAVorm 2000, 641, 641 f.

196 *Koeppel* DAVorm 2000, 629, 641.

197 Ausführlich erörtert in Teil C. V. 3.; *Balloff* (2007), S. 112; *Balloff* (2004), S. 146; *Kostka* (2004), S. 225 ff.; *Dettenborn/Walter* (2002), S. 91 ff.; *Salzgeber* FF 2003, 232, 233 ff.; *Bruch*

Zum Urteil selbst: Zunächst wiederholt der EGMR einige grundlegende Aussagen seiner bisherigen Rechtsprechung, die auch in späteren Urteilen immer wieder betont werden. Dies entspricht der typischen Vorgehensweise, neue Urteile des EGMR mit der Entwicklung der früheren Rechtsprechung zu verbinden, um eine Verfestigung des Konventionsrechts zu erreichen.

Der EGMR stellt mit Bezug auf den Fall Keegan eingangs klar, dass der Begriff Familie i.S.d. Art. 8 EMRK auch auf faktische Familienbande außerhalb der Ehe anzuwenden sei. Der Gerichtshof sieht das Zusammensein von Elternteil und Kind als grundlegenden Bestandteil des Familienlebens, selbst wenn die Beziehung der Eltern zerbrochen ist. Damit definiert er das Kindeswohl gerade auch durch die Beziehung des Kindes zu den Eltern.[198]

Weiterhin von grundlegender Bedeutung sind die Ausführungen des EGMR zur Subsidiarität seiner Rechtsprechung, dem Beurteilungsspielraum nationaler Gerichte und der Reichweite seiner Prüfungskompetenz. Zu beachten ist die vom EGMR vorgesehene Verengung des Beurteilungsspielraums, wenn es sich um einen intensiven Eingriff in die Rechte des Beschwerdeführers handelt. Die Verweigerung des Umgangsrechts soll so ein intensiver Eingriff sein. Hierzu wird in der Literatur kritisch angemerkt, dass der EGMR mit diesem Ansatz eine fehlende Sachnähe überbrücke und sich so in die Lage versetze – seinerseits – Jahre später einen Fall nach Aktenlage beurteilen zu können.[199]

Hinsichtlich des Sondervotums ist anzumerken, dass die am Sondervotum beteiligten Richter Baka, Palm, Hedigan und Levits der Rechtsanwendung deutscher Gerichte einen deutlich stärkeren Vorrang einräumen als der EGMR in der Entscheidung selbst. Sie halten das Vorgehen der Gerichte angesichts ihres direkten Kontaktes zu den Beteiligten und des relativ kurzen Abstandes zwischen den beiden Anhörungen des Kindes für legitim.

Hervorzuheben ist letztlich, dass auch der EGMR dem Kindeswohl gegenüber den Interessen der Eltern Vorrang einräumt. Es besteht an dieser Stelle kein Widerspruch zu den Maximen des deutschen Familienrechts.[200]

Zur Problematik der schwächeren Rechtsstellung des nichtehelichen gegenüber dem ehelichen Vater im Rahmen der §§ 1634, 1705, 1711 BGB a. F. hält sich der EGMR bedeckt. Er weist lediglich darauf hin, dass es den Anschein habe, dass die Anwendung dieser Bestimmungen auf den vorliegenden Fall nicht zu einem anderen Ansatz geführt habe als bei einem geschiedenen Paar. Die Zu-

---

FamRZ 2002, 1304, 1305 ff.; für eine differenzierte Betrachtungsweise *Warshak* ZfJ 2005, 186, 195, 200.

198 *Kielmansegg*, Archiv des Völkerrechts 2008, 273, 282.

199 *Lenz/Baumann* FPR 2004, 303, 304.

200 In Bezug auf das Umgangsrecht etwa BVerfG Kammerbeschluss vom 06.11.2009, Az. 1 BvR 1410/08, Rn. 15 und 17, zitiert nach Juris.

rückhaltung des EGMR an dieser Stelle mag daran liegen, dass die Regelungen der §§ 1634, 1705, 1711 BGB a. F. im Zeitpunkt der Entscheidung gar nicht mehr existierten und Ausführungen hinsichtlich einer etwaigen Diskriminierung des Beschwerdeführers bedeutungslos gewesen wären. Seit der Kindschaftsrechtsreform von 1998 gilt nach den §§1626 III, 1684 BGB n.F., dass jeder Elternteil, auch der nichteheliche Vater, das Recht und die Pflicht zum Umgang mit dem Kind hat, sofern das Familiengericht dies nicht im Interesse des Kindeswohls ausschließt.

Bemerkenswert ist die Entscheidung in erster Linie deshalb, weil der EGMR in der vorliegenden Entscheidung aus Art. 8 EMRK Anforderungen an die Gestaltung kindschaftsrechtlicher Verfahren ableitet. Der Entscheidungsprozess muss danach fair sein und die durch Art. 8 EMRK geschützten Interessen müssen ausreichend gewahrt sein. Die Eltern sollen einen Anspruch auf vollständige Information und Anhörung haben.

II. Fall Hoffmann gegen Deutschland[201]

1. Sachverhalt

Dieser Fall ist dem vorhergehenden Fall sehr ähnlich. Der Beschwerdeführer hat eine im August 1985 geborene nichteheliche Tochter. Mit der Mutter lebte er zum Zeitpunkt der Geburt zusammen. Nach der Trennung im Frühjahr 1987 heiratete die Mutter im Jahr 1992 einen anderen Mann. Im Juni 1987 wurde ein vierzehntägiges Besuchsrecht des Vaters durch das Amtsgericht Mülheim geregelt. Nach einigen anfänglichen Besuchen übte er dieses jedoch nicht mehr aus.

2. Rechtliche Beurteilung nach nationalem Recht

Im Mai 1990 beantragte die Mutter beim Amtsgericht den Ausschluss des Umgangsrechts des Vaters mit der Tochter. Nach dreijährigem Verzicht auf das Besuchsrecht habe die Tochter den Vater völlig vergessen. Ein Umgang entspräche nicht mehr dem Wohl des Kindes. Es folgten mehrere Gutachten, die durch das Jugendamt und das Amtsgericht in Auftrag gegeben worden waren und sich teilweise hinsichtlich der Empfehlung eines Umgangs widersprachen. Einige Umgangsversuche im August und September 1992 zeigten, dass die Tochter durch die Konflikte zwischen ihren Eltern zunehmend seelisch belastet wurde.

201 EGMR Fall Hoffmann Urt. v. 11.10.2001, Nr. 34045/96.

Nach einer Anhörung der Tochter durch das Amtsgericht im Dezember 1992, in welcher sie einen Umgang mit dem Vater ablehnte, hob das Amtsgericht die ursprüngliche Umgangsregelung auf. In der Begründung stützte sich das Gericht auf § 1711 a.F. BGB, wonach der Umgang dem Wohl des Kindes dienen müsse. Dies sei hier nicht mehr der Fall. Vater und Kind hätten sich entfremdet. Die Tochter benötige stabile Lebensverhältnisse und ein konfliktfreies Familienleben, da sie sehr empfindlich und leicht verletzbar sei. Ihr leiblich-seelisches Gleichgewicht sei leicht störbar und sie zeige Konzentrations- und Lernschwierigkeiten. Selbst wenn die Ablehnung eines Umgangs mit dem Vater von einer Beeinflussung durch die Mutter herrühre, dürfe dies nicht zu einem aufgezwungenen Umgang führen. Eine Beschwerde des Beschwerdeführers beim OLG Düsseldorf und eine Verfassungsbeschwerde wurden aufgrund der bevorstehenden Gesetzesreform des Kindschaftsrechts, welche auch § 1711 a.F. BGB betraf, abgewiesen bzw. als erledigt angesehen.

3. Beurteilung durch den EGMR

Die vierte Sektion des EGMR bejaht mit Urteil vom 11.10.2001 auch hier das Vorliegen eines Familienlebens und den Eingriff in Art. 8 I EMRK durch die Umgangsverweigerung. Anders als im Fall Elsholz hätten die Gerichte hier den ihnen zustehenden Beurteilungsspielraum jedoch nicht überschritten und ausreichende Gründe für eine Umgangsverweigerung vorgebracht. Der Vater hätte keinen Anspruch auf Maßnahmen, die der Entwicklung oder Gesundheit seines Kindes schaden würden. Es seien ausreichend Gutachten eingeholt und der anwaltlich vertretene Beschwerdeführer in den Entscheidungsprozess eingebunden worden. Die zuständigen Gerichte hätten sich auf die Aussagen des Beschwerdeführers und der Kindesmutter sowie auf Stellungnahmen des Jugendamtes und des Diakonischen Werkes und insbesondere auf die Aussagen des vom Amtsgericht im Alter von sieben Jahren befragten Kindes sowie ein Sachverständigengutachten gestützt. Insbesondere habe das Amtsgericht mehrere Gutachten zu der Frage von Umgangskontakten zwischen Vater und Tochter berücksichtigt und der Beschwerdeführer habe Gelegenheit gehabt, zu diesen Gutachten Stellung zu nehmen. Eine Verletzung des Art. 8 I EMRK sei demnach zu verneinen.[202]

Dagegen bejaht der EGMR eine Verletzung des Art. 14 i.V.m. Art. 8 EMRK infolge einer Ungleichbehandlung von Vätern nichtehelicher und ehelicher Kinder. Die Väter nichtehelicher Kinder treffe nach § 1711 a.F. BGB eine schwerere Beweislast bezüglich der Kindeswohldienlichkeit ihres Umgangs mit dem Kind.

202 EGMR Fall Hoffmann Urt. v. 11.10.2001, Nr. 34045/96 Rn. 34 ff.

Im Gegensatz zu geschiedenen Vätern ehelicher Kinder werde der Umgang nicht prima facie als kindeswohldienlich angesehen und die Mutter könne über die Beziehung des Vaters zu seinem Kind entscheiden. Für diese Ungleichbehandlung gäbe es keine objektive und angemessene Rechtfertigung.[203]

Außerdem nimmt der EGMR in seiner Entscheidung eine Verletzung des Art. 6 I EMRK aus verfahrenstechnischen Gründen im Zusammenhang mit § 63a FGG a.F. an. In der zur maßgeblichen Zeit geltenden Fassung des § 63a FGG a.F. war für Verfahren, die den Umgang des leiblichen Vaters mit seinem nichtehelichen Kind zum Gegenstand hatten, das allgemeine Recht einer weiteren Beschwerde gegen die Entscheidung über die erste Beschwerde ausgeschlossen.

4. Analyse des Urteils

Der EGMR wiederholt seine Ausführungen zu den „faktischen Familienbanden", dem Prüfungsumfang des Gerichtshofs, dem begrenzten Beurteilungsspielraum der nationalen Gerichte bei Einschränkungen des Umgangsrechts und dem Grundsatz, dass ein Elternteil nach Art. 8 EMRK keine Maßnahmen verlangen kann, die der Gesundheit und Entwicklung des Kindes schaden würden.

Der EGMR betont hinsichtlich seines Prüfungsumfangs ausdrücklich, dass es nicht Aufgabe des Gerichtshofs ist, als Beschwerdeinstanz zur Begründetheit der Entscheidungen der deutschen Gerichte zu verhandeln.[204] Der EGMR konzentriert sich in seiner Entscheidung lediglich auf das Zustandekommen der Entscheidungen der nationalen Fachgerichte und unterlässt eigene Einschätzungen zur Kindeswohldienlichkeit des begehrten Umgangs.

Im Übrigen folgt der EGMR dem im deutschen Recht geltenden Vorrang des Kindeswohls mit dem Hinweis, dass zweifellos der Überlegung, was dem Kindeswohl am besten diene, entscheidende Bedeutung zukomme.[205]

Im Gegensatz zur Entscheidung Elsholz stellt der EGMR hier eine Verletzung des Art. 14 i.V.m. Art. 8 EMRK infolge einer Ungleichbehandlung von Vätern nichtehelicher und ehelicher Kinder durch § 1711 BGB a.F. fest. Diese festge-

---

203 EGMR Fall Hoffmann Urt.v. 11.10.2001, Nr. 34045/96, Rn. 49 ff. Die Tatsache, dass im Fall Elsholz eine Verletzung von Art. 14 i.V.m. Art. 8 EMRK abgelehnt und im Fall Hoffmann bejaht wurde, stößt in der teilweise abweichenden Meinung des Richters Pellonpää auf Kritik: Die Betrachtungsweisen der innerstaatlichen Gerichte, welche das Kindeswohl im Vordergrund sehen, hätten sich nicht unterschieden (www.coe.int/t/d/menschenrechtsgerichtshof/dokumente_auf_deutsch/volltext/urteile).

204 EGMR Fall Hoffmann Urt.v. 11.10.2001, Nr. 34045/96, Rn. 46.

205 EGMR Fall Hoffmann Urt.v. 11.10.2001, Nr. 34045/96, Rn. 40.

stellte Verletzung und die Verletzung des Art. 6 EMRK durch § 63a FGG a.F. haben heute keine Bedeutung mehr, da beide Normen so nicht mehr gelten.

Interessant ist das Urteil vor allem deshalb, weil der EGMR hier seine Maßstäbe für die Ausgestaltung des Gerichtsverfahrens hinsichtlich der Anhörung der Beteiligten und der Einholung von Sachverständigengutachten präzisiert. Diese Maßstäbe erfuhren bereits ein Jahr später in dem Fall Hoppe gegen Deutschland[206], der dem Fall Hoffmann sehr ähnlich ist, eine weitere Konkretisierung. Im Fall Hoppe begehrte der Beschwerdeführer eine Aufrechterhaltung des gemeinsamen Sorgerechts für die gemeinsame im April 1990 geborene Tochter über die Trennung und die von seiner Ehefrau 1994 beantragte Scheidung hinaus. Das Amtsgericht Wuppertal und das OLG Düsseldorf bewilligten in den Jahren 1994 und 1995 jeweils unter Berücksichtigung von mehreren psychologischen Sachverständigengutachten ein nur eingeschränktes zweiwöchiges Umgangsrecht. Ein gemeinsames Sorgerecht wurde infolge der fehlenden Bereitschaft der Mutter zur Zusammenarbeit abgelehnt. Grund seien die negativen Auswirkungen eines Loyalitätskonfliktes, dem das vier- bzw. fünfjährige Kind durch das Spannungsverhältnis zwischen den Eltern und den Umgang ausgesetzt sei. Der EGMR stellt mit Urteil der dritten Sektion vom 05.12.2002 keine Verletzungen von Art. 8 EMRK und Art. 6 EMRK fest. Auch in diesem Fall ist der EGMR der Ansicht, dass die Gerichte mit ausreichender Sorgfalt entschieden und den anwaltlich vertretenen Beschwerdeführer genügend in den Entscheidungsprozess eingebunden hätten. Der EGMR stellt die vom Amtsgericht getroffenen Feststellungen zum infolge der nachhaltigen Störung des elterlichen Verhältnisses stark beeinträchtigten Kindeswohl nicht in Frage. Er räumt sogar ein, dass das Amtsgericht besser als die europäischen Richter in der Lage gewesen sei, einen gerechten Ausgleich zwischen den widerstreitenden Interessen herbeizuführen, da es sich auf Sachverständigengutachten und die Aussagen der Eltern bei den Anhörungen habe stützen können.[207] Der EGMR stellt in dieser Entscheidung insbesondere klar, dass die Anhörung der Beteiligten oder des Kindes nicht stets und in allen Instanzen erneut zu erfolgen hat. Hinsichtlich des Entscheidungsprozesses des OLG, insbesondere dem Absehen des OLG von einer mündlichen Verhandlung, wird ausgeführt, dass eine mündliche Verhandlung vor dem OLG zu der Hauptfrage des Verfahrens – nämlich dem gespannten Verhältnis zwischen den Eltern und den Auswirkungen auf das Kindeswohl – nichts Entscheidungserhebliches beigetragen hätte.[208] Vielmehr sind die Umstände des Einzelfalls maßgeblich. Im Fall Hoppe lagen zwischen der Entscheidung des

206 EGMR Fall Hoppe Urt. v. 05.12.2002, Nr. 28422/95.

207 EGMR Fall Hoppe Urt. v. 05.12.2002, Nr. 28422/95, Rn. 50.

208 EGMR Fall Hoppe Urt. v. 05.12.2002, Nr. 28422/95, Rn. 64.

OLG und der mündlichen Verhandlung vor dem Amtsgericht nur fünf Monate, so dass es einer erneuten Anhörung und einer mündlichen Verhandlung vor dem OLG angesichts des drohenden fortschreitenden Zeitablaufs nicht bedurfte.[209] Hier ist deutlich zu erkennen, dass es dem EGMR nicht darum geht, dass Verfahrenabläufe wie beispielsweise Terminierung einer mündlichen Verhandlung oder die Vornahme von Anhörungen auch in der zweiten Instanz formalistisch eingehalten werden. Vielmehr sind die Umstände des Einzelfalles zu berücksichtigen und es ist darauf zu achten, das Verfahren nicht unnötig in die Länge gezogen werden, um faktische Entscheidungen durch Zeitablauf zu vermeiden.

III. Fall Sommerfeld gegen Deutschland[210]

1. Sachverhalt

Der Beschwerdeführer ist Vater einer im Januar 1981 geborenen nichtehelichen Tochter. Die Vaterschaft hat er anerkannt. Die Kindeseltern lebten zum Zeitpunkt der Geburt zusammen und trennten sich im September 1986. Nach der Trennung verbot die Mutter jeglichen Kontakt zwischen Vater und Kind. Die Mutter heiratete später einen anderen Mann und bekam mit diesem ein zweites Kind.

2. Rechtliche Beurteilung nach nationalem Recht

Im November 1990 beantragte der Beschwerdeführer beim Amtsgericht erstmals ein Umgangsrecht mit seiner Tochter. Eine Empfehlung des Jugendamtes sprach sich gegen ein solches Umgangsrecht aus. Die mittlererweile enge Beziehung zwischen Stiefvater und Stieftochter könne darunter leiden. Außerdem habe das Kind in einer Anhörung durch das Jugendamt zum Ausdruck gebracht, dass es an einem Kontakt mit seinem leiblichen Vater nach fast sechs Jahren nicht interessiert sei und unter dessen ständigen Bemühungen um Umgang leide. Eine Anhörung durch das Amtsgericht, ein vom Gericht angefordertes psychologisches Gutachten und eine weitere gerichtliche Anhörung des Kindes und des Vaters im Beisein eines psychologischen Sachverständigen kamen zu dem gleichen Ergebnis. Die Psychologin empfahl dem Beschwerdeführer, der Tochter die notwendi-

209 EGMR Fall Hoppe Urt. v. 05.12.2002, Nr. 28422/95, Rn. 36 ff.

210 EGMR Fall Sommerfeld Urt. v. 11.10.2001 und vom 08.07.2003, Nr. 31871/96, FamRZ 2002, 381 und FamRZ 2003, 337.

ge Zeit zu geben, bis diese von sich aus an einem Umgang interessiert sei. Der Beschwerdeführer zog seinen Antrag im Juli 1992 zurück. Im September 1993 stellte er erneut einen Antrag auf Regelung eines Umgangs mit seiner Tochter. Auch dieser Antrag scheiterte. Er wurde vom Gericht unter Bezugnahme auf eine aktuelle Anhörung aller Beteiligten, die Stellungnahmen des Jugendamtes im April 1991 sowie die der Psychologin vom April 1992 und unter Hinweis auf den entscheidenden Willen der Kindesmutter und die Kindeswohldienlichkeit nach § 1711 II a.F. BGB abgewiesen. Das Gericht hielt eine Dreizehnjährige zu eigener Willensbildung fähig und ihren eindeutig geäußerten, einen Umgang ablehnenden Willen für beachtlich. Ein erzwungener Umgang könne das seelische und psychische Gleichgewicht des Mädchens stören. Dieser Meinung schloss sich auch das Landgericht an und wies die eingelegte Beschwerde im Juni 1994 zurück. Eine Verfassungsbeschwerde wurde nicht zur Entscheidung angenommen.

3. Beurteilung durch den EGMR

Eine erste Entscheidung der vierten Sektion des EGMR vom 11.10.2001 hielt eine Verletzung des Art. 8 I EMRK für gegeben.[211] Zwar sei die Berücksichtigung des Kindeswohls von entscheidender Bedeutung. Die deutschen Gerichte hätten jedoch durch den Verzicht auf ein weiteres psychologisches Gutachten im zweiten Umgangsrechtsverfahren den Beschwerdeführer nicht ausreichend in den Entscheidungsprozess eingebunden und so ihren Beurteilungsspielraum überschritten. Angesichts des zwischenzeitlichen Zeitablaufs und der Auswirkungen der Ablehnung eines Umgangs für den Beschwerdeführer wäre ein erneutes Gutachten notwendig gewesen. Ebenso wurde eine Verletzung des Art. 14 i.V.m. Art. 8 I EMRK infolge der erschwerten Beweislast, die Väter nichtehelicher Kinder im Rahmen des § 1711 a.F. BGB trifft, bejaht. Darüber hinaus sei Art. 6 I EMRK durch einen erschwerten Zugang zum Gericht infolge verfahrensrechtlicher Unterschiede des § 63a FGG verletzt.[212]

Die Große Kammer des EGMR hat dieses Urteil der vierten Sektion mit einem Urteil vom 08.07.2003 aufgehoben. Eine Verletzung des Art. 8 I EMRK sei abzulehnen. Es sei grundsätzlich Sache der nationalen Gerichte, die ihnen vorliegenden Beweise auszuwerten und die Wahl der Mittel zu bestimmen, um rele-

---

211 EGMR Fall Sommerfeld Urt. v. 11.10.2001, Nr. 31871/96, FamRZ 2002, 381, 383.

212 EGMR Fall Sommerfeld Urt. v. 11.10.2001, Nr. 31871/96, FamRZ 2002, 381, 384. In einem der Entscheidung angefügten Sondervotum der Richterin Vajic wird eine Verletzung des Art. 8 EMRK und Art. 14 i.V.m. Art. 8 EMRK infolge der Überschreitung des Beurteilungsspielraums abgelehnt (FamRZ 2002, 381, 385).

vante Fakten herauszuarbeiten. Den nationalen Gerichten könne nicht in jedem umgangsrechtlichen Verfahren aufgegeben werden, einen psychologischen Sachverständigen zu Rate zu ziehen. Vielmehr hänge dies von den spezifischen Umständen des Einzelfalls unter angemessener Berücksichtigung des Alters und der Reife des Kindes ab. In diesem Fall war die Große Kammer aufgrund der Sachverhaltslage nicht überzeugt, dass es eines Gutachtens unbedingt bedurft hätte. Das Mädchen sei bei seiner Anhörung durch die Amtsrichterin zur Frage des Umgangs dreizehn Jahre alt gewesen. Dieselbe Amtsrichterin habe das Kind bereits im Alter von zehn und elf Jahren im Rahmen des erstens Verfahrens befragt. Angesichts des Vorteils des direkten Kontakts zu dem Mädchen sei das Amtsgericht durchaus in der Lage gewesen, die Aussagen zu bewerten und festzustellen, ob es zu einer autonomen Willenbildung fähig war. Das Amtsgericht sei in nachvollziehbarer Weise zu der Auffassung gelangt, dass eine zwangsweise Herbeiführung des Umgangs zwischen Vater und Kind gegen den Willen des Kindes nicht gerechtfertigt gewesen sei. Allerdings bleibt der EGMR bei einer Verletzung des Art. 14 i.V.m. Art. 8 EMRK im Hinblick auf Ungleichbehandlung des Beschwerdeführers durch die Anwendung des § 1711 II a.F. BGB.[213]

Mit dem Urteil vom 08.07.2003 gingen mehrere teilweise abweichende Meinungen der beteiligten Richter einher, die eine Verletzung des Art. 8 I EMRK gegeben sahen. Beachtung verdient hier die abweichende Meinung der Richter Ress, Pastor Ridruejo und Türmen. Hier wird noch einmal bekräftigt, wie wichtig die Einholung aktueller psychologischer Gutachten sei, um vollständige und zutreffende Informationen über die Beziehungen der Beteiligten zu erlangen. An dieser Stelle wird ausdrücklich auf die amerikanischen Forschungen zum PAS hingewiesen. Eine Überprüfung bezüglich des Vorliegens dieses Entfremdungssyndroms und einer Fremdbestimmung des Kindeswillens sei in derartigen Fällen notwendig.[214]

4. Analyse der Urteile

Im Fall Sommerfeld bestätigt die Große Kammer des EGMR die im Fall Elsholz bereits aufgestellten Grundsätze bezüglich der Verfahrenserfordernisse, welche sich aus Art. 8 I EMRK ergeben. Der Gerichtshof präzisiert außerdem seine Maßstäbe für die Einholung von Sachverständigengutachten. Danach kann den nationalen Gerichten nicht in jedem umgangsrechtlichen Verfahren aufgegeben werden, einen psychologischen Sachverständigen zu Rate zu ziehen. Vielmehr

213 EGMR Fall Sommerfeld Urt. v. 08.07.2003, Nr. 31871/96, FamRZ 2004, 337, 343.
214 EGMR Fall Sommerfeld Urt. v. 08.07.2003, Nr. 31871/96, FamRZ 2004, 337, 344.

soll dies von den spezifischen Umständen des Einzelfalls unter angemessener Berücksichtigung des Alters und der Reife des Kindes abhängig gemacht werden.

Zum abweichenden Sondervotum mit dem Verweis auf das PAS kann das zum Fall Elsholz Ausgeführte wiederholt werden. Die Bezugnahme auf die Theorie des PAS stellt keinen Beweis für eine besondere sozialwissenschaftliche Qualifizierung der die abweichende Meinung vertretenden Richter aus Straßburg dar, denn die Theorie des PAS wird in der psychologischen Fachwelt scharf kritisiert und nicht anerkannt.[215] Das so genannte PAS soll bei familiengerichtlichen Auseinandersetzungen eine weitaus geringere Rolle spielen als bisweilen in Diskussionen angenommen.[216]

Vielmehr verdient die Begründung des Urteils unter Bezugnahme auf die Unvereinbarkeit eines erzwungenen Umgangs mit dem Kindeswohl und die Berücksichtigung des Kindeswillens Zustimmung. Diese Einschätzung wird in der humanwissenschaftlichen Fachwelt geteilt. Während zeitweilig unter dem Einfluss familiendynamischer Theorien angenommen wurde, hinter Widerständen voradoleszenter Kinder gegen übliche Umgangsregelungen stünden meist Einflüsse des hauptsächlich betreuenden Elternteils, sofern keine objektivierbare negative Erfahrung des Kindes mit dem besuchsberechtigten Elternteil vorliege, wird heute angemahnt, die Eigenständigkeit kindlicher Willensäußerungen nicht zu unterschätzen. In einer Analyse von Gutachtenfällen sollen sich selbst bei erkennbar massiven Beeinflussungsversuchen eines Elternteils trotzdem die Hälfte der Kinder in einer den Wünschen des beeinflussenden Elternteils nicht entsprechender Weise geäußert haben.[217]

Es kann festgehalten werden, dass sowohl die Große Kammer des EGMR, als auch die nationalen Gerichte im Fall Sommerfeld zu einer übereinstimmenden Einschätzung der Situation gekommen sind, die den aktuellen Erkenntnissen der Sozialwissenschaften entspricht. Zu der Verletzung der Art. 8 i.V.m. 14 EMRK im Hinblick auf § 1711 BGB a.F. gilt das bereits Ausgeführte.

Mit den besonderen Anforderungen an die Gestaltung kindschaftsrechtlicher Verfahren befasste sich der EGMR auch in den Fällen Sahin gegen Deutschland und Süss gegen Deutschland.

Die Fälle Sommerfeld und Sahin wurden, offensichtlich aufgrund ihrer starken Ähnlichkeit am gleichen Tage von der Großen Kammer des EGMR ent-

---

215 Ausführlich erörtert in Teil C. V. 3.; *Balloff* (2007), S. 112; *Balloff* (2004), S. 146; *Kostka* (2004), S. 225 ff.; *Dettenborn/Walter* (2002), S. 91 ff.; *Salzgeber* FF 2003, 232, 233 ff.; *Bruch* FamRZ 2002, 1304, 1305 ff.

216 Dazu Teil C. V. 3. unter Verweis auf *Kölch/Fegert* FamRZ 2008, 1573, 1577.

217 Teil C. V. 3. unter Verweis auf *Kindler* FPR 2009, 150, 152.

schieden. In dem Fall Sahin gegen Deutschland[218] begehrte der Beschwerdeführer die Regelung eines Umgangs mit seiner nichtehelichen zweijährigen Tochter. Die Familie hatte in den ersten zwei Lebensjahren der Tochter noch zusammengelebt. In dieser Zeit war es zwischen den Eltern häufig zu Konflikten gekommen, die zum Teil offen in Form von Aggressionen und Gewalt ausgetragen wurden. Die Mutter verbot nach der Trennung den Kontakt zwischen Vater und Tochter. Die vierte Sektion des EGMR entschied am 11.10.2001 zunächst, dass in der fehlenden Anhörung des Kindes im gesamten Verfahren eine unzureichende Beteiligung des Beschwerdeführers und damit eine Verletzung des Art. 8 I EMRK zu sehen sei.[219] Auch im Zusammenhang mit der Anwendung des § 1711 II a.F. BGB wurde ein Verstoß gegen Art. 14 i.V.m. Art. 8 EMRK bejaht. Der Fall Sahin wurde der Großen Kammer vorgelegt, welche mit Urteil vom 08.07.2003 das Urteil der vierten Sektion aufhob. Eine Verletzung des Art. 8 I EMRK sei nicht gegeben. Es gehe zu weit, den nationalen Gerichten aufzugeben, in jedem Umgangsrechtsverfahren das betreffende Kind vor Gericht anzuhören. Vielmehr bestimmen auch hier die spezifischen Umstände des Einzelfalls unter Berücksichtigung des Alters und der Reife des Kindes die Notwendigkeit einer Anhörung.[220] An einer Verletzung des Art. 14 i.V.m. 8 EMRK im Zusammenhang mit der Anwendung des § 1711 II a.F. BGB wurde dagegen festgehalten.[221] Die Richter Rozakis und Tulkens blieben in ihrer teilweise abweichenden Meinung bei einer Verletzung von Art. 8 EMRK und Art. 14 i.V.m. Art. 8 EMRK. Das relativ junge Alter des Kindes, welches im Zeitpunkt der Entscheidung des Landgerichts erst vier Jahre alt war, ließe auf eine Offenheit des Kindes für flexible Änderungen in seinem Leben schließen. Die nationalen Gerichtsentscheidungen würden auf der bloßen unbewiesenen Annahme beruhen, der Umgang schade dem Kindeswohl. Ungleich schlimmer seien die negativen Auswirkungen einer Umgangsversagung zu bewerten. Tochter und Vater drohten sich dauerhaft zu entfremden und ihr Recht auf Achtung des Familienlebens würde vollständig zerstört.[222]

---

218 EGMR Fall Sahin Urt. v. 11.10.2001 und vom 08.07.2003, Nr. 30943/96.

219 In einer abweichenden Meinung der Richter Pellonpää und Vajic wird eine Verletzung dieser Artikel abgelehnt. Es widerspreche dem Grundsatz der Subsidiarität der Rechtsprechung des EGMR, den nationalen Behörden bei derartig kritischen Entscheidungen, ob eine Anhörung nötig ist, praktisch kein Ermessen zuzubilligen. Die nationalen Gerichte könnten eine solche Entscheidung sehr viel besser treffen. Außerdem sei in diesem Fall sogar eine Sachverständige zu Rate gezogen worden, EGMR Fall Sahin Urt. v. 11.10.2001, Nr. 30943/96, EuGRZ 2002, 25, 31.

220 EGMR Fall Sahin Urt. v. 08.07.2003, Nr. 30943/96, FamRZ 2004, 337, 340 f.

221 EGMR Fall Sahin Urt. v. 08.07.2003, Nr. 30943/96, FamRZ 2004, 337, 343.

222 EGMR Fall Sahin Urt. v. 08.07.2003, Nr. 30943/96, FamRZ 2004, 337, 344 f.

Im vorliegenden Fall ist zu berücksichtigen, dass das Kind im Zeitpunkt der familiengerichtlichen Entscheidungen lediglich drei bzw. fünf Jahre alt war, das Kind innerhalb der Familie Gewalt erlebt hatte und die beauftragte Sachverständige selbst eine Befragung nachvollziehbar als Kindeswohl gefährdend eingestuft hatte. Vor diesem Hintergrund ist zu beachten, dass es sich bei Anhörungen von Kindern im Alter unter drei oder vier Jahren eher um eine Anschauung und Beobachtung der Interaktion zwischen Eltern und Kind handelt.[223] Eine Einschätzung dieser Interaktionen lag im vorliegenden Fall jedoch schon durch ein Sachverständigengutachten vor.

Die im Rahmen des abweichenden Sondervotums der Richter Rozakis und Tulkens geäußerte Annahme, eine Entfremdung zwischen Vater und Tochter schädige das Kindeswohl stärker als stattfindende Umgangkontakte, verkennt, dass insbesondere im Fall von vorangegangenen Gewalterfahrungen Umgangskontakte traumatische Erlebnisse oder Belastungen perpetuieren und damit selbst zu einem chronischen Belastungsfaktor werden können.[224] Das Sondervotum offenbart hier mangelndes humanwissenschaftliches Hintergrundwissen.

Die genannten Richter begeben sich in ihrem abweichenden Sondervotum außerdem auf eine andere Ebene als die Große Kammer. Während die Große Kammer prüft, ob die nationalen Behörden ihren Beurteilungsspielraum im Bezug auf eine faire Verfahrensgestaltung überschritten haben, stellen die Richter Rozakis und Tulkens Überlegungen zur Gefährdung des Kindeswohls infolge unterbleibender Umgangskontakte an. Gerade eine solche Vorgehensweise – sprich inhaltliche Einmischung – ist vom EGMR nicht gewollt und widerspricht seinen Grundsätzen zur Subsidiarität seiner Rechtsprechung und den nationalen Beurteilungsspielräumen, wie etwa im Fall Hoffmann ausgeführt.

In dem EGMR Fall Süss gegen Deutschland[225] handelte es sich ebenfalls um eine Umgangsrechsstreitigkeit. Im Rahmen der Ehescheidung wurde der Kindesmutter das Sorgerecht für die zum Zeitpunkt des erstinstanzlichen Verfahrens zehnjährige Tochter übertragen und ein Umgang mit dem Vater und Beschwerdeführer ausgeschlossen. Für seine Entscheidung stützte sich das Gericht auf ein 56-seitiges Gutachten eines psychologischen Sachverständigen und dessen Anhörung sowie eine Anhörung des zehnjährigen Kindes. Die gemeinsame Tochter hatte ihren festen Willen bekundet, den Vater nicht sehen zu wollen. Auch in der zweiten Instanz wurde ein psychologisches Gutachten eingeholt. Dieses war zu

223 Vgl. Teil C. V. 1.

224 *Kölch/Fegert* FamRZ 2008, 1573, 1577; *Heinke* in Heiliger/Hack (2008), S. 272; zu den Folgen von Gewalt in der Familie vgl. Teil C. II. 1. und 2.; zur möglichen Kindeswohlschädigung infolge der Aufrechterhaltung von Umgangskontakten nach Erleben häuslicher Gewalt Teil C. IV. 2.

225 EGMR Fall Süss Urt. v. 10.11.2005, Nr. 40324/98, NJW 2006, 2241 ff.

dem Ergebnis gekommen, dass eine zwangsweise Durchsetzung eines Umgangs bei der nunmehr zwölfjährigen Tochter zu ernsthaften psychologischen Schäden führen würde. Der EGMR stellt in seiner Entscheidung fest, dass weder Art. 8 EMRK noch Art. 6 EMRK verletzt wurden.[226] Es erscheint dem EGMR in erster Linie wichtig, dass die von den nationalen Gerichten getroffenen Entscheidungen auf einer ausreichenden Informationsgrundlage beruhen und die Verfahrensweisen den Verfahrensanforderungen des Art. 8 I EMRK genügen. Sind diese Anforderungen eingehalten, stört sich der EGMR auch nicht daran, dass die Fachgerichte dem Kindeswillen eines zehn- bzw. zwölfährigen Kindes entscheidende Bedeutung zumessen.[227]

Die fachgerichtliche Einschätzung der zweifelhaften Kindeswohldienlichkeit eines erzwungenen Umgangs, welche der EGMR unter Befolgung seines Subsidiaritätsgrundsatzes nicht in Frage stellt, steht in Einklang mit den Erkenntnissen der Scheidungsfolgenforschung. Gegen den Willen des Kindes veranlasste Besuchskontakte verbessern oder stabilisieren die Beziehung zwischen Kind und dem den Umgang begehrenden Elternteil meist nicht, sondern führen im höheren Lebensalter des Kindes meist zu einem rigorosen Kontaktabbruch.[228]

Auffällig ist der Hinweis des Gerichtshofs, die deutschen Gerichte seien sich ihrer Verpflichtung bewusst gewesen, „die Bindungen zwischen Vater und Tochter aufrechtzuerhalten". Denn sie hätten die Kindesmutter verpflichtet, auf eine Änderung der ablehnenden Haltung der Tochter gegenüber ihrem Vater hinzuwirken.[229] Eine ähnliche Hervorhebung der Berücksichtigung des Verhaltens einer Kindesmutter durch deutsche Fachgerichte findet sich auch in der jüngeren Rechtsprechung des EGMR. In dem Fall V.B. gegen Deutschland[230] merkt der Gerichtshof ausdrücklich an, dass die deutschen Fachgerichte sich erkennbar auch mit dem Verhalten der Kindesmutter kritisch auseinandergesetzt hätten. In diesem Fall wurde um einen auf zwei Jahre begrenzten Umgangsausschluss des Beschwerdeführers gestritten. Manipulatives Verhalten des Beschwerdeführers und fehlende Einsicht in die Kindeswohlgefährdung dieses Verhaltens für die

---

226 EGMR Fall Süss Urt. v. 10.11.2005, Nr. 40324/98, NJW 2006, 2241, 2243 ff.

227 Anders in dem EGMR Fall C. gegen Finnland Urt. v. 09.05.2006, Nr. 18249/02, FamRZ 2006, 997, 997; In diesem Fall kritisiert der EGMR eine unangemessen starke Berücksichtigung des Kindeswillens zweier zwölf- und vierzehnjähriger Kinder („praktisch unbedingtes Vetorecht der Kinder"); denn im zweitinstanzlichen familiengerichtlichen Verfahren war allein auf der Grundlage des von den Kindern geäußerten Willens entschieden worden, ohne eine möglichen Beeinflussung der Kinder durch Dritte im Rahmen einer weiteren sachverständigen Beweiserhebung aufzuklären; zur Bedeutung einer ausreichenden Berücksichtigung des Kindeswillens im Rahmen familiengerichtlicher Entscheidungen vgl. Teil C. V.

228 *Wallerstein/Lewis/Blakeslee* (2002), S. 68 ff.; vgl. auch Teil C. V. 2.

229 EGMR Fall Süss Urt. v. 10.11.2005, Nr. 40324/98, NJW 2006, 2241, 2243.

230 EGMR Fall V.B. gegen Deutschland, E. v. 25.09.2008 über die Zulässigkeit, Nr. 13301/05.

dreizehnjährige Tochter hatten die Gerichte bewogen, den Umgang auszusetzen. Das Familiengericht gab der Kindesmutter auf, die Tochter eine Therapie aufnehmen zu lassen und sie anzuhalten, dem Beschwerdeführer vierteljährlich zu schreiben. Der Gerichtshof begrüßt derartige Vorgaben als Bestreben der nationalen Fachgerichte, eine Aufrechterhaltung oder spätere Wiederherstellung familiärer Beziehungen zu begünstigen. Ein solches Vorgehen entspricht den Maximen des Gerichtshofs und erhöht offensichtlich die Straßburger Akzeptanz familiengerichtlicher Entscheidungen.

Die Entscheidung des EGMR in den Fällen Sommerfeld, Sahin und Süss zeigen, dass fachgerichtliche Entscheidungen einer Überprüfung durch den Gerichtshof standhalten, wenn die genannten Verfahrensanforderungen beherzigt werden und ein Bestreben des Familiengerichts, langfristig eine Aufrechterhaltung der familiären Beziehungen zu erreichen, zu erkennen ist.

IV. Fall Lebbink gegen Niederlande[231]

1. Sachverhalt

Aus einer nichtehelichen Beziehung des Beschwerdeführers war im April 1995 eine Tochter hervorgegangen. Die Mutter hatte die Vormundschaft inne und der Vater war Zusatzvormund von Mai bis November 1995. Die Eltern lebten nie förmlich zusammen, aber der Beschwerdeführer besuchte Mutter und Tochter regelmäßig und beaufsichtigte die Tochter ein oder zweimal, als die Mutter nicht da war. Die Vaterschaft erkannte er nicht an, da die Mutter die Zustimmung zur Anerkennung verweigerte. Die Möglichkeit, die Vaterschaft gerichtlich feststellen zu lassen, nahm er nicht wahr, weil er sich nur geringe Erfolgsaussichten ausrechnete. Somit hielt er lediglich den faktischen Zustand aufrecht, ohne ihn gerichtlich abzusichern. Im August 1996 trennten sich die Eltern des Kindes.

2. Rechtliche Beurteilung nach nationalem Recht

Der Beschwerdeführer beantragte vor Gericht eine Umgangsregelung. Gemäß Art. 337 f des niederländischen Bürgerlichen Gesetzbuchs sind Umgangsregelungen auch zwischen dem Kind und demjenigen möglich, der in einer engen persönlichen Beziehung zu dem Kind steht. Das Gericht kann den Antrag ablehnen, wenn das Interesse des Kindes der Stattgabe entgegensteht oder wenn das

231 EGMR Fall Lebbink Urt. v. 01.09.2004, Nr. 45582/99.

Kind, das zwölf Jahre oder älter ist, Einspruch erhebt.[232] Die Kindesmutter lehnte eine Umgangsregelung ab und bestritt das Vorliegen eines Familienlebens zwischen Vater und Tochter. Außerdem warf sie dem Beschwerdeführer Gewalttätigkeiten ihr gegenüber und geringes Interesse gegenüber der Tochter vor. Die niederländischen Gerichte lehnten ein Familienleben ebenfalls ab.

3. Beurteilung durch den EGMR

Der EGMR entschied am 01.06.2004, dass ein Familienleben zwischen Vater und Tochter i.S.d. Art. 8 I EMRK zu bejahen sei. Der EGMR bestätigt in diesem Urteil seine Rechtsprechung unter Verweis auf die Entscheidungen Keegan und Elsholz, dass auch zwischen außerehelich geborenen Kindern und ihrem leiblichen Vater ein Familienleben bestehen kann. Allerdings reiche die rein biologische Elternschaft zur Begründung des Familienlebens nicht aus. Anders als in den Fällen Sahin und Sommerfeld habe der Beschwerdeführer nie versucht, die Vaterschaft feststellen zu lassen und es habe auch nie eine Familiengemeinschaft zwischen Kindesmutter, Tochter und ihm bestanden. Konsequenterweise stelle sich daher die Frage, ob weitere Faktoren vorliegen würden, die belegen, dass zwischen dem Beschwerdeführer und seiner Tochter eine ausreichend konstante und substantiierte Beziehung bestünde, die ein de facto Familienleben nahe legen würden. Es müssten weitere tatsächliche Indikatoren für eine enge Beziehung hinzukommen. Aufgrund der Ersatzvormundschaft des Beschwerdeführers für die Tochter, seiner Anwesenheit bei der Geburt der Tochter und der Kontakte vor der Trennung der Eltern nimmt der Gerichtshof die Existenz eines Familienlebens an. Die Entscheidung des niederländischen Gerichts, welches dies verneinte, verstoße demnach gegen Art. 8 I EMRK.[233]

4. Analyse des Urteils

Dieses Urteil ist deshalb auffällig, weil der Gerichtshof ausdrücklich darauf hinweist, dass er nicht mit dem Beschwerdeführer darin übereinstimme, dass allein die biologische Vaterschaft ohne weitere rechtliche oder faktische Elemente ausreiche, um die Existenz einer nahen persönlichen Beziehung zu indizieren, die ausreicht, um den Schutzbereich des Art. 8 I EMRK zu eröffnen.[234]

---

232 *Bergmann/Ferid/Weber*, Niederlande, 182. Lieferung, Stand 01.09.2008.

233 EGMR Fall Lebbink Urt. v. 01.06.2004, 45582/99, Rn. 37-42.

234 EGMR Fall Lebbink Urt. v. 01.06.2004, 45582/99, Rn. 37.

Auf den ersten Blick scheinen sich hier EGMR und BVerfG in ihrer Rechtsprechung anzunähern, da auch das BVerfG inzwischen den biologischen Vater unter der Voraussetzung einer sozial-familiären Beziehung zum Kind in den Schutzbereich mit einbezieht.[235] Allerdings ist die Entscheidung Lebbink bisher die einzige, in welcher der EGMR derartige weitere Indikatoren für eine enge persönliche Beziehung zwischen leiblichem Vater und Kind fordert.

Teilweise wird angenommen, aus dem Zusammenspiel der Entscheidungen Keegan und Lebbink sei herzuleiten, dass der EGMR für die Annahme eines von Art. 8 I EMRK geschützten Familienlebens neben der Abstammung zumindest das Potential zu tatsächlicher gelebter Familienbeziehung fordert.[236] Jedenfalls dürfte der Schutzbereich des Art. 8 I EMRK auch so immer noch weiter angelegt sein als der des Art. 6 I GG. Denn der EGMR lässt eine vor Geburt bestehende familiäre Beziehung zwischen leiblichem Vater und Kindesmutter bzw. eine lediglich potentielle soziale Beziehung zwischen Vater und Kind ausreichen, um den Schutzbereich des Art. 8 I EMRK zu eröffnen.[237]

V. Fall Görgülü gegen Deutschland[238]

1. Sachverhalt

Der Beschwerdeführer Görgülü ist türkischer Staatsangehöriger und Vater eines nichtehelichen, im August 1999 geborenen Sohnes. Die Beziehung der Kindeseltern bestand von 1997 bis Anfang 1999. Im Mai 1999 erlangte der Beschwerdeführer Kenntnis von der Schwangerschaft und erkundigte sich nun wöchentlich nach dem Befinden der werdenden Mutter und des ungeborenen Kindes. Ab Juli 1999 war eine Kontaktherstellung zur Mutter nicht mehr möglich. Die Mutter gab den Sohn Christofer unmittelbar nach der Geburt zur Adoption frei. In seiner Funktion als Amtsvormund benachrichtigte das Jugendamt Wittenberg sogleich das Ehepaar Bauer, die als künftige Adoptiveltern registriert waren. Sie hatten zuvor schon ein Kind adoptiert. Vier Tage später wurde Christofer von den Pflegeeltern aus dem Krankenhaus abgeholt. Erst im Oktober 1999 erfuhr der Beschwerdeführer von der Geburt seines Sohnes und der Freigabe zur Adoption. Ein Adoptionsersuchen des Beschwerdeführers beim Jugendamt Wittenberg

---

235 BVerfG FamRZ 2003, 816, 821 f.

236 *Kielmansegg*, Archiv des Völkerrechts 2008, 273, 299.

237 EGMR Fall Keegan Urt. v. 26.05.1994, Nr. 16/1993/411/490, FamRZ 1994, 110, 111; EGMR Fall Berrehab Urt. v. 21.06.1988, Nr. 3/1987/126/177, EuGRZ 1993, 547, 549.

238 EGMR Fall Görgülü Urt. v. 26.02.2004, Nr. 74969/01, FamRZ 2004, 1456 ff.

schlug aufgrund fehlender Angaben der Mutter zur Vaterschaft fehl. Ende November bestätigte sie zwar die Vaterschaft, gab aber anscheinend nicht ihre Zustimmung zur Anerkennung gemäß § 1595 BGB. Im Juni 2000 wurde durch das Amtsgericht Wittenberg die Vaterschaft gerichtlich gemäß § 1600d BGB festgestellt. Der Beschwerdeführer heiratete im November 1999 eine deutsche Staatsangehörige nach islamischem Recht. Seitdem lebt er mit dieser Frau und ihren zwei Kindern zusammen.

2. Rechtliche Beurteilung nach nationalem Recht

Im Januar 2000 beantragte der Beschwerdeführer die Übertragung des Sorgerechts. Im August 2000 wurde für Christofer eine Verfahrenspflegerin bestellt. Im Zeitraum zwischen Oktober und Dezember 2000 hatten Vater und Sohn viermal Kontakt. Eine angebliche Erkrankung des Kindes verhinderte weitere Kontakte. Daher beantragte der Beschwerdeführer im Januar 2001 auch eine Regelung des Umgangsrechts. Im Februar 2001 wurde dem Vater durch das Familiengericht ein vorläufiges Umgangsrecht gewährt. Gemäß § 1672 I BGB übertrug das Amtsgericht Wittenberg nach Anhörung aller Beteiligten, schriftlichen Stellungnahmen und einer psychologischen Stellungnahme einer Diplompädagogin des Landesjugendamtes dem Beschwerdeführer am 09.03.2001 das alleinige Sorgerecht. Die vorläufige Umgangsregelung wurde aufgehoben, da sie aufgrund der Sorgerechtsentscheidung nun überflüssig war. Infolge einer Beschwerde des Jugendamts als Amtsvormund gegen den Beschluss des Amtsgerichts wurde die Vollziehung des Beschlusses ausgesetzt und die Verfahrenspflegerin wegen Parteilichkeit entpflichtet. An ihre Stelle trat eine Sozialarbeiterin. Das OLG Naumburg hob den Beschluss des Amtsgerichts am 20.06.2001 auf und wies den Antrag bezüglich des Sorgerechts ab. Außerdem wurde ein Umgangsrecht für ein Jahr bis zum Juli 2002 ausgeschlossen. Am 31.07.2001 lehnte das BVerfG eine Annahme der Sache als Verfassungsbeschwerde ab.

3. Beurteilung durch den EGMR

Der Beschwerdeführer legte im September 2002 Beschwerde beim EGMR ein. Mit Urteil vom 26.02.2003 stellte die dritte Sektion des EGMR fest, dass in der Versagung von Sorge- und Umgangsrecht eine Verletzung des Art. 8 I EMRK zu sehen sei. Zwischen den Parteien sei unstreitig, dass durch die Verweigerung von Sorge- und Umgangsrecht ein Eingriff in Art. 8 I EMRK vorliege. Die gesetzlichen Grundlagen für diesen Eingriff bilden § 1678 II BGB und

§ 1684 IV BGB. Der Schutz des Kindeswohls sei ein legitimes Ziel i.S.d. Art. 8 II EMRK. Dennoch sei der Eingriff nicht verhältnismäßig. Der Gerichtshof wiederholt seine Grundsätze zur Subsidiarität seiner Rechtsprechung und dem Beurteilungsspielraum der nationalen Behörden und Gerichte. Er weist auf die Gefahr hin, dass durch derartige Einschränkungen der Rechte aus Art. 8 I EMRK Familienbeziehungen endgültig abgeschnitten werden könnten. Zwar könne kein Elternteil Maßnahmen verlangen, die zu einer Schädigung der Gesundheit und Entwicklung des Kindes führen, doch müsse ein gerechter Ausgleich zwischen den Interessen des Beschwerdeführers, der Pflegeeltern und des Kindes gefunden werden.[239] Der Gerichtshof sei sich bewusst, dass Beschwerdeführer und Kind zu keiner Zeit zusammengelebt hätten. Eine wirksame Achtung des Familienlebens verlange aber, dass selbst zukünftige Familienbeziehungen zwischen Eltern und Kind geschützt werden und nicht vom bloßen Zeitablauf abhängen. Demnach treffe den Vertragsstaat nach Art. 8 I EMRK die positive Pflicht, geeignete Maßnahmen zur Zusammenführung von leiblichen Eltern und Kind zu ergreifen.[240] Der Gerichtshof sieht ebenfalls die Gefahr einer negativen Auswirkung einer sofortigen Trennung des Kindes von den Pflegeeltern. Doch habe das OLG versäumt zu prüfen, ob eine Zusammenführung von Vater und Kind unter Umständen möglich ist, die das Kind weniger belasten. Auch die langfristigen negativen Folgen einer dauerhaften Trennung vom leiblichen Vater seien nicht berücksichtigt worden. Es diene nicht dem Wohl des Kindes, vorhandene Familienbindungen abreißen zu lassen. Das Kind verlöre dadurch seine Wurzeln. Nur außergewöhnliche Umstände könnten ein solches Vorgehen rechtfertigen. Hier lägen keine ausreichenden Gründe zur Rechtfertigung eines derartig schweren Eingriffs wie die Sorgerechtsverweigerung vor.[241] Aus den gleichen Gründen ist in der Versagung des Umgangsrechts eine Überschreitung des Beurteilungsspielraums und Verletzung des Art. 8 I EMRK zu sehen. Die Umgangsverweigerung mache jede Form der Familienzusammenführung und Aufbau eines Familienlebens unmöglich.[242] Dies wiege schwerer als etwaige Belastungen des Kindes durch den Umgang. Hinsichtlich des Entscheidungsfindungsprozesses seien alle Verfahrenserfordernisse des Art. 8 I EMRK und des Art. 6 I EMRK eingehalten worden.[243]

239 EGMR Fall Görgülü Urt. v. 26.02.2004, Nr. 74969/01, FamRZ 2004, 1456, 1458 f.
240 EGMR Fall Görgülü Urt. v. 26.02.2004, Nr. 74969/01, FamRZ 2004, 1456, 1459.
241 EGMR Fall Görgülü Urt. v. 26.02.2004, Nr. 74969/01, FamRZ 2004, 1456, 1459.
242 EGMR Fall Görgülü Urt. v. 26.02.2004, Nr. 74969/01, FamRZ 2004, 1456, 1459.
243 EGMR Fall Görgülü Urt. v. 26.02.2004, Nr. 74969/01, FamRZ 2004, 1456, 1460.

4. Fortgang des Falles nach dem Urteil des EGMR

Die Entscheidung des EGMR vermochte zunächst lange Zeit nicht zu einer Lösung des Konflikts zu führen. Das OLG Naumburg blieb mit Entscheidung vom 09.07.2004 bei seiner Meinung, die Übertragung des Sorgerechts bedeute eine hochgradige Gefährdung des Kindeswohls. Christofer, der sein ganzes bisheriges Leben in der Familie Bauer verbracht hat, habe eine tiefe verwurzelte Beziehung zu seinen faktischen Eltern aufgebaut. Er habe in seiner neuen Familie emotionalen Halt und kräftige soziale Wurzeln gefunden. Eine Trennung könne zu traumatischen Folgen führen. Zwischen leiblichem Vater und Sohn bestehe dagegen aufgrund äußerst spärlicher Umgangskontakte keinerlei Beziehung. Die Folgen einer langfristigen Trennung von Sohn und dem ihm unbekannten leiblichem Vater seien ungleich geringer einzuschätzen. An die Entscheidung des EGMR fühlte sich das OLG Naumburg nicht gebunden. Sie stelle auch keinen triftigen, das Kindeswohl berührenden Grund gemäß § 1696 I BGB dar, um die ergangene Anordnung abzuändern. Schließlich warf das OLG dem EGMR eine „hochgradig ideologisch vorbesetzte Interpretation des sehr weit gefassten Anspruchs eines nichtehelichen Vaters aus Art. 8 I EMRK auf Achtung des Familienlebens" vor. Dem Anspruch des leiblichen Vaters würde einseitig ideologisch zu starke Bedeutung beigemessen.[244]

Das BVerfG hob mehrere Entscheidungen des OLG Naumburg auf, da dieses sich nicht an die Entscheidung des EGMR gebunden fühlte. Im Rahmen dieser Auseinandersetzung erging dann auch die Grundsatzentscheidung des BVerfG zur Bindungswirkung der EGMR-Urteile.[245] Dies alles trug zur Konfliktlösung im konkreten Fall wenig bei. Die Situation zwischen den Pflegeeltern und dem Kindesvater eskalierte zusehends. [246]

Schließlich zeigte sich das BVerfG mit einer Umgangsregelung eines anderen Senats des OLG Naumburg einverstanden.[247] Hinsichtlich der weiteren Verweigerung einer Sorgerechtsübertragung auf den Vater erging ein Beschluss des BGH vom 26.09.2007.[248] Dieser billigte die Verweigerung der Sorgerechtsübertragung zwar, denn nach den Feststellungen des OLG Naumburg[249] bestand noch keine ausreichende tragfähige Bindung zwischen Vater und Kind. Der BGH forderte aber – unter Berücksichtigung konventions- und verfassungsrechtlicher Maßstäbe – ausdrücklich eine umgehende Erweiterung des Umgangs und einen

244 OLG Naumburg FamRZ 2004, 1507, 1508 ff.

245 BVerfG FamRZ 2004, 1857, 1858 ff.

246 FAZ vom 15.04.2005, Nr. 87, S. 7; Spiegel vom 24.12.2005, Nr. 52, S. 40 ff.

247 BVerfG FamRZ 2007, 531, 533.

248 BGH FamRZ 2007, 1969, 1973.

249 OLG Naumburg FamRZ 2007, 665, 670 f.

baldigen Wechsel des Kindes von den Pflegeeltern zum Vater. Die Grundlage dafür sei die gebotene verfassungs- und konventionskonforme Auslegung des Maßstabs der Dienlichkeit gem. § 1672 I 2 BGB. Danach habe die Übertragung der elterlichen Sorge bei einem Konflikt mit Dritten grundsätzlich auf den Vater zu erfolgen, so dass seine vorrangige Erziehungszuständigkeit bereits dann besteht, wenn sie dem Wohl des Kindes nicht widerspricht.[250] Im Wege der einstweiligen Anordnung wurde dem Vater schließlich vom AG Wittenberg entsprechend dem Wunsch des Kindes das Sorgerecht übertragen.[251] Das Kind lebt inzwischen in der Familie des Beschwerdeführers.

5. Analyse des Urteils

Der Fall Görgülü dürfte wohl der populärste und umstrittenste Fall auf dem Gebiet des Sorge- und Umgangsrechts sein. Im Verlauf dieses Falles traf das BVerfG eine Grundsatzentscheidung zur Bindung deutscher Gerichte an Entscheidungen des EGMR.[252] Es geht in diesem Fall neben den Rechten des Vaters eines nichtehelich geborenen Kindes um das kontroverse Thema der Konkurrenz zwischen leiblichen Elternteilen und Pflegeeltern.

a) Zum Urteil des EGMR selbst

Hinsichtlich der Eröffnung des Schutzbereichs des Art. 8 I EMRK bekräftigt der EGMR wie in seiner Entscheidung zum Fall Keegan, dass das Recht auf Familienleben nicht nur in Bezug auf bereits bestehende Familien geschützt wird. Im Fall Görgülü handelt es sich, wie auch im Fall Keegan, um den leiblichen Vater eines außerehelich geborenen Kindes, der bisher keinerlei Beziehung zu seinem Kind aufbauen konnte. Während das deutsche Familienrecht eine schützenswerte familiäre Beziehung zwischen ausschließlich biologischem Vater und seinem Kind nur dann anerkennt, wenn bereits eine tatsächliche Beziehung besteht,[253] begründet Art. 8 EMRK auch das Recht, aufgrund rein biologischer Verwandtschaft soziale familiäre Bindungen zu entwickeln, wenn das Kind aus einer auf Dauer angelegten Beziehung der Eltern hervorgegangen ist. Dass sich die Eltern bereits vor der Geburt getrennt haben, ist dafür unerheblich. Der Schutz der Umgangsansprüche des biologischen Vaters geht somit weiter als nach deutschem Recht.

---

250 BGH FamRZ 2007, 1969, 1972 f.

251 AG Wittenberg FF 2008, 167, 167 f.

252 BVerfG FamRZ 2004, 1857 ff.; jüngst bekräftigt BVefG FamRZ 2009, 291, 293

253 BVerfG FamRZ 2003, 816, 821 f.

In Bezug auf die Eingriffsrechtfertigung wiederholt der EGMR zwar seine Grundsätze zur Subsidiarität, indem er abermals betont, kein Rechtsmittelgericht zu sein. Er nimmt jedoch in dieser Entscheidung sehr detailliert Stellung zu den inhaltlichen Bewertungen des OLG Naumburg bzw. gibt genaue Vorgaben, wie die Verletzung des Konventionsrechts abzustellen sein soll. Während er im Bereich der Sorgerechtsentscheidung (§ 1678 II BGB) einen Verstoß darin sieht, dass die Möglichkeit eines schonenden Wechsels nicht ausreichend geprüft worden sei, erfolgt bezüglich der Umgangsrechtsentscheidung (§ 1684 IV BGB) die klare inhaltliche Vorgabe, dem Beschwerdeführer ein Umgangsrecht zu gewähren, da keine ausreichenden Gründe für einen Umgangsausschluss vorliegen würden.

b) Kritische Stimmen

Die Entscheidung des EGMR wurde in der Fachliteratur teilweise kritisch beurteilt. Es wurde befürchtet, dass unterschiedliche Gewichtungen bezüglich biologischer Herkunft eines Kindes im Verhältnis zu seinen sozialen Bindungen negative Folgen auf die Interessen des Kindes haben könnten. Die Position des EGMR sei eindeutig durch Ideologie geprägt und in keiner Weise durch die maßgeblichen Erwägungen des Kindeswohls. Die Abwägung des EGMR hinsichtlich des Kindeswohls in Fällen von Pflegekindern stehe in völligem Gegensatz zu der des BVerfG. Die Überhöhung der Bedeutung der biologischen Herkunft wirke sich für Pflegekinder katastrophal aus.[254]

Tatsächlich sind die Bedenken vor dem Hintergrund der bereits dargestellten humanwissenschaftlichen Grundlagen nachvollziehbar. Der Gerichtshof betont die Bedeutung einer Familienzusammenführung und bewertet die langfristigen Auswirkungen einer dauerhaften Trennung von Vater und Kind als schwerwiegender als etwaige Risiken, welche ein Umgang oder gar die Trennung von Kind und Pflegeeltern, bei welchen das Kind seit seiner Geburt im Zeitpunkt der Entscheidung seit knapp fünf Jahren lebt, mit sich bringen könnten.[255] Eine nähere Begründung einer derartigen Annahme erfolgt nicht.

Die zuvor aufgestellten humanwissenschaftlichen Ausführungen hinsichtlich des Aufbaus frühkindlicher Bindungen in dieser Arbeit lassen jedoch Zweifel an einer solchen Einschätzung aufkommen. Im Zeitpunkt der Entscheidung kannte das Kind seinen Vater kaum und hatte noch keinerlei Beziehung zu ihm aufbauen können. Zwischen Vater und Pflegeeltern bestanden erhebliche Differenzen. Solche Differenzen sprechen nach den Ergebnissen der Scheidungsfolgen-

254 *Hoffman* ZfJ 2005, 44, 49 ff.

255 EGMR Fall Görgülü FamRZ 2004, 1456, 1459.

forschung aufgrund drohender Loyalitätskonflikte gegen eine Kindeswohldienlichkeit des Umgangs.[256] Auch bezüglich der Notwendigkeit eines Umgangs mit dem leiblichen Vater, um die eigene Herkunft zu begreifen, bestehen in der Fachliteratur gerade im Falle von Pflegekindern durchaus andere Ansichten.[257]

Das Fehlen näherer Ausführungen in Bezug auf die Bedürfnisse und Befindlichkeiten des betreffenden Kindes erklärt sich aus der Tatsache, dass Verfahren vor dem EGMR traditionell lediglich zweipolige Beziehungen vorsehen, nämlich die Beziehung zwischen Beschwerdeführer und dem betreffenden Staat. Das Kind, die Pflegeeltern, das Jugendamt oder ein Vormund bzw. Verfahrenspfleger sind nicht Beteiligte des Verfahrens vor dem Gerichtshof. Im deutschen Familienrecht handelt es sich jedoch stets um mehrpolige Grundrechtsverhältnisse, im deren Rahmen eine Vielzahl von Parteiinteressen auszutarieren sind.[258] Dies darf im Rahmen der Rezeption des Urteils in Sachen Görgülü nicht in Vergessenheit geraten.

c) Konkurrenzverhältnis zwischen leiblicher und faktischer Elternschaft

Die Diskussion, um die es hier im Kern geht, ist das Konkurrenzverhältnis zwischen leiblicher und faktischer Elternschaft. Schon lange vor der Entscheidung im Fall Görgülü wurde vor einer zu starken Betonung der Rechte leiblicher Eltern, welche die Rechtsposition des Kindes gefährden könnten, gewarnt.[259]

Eine Untersuchung hat sich anlässlich der Rechtsprechung des EGMR im Fall Görgülü ausführlich mit der Thematik des Pflegekindes in der Rechtsprechung des BVerfG und des EGMR auseinandergesetzt.[260] Die Untersuchung der Frage, ob die Rechtsprechung des EGMR mit der Forderung einhergeht, der biologisch begründeten Verbindung mit den Herkunftseltern in jedem Falle Priorität einzuräumen, ist zu dem Ergebnis gekommen, dass dies nur auf den ersten Blick so scheint.

Zunächst wird anhand eines außerjuristisch gesicherten Kenntnisstandes dargelegt, dass auch eine schrittweise Herausnahme eines in seiner Pflegefamilie verwurzelten Pflegekindes gegen dessen Wohl verstößt. Jede Trennung eines Kindes von seinen Pflegeltern und seinem psychosozialen Umfeld erhöhe das

256 Vgl. Teil C. IV. 2. zur Scheidungsfolgenforschung.

257 *Zenz* ZfJ 2000, 321, 325 f.

258 Vgl. Teil B. III. zu mehrpoligen Rechtsverhältnissen unter Verweis auf *Papier* EuGRZ 2006, 1, 3.

259 *Hohnerlein* EuLF 2001, 252, 257.

260 Dissertation von *Gülsen Schorn* mit dem Titel „Das Pflegekind in der Rechtsprechung des BVerfG und des EGMR", F.a.M., 2010.

Risiko psychischer Erkrankungen und Bindungslosigkeit.[261] Der überwiegende Anteil der Straßburger Richter vertrete überholte Auffassungen bezüglich der Notwendigkeit einer Familienzusammenführung, die nicht mit den derzeitigen gesicherten humanwissenschaftlichen Erkenntnissen übereinstimme.[262] Speziell im Fall Görgülü gehe der EGMR vom Zeiterleben Erwachsener aus. Die Bemühungen um eine endgültige Zusammenführung des Kindes mit seinem leiblichen Vater würden daher weit über den im Hinblick auf die Entwicklung des Kindes vertretbaren Zeitraum hinausgehen.[263] Der Fall Görgülü sei allerdings nicht allein repräsentativ für die ständige Rechtsprechung des EGMR zu Familienzusammenführungen im Bereich der Pflegekinder.

Insgesamt sei die Rechtsprechung des EGMR von starken Ambivalenzen geprägt:[264] Auf der einen Seite erkenne der EGMR durchaus an, dass die Kindesinteressen nach einer gewissen Zeit der Pflege die Interessen der Herkunftseltern bezüglich einer Wiedervereinigung überwiegen könnten. Dies zeige ein gewisses Verständnis für die Problematik kindlichen Zeitempfindens in Wechselwirkung mit der Bindungsproblematik. Hinzu komme, dass in der Mehrzahl der untersuchten Fälle, in denen Eltern eine unterbliebene Rückführung gerügt hätten, keine Verletzung des Art. 8 I EMRK festgestellt worden sei. Auf der anderen Seite entscheide der EGMR in anderen Fällen, dass eine Wiedervereinigung zu erfolgen habe, sobald die Erziehungsfähigkeit der leiblichen Eltern wiederhergestellt sei und übergehe so wichtige Kindeswohlaspekte wie kindliches Zeitempfinden und bestehende Bindungen des Kindes.

Es wird betont, dass insbesondere die Rechtsprechung des EGMR – aber auch die des BVerfG[265] – im Verfahren Görgülü einen Rückschritt in der bisher grundsätzlich am Kindeswohl orientierten Rechtsprechungsentwicklung beider Gerichte darstelle.[266] Gegenüber den angesprochenen Ambivalenzen in der Rechtsprechung des EGMR würden dennoch die positiven Grundlinien letztlich stärker wiegen. Diese Grundlinien werden im erkennbaren zunehmenden Einfluss außerjuristischer Erkenntnisse, der grundsätzlichen Anerkennung des Zeit-

261 *Schorn* (2010), S. 67 ff., 467.

262 *Schorn* (2010), S. 346, 383, 469.

263 *Schorn* (2010), S. 160, 473.

264 *Schorn* (2010), S. 315, 326, 469 unter Verweis auf EGMR Fall Görgülü Urt. v. 26.02.2004, Nr. 74969, FamRZ 2004, 1456 ff.; EGMR Fall Gnahore Urt. v. 19.09.2000, Nr. 40031/98; EGMR Fall K. und T. gegen Finnland Urt. v. 27.04.2000, Nr. 25702/94, FamRZ 2000, 1353 ff.; EGMR Fall Johansen Urt. v. 07.08.1996, Nr. 24/1995/530/616, ÖJZ 1995, 75 ff.

265 BVerfG FamRZ 2007, 1969 ff. dazu ebenfalls sehr kritische Anmerkung von *Zenz* in FamRZ 2007, 2060 ff.

266 *Schorn* (2010), S. 217, 236 ff., 425, 471.

faktors und des Schutzes entstandener Bindungen und der Begrenzung der Elternrechte durch das vorrangig zu berücksichtigende Kindeswohl ausgemacht.[267]

Angesichts derartiger Untersuchungsergebnisse wird eindringlich vor einer verkürzten Rezeption der Rechtsprechung des EGMR[268] durch einige Fachgerichte, die zu einer nicht gerechtfertigten Überhöhung der Rechte biologischer Eltern führen, gewarnt.[269] Denn es werde häufig übersehen, dass der EGMR[270] nicht schematisch die Zusammenführung leiblicher Eltern mit ihren Kindern, sondern vielmehr einen gerechten Ausgleich suche zwischen den Interessen des in der Pflegefamilie lebenden Kindes, dort zu verbleiben und den Interessen des Elternteils, mit dem Kind wieder zusammen zu sein. Der EGMR[271] betone stets, dass ein Elternteil aufgrund von Art. 8 EMRK unter keinen Umständen Maßnahmen verlangen dürfe, die die Gesundheit des Kindes und seine Entwicklung beeinträchtigen. Damit bestehe eine Übereinstimmung mit der Rechtsprechung des BVerfG[272] zum Vorrang des Kindeswohls.

d) Stärkung der Rechte nichtehelicher Väter

Die Entscheidung des EGMR traf in der Fachwelt auch auf Zustimmung. Die Stärkung der Rechtsposition leiblicher Väter im deutschen Familienrecht wurde ausdrücklich begrüßt. Der Gerichtshof lege ein zeitgemäßes, entwicklungsoffenes Verständnis von Familie zu Grunde, deren Mitglieder unabhängig von ihrem Status in ihrem Zusammensein durch den Staat zu schützen und zu unterstützen sind.[273]

Die Literatur[274] kommt zu dem Ergebnis, dass ein Anspruch von Vater und Kind auf ein Zusammenleben, auch wenn Bindungen zwischen ihnen noch nicht hergestellt werden konnten, im Einklang mit den Rechten des Kindes aus Art. 2 I, 7 I UN-KRK steht. Etwaige entgegenstehende Kindesinteressen würden nicht vernachlässigt, sondern diese würden im Rahmen der Umstände des Einzelfalles berücksichtigt. Da es Aufgabe des EGMR sei, mit Hilfe einer autonomen Auslegung des Anspruchs auf Achtung des Familienlebens einen einheitlichen Min-

---

267 *Schorn* (2010), S. 308 ff., 315, 319, 326, 332, 345, 406, 417, 434, 472.

268 EGMR Fall Görgülü Urt. v. 26.02.2004, Nr. 74969, FamRZ 2004, 1456 ff. und EGMR Fall Kutzner, Urt. v. 26.02.2002, Nr. 46544/99, FamRZ 2002, 1393 ff.

269 Staudinger/*Salgo* § 1632 BGB Rn. 46 f., 53, 83.

270 EGMR Fall K. und T. gegen Finnland Urt. v. 27.04.2000, Nr. 25702/94, FamRZ 2000, 1353, Rn. 156; im Wesentlichen bestätigt durch Urt. des EGMR Fall K. und T. gegen Finnland, Große Kammer, vom 12.07.2001, Nr. 25702/94, FamRZ 2002, 305.

271 Vgl. auch EGMR Fall Görgülü Urt. v. 26.02.2004, Nr. 74969, Rn. 43, FamRZ 2004, 1456, 1459.

272 BVerfG FamRZ 2005, 783 , 784.

273 *Brückner* FPR 2005, 200, 204; *Rixe* ZKJ 2006, 276, 278.

274 *Rixe* FamRZ 2004, 1460, 1463 f.

deststandard in den Europastaaten zu sichern, müsse er sich bei der Auslegung auch nicht an dem Gewährleistungsstandard eines einzelnen Landes orientieren. Dies gelte vor allem deshalb, weil die ganz überwiegende Zahl der Mitgliedsstaaten die Rechtsstellung außerehelich geborener Kinder, insbesondere in Angleichung an die Maßstäbe der UN-KRK, weitgehend an die von ehelichen Kindern angeglichen habe. Kritisiert wird in diesem Zusammenhang die mit den Regelungen der §§ 1678 II, 1672, 1680 II 2, 1747 III, 1748 IV, 1756 II BGB beabsichtigte typisierende Unterscheidung zwischen verantwortungsbereiten und desinteressierten Vätern durch die Innehabung des Sorgerechts.[275] Dieses Kriterium sei ungeeignet, da Elternverantwortung auch ohne Innehabung des (Mit-) Sorgerechts wahrgenommen werden könne und die Erlangung des Sorgerechts vom Willen der Kindesmutter abhänge. Zudem sei ein Verstoß des § 1678 II BGB gegen Art. 8 EMRK allein und i.V.m. Art. 14 EMRK, denkbar. Die hohe Hürde der „Kindeswohldienlichkeit" verletze den leiblichen Vater in seinen Rechten aus den genannten EMRK-Normen. Zum einen werde der grundsätzliche Anspruch auf Rückführung des Kindes unverhältnismäßig eingeschränkt und zum anderen würden die verantwortungsbereiten leiblichen Väter und deren Kinder ohne gewichtige Gründe gegenüber geschiedenen Vätern und ihren Kindern ungleich behandelt.

e) Zusammenfassung

Das Urteil im Fall Görgülü, in dem es um die Zusammenführung eines Pflegekindes mit seinem biologischen Vater geht, vereint zwei sensible Themenkreise. Zum einen die Rechte nichtehelicher, leiblicher Väter und zum anderen das Konkurrenzverhältnis zwischen faktischer und leiblicher Elternschaft. Die teilweise klaren inhaltlichen Vorgaben des Gerichtshofs wirken auf den ersten Blick befremdlich, ruft man sich den Grundsatz der Subsidiarität der Rechtsprechung des EGMR in Erinnerung. Auch die starke Hervorhebung der Rechte des leiblichen Vaters lassen die Vermutung aufkommen, der Gerichtshof habe sich eher an den Rechten des Vaters und erst nachrangig an den Rechten des Kindes orientiert, ohne humanwissenschaftliche Erkenntnisse der Kinderpsychologie zu berücksichtigen. Die auffällig „Beschwerdeführer-orientierte" Sichtweise des EGMR hat ihren Ursprung darin, dass es sich im Verfahren vor dem EGMR lediglich um zweipolige Beziehungen und nicht um mehrpolige Grundrechtsverhältnisse handelt. Grundsätzlich ist jedoch auch dem viel kritisierten Urteil im Fall Görgülü der Grundsatz des Vorrangs des Kindeswohls zu entnehmen, da dem Be-

275 *Rixe* FamRZ 2004, 1460, 1463.

schwerdeführer kein Anspruch auf Maßnahmen zustehen soll, die der Gesundheit und Entwicklung seines Kindes schaden würden.

VI. Fall Kleinert gegen Deutschland[276]

1. Sachverhalt

Der Beschwerdeführer ist Vater einer 1998 nichtehelich geborenen Tochter. Das Kind lebt bei der Kindesmutter, die gemäß § 1626a II BGB das alleinige Sorgerecht ausübt. Anfangs hatte der Beschwerdeführer unregelmäßigen Umgang mit seiner Tochter. Manchmal übernachtete sie bei ihm. Da die Mutter berufstätig war, betreuten er und seine Eltern das Kind oft unter der Woche. In den Jahren 2001 bis 2003 hatte der Beschwerdeführer zunächst an einem Wochenende im Monat, später an jedem zweiten Wochenende Umgang mit seiner Tochter. Im Frühjahr 2003 unterrichtete ihn die Kindesmutter über ihren geplanten Umzug mit der gemeinsamen Tochter und ihrem neuen Lebensgefährten nach Mallorca.

2. Rechtliche Beurteilung nach nationalem Recht

Der Beschwerdeführer beantragte daraufhin, das alleinige Sorgerecht bzw. hilfsweise die Mutter daran zu hindern, Deutschland mit dem Kind zu verlassen. Das zuständige Amtsgericht lehnte nach Anhörung aller Beteiligten, des Kindes und des Jugendamtes eine Übertragung des alleinigen Sorgerechts auf den Beschwerdeführer ab. Da die Mutter gem. § 1626 a II BGB das alleinige Sorgerecht innehabe, würde eine Übertragung erfordern, ihr gemäß §§ 1666, 1666a BGB das Sorgerecht zu entziehen. Die dafür notwendigen Voraussetzungen eines Sorgerechtsmissbrauchs und einer sich daraus ergebenden Gefährdung des körperlichen, geistigen oder seelischen Wohls des Kindes würden nicht vorliegen. Die Entscheidung der Kindesmutter sei auch nicht nach § 1684 BGB zu beanstanden, da sie triftige Gründe für den Umzug vorgebracht habe. Ein Umgang werde dadurch nicht unmöglich gemacht, da sie dem Beschwerdeführer nach dem Umzug nach Spanien jeden möglichen Umgang mit der Tochter zugesichert habe und er über die finanziellen Mittel für regelmäßige Besuche verfüge. Kurz nach dieser Entscheidung fand im Sommer 2003 der Umzug statt. Im Herbst 2003 verwarf das zuständige OLG Dresden die Beschwerde des Beschwerdeführers gegen die amtsgerichtliche Entscheidung. Für eine Maßnahme gem. §§ 1666, 1666a BGB

276 EGMR Fall Kleinert Urt. v. 20.02.2007, Nr. 16013/04.

reiche eine abstrakte Gefährdung des Kindeswohls nicht aus. Das Kind hatte zwar in einer Anhörung vor dem OLG geäußert, lieber in Deutschland bleiben zu wollen, wo ihre Freunde und ihr Vater lebten. Das OLG befand jedoch, dass die Tochter ihren neuen Wohnort mit zunehmender Reife und Aufenthaltsdauer nicht auf Dauer ablehnen werde. Wegen der Kürze des bisherigen Aufenthalts in Spanien habe das Mädchen noch keine Beziehungen knüpfen können. Die offensichtlich schmerzhafte Trennung vom Beschwerdeführer könne durch Umgangskontakte alle zwei Wochen und in den Ferienzeiten aufgefangen werden. Darüber hinaus habe die Kindesmutter triftige Gründe für den Umzug. Das Umgangsrecht werde durch die räumliche Entfernung zwar erschwert, jedoch nicht in unvertretbarem Maße eingeschränkt. Das BVerfG lehnte es am 17.02.2004 ab, die Verfassungsbeschwerde des Beschwerdeführers zur Entscheidung anzunehmen.

3. Beurteilung durch den EGMR

Der EGMR lehnt eine Verletzung des Art. 8 I EMRK ab.[277] Grundlage der gerichtlichen Entscheidungen bildeten die §§ 1666, 1666a BGB und § 1684 BGB. Im Rahmen der Prüfung der Rechtfertigung der angefochtenen Maßnahmen sei in jedem Fall dieser Art zweifellos die Überlegung, was dem Kindeswohl am besten diene, von entscheidender Bedeutung. Es folgen die bereits bekannten grundsätzlichen Ausführungen zur Subsidiarität und zum Ermessenspielraum. Hinsichtlich des Konfliktes zwischen § 1626a BGB und den Elternrechten von Vätern nichtehelicher Kinder verweist der EGMR auf die ausführliche Begründung des BVerfG[278] in seinem Urteil vom 29.01.2003. Es sei nicht Aufgabe des Gerichtshofs, im Rahmen einer Individualbeschwerde innerstaatliche Rechtsvorschriften abstrakt zu prüfen. Vielmehr habe er zu prüfen, in welcher Weise diese Rechtsvorschriften unter den jeweiligen Umständen auf den Beschwerdeführer angewendet worden seien. Er halte es deshalb nicht für erforderlich zu überprüfen, ob § 1626a BGB zwischen Müttern und Vätern nichtehelicher Kinder in einer nicht zu rechtfertigenden Weise unterscheiden würde.

Die Prüfung der besonderen Umstände der vorliegenden Rechtssache habe ergeben, dass die deutschen Gerichte die Interessen des Beschwerdeführers und der Mutter sorgfältig gegeneinander abgewogen haben und auch allen Verfahrenserfordernissen nachgekommen seien. Insgesamt hätten die deutschen Gerichte befunden, dass es dem Kind unter der elterlichen Sorge der Mutter gut ge-

---

277 EGMR Fall Kleinert Urt. v. 20.02.2007, Nr. 16013/04, Rn. 30 ff., zitiert nach Juris.

278 BVerfG Urt. v. 29.01.2003, Az. 1 BvL 20/99 u. BvR 933/01, FamRZ 2003, 285 ff.

he. Die Argumente des OLG, sich über den in der Anhörung erklärten Kindeswillen hinwegzusetzen, würden verständlich und überzeugend erscheinen. Im Hinblick darauf, dass die innerstaatlichen Gerichte besser als der Gerichtshof in der Lage seien, einen gerechten Ausgleich zwischen den Interessen der Kinder, die in einem friedlichen Umfeld leben wollten, und den Interessen der Väter herbeizuführen, hätten die Gerichte ihre Ermessenspielraum nach Art. 8 II EMRK nicht überschritten.

4. Analyse der Entscheidung

Hervorzuheben ist zunächst die neuerliche Betonung der Kindeswohldienlichkeit unter Verweis auf die frühere Rechtsprechung[279]. Darüber hinaus führt der EGMR am Ende seines Urteils ausdrücklich aus, dass die nationalen Gerichte besser als er selbst in der Lage seien, einen gerechten Interessenausgleich zwischen Vater und Kind herbeizuführen. Unter Verweis auf eine höhere Sachnähe der nationalen Gerichte unterlässt es der EGMR, sich in die Beweiswürdigung und Interessenabwägung hinsichtlich der Sorgerechtsentscheidung einzumischen. Dies entspricht dem Grundsatz des EGMR, den nationalen Behörden in Sorgerechtsentscheidungen einen großen Ermessenspielraum einzuräumen.

Auch in Bezug auf die streitgegenständliche Regelung des § 1626a BGB hält sich der EGMR zurück. Das BVerfG ist in der vom Gerichtshof ausdrücklich zitierten Entscheidung zu dem Ergebnis gekommen, die Regelung des § 1626a BGB verletze weder das Elternrecht des nichtehelichen Vaters aus Art. 6 II GG noch das Gleichbehandlungsgebot nichtehelicher Kinder gemäß Art. 6 V GG.[280] Ob die Vorschrift mit Art. 8 I EMRK vereinbar ist, lässt der EGMR hier offen, indem er darauf hinweist, dass es nicht seine Aufgabe sei, innerstaatliche Rechtsvorschriften abstrakt zu prüfen, sondern lediglich die Anwendung unter den Umständen des Einzelfalls auf den Beschwerdeführer. Im vorliegenden Fall hält er die Anwendung des § 1626a BGB für hinreichend begründet und konventionskonform.

279 EGMR Fall Nekvedavicius Entscheidung v. 19.06.2003, Nr. 46165/99, S. 7 .
280 BVerfG FamRZ 2003, 285, 287 f., 292.

VII. Fall Zaunegger gegen Deutschland[281]

1. Sachverhalt

Der Beschwerdeführer ist Vater einer im Jahr 1995 nichtehelich geborenen Tochter. Der Beschwerdeführer und die Kindesmutter trennten sich im August 1998 nach einer fünfjährigen Beziehung. Die Kindeseltern haben keine gemeinsame Sorgeerklärung abgegeben. Gemäß § 1626a BGB steht die alleinige Sorge der Kindesmutter zu. Bis Januar 2001 lebte die gemeinsame Tochter beim Beschwerdeführer. Die Kindesmutter lebte in einer anderen Wohnung in demselben Gebäude. Im Januar 2001 zog die Tochter in die Wohnung der Mutter. Die Eltern begannen über den Kontakt des Beschwerdeführers mit seiner Tochter zu verhandeln. Im Juni 2001 trafen sie mit Hilfe des zuständigen Jugendamtes eine umfängliche Umgangsregelung. Die Kontakte beliefen sich danach insgesamt auf ungefähr vier Monate im Jahr. Ebenfalls im Jahr 2001 äußerte der Beschwerdeführer den Wunsch nach einer gemeinsamen elterlichen Sorge. Die Kindesmutter war jedoch nicht bereit, einer Sorgeerklärung zuzustimmen, obwohl das Verhältnis der Kindeseltern in anderen Belangen kooperativ und gut war.

2. Beurteilung nach nationalem Recht

Im Juni 2003 wies das zuständige Familiengericht den Antrag des Beschwerdeführers auf gerichtliche Zuweisung des Sorgerechts zurück. Es befand, es liege keine Grundlage für eine gemeinsame Sorge vor. Nach deutschem Recht könnten Eltern nichtehelicher Kinder die gemeinsame Sorge nur durch eine gemeinsame Sorgeerklärung, durch Heirat oder durch gerichtliche Übertragung mit Zustimmung der Mutter gemäß § 1672 I BGB erlangen. Im Berufungsverfahren vor dem OLG Köln unterlag der Beschwerdeführer aus den gleichen Gründen. Das OLG Köln berief sich außerdem auf die Entscheidung des BVerfG[282] vom 29.01.2003. Das BVerfG lehnte es mit Entscheidung vom 15.12.2003 ab, die Verfassungsbeschwerde des Beschwerdeführers zur Entscheidung anzunehmen.

3. Beurteilung durch den EGMR

Der Beschwerdeführer rügte vor dem EGMR, dass Kindesinteressen es nicht rechtfertigen, einem Vater, der bereits in der Vergangenheit für das Kind gesorgt

281 EGMR Fall Zaunegger Urt. v. 03.12.2009, Nr. 22028/04, FamRZ 2010, 103 ff.
282 BVerfG Urt. v. 29.01.2003, Az. 1 BvL 20/99 u. 1 BvR 933/01, FamRZ 2003, 285 ff.

hat, keinen vom Willen der Mutter unabhängigen Zugang zur gemeinsamen Sorge zu ermöglichen. Der deutsche Gesetzgeber habe es versäumt, seiner Verpflichtung, aktuelle gesellschaftliche Entwicklungen zu verfolgen und gesetzliche Regelungen entsprechend anzupassen, nachzukommen.

Der Gerichtshof bejaht in seinem Urteil eine Verletzung der Menschenrechte in Bezug auf Art. 14 i.V.m. Art. 8 EMRK. Zunächst erklärt er den Schutzbereich des Art. 8 I EMRK für eröffnet, da zwischen Vater und Kind ein Familienleben bestehe. Neben der biologischen Abstammung existitierten reale persönliche Beziehungen. Insbesondere habe der Beschwerdeführer Interesse an dem Kind gezeigt und vor und nach Geburt des Kindes Verantwortung übernommen. Der EGMR wiederholt seine Grundsätze, dass es nicht seine Aufgabe sei, abstrakt gesetzliche Regelungen des nationalen Rechts zu überprüfen, sondern vielmehr die Art und Weise, wie dieses Recht auf den Beschwerdeführer unter den konkreten Umständen angewandt werde. Der Gerichtshof stellt fest, dass die Entscheidung der deutschen Gerichte das geltende nationale Recht widerspiegelt. Die nationalen Gerichte hätten nicht überprüft, ob die Zuweisung der gemeinsamen Sorge das Kindeswohl im vorliegenden Einzelfall gefährden würde oder ob die Zuweisung der gemeinsamen Sorge nicht sogar im besten Interesse des Kindes sei. Dies sei konsequent gewesen, da unter dem geltenden nationalen Recht keine andere Entscheidung möglich gewesen sei. Denn entscheidend sei, dass davon ausgegangen werde, dass eine gemeinsame Sorge gegen den Willen der Mutter eines nichtehelich geborenen Kindes prima facie als nicht kindeswohldienlich anzusehen sei. Beide Gerichte – Familiengericht und Oberlandesgericht – hätten sich außerdem auf die Rechtsprechung des BVerfG[283] in seiner Entscheidung vom 29.01.2003 berufen, in welcher detailliert zum Konflikt zwischen § 1626a BGB und den Rechten des Vaters eines nichtehelichen Kindes Stellung genommen werde.

Letztlich werde der Beschwerdeführer mit der Ablehnung des Antrages auf gerichtliche Übertragung des gemeinsamen Sorgerechts ohne weitere Überprüfung, ob dadurch die Interessen des Kindes gefährdet würden, anders behandelt als die Mutter oder verheiratete Väter. Entsprechend der bisherigen Rechtsprechung des Gerichtshofs könnten nur sehr gewichtige Gründe eine unterschiedliche Behandlung von außerehelicher und ehelicher Geburt rechtfertigen. Die angegriffenen Gerichtsentscheidungen würden auf § 1626a BGB basieren und hätten einen legitimen Zweck verfolgt, da Ziel dieser gesetzlichen Regelung der Schutz des Kindeswohls sei. Sie solle gewährleisten, dass das Kind von Geburt an einer Person, die sein gesetzlicher Vertreter ist, zugeordnet werde. Darüber

283 BVerfG Urt. v. 29.01.2003, Az. 1 BvL 20/99 u. 1 BvR 933/01, FamRZ 2003, 285 ff.

hinaus sollten Konflikte zwischen den Eltern über Fragen des Sorgerechts zum Nachteil des Kindes vermieden werden.

Der Gerichtshof ist sich bewusst, dass Kinder nicht verheirateter Eltern in verschiedensten Lebensumständen leben können. Denkbar seien verschiedenste Konstellationen wie Lebensumstände, in denen die Vaterschaft rechtlich nicht anerkannt ist, Väter keine Verantwortung für ihr Kind übernehmen wollen bis hin zu Vätern, die sich vollständig an der Erziehung des Kindes beteiligen sowie Beziehungskonstellationen, in denen die Kinder nicht anders aufwachsen als in einer intakten ehelichen Lebensgemeinschaft.

Der Gerichtshof akzeptiert, dass es gute Gründe geben kann, dem Vater eines unehelichen Kindes die Teilhabe an der elterlichen Sorge abzusprechen. Etwa dann, wenn ein Mangel an Kommunikation der Eltern drohe, dem Kindeswohl zu schaden. Allerdings spreche nichts dafür, dass eine solche Konstellation die grundsätzliche Regel einer Beziehung zwischen unverheirateten Vätern und ihren Kindern darstelle. Die vorstehenden Erwägungen würden auf den vorliegenden Fall nicht zutreffen. Die rechtliche Vaterschaft des Beschwerdeführers habe von Anfang an bestanden. Insgesamt fünf Jahre lebten Vater und Tochter zusammen. Nachdem das Kind zu seiner Mutter gezogen war, hätten Vater und Tochter weiterhin intensiven Kontakt gehabt und er habe für ihre täglichen Bedürfnisse gesorgt. Dennoch verwehre ihm das geltende nationale Recht eine gerichtliche Überprüfung der Frage, ob eine gemeinsame Sorge den Kindesinteressen entspreche sowie die Möglichkeit, die erforderliche Zustimmung der Mutter gerichtlich ersetzen zu lassen.

Die Ansicht des BVerfG, dass die Verweigerung einer Zustimmung der Kindesmutter zur gemeinsamen Sorge stets auf guten kindeswohlorientierten Gründen beruhe, teilt der EGMR nicht. Er schließt sich auch nicht der Annahme an, dass eine gemeinsame Sorge gegen den Willen der Kindesmutter prima facie dem Kindeswohl zuwiderlaufe. Trotz des weiten Ermessenspielraums der nationalen Behörden seien der europäische Kontext und die wachsende Anzahl nichtverheirateter Eltern zu berücksichtigen. Es bestehe zwar kein europäischer Konsens darüber, dass Väter nichtehelicher Kinder das Recht der gemeinsamen Sorge auch ohne Zustimmung der Kindesmutter haben sollten. Die Mehrzahl der Mitgliedsstaaten scheinen jedoch eine Entscheidung dahingehend getroffen zu haben, dass eine Zuweisung der elterlichen Sorge sich am Kindeswohl ausrichten sollte und im Falle von Konflikten zwischen den Eltern eine solche Zuweisung Gegenstand einer genauen gerichtlichen Überprüfung sein sollte.

Der Gerichtshof ist angesichts des vorliegenden Falles vom Argument der Regierung, dass eine gerichtliche Anordnung des gemeinsamen Sorgerechts stets Konflikte zwischen den Eltern zu Lasten des Kindeswohls auslösen würde, nicht überzeugt. Zwar könnten Gerichtsverfahren zur Regelung der elterlichen Sorge auf ein Kind verstörend wirken. Allerdings sehe das deutsche Recht eine gerichtliche Überprüfung der Sorgerechtsregelung in Trennungsfällen vor, in denen die Eltern verheiratet sind oder waren oder eine gemeinsame Sorgeerklärung abgegeben haben. In derartigen Fällen behalten Eltern die gemeinsame Sorge, sofern nicht das Gericht auf Antrag eines Elternteils die alleinige Sorge in Übereinstimmung mit dem Kindeswohl auf diesen gemäß § 1671 BGB übertrage. Der Gerichtshof kommt zu dem Ergebnis, dass die Regierung keine ausreichenden Gründe vorgetragen habe, warum die Situation im vorliegenden Fall weniger gerichtliche Prüfungsmöglichkeiten zulassen sollte. Es sei nicht nachvollziehbar, warum der Beschwerdeführer, welcher als rechtlicher Vater anerkannt gewesen sei und die Vaterrolle auch tatsächlich übernommen habe, unter Berücksichtigung dieser Umstände anders behandelt werde als ein Vater, der von Anfang an die elterliche Sorge inne gehabt und sich später von der Kindesmutter getrennt habe oder habe scheiden lassen.

In Anbetracht der vorstehenden Erwägungen kommt der Gerichtshof zu dem Schluss, dass ein genereller Ausschluss einer gerichtlichen Prüfung des alleinigen Sorgerechts im Hinblick auf den verfolgten Zweck, den Schutz der Interessen des nichtehelichen Kindes, nicht verhältnismäßig ist. Folglich liege eine Verletzung von Art. 14 i.V.m. Art. 8 I EMRK vor.

Der Gerichtshof traf diese Entscheidung mit sechs Stimmen zu einer Stimme. Die für Deutschland gewählte EGMR-Richterin Renate Jaeger hatte sich in der Rechtssache für befangen erklärt. Im August 2009 benannte die deutsche Regierung an ihrer Stelle Herrn Bertram Schmitt als Richter ad hoc. Seine abweichende Meinung ist dem Urteil des EGMR beigefügt.[284] Schmitt stimmte gegen eine Verletzung des Art. 14 i.V.m. Art. 8 EMRK. Zwar sei es richtig, dass der Beschwerdeführer gegen den Willen der Mutter keine Möglichkeit habe, an der elterlichen Sorge teilzuhaben. Auch stehe ihm der Weg einer gerichtlichen Überprüfung nicht offen. Doch der Gerichtshof selbst habe in den Fällen Görgülü und Sommerfeld[285] den nationalen Behörden und insbesondere den Gerichten – im Gegensatz zu Fällen der Beschränkung des Umgangsrechts – einen weiten Beurteilungsspielraum in Sorgerechtsfragen zuerkannt. Der deutsche Gesetzgeber habe die Probleme des Vaters bezüglich der privilegierten Position der Mutter erkannt und ausführlich erwogen und sich letztendlich gegen eine so genannte „verordnete Harmonie" entschieden. Die deutsche Gesetzgebung finde ihre Rechtfertigung in den Gründen der Rechtssicherheit und des Schutzes des Kin-

284 Abweichendes Sondervotum des Richters Bertram Schmitt zum Urteil des EGMR vom 03.12.2009 im Fall Zaunegger, Nr. 22028/04, FamRZ 2010, 103, 106 f.

285 EGMR Fall Görgülü Urt. v. 26.02.2004, Nr. 74969/01, FamRZ 2004, 1456, 1458, Rn. 42; EGMR Fall Sommerfeld Urt. v. 08.07.2003, Nr. 31871/96, FamRZ 2004, 337, 339, Rn. 63.

deswohls. Die Annahme des Gesetzgebers, dass die gerichtliche Verordnung einer gemeinsamen Sorge gegen den Willen der Kindesmutter im Falle nichtehelicher Kinder dem Kindeswohl widerspreche, sei berechtigt. Umso berechtigter sei die Annahme des Gesetzgebers, dass eine gerichtlich verordnete gemeinsame Sorge in Fällen, in denen die Kindeseltern, die schon während ihres Zusammenlebens keine gemeinsame Sorgeerklärung abgegeben haben, sich später trennen und um das Sorgerecht streiten, mehr Nachteile als Vorteile für das Kind bedeuten würde. In derartigen Fällen sei es offensichtlich, dass keine Basis für eine Kooperation zwischen den Eltern und damit keine Basis für eine gemeinsame Sorge im besten Interesse des Kindes bestehe. Schmitt verweist insoweit auf die Argumentation des BVerfG[286] in seinem Urteil vom 29.01.2003. Im konkreten vorliegenden Fall sei die gerichtliche Verordnung einer gemeinsamen Sorge dazu geeignet, Konflikte zwischen den Kindeseltern zu Lasten des Kindeswohls hervorzurufen. Außerdem sei es dem Beschwerdeführer auch ohne Teilhabe an der elterlichen Sorge aufgrund der umfänglichen Umgangsrechtsregelung möglich, eine wichtige Rolle im Leben seiner Tochter einzunehmen.

Schmitt sieht darüber hinaus keinen europäischen Konsens hinsichtlich der vorliegenden Thematik. Auch wenn die meisten der Mitgliedsstaaten im Falle des Konfliktes zwischen den Eltern eine gerichtliche Überprüfung vorsehen, so sei die Ausgestaltung der gesetzlichen Regelungen doch sehr verschieden und könne nicht miteinander verglichen werden, wie eine Rechtsvergleichung zeige. Da es keine einheitliche Regelung gebe, stehe eine größere Anzahl von Möglichkeiten zur Verfügung, die betroffenen Interessen zu einem Ausgleich zu bringen. In Anbetracht des gemeinsamen Zieles, nämlich den Schutz des Kindeswohls, und eines fehlenden europäischen Konsenses, könne es nicht die einzige mögliche Lösung des Konfliktes sein, dem Vater nichtehelicher Kinder die Erlangung der gemeinsamen Sorge auf gerichtlichem Wege gegen den Willen der Mutter zu eröffnen. Mit Verweis auf die Entscheidung des EGMR vom 07.03.2006 im Fall Evans[287] erinnert Schmitt daran, dass es früheren Entscheidungen des EGMR entspreche, eine antizipierte Wertung des Gesetzgebers, die es nicht erlauben, Individualinteressen im konkreten einzelnen Konfliktfall gegeneinander abzuwägen, als konventionskonform zu akzeptieren. Der Vorteil einer solchen vorweggenommenen Abwägung sei eine klare gesetzliche Regelung, die allen Beteiligten Sicherheit vermittle.

Schmitt sieht keine ungerechtfertigte Ungleichbehandlung des Beschwerdeführers. Die Position des Beschwerdeführers sei nicht vollkommen vergleichbar mit der Position einer Mutter oder eines verheirateten Vaters. Die anfängliche

---

286 BVerfG FamRZ 2003, 285, 289 f.

287 EGMR Fall Evans Urt. v. 07.03.2006, Nr. 6339/05, EuGRZ 2006, 389, 396, Rn. 65.

alleinige Sorge der Mutter sei aus Gründen der Rechtssicherheit notwendig. Die Tatsache, dass der nichteheliche Vater – insbesondere in Fällen der Trennung – die gemeinsame Sorge nicht gerichtlich erstreiten könne, habe ihren Grund im Kindeswohl. Die gesetzliche Regelung basiere auf der legitimen Annahme, dass Eltern, die sich nicht über eine gemeinsame Sorge einigen können, sich auch nicht über wichtige Fragen im Rahmen der Ausübung der gemeinsamen Sorge werden einigen können. Im Falle von verheirateten Vätern oder Vätern, welche bereits aufgrund einer Sorgeerklärung die gemeinsame Sorge ausüben, liege eine Manifestation der Kooperationsbereitschaft der Eltern vor. In beiden Fällen sei die Ausübung der gemeinsamen elterlichen Sorge ebenfalls mit der Zustimmung der Mutter verbunden. Daher sei die Annahme des Gesetzgebers, dass Eltern, die nicht verheiratet seien oder eine gemeinsame Sorgerklärung abgeben haben, keine gemeinsame Sorge wünschen, gerechtfertigt. § 1626a BGB verletze nicht die Rechte nichtehelicher Väter. Denn selbst, wenn eine gerichtliche Überprüfung möglich wäre, würde ein Gericht im Falle eines ernsten Konfliktes zwischen den Eltern in Anbetracht des Kindeswohls eine gemeinsame Sorge nicht erwägen. Die Erwägungen der Mehrheit des Gerichtshofs würden dem Gesetzgeber kaum mehr Spielraum zur Regelung der elterlichen Sorge im Falle nichtehelicher Kinder lassen. Die sei eine zu weitreichende Einmischung. Schmitt hätte sich eine verhaltenere Annäherung an diesen kontroversen Bereich gewünscht.

4. Analyse des Urteils

Bezüglich des Vorliegens eines Familienlebens bestätigt und konkretisiert der EGMR im Fall Zaunegger seine Vorgaben aus dem Fall Lebbink.[288] Neben der biologischen Abstammung bedarf es weiterer Faktoren zur Begründung eines Familienlebens. Im vorliegenden Fall sind es die fünfjährige Beziehung der Kindeseltern, die einige Jahre bestehende häusliche Gemeinschaft, sowie die fortwährende Verantwortungsübernahme durch den Vater vor und nach der Geburt der gemeinsamen Tochter.

Noch größere Bedeutung haben die Ausführungen des Gerichtshofs zur Regelung der gemeinsamen elterlichen Sorge für Eltern nichtehelicher Kinder im deutschen Recht. Ganz im Gegensatz zur Entscheidung im Fall Kleinert aus dem Jahr 2007 bezieht der EGMR hier ausdrücklich Stellung zur gesetzlichen Regelung der gemeinsamen Sorge für nichteheliche Kinder gemäß § 1626a BGB. Er weist zwar erneut darauf hin, dass es nicht seine Aufgabe sei, abstrakt nationale gesetzliche Regelungen zu überprüfen, sondern jeweils deren Anwendung. Da

288 Vgl. Fallanalyse im Fall Lebbink Teil D. IV. 4.

den nationalen Gerichten eine andere als die vorgenommene Anwendung jedoch aufgrund des geltenden Rechts gar nicht möglich war, führt der EGMR letztlich faktisch eine Art Normenkontrolle durch. Diese erfolgt jedoch in Anbetracht eines Einzelfalles. Dies darf bei der Beurteilung des § 1626a BGB auf keinen Fall übersehen werden.

Der Gerichtshof zeigt Problembewusstsein für die variierenden Lebensumstände nichtehelicher Kinder und etwaige negative Auswirkungen von Sorgerechtsstreitigkeiten auf das Kindeswohl. Er betont die Funktion der EMRK als „living instrument“, welche im Lichte aktueller gesellschaftlicher Rahmenbedingungen auszulegen ist. Er stellt Erwägungen zu europäischen Tendenzen zur Lösung des vorliegenden Konfliktes an. Es werden jedoch nur wenige Mitgliedsstaaten genannt und die Ausführungen geraten recht kurz. Dennoch kommt er zu der Annahme, dass in der Mehrzahl der Mitgliedsstaaten eine Entscheidung über die Zuweisung der elterlichen Sorge stets am Kindeswohl auszurichten sei und im Falle eines Konfliktes zwischen den Eltern eine gerichtliche Überprüfung der Zuweisung möglich sei.

Ferner setzt der EGMR sich gründlich mit der Argumentation des BVerfG in seiner Entscheidung vom 29.01.2003[289] auseinander und bezieht klar Stellung. Er teilt nicht die Ansicht des BVerfG, dass die Verweigerung einer Zustimmung der Kindesmutter zur gemeinsamen Sorge stets auf guten, kindeswohlorientierten Gründen beruhe. Er schließt sich auch nicht der Annahme an, dass eine gemeinsame Sorge gegen den Willen der Kindesmutter prima facie dem Kindeswohl zuwiderlaufe. Hier werden Gegensätze zwischen BVerfG und EGMR besonders deutlich.

Der Gerichtshof kommt zu dem Ergebnis, dass es nicht nachvollziehbar sei, warum der Beschwerdeführer, welcher als rechtlicher Vater anerkannt gewesen sei und die Vaterrolle auch tatsächlich übernommen habe, unter Berücksichtigung dieser Umstände anders behandelt werde als ein Vater, der von Anfang an die elterliche Sorge inne gehabt und sich später von der Kindesmutter getrennt habe oder habe scheiden lassen. Diesem stehe eine gerichtliche Überprüfung der elterlichen Sorge offen. Mit dieser Einschätzung gibt er dem deutschen Gesetzgeber klar zu verstehen, dass eine gesetzliche Regelung geschaffen werden muss, die eine gerichtliche Überprüfung der Alleinsorge der Mutter im Einzelfall ermöglicht. Diese Vorgabe korrespondiert mit Wertungen des EGMR im Bereich des Abstammungsrechts.[290] Es wird deutlich, dass der Gerichtshof zur Gewährleistung einer effektiven Wahrnehmung der Konventionsgarantien konkrete ge-

289 BVerfG Urt. v. 29.01.2003, Az. 1 BvL 20/99 u. 1 BvR 933/01, FamRZ 2003, 285 ff.

290 Vgl. später Fallanalyse zum Fall Rozanski Teil E. II. 4.

richtliche Überprüfungen von Einzelfällen gesetzlichen Regelungen, die eine Abwägung antizipieren, vorzieht.

Das abweichende Sondervotum des Richters Schmitt wiederholt im Wesentlichen die bisherige Argumentation des BVerfG und bezieht sich auch ausdrücklich darauf. Beachtung verdient seine Argumentation zur Eingrenzung des nationalen Beurteilungsspielraums infolge deutlicher Regelungsvorgaben. Je konkreter die Vorgaben für eine gesetzliche Neuregelung ausfallen, desto mehr widerspricht dies dem Subsidiaritätsprinzip der Rechtsprechung des EGMR. Entgegen der Ansicht von Schmitt bleibt dem Gesetzgeber im vorliegenden Fall jedoch ein ausreichender Regelungsspielraum. Der EGMR hat nicht etwa vorgegeben, dass ein originäres gemeinsames Sorgerecht für den nichtehelichen Vater zu schaffen ist. Er hat lediglich verdeutlicht, dass dem Vater die Möglichkeit einer gerichtlichen Überprüfung der Alleinsorge der Mutter eröffnet werden muss, wenn der Vater – wie im Fall Zaunegger – tatsächlich bereits Verantwortung für das Kind getragen hat.

Die deutliche Stellungnahme des EGMR überrascht angesichts des in Sorgechtsfragen sonst eher großzügig gehaltenen Beurteilungsspielraums und ist im Vorfeld so nicht erwartet worden.[291] In der familienrechtlichen Fachliteratur stieß die Entscheidung des EGMR im Fall Zaunegger ausschließlich auf Zustimmung.[292]

Die Reaktion der Bundesregierung zu dem EGMR Urteil im Fall Zaunegger ist zunächst einer Presseerklärung der Bundesjustizministerin Sabine Leutheusser-Schnarrenberger vom 03.12.2009 zu entnehmen.[293] Sie weist darauf hin, dass sich Rollenverteilungen, Familien- und Lebensformen im Wandel befinden. Im Zeitpunkt der Kindschaftsrechtsreform, in deren Rahmen § 1626a BGB geschaffen wurde, sei der Gesetzgeber davon ausgegangen, dass es dem Kind mehr schade als nütze, wenn die gemeinsame elterliche Sorge gegen den Willen der Mutter erzwungen werde. Eine vom Ministerium in Auftrag gegebene Studie[294] zu der Frage, ob die damaligen Beweggründe des Gesetzgebers noch Bestand vor der Wirklichkeit hätten, werde erst Ende 2010 vorliegen. Diese Studie des deutschen Jugendinstituts untersuche, wie der Alltag in nichtehelichen Lebens-

291 *Kielmansegg* Archiv des Völkerrechts 2008, 273, 295; *Grabenwarter* (2009), § 22 Rn. 41, S. 222.

292 *Henrich* FamRZ 2010, 107 f.; *Scherpe* FamRZ 2010, 108; *Hammer* FamRZ 623 ff.; *Löhnig* FamRZ 2010, 338 ff.; *Coester* NJW 2010, 482 ff.; *Schumann* FF 2010, 222, 224 ff.; *Willutzki* ZKJ 2010, 86 ff.; *Altrogge* FamFR 2010, 73 ff.

293 Pressemitteilung des Bundesjustizministeriums zur Entscheidung des EGMR zum Sorgerecht vom 03.12.2009, www.bmj.bund.de.

294 Bundesamt für Justiz, Vergabe eines Forschungsvorhabens zum Thema „Gemeinsames Sorgerecht nicht miteinander verheirateter Eltern“ vom 08.09.2008, Bundesanzeiger Nr. 143 vom 19.09.2008, S. 3415 f.

gemeinschaften mit Kindern aussehe. Entscheidend soll dabei sein, wie sich nichteheliche Lebensgemeinschaften über längere Zeiträume entwickeln. Insbesondere solle geprüft werden, wann und warum es trotz der Möglichkeit gemeinsamer Sorge beim alleinigen Sorgerecht der Mutter bleibe. Inzwischen liegen sowohl die Ergebnisse der Studie des Jugendinstitutes und als auch ein Kompromissvorschlag der Bundesjustizministerin Sabine Leutheusser-Schnarrenberger zur gesetzlichen Regelung des Sorgerechts von Vätern nichtehelicher Kinder vor.[295]

Jüngst hat der EGMR im Fall Sporer[296] auch die österreichische Rechtslage, nach der weder eine gerichtliche Überprüfung der Frage, ob die gemeinsame Sorge dem Wohl des Kindes entspricht, noch eine Überprüfung der Frage, ob im Falle einer kindeswohlschädlichen Ausübung der gemeinsamen Sorge, die Übertragung der alleinigen Sorge auf die Mutter oder den Vater dem Kindeswohl am besten entspricht, vorgesehen ist, wegen Verstoßes gegen Art. 14 i.V.m. Art. 8 I EMRK für konventionswidrig erklärt. Der EGMR verweist in seiner Entscheidung zum Fall Sporer mehrmals ausdrücklich auf seine Wertungen im Fall Zaunegger. Die Situation der beiden Fälle sei vergleichbar und es bestehe kein Grund, im Fall Sporer anders zu entscheiden als im Fall Zaunegger.[297]

VIII. Fall Anayo gegen Deutschland[298]

1. Sachverhalt

Der Beschwerdeführer ist nigerianischer Staatsangehöriger. Er reiste 2003 nach Deutschland ein. Er unterhielt zwei Jahre eine Beziehung zur Kindesmutter, die mit ihrem Ehemann drei gemeinsame Kinder hat. Aus der Beziehung zum Beschwerdeführer gingen im Dezember 2005 Zwillinge hervor, deren leiblicher Vater unstreitig der Beschwerdeführer ist. Der Beschwerdeführer und die Kindesmutter hatten sich jedoch vier Monate vor der Geburt getrennt. Die Kindesmutter zieht die Zwillinge gemeinsam mit ihrem Ehemann, der als rechtlicher Vater der Kinder gilt, auf. Der Beschwerdeführer bat die Kindesmutter und ihren

295 Vorgezogener Endbericht für das Projekt „Gemeinsames Sorgerecht nicht miteinander verheirateter Eltern" vom 30.11.2010, verfügbar unter www.bmj.de/SharedDocuments/Downloads/DE/pdfs/Endbericht_Sorgerecht_final.html sowie Kurzmeldung des BMJ vom 03.02.2011 „Sorgerecht – Kompromissvorschlag und Forschungsergebnisse", verfügbar unter www.bmj.de/SharedDocuments/Kurzmeldungen/DE/2011/20110203.html.

296 EGMR Fall Sporer Urt. v. 03.02.2011, Nr. 35637/03, Rn. 90.

297 EGMR Fall Sporer Urt. v. 03.02.2011, Nr. 35637/03, Rn. 75, 83, 85, 87, insbes. 90.

298 EGMR Fall Anayo, Urt. v. 21.12.2010, Nr. 20578/07, EuGRZ 2011, 124 ff.

Ehemann sowohl vor als auch nach der Geburt der Zwillinge, ihm Umgang mit den Kindern zu gewähren. Diese lehnten einen Umgang des Beschwerdeführers mit den Zwillingen ab. Der Beschwerdeführer lebt inzwischen in Spanien. Sein Asylantrag war im Jahr 2006 rechtskräftig abgelehnt worden.

2. Rechtliche Beurteilung nach nationalem Recht

Das Amtsgericht vertrat den Standpunkt, der Beschwerdeführer sei eine enge Bezugsperson der Zwillinge. Es gewährte dem Beschwerdeführer nach Einholung eines psychologischen Sachverständigengutachtens einen begleiteten Umgang einmal monatlich für eine Stunde. Für die Kinder sei es wichtig, ihre Herkunft zu kennen, daher sei der Umgang kindeswohldienlich. Ein Umgang widerspreche auch nicht dem Wohl der übrigen Kinder der betroffenen Familie, da ein offener Umgang mit den Realitäten den Interessen aller Beteiligten am ehesten entspreche. Das OLG Karlsruhe[299] hob diese Entscheidung auf. Der Beschwerdeführer gehöre nicht zum Kreis der Umgangsberechtigten. Er erfülle nicht die Voraussetzung der rechtlichen Vaterschaft des § 1684 BGB. Die Kinder lebten bei ihrem rechtlichen Vater. Daher könne der Beschwerdführer die rechtliche Vaterschaft weder anerkennen (§ 1594 II BGB) noch die bestehende rechtliche Vaterschaft des Ehemannes anfechten (§ 1600 II BGB). Er sei auch nicht als enge Bezugsperson im Sinne des § 1685 II BGB anzusehen. Er habe für die Kinder keine Verantwortung getragen und deshalb keine sozial-familiäre Beziehung zu ihnen aufgebaut. Art. 6 I GG schütze den Umgang des leiblichen Vaters mit seinem Kind nur insoweit, als bereits eine sozial-familiäre Beziehung entstanden sei. Es schütze nicht den Wunsch, eine Beziehung zu dem Kind aufzubauen. Der Grund für den bisher fehlenden Beziehungsaufbau sei unerheblich. Unerheblich sei auch, ob der Umgang dem Kindeswohl diene. Es entspreche der gesetzgeberischen Wertung, die in § 1600 II BGB zum Ausdruck komme, der rechtlichen und gelebten Elternbeziehung Vorrang vor der allein auf der Abstammung beruhenden Vaterbeziehung zu geben. Darüber hinaus bestehe weder ein „faktisches Familienband", in das die Kinder hätten hineingeboren werden können, noch sei eine solche Beziehung nach ihrer Geburt entstanden. Dieses sei aber Voraussetzung für ein Umgangsrecht aus Art. 8 I EMRK. Insoweit setzt sich das OLG Karlsruhe in seiner Entscheidungsgründen auch detailliert mit der Rechtsprechung des EGMR zu den Fällen Keegan, Kroon und Görgülü auseinander. Das BVerfG nahm eine Verfassungsbeschwerde des Beschwerdeführers nicht zur Prüfung an.

299 OLG Karlsruhe FamRZ 2007, 924 f.

3. Beurteilung durch den EGMR

Der EGMR wertet die durch das BVerfG bestätigte Entscheidung des OLG Karlsruhe, dem Beschwerdeführer den Umgang mit seinen Kindern zu versagen, als Verletzung seiner Rechte aus Art. 8 I EMRK. Zwar reiche eine allein biologische Verwandtschaft zwischen leiblichem Elternteil und Kind ohne weitere rechtliche oder tatsächliche Merkmale nicht aus, um ein Familienleben im Sinne des Art. 8 I EMRK zu begründen. Aber es seien Umstände vorstellbar, unter denen auch ein beabsichtigtes Familienleben unter Art. 8 I EMRK fallen könne. Dies soll vor allem dann der Fall sein, wenn der Umstand, dass ein Familienleben bisher noch nicht vollständig hergestellt worden sei, nicht dem Beschwerdeführer zuzurechnen sei. Maßgebliche Kriterien, die es rechtfertigen können, dass sich ein Familienleben auch auf eine potentielle Beziehung erstreckt, könnten die Art der Beziehung zwischen den leiblichen Eltern sowie ein nachweisbares Interesse an dem Kind und ein Bekenntnis zu ihm seitens des leiblichen Vaters sein. Zwar habe der Beschwerdeführer nie mit den Kindern und der Kindesmutter zusammengelebt. Die Beziehung mit der Kindesmutter habe jedoch zwei Jahre angedauert und sei daher nicht rein zufällig gewesen. Die natürliche Bindung zwischen leiblichem Vater und nichtehelichen Kindern sei unveränderlich. Es sei ihm als biologischem Vater allein aus praktischen und rechtlichen Gründen nicht möglich gewesen, eine tatsächliche Beziehung zu seinen nichtehelichen Kindern aufzubauen, denn die Kindesmutter und ihr Ehemann könnten über § 1632 II BGB über einen solchen Beziehungsaufbau bestimmen. Auch habe er aufgrund der deutschen Gesetze weder die Vaterschaft anerkennen noch die bestehende rechtliche Vaterschaft des Ehemannes anfechten können (§§ 1594 II BGB, 1600 II BGB). Sein Verhalten reiche als Nachweis seines ernsthaften Interesses an den Kindern aus. Er habe schon vor der Geburt den Wunsch nach Umgang geäußert und zügig nach der Geburt ein Verfahren zur Regelung des Umgangs angestrengt. Es sei nicht erwiesen, dass sein Interesse allein auf aufenthaltsrechtlichen Motiven beruhe. Vor diesem Hindergrund schließt der Gerichtshof nicht aus, dass ein Familienleben im Sinne des Art. 8 I EMRK vorliegt. Jedenfalls aber sei das Privatleben des Beschwerdeführers im Sinne des Art. 8 I EMRK betroffen.

Die vom OLG Karlsruhe vorgenommene Auslegung des deutschen Rechts verletze den Beschwerdeführer in seinen Rechten aus Art. 8 I EMRK. Sie führe dazu, dass der Beschwerdeführer nicht zu dem Personenkreis gehöre, dem ein Umgangsrecht zustehe. Nach dieser Auslegung sehe das deutsche Recht keine gerichtliche Prüfung der Frage vor, ob der Umgang zwischen einem biologischen Vater und seinen leiblichen Kindern kindeswohldienlich wäre, wenn ein anderer Mann der rechtliche Vater der Kinder sei und der biologische Vater noch keine Verantwortung für die Kinder getragen habe. Die Tatsache, dass der Beschwerdeführer aus rechtlichen und praktischen Gründen nicht dazu in der Lage war, die Beziehung zu seinen Kindern selbst zu ändern, habe das OLG Karlsruhe außer Acht gelassen. Dies sei auch angesichts des erkennbaren legitimen Ziels, der bestehenden familiären Beziehung zwischen dem rechtlichen Vater und den Kindern den Vorrang einzuräumen, kein fairer Ausgleich der betroffenen widerstreitenden Interessen.

Im Rahmen seiner Rechtsvergleichung kommt der Gerichtshof zu dem Ergebnis, dass in den Mitgliedsstaaten keine einheitliche Behandlung der Frage existiert, ob und gegebenenfalls unter welchen Umständen ein biologischer Vater das Recht auf Umgang mit seinem Kind hat, wenn der rechtliche Vater ein anderer ist. In einer beträchtlichen Anzahl von Staaten sei eine gerichtliche Überprüfung der Kindeswohldienlichkeit eines Umgangs in ähnlich gelagerten Fällen jedoch möglich.

4. Analyse des Urteils

Der Gerichtshof widmet sich zunächst sehr ausführlich der Frage, ob ein Familienleben im Sinne des Art. 8 I EMRK auch dann vorliegen kann, wenn zwischen dem leiblichen Elternteil und seinem Kind noch keine persönliche Beziehung besteht. Unter Verweis auf seine Ausführungen im Fall Lebbink stellt er fest, dass die biologische Verwandtschaft allein zwar nicht ausreiche. Ein beabsichtigtes Familienleben könne jedoch ausnahmsweise unter Art. 8 I EMRK fallen. Dies soll vor allem dann der Fall sein, wenn der Umstand eines bisher nicht vollständig hergestellten Familienlebens nicht dem Beschwerdeführer zuzurechnen sei. Ein Familienleben soll sich auch auf eine potentielle Beziehung erstrecken können, wenn Umstände, wie die Art der Beziehung der Kindeseltern oder ein nachweisbares Interesse des leiblichen Elternteils an seinem Kind, vorliegen. Der Gerichtshof wiederholt hiermit seine Wertungen zu dem Begriff Familienleben, welche er bereits in den Fällen Lebbink, Hülsmann und Rozanski ausgeführt hat.[300] Zögerlich und wenig konsequent wirkt an dieser Stelle zunächst, dass der EGMR die Frage des Vorliegens eines Familienlebens letztlich offen lässt und den Schutzbereich des Art. 8 I EMRK über das „Privatleben" eröffnet.[301] Dieses Vorgehen wird in der Fachliteratur als „Schwäche" der Entscheidung gewertet,

300 Vgl. EGMR Fall Lebbink Teil D. IV. 4.; die Ausführungen zu den EGMR Fällen Hülsmann und Rozanski sind im folgenden Teil E II. 4. und Teil E IV. 4. dargestellt, da die Entscheidungen zum Themenkreis des Abstammungsrechts erfolgten.

301 EGMR Fall Anayo Urt. v. 21.12.2010, Nr. 20578/07, Rn. 62, EuGRZ 2011, 124, 129; Frage ebenso offen gelassen bei EGMR Fall Hülsmann Entscheidung v. 18.03.2008, Nr. 33375/03, S. 6 und Teil E IV. 4.

da die Prüfung der Kindeswohldienlichkeit eines Umgangs stärkeren Bezug zum Familienleben als zum Privatleben habe.[302] Ein Vergleich mit dem vom Sachverhalt her ganz ähnlich gelagerten Fall Hülsmann zeigt jedoch, dass der EGMR hier offensichtlich beabsichtigt, seine bisherige Auslegung des konventionsrechtlichen Begriff des Familienlebens des Art. 8 I EMRK behutsam zu erweitern. Noch vor drei Jahren äußerte der EGMR in seiner Entscheidung im Fall Hülsmann ausdrücklich Zweifel am Vorliegen eines Familienlebens, ließ die Frage auch dort jedoch letztlich offen. Auch im Fall Hülsmann war ein Beziehungsaufbau durch die Kindesmutter verhindert worden. Der leibliche Vater hatte auch hier gegenüber dem Kind Engagement und Interesse gezeigt, es hatten sogar anfangs noch vereinzelt Kontakte stattgefunden. Es dürfte daher zu erwarten sein, dass der EGMR in einem nächsten Schritt derartige Sachverhalte, in denen ein Familienleben nur beabsichtigt wird und bisher nur „unverschuldet" noch keine Beziehungen aufgebaut werden konnten, eben doch unter den Begriff Familienleben subsumieren wird.

Mit der Entscheidung im Fall Anayo bringt der Gerichtshof – anders als noch im Fall Hülsmann[303] – unmissverständlich zum Ausdruck, dass er die bisherige Auslegung des § 1685 II BGB durch die deutschen Gerichte für konventionswidrig hält. Der EGMR erkennt zwar an, dass die bestehenden Familienbande zwischen Ehepartnern und den Kindern, für die sie tatsächlich sorgen, ebenfalls schutzwürdig sind. Er hält aber eine Überprüfung der Frage, ob ein Umgang mit dem Beschwerdeführer im Einzelfall dem Wohl der Kinder dienen würde, für erforderlich. Dies soll insbesondere für Fälle gelten, in denen der leibliche Elternteil bisher aus rechtlichen und praktischen Gründen nicht dazu in der Lage war, eine Beziehung zum Kind aufzubauen. Diese Bewertung überrascht angesichts der Ausführungen des EGMR im Fall Zaunegger nicht. Erneut zieht der EGMR zur Gewährleistung einer effektiven Wahrnehmung der Konventionsgarantien konkrete gerichtliche Überprüfungen von Einzelfällen gesetzlichen Regelungen, die eine Abwägung antizipieren, vor.[304]

Bemerkenswert ist, dass der Gerichtshof in dieser Entscheidung erstmals ausdrücklich auf die Problematik eines Interessenausgleichs zwischen mehreren betroffenen Personen, nämlich der Kindesmutter, dem rechtlichen Vater, dem biologischen Vater, den biologischen Kindern des Ehepaares und den Kindern, welche aus der Beziehung zwischen Kindesmutter und Beschwerdeführer hevorgegangen sind, eingeht. Der EGMR versucht hier offensichtlich, die Akzeptanz seiner Entscheidung zu erhöhen, indem er zeigt, dass er sich der Problematik

302 *Willutzki* ZKJ 2011, 90, 93.

303 Vgl. EGMR Fall Hülsmann Teil E IV. 4.

304 Vgl. EGMR Fall Zaunegger Teil D VII. 4.

mehrpoliger Rechtsbeziehungen[305] durchaus bewusst ist und versucht, auch die Interessen der anderen betroffenen Familienmitglieder in seine Abwägungen miteinzubeziehen.

Anders als im Fall Zaunegger kritisiert der EGMR – entsprechend des Einzelfallcharakters einer EGMR-Entscheidung – die Auslegung und Anwendung des § 1685 II BGB durch die deutschen Gerichte, nicht die gesetzliche Regelung selbst. Damit hat Deutschland vorerst die Wahl zwischen einer konventionskonformen Auslegung des § 1685 II BGB oder einer entsprechenden Gesetzesänderung.

IX. Fall Schneider gegen Deutschland[306]

1. Sachverhalt

Der Beschwerdeführer hatte über ein Jahr eine Beziehung mit einer verheirateten Frau unterhalten. Nach Beendigung der Beziehung kam ein Kind zur Welt, dessen potentieller leiblicher Vater der Beschwerdeführer sein könnte. Die Kindesmutter und ihr Ehemann leben inzwischen mit dem Kind und einem weiteren ehelichen Kind in England. Die Eltern halten es für möglich, dass sowohl der Beschwerdeführer als auch der Ehemann der Kindesmutter, leiblicher Vater des Kindes sein könnte. Im Interesse des familiären Zusammenlebens ziehen sie es vor, die Vaterschaft nicht klären zu lassen. Während der Schwangerschaft begleitete der Beschwerdeführer die Kindesmutter zu mindestens zwei ärztlichen Untersuchungen und erkannte beim Jugendamt die Vaterschaft des ungeborenen Kindes an. Nach der Geburt des Kindes beantragte der Beschwerdeführer beim Familiengericht die Regelung des Umgangs und die Erteilung einer regelmäßigen Auskunft über die persönlichen Verhältnisse des Kindes.

2. Rechtliche Beurteilung nach nationalem Recht

Rechtlich wurde das Kind dem Ehemann der Kindesmutter zugeordnet. Die Anträge des Beschwerdeführers auf Regelung des Umgangs und Auskunftserteilung wies das Familiengericht zurück. Selbst bei unterstellter leiblicher Elternschaft komme dem Beschwerdeführer kein Umgangsrecht zu. Er sei nicht rechtlicher Vater des Kindes, seine Vaterschaftsanerkennung sei nicht wirksam. Ein Vater-

305 Vgl. Teil B III.

306 EGMR Fall Schneider, Urt. v. 15.09.2011, Nr. 17080/07, FamRZ 2011, 1715 ff.

schafts-anfechtungsrecht bestehe aufgrund der bestehenden sozial-familiären Beziehung zwischen Kind und Ehemann der Kindesmutter nicht. Das OLG Frankfurt/Main[307] bestätigte die Entscheidung des Familiengerichts. Das BVerfG[308] nahm die Verfassungsbeschwerde nicht zur Entscheidung an. Die Beschwerde sei unzulässig, soweit sie sich gegen die Nichtfeststellung der Vaterschaft durch die Fachgerichte richte. Der Beschwerdeführer hätte sein Begehren auf Kenntnis der Abstammung zuvor im Rahmen eines Vaterschaftsanfechtungsverfahrens geltend machen müssen. Hinsichtlich der Zurückweisung des Umgangs- und Auskunftsrechts sei die Beschwerde unbegründet. Art. 6 I GG schütze nur bereits entstandene soziale Beziehungen des leiblichen Vaters.

3. Beurteilung durch den EGMR

Der Gerichtshof sieht in der gerichtlichen Zurückweisung des Umgangs- und Auskunftsbegehrens eine Verletzung von Art. 8 I EMRK. Unter Bezugnahme auf seine Ausführungen im Fall Anayo bejaht der EGMR einen Eingriff jedenfalls in das Recht auf Achtung des Privatlebens. Der Gerichtshof stellt fest, dass keine rechtliche Vaterschaft und auch keine enge Beziehung zwischen dem Kind und dem Beschwerdeführer bestehen. Ob ein beabsichtigtes Familienleben vorliege, welches ausnahmsweise von Art. 8 I EMRK geschützt werde, und zwar vor allem dann, wenn – wie im vorliegenden Fall – die Tatsache des Nichtbestehens nicht vom Beschwerdeführer zu vertreten sei, lässt der Gerichtshof offen. Er schließt das Vorliegen eines Familienlebens nicht aus, da die Beziehung zur Kindesmutter nicht nur flüchtig war und der Beschwerdeführer Interesse am Kind gezeigt habe, stützt sich jedoch letztlich auf einen Eingriff in das Privatleben. Unter Bezugnahme auf seine Entscheidungen in den Fällen Zaunegger und Anayo wertet der Gerichtshof die Tatsache, dass die deutschen Gerichte dem Beschwerdeführer eine Prüfung der Frage, ob eine Umgang unter den besonderen Umständen den Einzelfalls dem Kindesinteresse entsprochen hätte, als Verletzung des Art. 8 I EMRK. Den Einwand der deutschen Bundesregierung, der Beschwerdeführer habe kein Vaterschaftsanfechtungsverfahren durchgeführt und daher den nationalen Rechtsweg nicht erschöpft, lässt der Gerichtshof nicht gelten. Ein gesondertes Vaterschaftsanfechtungsverfahren stelle keinen effektiven Rechtsbehelf für das Begehren des Beschwerdeführers dar. Nach geltendem Recht hätte ein solches Verfahren keine Aussicht auf Erfolg gehabt, weil kein Anfechtungsrecht nach § 1600 II BGB bestanden habe. Außerdem verfolge ein

307 Beschluss des OLG Frankfurt vom 18.04.2006, Az. 2 UF 386/05.

308 Beschluss des BVerfG vom 20.09.2006, Az. 1 BvR 1337/06, FamRZ 2006, 1661 f.

solches Verfahren ein weitreichenderes Ziel als die bloße Klärung der Abstammungsverhältnisse, welche Voraussetzung für einen Umgangsanspruch wäre. Ein Anfechtungsverfahren ziele auf die Beendigung der bestehenden rechtlichen Vaterschaft und auf die Begründung einer neuen rechtlichen Vaterschaft des Beschwerdeführers ab. In einem Umgangsverfahren stelle sich die Frage der Klärung der Abstammungsverhältnisse jedoch nur dann, wenn der Umgang bei unterstellter leiblicher Vaterschaft im Einzelfall dem Kindeswohl entspreche.

4. Analyse des Urteils

Die EGMR Fälle Anayo und Schneider betreffen beide das Umgangsrecht eines biologischen Vaters, der bisher daran gehindert war, zu seinem Kind eine sozial-familiäre Beziehung aufzubauen. Zu der Frage des Vorliegens eines Familienlebens in derartigen Fallkonstellationen und zu der Forderung einer Ermöglichung einer gerichtlichen Einzelfallprüfung hinsichtlich einer Kindeswohldienlichkeit des Umgangs bringt der Fall Schneider keine neuen Erkenntnisse. Es werden die Ausführungen der Entscheidung im Fall Anayo wiederholt. Der EGMR umgeht die Klärung der Frage nach dem Vorliegen eines Familienlebens im Falle einer bisher lediglich beabsichtigten Vater-Kind-Beziehung erneut, indem er den Schutzbereich wie im Fall Anayo über das Privatleben eröffnet. Der wichtige Unterschied zwischen den beiden Fällen ist die Tatsache, dass die Abstammungsverhältnisse im Fall Schneider ungeklärt und zwischen den Beteiligten streitig waren. Hieraus ergibt sich in einer solchen Fallkonstellation nicht nur die Frage nach der Kindeswohldienlichkeit eines Umgangs im Einzelfall, sondern auch die Frage, ob und in welchem Verfahren zunächst die Abstammungsverhältnisse geklärt werden sollten. Die Umgangsproblematik erfährt eine Verlagerung ins Abstammungsrecht. Der EGMR trennt die umgangsrechtliche und die abstammungsrechtliche Problematik strikt. Erst wenn geprüft und bejaht worden sei, dass ein Umgang dem Wohl des Kindes diene, besteht nach dem EGMR ein Bedürfnis die Abstammungsverhältnisse zu klären.[309] Diese Sichtweise des EGMR wird zutreffend als verfahrensrechtlich realitätsfern und zwischenmenschlich lebensfremd bewertet.[310] Solange eine Vaterschaft nicht erwiesen ist, ist eine Rechtfertigung für die Gewährung eines für das betroffene Kind und die bestehende soziale Familie unter Umständen belastenden Umgangsrechts eines Dritten, zu dem das Kind bisher keinerlei Beziehung hat, nicht ersichtlich. Auch widerspricht die Gewährung eines Umgangsrechts ohne die Übernahme tatsächli-

309 EGMR Fall Schneider, Urt. v. 15.09.2011, Nr. 17080/07, Rn. 103.
310 *Helms* FamRZ 2011, 1717, 1717 f.

cher und rechtlicher Verantwortung für das Kind den Rechtsprechungsgrundsätzen des deutschen Familienrechts. Es würde eine sogenannte bloße „Umgangsvaterschaft“[311] – sozusagen als Pendant zur „Zahlvaterschaft“ – geschaffen. Die Argumentation des EGMR erscheint hiermit äußerst fragwürdig.

Eine inzidente Vaterschaftsfeststellung in einem Umgangsrechtsverfahrens ist nach geltendem deutschem Recht nicht zulässig, da das Statusverfahren ausschließlich ist.[312] Die Lösung der vorliegenden Problematik wird demnach im Abstammungsrecht zu suchen sein. Wertungen zur geltenden Rechtslage im deutschen Abstammungsrecht nimmt der Gerichtshof im Fall Schneider (noch) nicht vor.

Verfahrensrechtlich bemerkenswert ist, dass im Fall Schneider einem der beteiligten Familienmitglieder – nämlich der Kindesmutter – als beteiligter Dritter die Möglichkeit gegeben wurde, eine Stellungnahme abzugeben.[313] Dies ist jedoch nicht als klassische Interessenvertretung des betroffenen Kindes zu verstehen, da die Interessen des Kindes und der Kindesmutter in Fällen wie dem Vorliegenden zuwider laufen können. So enthalten die Ausführungen Hinweise darauf, dass die Kindesmutter nicht ausschließlich aus Sicht ihres Kindes argumentiert. Vielmehr behauptet die Kindesmutter, der Umgang beschädige den guten Ruf der Familie und stelle eine Belastung nicht nur des betroffenen Kindes, sondern der ganzen Familie, einschließlich ihrer Person, der ihres Ehemannes und des jüngeren Geschwisterkindes dar.

X. Fall Adam gegen Deutschland[314]

1. Sachverhalt

Die Beschwerdeführer des Verfahrens sind zum einen der Vater eines im Jahr 1995 nichtehelich geborenen Sohnes sowie die Großeltern des Kindes väterlicherseits. Die Großeltern hatten das Kind während seiner ersten drei Lebensjahre hauptsächlich betreut, da die Kindesmutter in Vollzeit berufstätig war. Der Kindesvater hatte sich im Jahr 1998 von der Kindesmutter getrennt. Seit Anfang 1999 lebt das Kind bei der allein sorgeberechtigten Kindesmutter. Sowohl zwischen Kindesmutter und Kindesvater, als auch zwischen Kindesmutter und

311 *Helms* FamRZ 2011, 1717, 1717.

312 BVerfG FamRZ 2006, 1661, 1661; Beschluss des OLG Frankfurt vom 18.04.2006, Az. 2 UF 386/05.

313 EGMR Fall Schneider, Urt. v. 15.09.2011, Nr. 17080/07, Rn. 76.

314 EGMR Fall Adam, Urt. v. 04.12.2008, Nr. 44036/02; FamRZ 2009, 1037 ff.

Großeltern bestanden seit Anfang der Umgangsverfahren erhebliche Spannungen.

2. Rechtliche Beurteilung nach nationalem Recht

Im April 1999 beantragte der Kindesvater erstmals die gerichtliche Regelung von Umgangskontakten. Zunächst wurde dem Kindesvater ein Umgang an jedem vierten Sonntag im Monat zugesprochen. Nachdem er sich jedoch nicht an die Auflage gehalten hatte, die Großeltern des Kindes an den Umgangskontakten nicht teilhaben zu lassen, wurde ihm ein wöchentlicher begleiteter Umgang von zwei Stunden gewährt. Eine zuvor von ihm erhobene Dienstaufsichtsbeschwerde gegen den zuständigen Amtsrichter wurde abgewiesen. Im Februar 2000 erhob der Kindesvater Beschwerde gegen die Entscheidung des Amtsgerichts. Im Januar 2001 erfolgte eine Anhörung der Kindeseltern und des zuständigen Mitarbeiters des Jugendamtes. Im März 2001 erklärte das Kind im Rahmen seiner Anhörung, es könne sich nun auch vorstellen, den Vater ohne Beisein eines Jugendamtsmitarbeiters zu treffen. Ab April 2001 konnten sich die Parteien auf wöchentliche Besuche des Kindes samstagnachmittags beim Kindesvater zu Hause einigen. Im Juli 2001 weigerte sich der gemeinsame Sohn, den Vater weiterhin zu sehen. Im September 2001 wandte sich der Kindesvater erneut an das zuständige Amtsgericht, um eine Fortsetzung des Verfahrens zu beantragen. Eine Anhörung des Kindes im Februar 2002 ergab, dass der Sohn den Vater nicht besuchen wollte, weil die Kindesmutter es ihm untersagt habe. Das Amtsgericht ordnete daraufhin im April 2002 an, dass alle zwei Wochen Besuche des Kindes beim Vater am Wochenende stattfinden sollten. Angesichts der ernsten Spannungen zwischen den Großeltern und der Mutter des Kindes wurden die Großeltern aus Kindeswohlgründen von den Besuchen ausgeschlossen. Der Kontakt mit dem Vater wurde dagegen als kindeswohlförderlich angesehen, da die Ablehnung des Vaters einzig aus der Einflussnahme der Kindesmutter resultiere. Im Rahmen eines von der Kindesmutter im Mai 2002 angestrengten Beschwerdeverfahrens wurden erneut alle Beteiligten, das Jugendamt und ein Sachverständiger angehört, bevor das OLG im Dezember 2003 dem Vater ein Besuchsrecht an jedem zweiten Wochenende gewährte und der Kindesmutter das Sorgerecht insoweit entzog, als es um die Bestimmung des Umgangs ging und diesen Bereich dem Jugendamt übertrug. Die Großeltern wandten sich mit einem Antrag auf Gewährung von Umgangskontakten mit ihrem Enkelkind erstmals im Juli 1999 (der Antrag wurde zurückgenommen) und ein zweites Mal im April 2001 an das Amtsgericht. Im Rahmen des zweiten Verfahrens bestellte das Gericht im September 2001 einen Verfahrenspfleger für das Kind. Die erste Anhörung fand im

März 2002 statt. Das Verfahren wurde zwischenzeitlich bis zu einer Entscheidung in dem Umgangsverfahren des Vaters ausgesetzt. Die Großeltern beantragten eine weitere Anhörung im Februar 2003. Diese fand im November 2003 statt. Eine weitere Anhörung wurde angekündigt. Im Dezember 2003 informierte das Gericht die Großeltern darüber, dass die weitere Anhörung erst stattfinden könne, sobald die inzwischen vom OLG im Umgangsverfahren des Kindesvaters beigezogenen Akten zurückgelangt seien. In den nächsten sechs Monaten fanden zahlreiche weitere Anhörungen aller Beteiligten statt. Im Juni 2004 wurde der Antrag der Großeltern auf Gewährung von Umgangskontakten unter Hinweis auf die stete Weigerung des Kindes, die Spannungen zwischen Großeltern und Kindesmutter sowie ihre Unfähigkeit, miteinander zu kommunizieren, und einer damit einhergehenden Kindeswohlgefährdung abgewiesen. Im Verfahren vor dem OLG wurde allen Beteiligten auferlegt, sich einer Familientherapie zu unterziehen. Diese erfolgte von Januar 2005 bis Juli 2006, verbesserte die Familienbeziehungen jedoch nicht. Letztlich bestätigte das OLG den erstinstanzlichen Umgangsausschluss ebenfalls aus Kindeswohlgründen.

3. Beurteilung durch den EGMR

Kindesvater und Großeltern rügten eine Verletzung ihrer Rechte aus Art. 6 und aus Art. 8 EMRK infolge der Länge der gerichtlichen Verfahren. In Bezug auf das Umgangsverfahren des Kindesvaters über zwei Instanzen inklusive einer Zurückverweisung kommt der EGMR auf eine Dauer von insgesamt vier Jahren und drei Monaten. Der Gerichtshof führt aus, dass die Angemessenheit einer Verfahrensdauer unter Berücksichtigung der Umstände des Einzelfalls nach der Komplexität des Falles, dem Verhalten des Beschwerdeführers und der Gerichte sowie der Bedeutung der Sache für den Beschwerdeführer zu beurteilen ist. Gerade umgangsrechtliche Verfahren seien wegen ihrer möglichen Folgen für das Familienleben außerordentlich zügig durchzuführen. Der Gerichtshof schätzt den vorliegenden Fall aufgrund der extrem angespannten Beziehungen zwischen den an dem Verfahren Beteiligten, ihres Unwillens, miteinander zu kommunizieren und des Scheiterns der Eltern, vorläufige Zwischenvereinbarungen einzuhalten, als sehr komplex ein. Auch das Verhalten des Kindesvaters selbst, die Erhebung der Dienstaufsichtsbeschwerde sowie der Wechsel seines Anwalts, habe zu Verzögerungen geführt. Der Gerichtshof räumt die Angemessenheit der gerichtlichen Versuche, Zwischenvereinbarungen zu treffen, ein. Letztlich sei es jedoch zu einigen Perioden der Untätigkeit der Gerichte gekommen. Im Einzelnen rügt der EGMR, dass die erste Anhörung erst acht Monate nach Beschwerdeeinlegung durchgeführt wurde. Darüber hinaus habe es nach einem Antrag des Kindesvaters auf Fortsetzung des Verfahrens weitere sechs Monate gedauert, bis im zurückgewiesenen Verfahren nach Scheitern einer Zwischenvereinbarung ein Anhörungstermin stattgefunden habe. Das Verfahren habe große Bedeutung für den Kindesvater, da es für ihn um die Aufrechterhaltung weiterer Kontakte mit seinem noch jungen Sohn gehe und die Gefahr einer faktischen Präjudizierung der Angelegenheit infolge von Verzögerungen bestehe. Angesichts der vermeidbaren Verzögerungen vor den nationalen Gerichten sei das Verfahren im vorliegenden Fall nicht mit der nötigen Zügigkeit durchgeführt worden. Der Gerichtshof kommt damit zu einer Verletzung des Art. 6 I EMRK.[315]

Auch hinsichtlich des Umgangsverfahrens der Großeltern sieht der Gerichtshof Art. 6 I EMRK verletzt.[316] Hier habe das Verfahren insgesamt sechs Jahre und neun Monate angedauert. Auch dieses Verfahren sei als komplex zu bezeichnen aufgrund der Spannungen zwischen den Großeltern und der Kindesmutter. Außerdem sei zeitgleich das Umgangsverfahren des Kindesvaters anhängig gewesen. Auch hätten die Großeltern durch ihr eigenes Verhalten (z.B. Wechsel des Anwalts) eine Verzögerung von ungefähr einem Jahr und zwei Monaten mitverursacht. Der EGMR würdigt, dass die nationalen Gerichte erhebliche, aber auch fruchtlose Bemühungen unternommen haben, den Konflikt gütlich beizulegen. Nichts desto trotz seien die nationalen Gerichte verantwortlich für erhebliche Verzögerungen des Verfahrens. Im Einzelnen rügt der Gerichtshof, dass zunächst zwischen Antragstellung und Bestellung des Verfahrenspflegers vier Monate, dazu weitere sieben Monate bis zur ersten Anhörung vergangen seien. Ein weiterer Anhörungstermin fand nach Antragsstellung der Großeltern und nach zwischenzeitlicher Aussetzung des Verfahrens erst neun Monate später statt. Der Gerichtshof kritisiert schließlich die Ankündigung des Familiengerichts, ein neuer Anhörungstermin könne erst nach Rücklauf der vom OLG im Parallelverfahren des Vaters beigezogenen Akten festgesetzt werden. An dieser Stelle fordert er, dass Gerichte zur Vermeidung von Verzögerungen infolge der Versendung von Akten von der Möglichkeit der Anfertigung von Fotokopien Gebrauch machen sollten.

4. Analyse des Urteils

Anhand des Urteils im Fall Adam sind die Anforderungen, die der Gerichtshof an die Verfahrensdauer in Kindschaftssachen stellt, deutlich zu erkennen. Zunächst wiederholt der Gerichtshof seine Grundsätze zur Angemessenheit der

315 EGMR Fall Adam Urt. v. 04.12.2008, Nr. 44036/02, Rn. 58 ff.
316 EGMR Fall Adam Urt. v. 04.12.2008, Nr. 44036/02, Rn. 68 ff.

Dauer von Gerichtsverfahren unter Berücksichtigung der Umstände des Einzelfalles[317], wie sie bereits im Grundsatzurteil in der Sache Sürmeli gegen Deutschland[318] aufgestellt wurden. Im Rahmen kindschaftsrechtlicher Verfahren, die das Verhältnis einer Person zu ihrem Kind betreffen, entspricht es der ständigen Rechtsprechung des EGMR zu Art. 6 EMRK, dass diese zügig durchzuführen sind.[319] Einer wie im Fall Adam geforderten außergewöhnlichen Vefahrensbeschleunigung („exceptional diligence")[320] bedarf es im Falle von umgangsrechtlichen Verfahren, da hier allein der Zeitablauf zu einer faktischen Präjudizierung in der Sache führen kann und die Gefahr irreversibler Auswirkungen auf das Familienleben der Betroffenen infolge fortschreitender Entfremdung besteht. Diese Maßstäbe wendet der Gerichtshof neben den Fällen fremduntergebrachter Kinder nunmehr auch in Fällen der Sorge- und Umgangsrechtsstreitigkeiten nach Trennung und Scheidung an.[321] Die Anwendung dieser Maßstäbe in diesem Bereich steht in Einklang mit den humanwissenschaftlichen Erkenntnissen zum Zeitempfinden von Kindern und der Notwendigkeit der beschleunigten Durchführung kindschaftsrechtlicher Verfahren.[322]

Die Einhaltung einer angemessenen Verfahrensdauer prüft der EGMR sowohl im Rahmen des Art. 8 I EMRK[323] als auch – wie im vorliegenden Fall – im Rahmen des Art. 6 I EMRK[324].

---

317 EGMR Fall Adam Urt. v. 04.12.2008, Nr. 44036/02, Rn. 61, 72.

318 EGMR Fall Sürmeli Urt. v. 08.06.2006, Nr. 75529/01, FamRZ 2007, 1449, 1452.

319 EGMR Fall Haase Urt. v. 08.04.2004, Nr. 11057/02, FamRZ 2005, 585, 589; EGMR Fall Görgülü Urt. v. 26.02.2004, Nr. 74969/01, FamRZ 1456, 1459; EGMR Fall Keegan Urt. v. 26.05.1994, Nr. 16/1993/411/490, FamRZ 1995, 110, 111.

320 EGMR Fall Adam Urt. v. 04.12.2008, Nr. 44036/02, Rn. 66, 77.

321 *Rixe* FamRZ 2009, 1037, 1037; EGMR Fall Wildgruber Urt. v. 21.01.2010, Nr. 42402/05 und Nr. 42423/05, Rn. 61 (hier: „special diligence" auch bei einer Scheidungsfolgesache), FamRZ 2010, 1721; EGMR Fall Kaplan Urt. v. 18.01.2007, Nr. 45983/99, Rn. 32 f.; EGMR Fall Süss Urt. v. 10.11.2005, Nr. 40324/98, NJW 2006, 2241, 2244; EGMR Fall Hoppe Urt. v. 05.02.2002, Nr. 28422/95, Rn. 54.

322 Vgl. Teil C. VI. zum Zeitempfinden von Kindern.

323 EGMR Fall Süss Urt. v. 10.11.2005, Nr. 40324/98, NJW 2006, 2241, 2244; EGMR Fall Hoppe Urt. v. 05.12.2002, Nr. 28422/95, Rn. 54.

324 EGMR Fall Kuhlen-Rafsandjani Urt. v. 20.01.2011, Nr. 21980/06, Nr. 26944/07 und Nr. 36948/08, Rn. 84 ff., FamRZ 2011, 533 mit Anm. *Wendenburg*; EGMR Fall Afflerbach Urt. v. 24.06.2010, Nr. 39444/08, Rn. 57 ff., FamRZ 2010, 1721, 1722; EGMR Fall Wildgruber Urt. v. 21.01.2010, Nr. 42402/05 und Nr. 42423/05, Rn. 61 f., FamRZ 2010, 172; EGMR Fall Hub Urt. v. 09.04.2009, Nr. 1182/05, Rn. 52 f.; EGMR Fall Nanning Urt. v. 12.07.2007, Nr. 39741/02, Rn. 40 ff.; EGMR Fall Skugor Urt. v. 10.05.2007, Nr. 76680/01 Rn. 60 ff.; EGMR Fall Wimmer Urt. v. 24.02.2005, Nr. 60534/00, Rn. 20 ff.; FuR 2005, 380, 381; EGMR Fall Niederbörster Urt. v. 27.02.2003, Nr. 39547/98, Rn. 31 ff.

Die Verurteilung Deutschlands wegen einer Verletzung des Art. 6 I EMRK infolge überlanger Verfahrensdauer erfolgte in der Vergangenheit nicht nur aufgrund überlanger Verfahrensdauer vor den Instanzgerichten.[325] Auch die Dauer von Verfassungsbeschwerdeverfahren vor dem BVerfG wurde gerügt.[326] In dem vom EGMR jüngst entschiedenen Fall Kuhlen-Rafsandjani handelte es sich um Sorge- und Umgangsrechtverfahren. Die Verfahren dauerten vor den zwei Instanzgerichten zwischen drei und dreieinhalb Jahren an. Dies hielt der EGMR noch für vertretbar. Nicht innerhalb angemessener Frist verliefen jedoch nach Beurteilung des EGMR die anschließenden Verfahren vor dem BVerfG. Vor dem BVerfG waren die Verfahren mehr als vier Jahre anhängig. Dies soll nach dem Gerichtshof auch unter Berücksichtigung der Tatsache gelten, dass der Beschwerdeführer während der Verfahren Umgangskontakt mit seinen Kindern hatte. Nach Ansicht des EGMR dürfe hier nicht übersehen werden, dass die Verfahren für den Beschwerdeführer von großer Bedeutung waren, da das Verhältnis zu seinen Kindern auf dem Spiel gestanden hätte. Das Argument der Bundesregierung, das BVerfG sei aus Gründen der Prozessökonomie berechtigt gewesen, weitere Verfassungsbeschwerden des Beschwerdeführers abzuwarten, um sie anschließend einheitlich zu entscheiden, ließ der EGMR nicht gelten.[327] Der Fall Wimmer betraf eine Sorgerechtsstreitigkeit. Das Verfassungsbeschwerdeverfahren hatte sechseinhalb Jahre angedauert. Im Fall Niederbörster, der eine umgangsrechtliche Streitigkeit betraf, lag die Verfahrensdauer bei vier Jahren. In den beiden letztgenannten Fällen erkannte der EGMR die bevorstehende Kindschaftsrechtsreform von 1998 nicht als ausreichenden Grund an, eine Entscheidung über Jahre hinweg bis zur Neuregelung aufzuschieben.[328]

Bereits im Jahr 2006 hatte der EGMR festgestellt, dass die Konventionsstaaten die Pflicht haben, ihr Rechtssystem so zu organisieren, dass die Gerichte ihre Entscheidung innerhalb angemessener Zeit treffen. Im Grundsatzurteil Sürmeli

---

325 EGMR Fall Afflerbach Urt. v. 24.06.2010, Nr. 39444/08, Rn. 60, 64, FamRZ 2010, 1721, 1722; EGMR Fall Wildgruber Urt. v. 21.01.2010, Nr. 42402/05 und Nr. 42423/05, Rn. 61 f., FamRZ 2010, 1721; EGMR Fall Hub Urt. v. 09.04.2009, Nr. 1182/05, Rn. 52 f.; EGMR Fall Skugor Urt. v. 10.05.2007, Nr. 76680/01 Rn. 66 ff.; EGMR Fall Nanning Urt. v. 12.07.2007, Nr. 39741/02, Rn. 40 ff.

326 EGMR Fall Kuhlen-Rafsandjani Urt. v. 20.01.2011, Nr. 21980/06, Nr. 26944/07 und Nr. 36948/08, Rn. 85 ff., FamRZ 2011, 533 mit Anm. *Wendenburg*; EGMR Fall Wimmer Urt. v. 24.02.2005, Nr. 60534/00, Rn. 20 ff., FuR 2005, 380, 381; EGMR Fall Niederbörster Urt. v. 27.02.2003, Nr. 39547/98, Rn. 39 ff.

327 EGMR Fall Kuhlen-Rafsandjani Urt. v. 20.01.2011, Nr. 21980/06, Nr. 26944/07 und Nr. 36948/08, Rn. 85 , FamRZ 2011, 533 mit Anm. *Wendenburg*.

328 EGMR Fall Wimmer Urt. v. 24.02.2005, Nr. 60534/00, Rn. 20 ff., FuR 2005, 380, 382; EGMR Fall Niederbörster Urt. v. 27.02.2003, Nr. 39547/98, Rn. 33 ff., 45.

und in vielen weiteren Urteilen[329] forderte der EGMR Deutschland wiederholt auf, einen Rechtsbehelf gegen eine überlange Verfahrensdauer zur Verfügung zu stellen, der zum Inhalt hat, ein anhängiges Verfahren beschleunigt zu Ende zu führen oder der Partei eine angemessene Abhilfe bzw. Wiedergutmachung für schon eingetretene Verzögerungen zu gewähren. Die im deutschen Recht gesetzlich nicht geregelte, aber von etlichen Beschwerdegerichten anerkannte, außerordentliche Untätigkeitsbeschwerde sei aufgrund der Unsicherheiten in der Zulässigkeit und der praktischen Auswirkungen eines solchen Rechtsbehelfs auf das Verfahren nicht ausreichend. Bisher ist ein wie vom EGMR geforderter Rechtsbehelf nicht geschaffen worden. Dies hat dazu geführt, dass der EGMR Deutschland in einem sogenannten „Piloturteilsverfahren“[330] unmissverständlich attestiert, dass die überlange Dauer von Gerichtsverfahren in Deutschland ein strukturelles Problem darstellt und eine Folge von Mängeln im deutschen Rechtssystem ist.[331] Zwischenzeitlich ist vom Bundesministerium für Justiz ein Gesetzesentwurf vorgelegt worden, nach dem Betroffenen das Recht einer „Verzögerungsrüge“ und die Geltendmachung von Schadensersatzansprüchen eingeräumt werden soll. Über den Entschädigungsanspruch hinsichtlich materieller und gegebenenfalls auch immaterieller Nachteile sollen die Oberlandesgerichte entscheiden. Der Betroffene muss jedoch zunächst die Verfahrensdauer gegenüber dem mit der Sache befassten Gericht rügen. Für das BVerfG wird eine Sonderregelung im BVerfGG getroffen werden.[332]

329 EGMR Fall Sürmeli Urt. v. vom 08.06.2006, Nr. 75529/01, FamRZ 2007, 1449, 1450 f.; vgl. auch EGMR Fall Afflerbach Urt. v. 21.06.2010, Nr. 39444/08, Rn. 68, FamRZ 2010, 1721, 1722; EGMR Fall Wildgruber Urt. v. 21.01.2010, Nr. 42402/05 und Nr. 42423/05, Rn. 68, FamRZ 2010, 1721; EGMR Fall Weisert Entscheidung vom 03.04.2007, Nr. 14374/03, Rn. 24, zitiert nach Juris.

330 Vgl. hierzu Teil G III.

331 EGMR Fall Rumpf Urt. v. 02.09.2010, Nr. 46344/06, Rn. 70, NJW 2010, 3355, 3358 m. Anm. *Meyer-Ladewig* NJW 2010, 3358, 3359, der vermutet, dass der EGMR mit dem Piloturteil seinen Unmut über die deutsche Säumnis, das Urteil Sürmeli zu befolgen, plakativ zum Ausdruck bringen wolle.

332 Referentenentwurf vom 15.03.2010 „Gesetz über den Rechtsschutz bei überlangen Gerichtsverfahren und strafrechtlichen Ermittlungsverfahren“, der mit geringfügigen Modifikationen am 03.09.2010 als Regierungsentwurf eingebracht wurde (BR-Drucks. 540/10). Der bisherige Gesetzesentwurf, Stand 12.08.2010, kann auf der Homepage des BMJ heruntergeladen werden unter www.bmj.de/SharedDocs/Downloads/DE/pdfs/Rechtsschutz_ueberlange_gerichtsverfahren.html.; krit. *Rixe* FamRZ 2011, 1965, 1967, der den bisherigen Gesetzesenwurf für verfassungswidrig und konventionswidrig hält, weil er für anhängige Verfahren keinen wirksamen Beschleunigungsrechtsbehelf vorsehe und auch die vorgesehene Entschädigungslösung weder den Anforderungen an einen präventiven Rechtsbehelf gemäß Art. 13 EMRK genüge, noch den Vorgaben des BVerfG entspreche.

Ein Jahr vor dem Urteil im Fall Sürmeli vertrat das BVerfG[333] die Ansicht, es sei ausreichend, wenn der Gesetzgeber die rechtlichen Rahmenbedingungen für einen effektiven Rechtsschutz zur Verfügung stelle. Diese Rahmenbedingungen soll das am 02.09.2009 in Kraft getretene FamFG – jedenfalls für einige – kindschaftsrechtliche Verfahren erfüllen. Wesentliches Ziel und Inhalt vieler neuer Regelungen ist die Beschleunigung familiengerichtlicher Verfahren.[334]

Anlässlich des Urteils im Fall Adam wurde festgestellt, dass die Rechtsprechung des EGMR im Rahmen des am 02.09.2009 in Kraft getretenen FamFG nur teilweise berücksichtigt werde.[335] Zwar regele der dem § 52e I FGG a.F. entsprechende § 155 I FamFG ein Vorrang- und Beschleunigungsgebot für Verfahren, die den Aufenthalt oder die Herausgabe des Kindes und das Umgangsrecht betreffen, sowie für Verfahren wegen Gefährdung des Kindeswohls. Für die sonstigen kindschaftsrechtlichen Verfahren gelte das Beschleunigungsgebot aber nicht. Das Beschleunigungsgebot des EGMR gilt jedoch für alle kindschaftsrechtlichen Verfahren, die das Verhältnis einer Person zu ihrem Kind betreffen. Es wird vermutet, der Gesetzgeber habe die Anforderungen der Spruchpraxis des EGMR insoweit nicht erkannt. Daher sei das Beschleunigungsgebot des § 155 I FamFG für sonstige kindschaftsrechtliche Verfahren analog anzuwenden. Dies sei verfassungsrechtlich jedenfalls durch eine konventionskonforme Anwendung des Anspruchs auf effektiven Rechtsschutz gemäß Art. 2 I i.V.m. Art. 20 III GG abgesichert.

XI. Fall Skugor gegen Deutschland[336]

1. Sachverhalt

Aus der nichtehelichen Verbindung des Beschwerdeführers mit der Kindesmutter sind zwei 1992 und 1994 geborene Kinder hervorgegangen. Die Eltern trennten sich im März 1994. Zwischen Herbst 1994 und Frühjahr 1998 erlitt der Beschwerdeführer psychotische Krankheitsschübe, die eine intensive ärztliche Behandlung und teilweise die Zwangseinweisung in ein psychiatrisches Krankenhaus erforderlich machten. Im Dezember 2007 untersagte das zuständige Amtsgericht dem Beschwerdeführer, sich seinen Kindern zu nähern.

---

333 BVerfG NJW 2005, 3488, 3489.

334 *Vogel* FPR 2009, 165, 166 f.

335 *Rixe* FamRZ 2009, 1037, 1037, Anm. zum Urt. des EGMR v. 04.12.2008 im Fall Adam, Nr. 44036/02; zuvor schon *Rixe* FamRZ 2007, 1453, 1458, Anm. zum Urt. des EGMR im Fall Sürmeli vom 08.06.2006, Nr. 75529/01, FamRZ 2007, 1449 ff.

336 EGMR Fall Skugor Urt. v. 10.05.2007, Nr. 76680/01.

2. Rechtliche Beurteilung nach nationalem Recht

Im Frühjahr 1998 beantragte der Beschwerdeführer unter Vorlage eines aktuellen ärztlichen Attestes, ihm ein Besuchsrecht mit seinen Kindern einzuräumen. Aus dem Attest ging hervor, dass er unter einer paranoid-halluzinatorischen Psychose litt. Die Kindesmutter legte ihrerseits eine ärztliche Bescheinigung vor, der zufolge es bei beiden Kindern zu einer Angstsymptomatik gekommen sei, die eine psychotherapeutische Behandlung erforderten. Die Stellungnahme des Jugendamtes sprach sich gegen einen Umgang – auch in betreuter Form – aus, da die Erkrankung des Beschwerdeführers zur Zerrüttung der Familie geführt habe und die Kinder ihn nicht wollten. Ein im Dezember 1998 gerichtlich angeordnetes Sachverständigengutachten zu der Frage einer Beeinträchtigung des Kindeswohls durch Umgangskontakte lag dem Gericht im September 1999 vor. Es kam zu dem Ergebnis, dass ein betreuter Umgang mit dem Kindeswohl unter der Voraussetzung vereinbar sei, dass die psychische Verfassung des Beschwerdeführers dies zulasse. Die Sachverständigen empfahlen regelmäßige psychiatrische Behandlungen und die Vorlage eines ärztlichen Attestes vor jedem Umgangstermin. Im weiteren Verfahren weigerte sich der Beschwerdeführer vehement, derartige Auflagen zu erfüllen. Er leide an einem schweren Psychiatrietrauma und werde sich niemals mehr in eine solche Praxis begeben. Im Oktober 2000 entschied das Amtsgericht, dass ein Umgang nur gewährt werde, wenn der Beschwerdeführer sich regelmäßig in Behandlung begebe und Atteste vorlege. Die Durchführung erfordere den Willen der Zusammenarbeit. Dieser könne nicht festgestellt werden. Ein Umgang stelle aktuell eine erhebliche Gefährdung des Kindeswohls dar. Die Beschwerde des Beschwerdeführers wurde vom Kammergericht Ende 2001 zurückgewiesen. Das Wohl der Kinder lasse einen Umgang nicht zu. Allerdings würde die Gefahr einer Traumatisierung der Kinder durch das Verhalten des Beschwerdeführers mit weiterem Heranwachsen der Kinder geringer. Daher sei ein Umgangsauschluss lediglich für die Dauer von drei Jahren angezeigt. Die Kinder seien dann zwölf und vierzehn Jahre alt und die Situation könne neu bewertet werden. Eine Verfassungsbeschwerde wurde nicht zur Entscheidung angenommen.

Zusätzlich hatte der Beschwerdeführer im Jahr 1998 beantragt, der Kindesmutter die elterliche Sorge zu entziehen. Der Antrag wurde im Juni 2001 unter Bezugnahme auf Berichte des Jugendamtes und das Sachverständigengutachten aus dem umgangsrechtlichen Verfahren zurückgewiesen. Das Kammergericht bestätigte im November 2001 diese Entscheidung.

3. Beurteilung durch den EGMR

Der Gerichtshof lehnt eine Verletzung des Art. 8 EMRK sowohl hinsichtlich des Umgangs- als auch hinsichtlich des Sorgerechtsverfahrens ab.[337] Das Amtsgericht habe seine Entscheidung über den Ausschluss des Umgangs auf die Schlussfolgerungen des bestellten Sachverständigen und auf die mangelnde Einsichts- und Kooperationsfähigkeit des Beschwerdeführers gestützt. Das Kammergericht habe den Ausschluss zwar zugunsten des Beschwerdeführers zeitlich begrenzt, aber in der Sache bestätigt. Beide Gerichte hätten unterstrichen, dass die Kinder durch das Verhalten des Beschwerdeführers während seiner psychischen Erkrankung traumatisiert worden seien. Um zu diesen Schlussfolgerungen zu gelangen, seien Gerichtsverhandlungen, Anhörungen der Kinder, ein Sachverständigengutachten, Berichte des Jugendamtes und eine eingehende Prüfung der zahlreichen Ausführungen des Beschwerdeführers erfolgt. Diese umfassende Sachverhaltsaufklärung und die Tatsache, dass die nationalen Zivilgerichte aufgrund ihres unmittelbaren Kontaktes zum Hintergrund des Falles und zu den beteiligten Parteien grundsätzlich eher in der Lage seien, abzuwägen, was dem Kindeswohl diene, reichen dem Gerichtshof aus, um zu folgern, dass die Entscheidungen im Interesse der Kinder getroffen wurden. Damit stünden die Entscheidungen in Einklang mit Art. 8 EMRK. Der Beschwerdeführer hätte überdies die Möglichkeit gehabt, die Situation für ihn günstig zu beeinflussen, wenn er die vom Amtsgericht aufgezählten Bedingungen erfüllt hätte. Auch in Bezug auf die Entscheidungen im Sorgerechtsverfahren seien die Entscheidungen im Interesse der Kinder getroffen worden, sodass der den nationalen Behörden zugestandene Beurteilungsspielraum nicht überschritten worden sei.[338]

Allerdings bestätigt der EGMR eine Verletzung des Art. 6 I EMRK infolge überlanger Dauer des streitigen Umgangsrechtsverfahrens.[339] Das Verfahren hatte insgesamt drei Jahre und sechs Monate gedauert. Grundsätzlich sei die Angemessenheit der Dauer eines Verfahrens entsprechend den Umständen der Rechtssache und unter Berücksichtigung der in seiner Rechtsprechung verankerten Kriterien, insbesondere der Komplexität des Falles, des Verhaltens des Beschwerdeführers und des Verhaltens der zuständigen Behörden zu beurteilen. Hinsichtlich des letzten Punktes seien die Auswirkungen des Rechtsstreits auf die Betroffenen zu beachten. Der Gerichtshof ist der Auffassung, das Verfahren sei nicht besonders komplex gewesen. Das Verhalten des Beschwerdeführers habe nicht zur Verzögerung beigetragen. Er habe zwar häufig die Zivilgerichte an-

337 EGMR Fall Skugor Urt. v. 10.05.2007, Nr. 76680/01, Rn. 46 ff.
338 EGMR Fall Skugor Urt. v. 10.05.2007, Nr. 76680/01, Rn. 58.
339 EGMR Fall Skugor Urt. v. 10.05.2007, Nr. 76680/01, Rn. 60 ff.

gerufen. Seine Stellungnahmen hätten aber selten mehr als zwei Seiten umfasst. Er habe nur äußerst selten davon Gebrauch gemacht, Rechtsbehelfe einzulegen. Der Gerichtshof könne zwar keine übermäßigen Phasen der Untätigkeit der Zivilgerichte feststellen. Jedoch sei der Beschwerdeführer über einen Zeitraum von nahezu vier Jahren darüber im Unklaren geblieben, ob er seine Kinder sehen könne. Aus den dem Gerichtshof vorliegenden Unterlagen gehe nicht hervor, dass die Gerichte besondere Vorkehrungen getroffen haben, um das Verfahren zu beschleunigen oder Unterstützung zu leisten, um die Sache in anderer Weise zu regeln. Angesichts der Bedeutung des Verfahrens für den Beschwerdeführer und der Erforderlichkeit einer raschen Vorgehensweise aufgrund unabänderlicher Auswirkungen auf die Vater-Kind-Beziehung durch zeitliche Verzögerungen, habe die Gesamtdauer des Verfahrens die angemessene Frist im Sinne des Art. 6 I EMRK überschritten.

Das Verfahren bezüglich der Übertragung des Sorgerechts hatte insgesamt zwei Jahre und fünf Monate angedauert. Hier sah der Gerichtshof keine Verletzung des Art. 6 I EMRK. Zwar gebieten Sorge- und Umgangsrechtssachen nach seiner ständigen Rechtsprechung eine besonders zügige Verfahrensweise. Nicht alle Verfahren würden jedoch dieselbe Zügigkeit gebieten, nur weil sie die Beziehung zwischen Eltern und Kindern betreffen. Das Sorgerechtsverfahren habe nicht denselben Dringlichkeitsaspekt wie das umgangsrechtliche Verfahren aufgewiesen, da das Kindeswohl durch die Mutter nicht gefährdet worden sei und das Parallelverfahren zum Umgangsrecht alle Aspekte der Beziehung der Kinder zu ihrem Vater umfasst habe.[340]

4. Analyse des Urteils

Zunächst wiederholt der Gerichtshof seine Grundsätze zur Eingriffsrechtfertigung, zur Subsidiarität und zum Beurteilungsspielraum. Abermals wird betont, dass bei Fällen der vorliegenden Art die Überlegung, was dem Kindeswohl am Besten diene, von entscheidender Bedeutung sei. Insbesondere könne ein Elternteil nach Art. 8 EMRK nicht beanspruchen, dass Maßnahmen getroffen werden, die der Gesundheit und Entwicklung des Kindes schaden würden. Hier verweist der Gerichtshof auf seine Rechtsprechung in den Fällen Sommerfeld und Sahin. Immer erfolgt auch der ausdrückliche Hinweis darauf, dass die nationalen Gerichte infolge ihres unmittelbaren Kontaktes zum Hintergrund des Falles und zu den beteiligten Parteien grundsätzlich eher in der Lage seien, abzuwägen, was dem Wohl des Kindes am besten diene. Der Gerichtshof gesteht den nationalen

340 EGMR Fall Skugor Urt. v. 10.05.2007, Nr 76680/01, Rn. 77 f.

Gerichten hiermit einen weiten Beurteilungsspielraum zu. Er unterlässt eine inhaltliche Bewertung der von den Gerichten angeführten Gründe eines Umgangsausschlusses und prüft lediglich, wie die Gerichte zu ihren Schlussfolgerungen gelangen und ob der Entscheidungsfindungsprozess als Ganzes betrachtet dem Beschwerdeführer den erforderlichen Schutz seiner Interessen hat zuteil werden lassen. Damit begibt er sich auf die Verfahrensebene und vermeidet eigene inhaltliche Wertungen bezüglich der Kindeswohldienlichkeit eines Umgangs. Dies entspricht der gängigen Praxis des Gerichtshofs, der aus oben genannten Gründen grundsätzlich versucht, sich aus Fragen der Beweiswürdigung herauszuhalten.[341]

Noch einige Jahre zuvor hatte sich der EGMR im Fall Kutzner[342] in bedenklicher Weise auf die Ebene der Beweiswürdigung begeben. Es ging hier um die Familienzusammenführung von Kindern mit ihren geistig behinderten Eltern. Sachverständige Gutachter hatten festgestellt, dass erhebliche Entwicklungsdefizite bei den Kindern vorlagen und die Eltern aufgrund eigener Defizite und Überforderung nicht in der Lage waren, die Persönlichkeits- und Sprachentwicklung der Kinder ausreichend zu unterstützen. Es wurde ausdrücklich auf die Schwierigkeiten der Entwicklung emotionaler Bindungen zwischen Eltern und Kindern hingewiesen, da die Eltern nicht fähig seien, die Kinder zu verstehen und angemessen zu behandeln. Die Entwicklungsrückstände waren aufgetreten, obwohl die Kinder eine Frühförderung erhielten und die Großeltern mit im Haushalt lebten. Der Gerichtshof geht in seiner Entscheidung auf die Entwicklungsrisiken für die Kinder nicht näher ein und verweist lediglich auf eine genauere Prüfung weiterer Förderungsmöglichkeiten, ohne über genaueres Wissen hinsichtlich der Realisierbarkeit solcher Maßnahmen zu verfügen. Die von den innerstaatlichen Gerichten eingeholten Gutachten, welche die Entwicklungsrisiken bescheinigten, zieht er aufgrund vermeintlicher Widersprüchlichkeit in Zweifel. Die Ergebnisse würden zwar übereinstimmen, nicht aber die Begründung. In einem Gutachten werde auf mangelnde intellektuelle Fähigkeiten, in dem anderen auf emotionale Defizite der Eltern abgestellt. Darüber hinaus nimmt er auf das privat eingeholte Gutachten Bezug, welches eine Kindeswohlgefährdung ausschließe.[343]

Der Gerichtshof verkennt hier, dass sich bei einer geistigen Behinderung der Eltern intellektuelle und emotionale Defizite nicht widersprechen, sondern eng miteinander verbunden sein können. Die Anforderungen, die sich an Eltern stellen, damit ihre Kinder eine gesunde emotionale, kognitive und sprachliche Ent-

---

341 *Kielmansegg* Archiv des Völkerrechts 2008, 273, 279.

342 EGMR Fall Kutzner Urt. v. 26.02.2002, Nr. 46544/99, FamRZ 2002, 1393 ff.

343 EGMR Fall Kutzner Urt. v. 26.02.2002, Nr. 46544/99, FamRZ 2002, 1393, 1396 f.

wicklung durchlaufen, sind vielfältig. Sie beanspruchen sowohl die emotionalen als auch die intellektuellen Fähigkeiten der Eltern. Erziehungsfähigkeit und einfühlsames Verhalten dem Kind gegenüber können aufgrund von psychischen Erkrankungen, Suchterkrankungen und geistiger Behinderung eingeschränkt sein.

Der Erwerb der oben genannten Kompetenzen wird im späteren Leben des Kindes von existentieller und wesentlicher Bedeutung sein. Einfühlsames Verhalten der Eltern und eine positive, fördernde Einstellung gegenüber dem Kind sind unerlässlich, damit Vorgänge wie Affektspiegelungen[344], kognitive Entwicklung[345] und Sprachentwicklung[346] gelingen.

Erziehungsverhalten und Erziehungsstil der Eltern haben großen Einfluss auf die Entwicklung des Kindes. Selbst qualitativ gute Kinderbetreuung vermag Versäumnisse in der Familie meist nicht auszugleichen: Die Charakteristika einer Familie haben großen Einfluss auf die künftige Intelligenz des Kindes. Es konnte festgestellt werden, dass die Gehirnfunktionen von Kindern aus Familien mit höherem sozioökonomischem Status ausgereifter sind. Dies wird mit milieubedingten Faktoren wie besseren Chancen, besserer Gesundheit, mehr pädagogisch wertvollen Spielsachen, besserer Erziehung, qualitativ anspruchsvollerer Betreuung, besseren Schulen und größerer Bedeutung von Bildung erklärt. Die Charakteristika der Familie wie Einkommen, Bildung, Persönlichkeit der Mutter und der Umgang mit den Eltern sollen für die intellektuelle Entwicklung dabei sehr viel ausschlaggebender sein als das Ausmaß und die Qualität der Kinderbetreuung.[347]

Der Gerichtshof offenbart somit in der Entscheidung Kutzner mangelndes sozialwissenschaftliches Hintergrundwissen. Er zieht an dieser Stelle Gutachten von Experten in Frage, ohne sich offenbar selbst auch nur ansatzweise mit möglichen Risiken für die Entwicklung der Kinder auseinander zu setzen. Die eigenen Wertungen des Gerichtshofs hinsichtlich der Beweiswürdigung erscheinen somit wenig fundiert und nicht überzeugend.

Die Einschätzungen einer Kindeswohlgefährdung infolge von Umgangskontakten durch das Amtsgericht im Fall Skugor entsprechen dagegen den Erkenntnissen der sozialwissenschaftlichen Fachliteratur:[348] Schwere psychische Erkrankungen mindestens eines Elternteils bringen im Mittel der Fälle ein erhebliches Risiko für die Entwicklung der betroffenen Kinder. Negative Folgewirkungen

---

344 *Dornes* (2003), S. 191 ff.*; Eliot* (2001), S. 414, 427, 462, 467 f.

345 *Eliot* (2001), S. 606, 636, 641 ff.

346 *Meise*, Psychologie Heute 03/2006, S. 64 ff.*; Eliot* (2001), S. 515, 519, 545 ff.

347 *Eliot* (2001), S. 623, 627.

348 *Hanke* Gehirn & Geist 7-8/2006, S. 16, 19; *Kindler* FPR 2005, 227, 227 f.; *Häfele* FPR 2005, 243, 243 und FPR 2003, 307, 308; *Lenz* in Praxis der Kinderpsychologie und Kinderpsychiatrie 05/2005, S. 383; *Lenz* FPR 2005, 246, 247.

sollen deutlich häufiger auftreten als bei anderen möglichen Belastungen im Leben der Kinder, wie einem Aufwachsen in relativer Armut oder Scheidung der Eltern. Schwere elterliche Erkrankungen erhöhen das Störungsrisiko der betroffenen Kinder erheblich. Auch bezüglich der altersabhängigen Bewältigung von Entwicklungsaufgaben und der Entfaltung geistiger Fähigkeiten sind erhebliche Belastungen im Entwicklungsverlauf betroffener Kinder festgestellt worden. Neben der Weitergabe genetischer Risiken sind vor allem zwei Risikofaktoren für die kindliche Entwicklung auszumachen: die Einschränkung der Erziehungsfähigkeit des erkrankten Elternteils und die ungünstigen Auswirkungen psychischer Erkrankungen auf die Lebenssituation betroffener Eltern und Kinder. Insbesondere fehlende Krankheitseinsicht, unzuverlässige Einnahme von Medikamenten sowie die Ablehnung von Therapien können zu einem Versagen des erkrankten Elternteils führen, schon konkretisierte oder auch in der Zukunft drohende Gefährdungen des Kindeswohls abzuwenden.[349]

Der Gerichtshof akzeptiert im Fall Skugor im Rahmen des Art. 8 EMRK den völligen Ausschluss eines Umgangsrechts, weil die Gerichte eine Kindeswohlgefährdung, die unmittelbar vom Vater ausgeht, mittels ausführlicher Beweiserhebung und unter Beachtung aller Anforderungen an ein faires Verfahren, hinreichend begründet haben. Ausschlaggebend dürfte darüber hinaus die Weigerung des Beschwerdeführers gewesen sein, sich kooperativ an bestimmte Bedingungen für die Durchführung des Umgangs zu halten.

Die Tendenz des EGMR, die sachverständige Einschätzung einer Kindeswohlgefährdung den nationalen Fachgerichten zu überlassen und nicht selbst inhaltliche Wertungen abzugeben, solange die verfahrensrechtlichen Anforderungen eingehalten werden, scheint sich in seiner jüngeren Rechtsprechung fortzusetzen. In dem bereits erwähnten Fall V.B. gegen Deutschland[350] stritten die Eltern einer dreizehnjährigen Tochter um ein Umgangsrecht des Beschwerdeführers. Dieser versuchte immer wieder – auch im Rahmen begleiteter Umgangskontakte- manipulativ auf das Kind einzuwirken, welches sich schließlich in einem kindeswohlgefährdenden Loyalitätskonflikt befand. Der Umgang wurde schließlich für zwei Jahre ausgesetzt. Der Gerichtshof akzeptiert in seiner Entscheidung die Einschätzung der deutschen Familiengerichte. Zur Begründung führte er an, die Entscheidung sei auf zutreffende und hinreichende Gründe gestützt worden. Insbesondere die fehlende Einsichtsfähigkeit des Beschwerdeführers in sein kindeswohlgefährdendes Verhalten dürfte hier – wie auch im Fall Skugor – ausschlaggebend gewesen sein.

---

349 *Ehinger* FPR 2005, 253, 255.

350 EGMR Fall V.B. gegen Deutschland, Entscheidung über die Zulässigkeit v. 25.09.2008, Nr. 13301/05.

Im Rahmen der Prüfung des Art. 6 I EMRK ist interessant, dass der Gerichtshof zwischen Umgangs- und Sorgerechtsverfahren unterscheidet. Grundsätzlich sollen Sorge- und Umgangsrechtsverfahren zügig durchgeführt werden. Andernfalls drohen die Schaffung vollendeter Tatsachen allein durch Zeitablauf und die unwiderrufliche Zerstörung familiärer Beziehungen zum Kind. Im vorliegenden Fall Skugor stellt der Gerichtshof ausdrücklich fest, dass nicht alle familiengerichtlichen Verfahren gleichermaßen eilbedürftig sind. Die Dauer der beiden Verfahren unterschieden sich nur um einen Monat. Eine Verletzung bejahte der Gerichtshof jedoch nur hinsichtlich des Umgangsrechtsverfahrens. Diese Differenzierung entspricht den Wertungen des Gerichtshofs in Bezug auf die Weite des den nationalen Behörden zustehenden Beurteilungsspielraums. Hier ist der Beurteilungsspielraum im Falle von Beschränkungen des Umgangsrechts enger zu fassen, da die Beschränkung von Umgangskontakten stärker als Beschränkungen des Sorgerechts die Gefahr bergen, familiäre Beziehungen zwischen Elternteilen und kleinen Kindern nachhaltig zu beeinträchtigen.[351] Diese Unterscheidung scheint der Gerichtshof auf die Prüfung einer überlangen Verfahrensdauer im Rahmen des Prüfungspunktes „Auswirkungen des Rechtsstreits auf die Betroffenen“ und „Bedeutung des Verfahrens für den Beschwerdeführer“ einfließen zu lassen.

XII. Fall Koudelka gegen Tschechische Republik[352]

1. Sachverhalt

Der Beschwerdeführer ist Vater einer im Jahr 1990 geborenen Tochter. Die Kindeseltern trennten sich 1991. Die elterliche Sorge wurde auf die Mutter übertragen.

2. Beurteilung nach nationalem Recht

Im Frühjahr 1993 beantragte der Beschwerdeführer erstmals die Regelung des Umgangs, da die Kindesmutter den Umgang verweigerte. Die vom Gericht bestellten Sachverständigen stellten keine Gründe für einen Umgangsausschluss fest. Sie verwiesen jedoch auf die konflikthafte Beziehung der Eltern und die negative Haltung der Mutter. Zur Realisierung von Umgangskontakten bedürfe es

351 EGMR Fall Elsholz Urt. v. 13.07.2000, Nr. 25735/94, EuGRZ 2002, 595, 599.

352 EGMR Fall Koudelka Urt. v. 20.07.2006, Nr. 1633/05, FamRZ 2008, 1059 ff.

der Kooperation der Mutter. Trotz Bestätigung der erstinstanzlichen Entscheidung durch das Rechtsmittelgericht, der Einräumung eines betreuten Umgangs und der Bestellung eines Pflegers für das Kind gewährte die Mutter in den folgenden Jahren keinen Umgang und ließ sich vor Gericht regelmäßig entschuldigen. Der Beschwerdeführer stellte Vollstreckungsanträge im März und Juli 1998 sowie im Februar 1999. Das Gericht verhängte in der Folge in den Jahren 1999 und 2000 wegen Verhinderung von Umgangskontakten Geldbußen in Höhe von € 70,00 bzw. € 133,00. Ein Antrag auf einstweilige Anordnung der Aussetzung des Umgangs hatte keinen Erfolg. Darüber hinaus machte die Kindesmutter einen Abänderungsantrag auf Ausschluss des Umgangs anhängig. Im Jahr 2001 wurde die Kindesmutter wegen Verhinderung der Durchsetzung der Umgangsentscheidung zu einer Freiheitsstrafe von drei Monaten auf Bewährung verurteilt. Von einem Widerruf der Bewährung nach Ablauf der Bewährungszeit sah das zuständige Gericht ab. Im Sommer 2007 organisierte ein spezialisiertes Team ein erstes Treffen zwischen Beschwerdeführer und Tochter. Dieses dauerte nur ein paar Minuten, da sich die Tochter weigerte, mit dem Beschwerdeführer zu sprechen und sich hysterisch benahm. Ein Psychologe attestierte dem Kind ein von der Mutter verursachtes Parental Alienation Syndrom (PAS). Dieses veranlasse das Kind zu seinem hysterischen und egozentrischen Verhalten. Der Sachverständige bescheinigte dem Beschwerdeführer eine Erziehungseignung und die Fähigkeit, die mütterlichen Erziehungsdefizite auszugleichen. Zur Ermöglichung eines Umgangskontaktes empfahl er eine Psychotherapie des Kindes, ggf. verbunden mit der Unterbringung des Kindes in einem Krankenhaus. Die Beschlussfassung über einen im Jahr 2002 gestellten Vollstreckungsantrag des Beschwerdeführers wurde bis zur Beschlussfassung über den Abänderungsantrag der Kindesmutter zurückgestellt. Im Rahmen des Abänderungsverfahrens verhinderte die Mutter mangels Mitwirkung die Erstellung des vom Gericht in Auftrag gegeben Sachverständigengutachtens.

3. Beurteilung durch den EGMR

Der Gerichtshof kommt im Ergebnis zu einer Verletzung des Art. 8 I EMRK wegen fehlender Durchsetzung des Umgangsrechts des Beschwerdeführers. Der Gerichtshof geht grundsätzlich davon aus, dass der Staat in Fällen einer bestehenden familiären Beziehung verpflichtet ist, so zu handeln, dass eine Fortentwicklung der Beziehung erfolgen kann, und geeignete Schutzmaßnahmen ergreifen muss, um den betreffenden Elternteil und sein Kind wieder zusammen zu führen. Die Verpflichtung zur Förderung von Umgangskontakten sei nicht absolut zu verstehen. Insbesondere, wenn sich Vater und Kind nicht mehr kennen, seien vom Einzelfall abhängige Vorbereitungen notwendig. Die Verpflichtung der innerstaatlichen Behörden zur Ausübung von Zwang im Bereich des Umgangsrechts sei begrenzt. Die Interessen, Rechte und Freiheiten aller Betroffenen, insbesondere das Kindeswohl und die Rechte des Kindes gemäß Art. 8 I EMRK seien zu berücksichtigen. Im Folgenden prüft der Gerichtshof, ob die innerstaatlichen Instanzen alle notwendigen Maßnahmen zur Förderung des Umgangs ergriffen haben, die vernünftigerweise erwartet werden konnten und ob sie einen angemessenen Ausgleich zwischen den verschiedenen Interessen geschaffen haben. Dabei sei zu berücksichtigen, dass die Angemessenheit von Maßnahmen in derartigen Verfahren nach der Zügigkeit ihrer Ergreifung zu beurteilen sind. Auch aus dem tschechischen Recht ergebe sich die Verpflichtung zur Vollstreckung von Sorge- und Umgangsrechten ohne unnötige Verzögerung.

Angesichts der Ausführungen der am Verfahren beteiligten Sachverständigen hinsichtlich der negativen Haltung der Mutter, ihrer fehlenden Kooperationsbereitschaft und der späteren Befunde eines durch die Mutter verursachten PAS seien drohende negative Folgen eines Zeitablaufs offensichtlich gewesen. Der Gerichtshof sieht die von den Gerichten ergriffenen Maßnahmen wie Ermahnung der Kindesmutter, die Verhängung zu geringer Geldbußen sowie das Absehen von einem Widerruf der Bewährung als nicht ausreichend und nicht angemessen an. Gerade das Absehen vom Widerruf der Bewährung habe die Mutter in ihrer Auffassung bestärkt, die Umgangsregelung weiterhin ungestraft missachten zu können. Im Abänderungsverfahren seien keinerlei Maßnahmen mehr ergriffen worden, obwohl die Kindesmutter auch hier den Verfahrensfortgang mittels Kooperationsverweigerung zur Erstellung des Sachverständigengutachtens blockierte.

Letztlich sei die bestandskräftige Umgangsentscheidung niemals wie vorgesehen umgesetzt worden. Zwar räumt der Gerichtshof ein, dass die Änderung der maßgeblichen Umstände die Nichtvollstreckung einer bestandskräftigen Entscheidung rechtfertigen könne. Dies gelte aber nicht in Fällen, in denen die neue Sachlage auf dem Versäumnis der Behörden beruhe, die vernünftigerweise zu erwartenden Maßnahmen zu ergreifen. Gerade ein solcher Fall liege hier vor: die mangelnde Umsetzung des Umgangsrechts beruhe in erster Linie auf der offensichtlichen Ablehnung der Kindesmutter und der Ablehnung des durch sie programmierten Kindes. Der Vater habe seinen Wunsch nach Kontakt mit seiner Tochter hinreichend deutlich gemacht. Die nationalen Gerichte hätten nicht alle Maßnahmen ergriffen, die vernünftigerweise bei einem solch schwierigen Konflikt erwartet werden durften. Der Gerichtshof hegt sogar Zweifel daran, ob sich die Gerichte bei ihren Maßnahmen hinreichend vom Kindeswohl haben leiten lassen. Schließlich habe der Psychologe anlässlich des einzigen Treffens zwischen Vater und Kind festgestellt, dass die Mutter die positive Entwicklung der gemeinsamen Tochter gefährde.

Letztlich könne unter diesen Voraussetzungen dem Vater nicht die Verantwortung für die Unfähigkeit der Gerichte, zügige und adäquate Maßnahmen zur Herbeiführung effektiver Kontakte zwischen ihm und seiner Tochter zu ergreifen, auferlegt werden. Vielmehr hätten die nationalen Gerichte es ermöglicht, dass das Verfahren allein durch Zeitablauf entschieden worden sei. Eine Wiederherstellung der Vater-Tochter-Beziehung erscheine inzwischen nicht mehr möglich.

4. Analyse des Urteils

Anhand des Falles Koudelka ist zu ersehen, dass der EGMR aus Art. 8 I EMRK nicht nur ein Recht von Elternteil und Kind auf Umgang, sondern auch Anforderungen an die Durchsetzung von Umgangsentscheidungen stellt. Art. 8 I EMRK dient insoweit als Rechtsgrundlage für eine effektive Vollstreckung gerichtlicher Umgangsentscheidungen.[353] Der Staat hat alle im Einzelfall notwendigen und angemessenen Maßnahmen zur Förderung des Umgangs zu ergreifen und Verfahrensverzögerungen zu vermeiden, um eine faktische Präjudizierung zu verhindern. Zwar steht dem Staat ein Beurteilungsspielraum hinsichtlich Wahl und Ausgestaltung wirksamer gesetzlicher Instrumente zur Erfüllung dieser Verpflichtung zu. Er muss jedoch einen funktionsfähigen Mechanismus zur Durchsetzung von Umgangsentscheidungen zur Verfügung stellen. Der EGMR bezieht sich insoweit auf die Grundsätze „Verpflichtung zur Familienzusammenführung“ und „Beurteilung der Angemessenheit einer Maßnahme nach Zügigkeit“ seiner bisherigen Rechtsprechung in den Fällen Kutzner[354] gegen Deutschland und Maire gegen Portugal[355]. Der Gerichtshof stellt klar, dass die Verpflichtung zur Ausübung von Zwang im Bereich des Umgangsrechts begrenzt ist. Es müssten die Interessen, Rechte und Freiheiten aller Beteiligten berücksichtigt werden. Dabei bezieht sich der EGMR ausdrücklich auf das Kindeswohl und die Rechte des Kindes gemäß Art. 8 I EMRK. Diese Einschränkung entspricht der ständigen Rechtsprechung des EGMR.[356] Angesichts dieser ausdrücklichen Hervorhebung

353 *Rixe* Anm. zum EGMR Fall Koudelka FamRZ 2008, 1061, 1061.

354 EGMR Fall Kutzner Urt. v. 26.02.2002, Nr. 46544/99, FamRZ 2002, 1393, 1396 f.

355 EGMR Fall Maire Urt. v. 26.06.2003, Nr. 48206/99, Rn. 74.

356 EGMR Fall Glaser Urt. v. 19.09.2000, Nr. 32346/96, Rn. 66; EGMR Fall Nuutinen Urt. v. 27.06.2000, Nr. 32842/96, Rn. 127; EGMR Fall Ignaccolo-Zenide Urt. v. 25.01.2000, Nr. 31679/96, Rn. 94; EGMR Fall Hokkanen Urt. v. 23.09.1994, Nr. 50/1993/445/524, Rn. 58, ÖJZ 1995, 271, 272.

des Kindeswohls erscheint folgende Argumentation des Gerichtshofs widersprüchlich: Er räumt ein, dass es infolge Änderung der maßgeblichen Umstände gerechtfertigt sein kann, bestandskräftige Umgangsentscheidungen nicht zu vollstrecken. Dies soll jedoch nicht gelten, wenn die neue Sachlage auf Versäumnissen der nationalen Behörden beruht.[357]

Folglich besteht eine völkerrechtliche Verantwortung des Staates für die eingetretene Situation, selbst wenn die zwischenzeitliche Entwicklung eine Abänderung der bisherigen Umgangsregelung nach innerstaatlichem Recht rechtfertigen würde.[358]

XIII. Fall Mattenklott gegen Deutschland[359]

1. Sachverhalt

Die Beschwerdeführerin mit deutscher Staatsangehörigkeit lebte mit ihrem deutschen Ehemann in New Mexiko. Nach einer Ehekrise kehrte der Ehemann im Dezember 2003 nach Deutschland zurück. Die Beschwerdeführerin verblieb in den USA und lebte bis Februar 2004 mit einem Amerikaner G. zusammen. Im April 2004 kam Tochter N. zur Welt. G wurde in der amerikanischen Geburtsurkunde als Kindesvater eingetragen. Die tatsächliche Vaterschaft bezüglich der Tochter blieb letztlich unklar. Die Beschwerdeführerin bestritt später eine Vaterschaft des G. Im September 2004 kehrte die Beschwerdeführerin mit ihrer Tochter nach Deutschland zurück. Es kam zur Versöhnung mit ihrem Ehemann, der von den deutschen Behörden in der deutschen Geburtsurkunde als Kindesvater eingetragen wurde. Kurz vor der Abreise der Beschwerdeführerin hatte das amerikanische Bezirksgericht im Januar 2005 die Vaterschaft des G bestätigt, ihm vorläufig das primäre Sorgerecht zugesprochen und ein Besuchsrecht der Beschwerdeführerin ausgeschlossen.

2. Beurteilung nach nationalem Recht

Im Januar 2005 beantragte G in Deutschland eine einstweilige Anordnung, um die Rückführung seiner Tochter zu erreichen. Das Amtsgericht wies den Antrag

357 EGMR Fall Koudelka Urt. v. 20.07.2006, Nr. 1633/05, FamRZ 2008, 1059, 1060; EGMR Fall Sylvester Urt. v. 24.04.2003, Nr. 36812/97 und 40104/98, Rn. 63, 66, 69; ÖJZ 2004, 113, 115.

358 *Rixe* FamRZ 2008, 1061, 1061.

359 EGMR Fall Mattenklott Entscheidung v. 11.12.2006, Nr. 41092/06, FamRZ 2007, 1527 ff.

des G im Juni 2005 zurück, da es die von ihm vorgelegte Widerrechtlichkeitsbescheinigung gem. Art. 15 des Haager Übereinkommens über die zivilrechtlichen Aspekte internationaler Kindesentführung (HKÜ) als nicht ausreichend erachtete. Das Amtsgericht verneinte die gem. Art. 12 i.V.m. Art. 3 HKÜ für die Anordnung einer sofortigen Rückgabe des Kindes erforderliche Verletzung des Sorgerechts des G. durch die Verbringung des Kindes. G habe ein vermeintliches Sorgerecht nie ausgeübt. Das OLG teilte diese Ansicht nicht. Es ging von einer Vaterschaft des G aus und stützte sich auf die Widerrechtlichkeitsbescheinigung des amerikanischen Bezirksgerichts. Es stellte weiterhin fest, dass es für die Beurteilung der Widerrechtlichkeit allein auf die Rechtslage in New Mexiko ankomme. Der Umstand, dass der Beschwerdeführerin nach deutschem Recht das Sorgerecht zustehe, sei unerheblich. Für die Vermutung der Ausübung des Sorgerechts durch G sei nach dem HKÜ ausreichend, dass G in der Vergangenheit sein Sorgerecht dadurch wahrgenommen habe, dass er gelegentlichen Umgang mit der Tochter gehabt habe. Die nach dem HKÜ geltende Rechtsvermutung der Ausübung eines Sorgerechts durch G habe die Beschwerdeführerin nicht widerlegt. Das OLG nahm eine Kindeswohlgefährdung nicht an, die gemäß Art. 13 Ib HKÜ einer Wegnahmeanordnung entgegenstehen kann. Die Bestimmung sei aufgrund des Verbringens der Tochter restriktiv anzuwenden. Eine Kindeswohlgefährdung könne jedenfalls dann vermieden werden, wenn die Beschwerdeführerin mit dem Kind in die USA zurückkehre. Zu diesem Zwecke hatte das OLG dem G auferlegt, während der Dauer des anhängigen Sorgerechtsverfahrens für Mutter und Tochter für vier Monate Unterhalt und zwei Monate Wohnungsmiete zu zahlen. Staatliche Stellen in den USA hatten versichert, dass der Beschwerdeführerin bei ihrer Rückkehr keine Strafverfolgung drohe. Darüber hinaus bestünden keine Anhaltspunkte dafür, dass das amerikanische Bezirksgericht im Rahmen einer Entscheidung im Hauptverfahren über das Sorgerecht das Kindeswohl der Tochter nicht berücksichtigen würde. Das OLG ermächtigte den Gerichtsvollzieher, das Kind gegebenenfalls unter Anwendung von Zwang in die USA zurückzuführen, wenn die Beschwerdeführerin der Herausgabeanordnung nicht folgen sollte.

3. Beurteilung durch den EGMR

Der Gerichtshof kommt zu dem Ergebnis, dass sich durch die Anordnung des OLG, die Tochter der Beschwerdeführerin gegebenenfalls unter Anwendung von Zwang in die USA zurückzuführen, keine Verletzung des Art. 8 I EMRK ergebe. Er geht zunächst davon aus, dass die Anordnung der Rückgabe der Tochter zwar nicht mit einer Trennung von Mutter und Tochter einhergehe, wenn die Beschwerdeführerin mit der Tochter in die USA zurückkehre. Sie müsste jedoch ihren Ehemann in Deutschland zumindest vorübergehend verlassen. Insofern greife die Anordnung in das Recht der Beschwerdeführerin aus Art. 8 I EMRK ein. Rechtsgrundlage des Eingriffs sei das HKÜ. Oberste Maxime des HKÜ sei gemäß seiner Präambel, „dass das Wohl des Kindes in allen Angelegenheiten des Sorgerechts von vorrangiger Bedeutung ist“. Ziel des HKÜ sei es, das Kind vor einem widerrechtlichen Verbringen aus dem Staat seines gewöhnlichen Aufenthalts zu schützen. Das OLG habe daher durch die Anwendung des HKÜ im Interesse des Kindeswohls entschieden.

Im Rahmen der Verfolgung eines rechtmäßigen Ziels nach Art. 8 II EMRK sei ein gerechter Ausgleich zwischen den Interessen des Kindes und denen der Eltern herbeizuführen. Insoweit sei dem Kindeswohl, welches je nach seiner Art und Bedeutung den Interessen eines Elternteils vorgehen könne, besonderes Gewicht beizumessen. Insbesondere dürften keine Maßnahmen getroffen werden, die der Gesundheit und Entwicklung des Kindes schaden würden. Bei der Zusammenführung eines Elternteils mit seinen Kindern sei Art. 8 EMRK im Lichte der völkerrechtlichen Normen des HKÜ auszulegen. Dies gelte umso mehr, wenn der beklagte Staat dieser Übereinkunft beigetreten sei. Da sich Gerichte nach dem HKÜ auf ausländische Entscheidungen berufen dürften, sei das OLG ermächtigt gewesen, sich auf die amerikanische Widerrechtlichkeitsbescheinigung zu stützen. Zwar bestehe bei Rückführung der Tochter eine gewisse Trennungsgefahr von Mutter und Kind. Es liege jedoch in der Natur der Sache, dass die Verwirklichung des Ziels des Übereinkommens für den Elternteil und das Kind Härten mit sich bringen könne. Das OLG habe diese Härten jedoch ausreichend berücksichtigt. Die Ermächtigung des Gerichtsvollziehers, gegen das Kind Zwang anzuwenden, um die Durchführung des Herausgabebeschlusses zu gewährleisten, sei nicht zu beanstanden. Zwangsmaßnahmen gegen das Kind in derart kritischen Fällen seien nicht wünschenswert. Die Verhängung von Sanktionen bei rechtwidrigem Verhalten des Elternteils, mit dem das Kind zusammenlebt, dürfe nicht ausgeschlossen werden. Unter Berücksichtigung all dieser Umstände könne der Gerichtshof weder feststellen, dass die Würdigung des OLG willkürlich gewesen sei noch dass das Gericht das Kindeswohl nicht angemessen berücksichtigt habe. Im Hinblick auf den Ermessensspielraum der nationalen Gerichte in dieser Angelegenheit sei der gerügte Eingriff in Bezug auf das verfolgte rechtmäßige Ziel insbesondere nicht unverhältnismäßig.

4. Analyse des Urteils

In dieser Entscheidung, die ein deutsches Gerichtsurteil in einem Kindesentziehungsfall betrifft, bestätigt der EGMR seine Rechtsprechungsgrundsätze im Bereich internationaler Umgangs- und Entführungsfälle. Den Grundsatz, dass die positiven Verpflichtungen, die Art. 8 I EMRK den Vertragsstaaten hinsichtlich der Zusammenführung eines Elternteils mit seinen Kindern auferlegt, im Lichte der HKÜ auszulegen seien, stellte der EGMR erstmals in seiner Entscheidung im Fall Ignaccolo-Zenide gegen Rumänien auf. Er entspricht heute seiner ständigen Rechtsprechung.[360]

Durch die verstärkte Einbindung des HKÜ in die Systematik des Art. 8 I EMRK erfuhr das Abkommen eine enorme Aufwertung. Das Abkommen setzt so menschenrechtliche Standards. Diese Entwicklung wird nicht nur positiv gesehen. Im Zusammenhang mit der Entscheidung Ignaccolo-Zenide wird darauf hingewiesen, dass der Blick des EGMR auf den Zweck des HKÜ eventuell etwas zu kurz geraten sein könnte:[361] Jedenfalls im Fall Ignaccolo-Zenide erscheine es im Hinblick auf die Voraussetzungen des HKÜ und insbesondere im Hinblick auf das Kindeswohl fragwürdig, in der Nichtdurchsetzung der Rückführungsanordnung eine Menschenrechtsverletzung zu sehen. Der Sachverhalt im betreffenden Fall lag so, dass die Kinder ihre die Rückführung begehrende Mutter vier Jahre lang nicht gesehen hatten, die Kinder das Land legal verlassen hatten und die Mutter zu diesem Zeitpunkt das Sorgerecht nicht inne hatte.

Hervorzuheben bleibt, dass der EGMR hier einerseits den Vorrang des Kindeswohls betont, andererseits aber auch die Anwendung von Zwang gegen den sich widersetzenden Elternteil und auch das Kind als Sanktionierung rechtswidrigen Verhaltens des Elternteils für nicht ausgeschlossen hält. Im Fall Maire gegen Portugal hat der EGMR ausgeführt, dass der betroffene Staat über ausreichend effektive und adäquate Maßnahmen verfügen müsse, um sicherzustellen, dass die Rechte aus Art. 8 I EMRK befolgt werden, auch wenn Zwangsmaßnahmen in diesem sensiblen Bereich nicht wünschenswert seien.[362] So hält der Gerichtshof im Fall Paradis u.a. gegen Deutschland[363] eine sechsmonatige Zwangsinhaftierung der Kindesmutter gemäß § 33 I S. 2 FGG angesichts ihres festen

360 EGMR Fall Ignaccolo-Zenide Urt. v. 25.01.2000, Nr. 31679/96, Rn. 95; später EGMR Fall Paradis Entscheidung v. 04.09.2007, Nr. 4065/04, FamRZ 2008, 1317, 1318; EGMR Fall Maire Urt. v. 26.06.2003, Nr. 48206/99, Rn. 72; EGMR Fall Sylvester Urt. 24.04.2003, Nr. 36812/97 und 40104/98, Rn. 57, ÖJZ 2004, 113, 114; EGMR Fall Nuutinen Urt. v. 27.06.2000, Nr. 32842/96, Rn. 128.

361 *Schulz* FamRZ 2001, 1420, 1430.

362 EGMR Fall Maire Urt. v. 26.06.2003, Nr. 48206/99, Rn. 76 ff.

363 EGMR Fall Paradis Urt. v. 04.09.2007, Nr. 4065/04, FamRZ 2008, 1317, 1318.

Entschlusses, die Kinder nicht zurückzugeben, für verhältnismäßig i.S.d. Art. 5 EMRK. Inwiefern die Inhaftierung einer Mutter zweier Kinder, die ihren Vater seit zwei Jahren nicht mehr gesehen haben und nun auch die ihnen am nächsten stehende Bindungsperson, die Mutter, entbehren müssen, dem Kindeswohl entspricht, erscheint zumindest fraglich.[364]

Eine ähnliche Wertung hat der EGMR jüngst in seinem Urteil im Fall Neulinger & Shuruk gegen die Schweiz[365] vorgenommen. Hier hält der EGMR die Rückführung eines fünfjährigen Kindes von der Schweiz zurück zu seinem Vater nach Israel und die notfalls damit verbundene Trennung des Kindes von seiner es betreuenden Mutter für mit Art. 8 I EMRK vereinbar.[366] Eine schwerwiegende Beeinträchtigung des Kindeswohls im Sinne des Art. 13 I Zif. b HKÜ sieht der EGMR als nicht gegeben an. Die Kindesmutter war im Sommer 2005 heimlich mit dem Kind in die Schweiz verzogen. Zuvor war die Situation zwischen ihr und dem Kindesvater derart eskaliert, dass der zuständige israelische Richter dem Vater untersagte, die Kindertagesstätte oder die Wohnung der Mutter zu betreten und eine Waffe zu besitzen oder zu tragen. Es wurde begleiteter Umgang angeordnet. Ein Antrag der Mutter, mit dem Kind in die Schweiz umziehen zu dürfen, wurde jedoch abgewiesen. Nun in der Schweiz lehnte die Kindesmutter eine Rückkehr nach Israel ab, da sie aggressive Übergriffe des in ihren Augen religiös fanatischen Kindesvaters und eine ihr drohende Gefängnisstrafe in Israel befürchtete. Der EGMR wies seinerseits darauf hin, dass die zuständigen Behörden Mutter und Kind vor Übergriffen – wie bisher auch geschehen – schützen könnten und dass die zuständigen Behörden zugesichert hätten, dass die Kindesmutter keine Inhaftierung durch die Israelischen Behörden zu befürchten habe, solange sie mit den Behörden kooperiere, Kontakte zwischen Vater und Kind zu ermöglichen, und nicht wieder mit dem Kind verschwinde. Selbst für den Fall, dass die Kindesmutter sich entscheiden sollte, nicht mit dem Kind nach Israel zurückzukehren, sieht der EGMR nicht die Gefahr einer Kindeswohlgefährdung. Der Kindesvater, dessen Eltern und die Tagesbetreuung in der Schule würden zur Betreuung des Kindes zur Verfügung stehen. Auch erscheint die Einschätzung des EGMR, eine Kindeswohlgefährdung sei nicht zu befürchten, zweifelhaft. Das Kind war im Zeitpunkt seines Umzuges in die Schweiz zwei Jahre alt. Es wurde in den folgenden vier Jahren nur von seiner Mutter betreut, ohne Kontakt zum Kindesvater zu haben. Angesichts inzwischen entstandener Bindungen zwischen Mutter und Kind und des fehlenden Kontaktes zwischen Vater und Kind, dürfte eine Rückkehr des Kindes nach Israel zu seinem Vater für das

364 Vgl. zur Trennung von Kindern und Bindungspersonen Teil C. I. 3. und Teil C. VI.
365 EGMR Fall Neulinger & Shuruk, Urt. v. 08.01.2009, 41615/07.
366 EGMR Fall Neulinger & Shuruk, Urt. v. 08.01.2009, 41615/07, Rn. 89, 96.

Kind eine erhebliche Verunsicherung bedeuten, die nicht allein durch eine durchgehend zur Verfügung stehenden Kindesbetreuung kompensiert werden dürfte.[367] Diese oberflächliche Betrachtung kindlicher Bedürfnisse durch den EGMR zeugt nicht von fundierten humanwissenschaftlichem Hintergrundwissen.

In all diesen Fällen zeigt sich das Spannungsverhältnis zwischen Berücksichtigung des Kindeswohls und Gewährleistung einer effektiven Wahrnehmung der EMRK-Garantien.

367 Vgl. zur Trennung von jüngeren Kindern und Bindungspersonen Teil C. I. 3. und Teil C. VI.

E Fallanalysen zum Abstammungsrecht – Vaterschaftsanerkennung und –anfechtung

I. Fall Kroon gegen Niederlande[368]

1. Sachverhalt

Die erste Beschwerdeführerin K. hatte den M. geheiratet, von diesem seit 1980 getrennt gelebt und später den Kontakt zu ihm verloren. Sie nahm eine dauerhafte Beziehung zu dem zweiten Beschwerdeführer Z. auf, allerdings ohne mit ihm zusammenzuleben. Aus dieser Beziehung gingen der im Oktober geborene dritte Beschwerdeführer S. und drei weitere Kinder hervor. Die K. wurde im Juli 1988 von ihrem Ehemann, dessen Aufenthalt seit 1986 unbekannt war, rechtskräftig geschieden. Im Oktober 1986 beantragten K. und Z. beim Standesamt, der K. zu gestatten, eine Erklärung abzugeben, dass ihr geschiedener Ehemann nicht der Vater des S. sei, um dem Z. zu ermöglichen, das Kind als seines anzuerkennen.

2. Rechtliche Beurteilung nach nationalem Recht

Die damals geltende Vorschrift des Art. 1:198 Abs. 1 des ndl. BGB ermöglicht es der Kindesmutter durch eine vor dem Standesbeamten abgegebene Erklärung abzustreiten, dass ein Kind, das innerhalb von 306 Tagen nach der Auflösung der Ehe von ihr geboren worden ist, das Kind ihres früheren Ehemannes ist, sofern ein anderer Mann das Kind in der Urkunde, die über diese Erklärung aufgenommen wird, anerkennt. Gemäß Abs. 3 der Vorschrift sind die Erklärung und die Anerkennung nur wirksam, wenn die Mutter und der Mann, der das Kind anerkennt, binnen eines Jahres nach der Geburt des Kindes miteinander die Ehe eingehen. Der Standesbeamte wies den Antrag mit der Begründung zurück, dass das Kind während der bestehenden Ehe zwischen K. und M. geboren wurde. Eine Anerkennung durch einen anderen Mann sei nach dem geltenden niederländischen Recht ausgeschlossen, solange der Ehemann seine Vaterschaft nicht gerichtlich angefochten habe. Der Antrag der K. und des Z. bei Gericht, den Stan-

368 EGMR Fall Kroon Urt. v. 27.10.1994, Nr. 29/1993/424/503, FamRZ 2003, 813 ff.

desbeamten anzuweisen, die Erklärung der K. und das Vaterschaftsanerkenntnis des Z. in das Geburtenregister einzutragen, wurde ebenfalls zurückgewiesen. Die Entscheidung wurde vom Berufungsgericht sowie vom Obersten Gerichtshof bestätigt.

3. Beurteilung durch den EGMR

Der EGMR kommt im Ergebnis zu einer Verletzung des Art. 8 I EMRK. Art. 8 I EMRK sei anwendbar, da zwischen dem Z. und dem S. ein Familienleben bestehe, auch wenn der Z. nicht mit der Familie zusammenlebe. Obwohl das Zusammenleben regelmäßig eine Voraussetzung für eine solche Beziehung sein mag, können ausnahmsweise auch andere Umstände anzeigen, dass eine Beziehung ausreichend beständig ist, um tatsächliche „Familien-Bande" zu begründen. Dies sei hier der Fall, da aus der Beziehung zwischen K. und Z. seit 1987 vier Kinder hervorgegangen sind. Zwischen Z. und S. bestehe aufgrund der Beziehung zwischen K. und Z. kraft Gesetzes seit der Geburt des S. ein Familienleben, unabhängig davon, inwieweit der Z. zur Pflege und Erziehung seines Sohnes beitrage. Den Konventionsstaat treffe die positive Verpflichtung, in Fällen, in denen eine familiäre Beziehung zu einem Kind bestehe, so zu handeln, dass eine Weiterentwicklung dieser Beziehung erfolgen kann und gesetzliche Schutzmaßnahmen vorzusehen, die eine Eingliederung des Kindes in seine Familie vom Augenblick seiner Geburt an oder sobald wie möglich erlauben. Die von der niederländischen Regierung vorgeschlagene Lösung einer Heirat zwischen K. und Z. und einer Stiefelternadoption erachtete der EGMR nicht als ausreichend. Eine Lösung, die es einem Vater nur bei Heirat der Kindesmutter erlaube, eine rechtliche Beziehung zu seinem Kind zu begründen, zu dem er ein Familienleben unterhalte, könne nicht als mit dem Begriff der „Achtung des Familienlebens" vereinbar angesehen werden. Vielmehr verlange die „Achtung des Familienlebens", dass sich die biologische und soziale Realität gegenüber einer gesetzlichen Vermutung durchsetze, die im vorliegenden Fall sowohl dem festgestellten Sachverhalt als auch den Wünschen der Betroffenen widerspreche, ohne tatsächlich jemandem zum Vorteil zu gereichen. Eine Verletzung des Art. 14 i.V.m. Art. 8 EMRK verneinte der Gerichtshof. Angesichts der vorstehenden Feststellungen ergebe sich keine zusätzliche Fragestellung.

Dem Urteil wurden zwei abweichende Sondervoten beigefügt. Richter Morenilla sieht in seinem Sondervotum den Eingriff der niederländischen Behörden als gerechtfertigt i.S.d. Art. 8 II EMRK. Es sei nicht zutreffend, aus Art. 8 I EMRK eine positive Verpflichtung der Konventionsstaaten abzuleiten, dafür zu sorgen, dass der biologischen Abstammung ein Vorrang vor dem Zusammenhalt und der Harmonie der Familie sowie den Interessen des Kindes eingeräumt werden. Dies führe zu einer gefährlichen Verallgemeinerung der besonderen Umstände dieses Falles. Weiter sei die Bedeutung der Familie in vielen Vertragsstaaten, die gesellschaftliche Ablehnung des Ehebruchs sowie die allgemeine Auffassung, eine vereinte Familie fördere die gesunde Entwicklung eines Kindes, zu berücksichtigen. Die niederländischen gesetzlichen Regelungen bezweckten den Schutz der Moral und der Interessen des Kindes vor dem Eindringen eines angeblichen Vaters in den Familienkreis und den rechtlichen Status des Kindes.[369] Auch der Richter Mifsud Bonnici stimmt einer Verletzung des Art. 8 I EMRK nicht zu. Zunächst habe mangels eines Zusammenlebens gar kein Familienleben bestanden. Außerdem führe der Begriff „soziale Realität" als Kriterium im Bereich des Familienrechts zu Unsicherheiten und sei daher nicht geeignet. Schließlich kritisiert Bonnici das Fehlen einer Wahrnehmung und Erwägung der Interessen des betroffenen Kindes durch einen unabhängigen Vertreter im gesamten Verfahren. Die Eltern weigerten sich zu heiraten oder auch nur zusammenzuleben und wollten den rechtlichen Status des ehelichen Kindes durch einen biologischen Status ersetzen. Dies könne nicht im Interesse des Kindes liegen.[370]

4. Analyse des Urteils

Der Gerichtshof bezieht sich in seiner Entscheidung im Zusammenhang mit den Anforderungen an ein Familienleben und die Achtung desselben immer wieder auf den Fall Keegan[371]. Zunächst sind der Entscheidung Aussagen zum Vorliegen eines Familienlebens zu entnehmen. Ein Zusammenleben der Betroffenen, das in der Regel Voraussetzung ist, ist entbehrlich, wenn ausnahmsweise andere Umstände vorliegen, die belegen, dass eine Beziehung ausreichend beständig ist.

Weitaus wichtiger sind die Vorgaben des EGMR zur Ausgestaltung der Rechtslage auf dem Gebiet der Eltern-Kind-Zuordnung. Er verlangt auch auf diesem Gebiet, dass die Konventionsstaaten dafür sorgen, eine Weiterentwicklung familiärer Beziehungen zu gewährleisten. Dabei räumt er der biologischen und sozialen Realität gegenüber einer gesetzlichen Ehelichkeitsvermutung den Vorrang ein.

Die abweichenden Voten dokumentieren, dass innerhalb des Gerichtshofs durchaus auch Tendenzen tradierter Vorstellungen von Ehe und Familie, die es

369 EGMR Fall Kroon Urt. v. 27.10.1994, Nr. 29/1993/424/503, FamRZ 2003, 813, 814 f.
370 EGMR Fall Kroon Urt. v. 27.10.1994, Nr. 29/1993/424/503, FamRZ 2003, 813, 815.
371 EGMR Fall Keegan Urt. v. 26.05.1994, Nr. Nr. 16/1993/411/490, FamRZ 1995, 110 f.

zu schützen gilt, vorhanden sind. Letztlich haben sich diese Tendenzen jedoch nicht durchsetzen können. In späteren Urteilen entwickelt der EGMR seine in der Entscheidung Kroon aufgestellten Grundsätze weiter.

Indem Richter Morinella vor der Gefahr einer Verallgemeinerung der besonderen Umstände dieses Falles warnt, spricht er ein grundlegendes Problem der Rechtsprechung des EGMR an, nämlich das Spannungsverhältnis zwischen Einzelfallgerechtigkeit und Allgemeingültigkeit seiner Entscheidungen. Ein weiteres, verfahrensrechtliches Problem des Individualbeschwerdeverfahrens vor dem EGMR im Falle multipolarer Konfliktlagen spricht der Richter Bonnici an – nämlich das Fehlen eines unabhängigen Kindesvetreters, welcher für die Wahrnehmung und Erwägung der Kindesinteressen im gesamten Verfahren sorgt.

II. Fall Rozanski gegen Polen[372]

1. Sachverhalt

Der Beschwerdeführer lebte in den Jahren 1990 bis 1994 mit der B. zusammen. Im August 1992 wurde der Sohn D. geboren. Als die Beziehung zwischen dem Beschwerdeführer und der Kindesmutter B. endete, verschwand diese mit dem Jungen für einige Monate. Der Beschwerdeführer hatte in dieser Zeit keinen Kontakt mit seinem Sohn.

2. Rechtliche Beurteilung nach nationalem Recht

Kurz zuvor, im April 1994, beantragte der Beschwerdeführer beim zuständigen Gericht die Feststellung seiner Vaterschaft, da er der biologische Vater des Kindes sei. Da ein biologischer Vater, der nicht mit der Kindesmutter verheiratet ist, nicht Partei in einem Vaterschaftsprozess sein kann, hätte ein Verfahrenspfleger bestellt werden müssen, der für das Kind die Vaterschaftsklage erhebt (Art. 99 polnisches Familien- und Vormundschaftsgesetzbuch). Der Beschwerdeführer versäumte, die notwendigen Unterlagen beizubringen. Im Jahr 1995 unternahm der Beschwerdeführer einen erneuten Versuch, die Vaterschaft gerichtlich feststellen zu lassen, nahm den Antrag aber letztlich zurück. Im März 1996 erklärte die Kindesmutter vor dem Gericht, ihr neuer Partner sei der biologische Vater des D. Im Juli 1996 erkannte der neue Partner der Kindesmutter die Vaterschaft an und wurde als rechtlicher Vater des Kindes gerichtlich festgestellt.

372 EGMR Fall Rozanski gegen Polen Urt. v. 18.05.2006, Nr. 55339/00.

Der dritte Antrag des Beschwerdeführers, einen Verfahrenspfleger für das Kind einzusetzen, um ein Vaterschaftsfeststellungsverfahren einzuleiten, wurde Ende 1996 vom Gericht zurückgewiesen. Zur Begründung wurde angeführt, der Beschwerdeführer habe kein Klagerecht mehr, seit die Kindesmutter erklärt habe, dass ihr neuer Partner der Vater des D. sei. Weitere Versuche des Beschwerdeführers, seine Vaterschaft feststellen zu lassen, blieben ebenfalls erfolglos. Mit Rücksicht auf das Kind habe der neue Partner der Mutter die Vaterschaft anerkannt. Art. 72 des polnischen Familien- und Vormundschaftsgesetzbuches regelt, dass eine Feststellung der Vaterschaft entweder durch Anerkennung des Kindes durch den Vater oder durch Gerichtsurteil erfolgen kann, wenn es keine Vermutung dafür gibt, dass der Ehemann der Vater des Kindes ist. Für die Anerkennung eines minderjährigen Kindes ist gemäß Art. 77 des poln. Familien- und Vormundschaftsgesetzbuches die Zustimmung der Kindesmutter erforderlich. Die Nichtigerklärung einer Anerkennungserklärung kann nur durch die Kindesmutter, das Kind, den Mann, der die Vaterschaft anerkannt hat, oder vom Staatsanwalt verlangt werden (Art. 80 bis 83, 86). Die gerichtliche Feststellung der Vaterschaft können nach damals geltendem Recht nur Kindesmutter, Kind oder Staatsanwalt verlangen (Art. 84 und 86).

3. Beurteilung durch den EGMR

Ein Familienleben zwischen dem Beschwerdeführer und seinem vermeintlichen Kind bejaht der Gerichtshof. Das Kind stamme aus einer Beziehung des Beschwerdeführers mit der Kindesmutter, die vier Jahre angedauert habe. Unmittelbar nach der Trennung habe er beantragt, seine Vaterschaft anerkennen zu lassen. Nachdem er jeden Kontakt zu dem Kind verloren hatte, habe er später verschiedene Schritte unternommen, seine biologische Vaterschaft rechtlich feststellen zu lassen. Entscheidend sei demnach, dass der Beschwerdeführer vor und nach der Geburt des Kindes deutliches Interesse und Engagement gegenüber dem Kind gezeigt habe.[373] Der Gerichtshof kommt zu einer Verletzung des Art. 8 I EMRK.

Der Gerichtshof kritisiert zunächst die fehlende Möglichkeit des Beschwerdeführers, in einem für ihn direkt zugänglichen Verfahren verlangen zu können, dass seine rechtliche Vaterschaft festgestellt werde. Infolge des Erfordernisses der Zustimmung der Kindesmutter zu einer Vaterschaftsanerkennung und der fehlenden Möglichkeit des Beschwerdeführers, vor Gericht seine Vaterschaft anerkennen zu lassen, komme es dazu, dass ein biologischer Vater bei fehlender

373 EGMR Fall Rozanski gegen Polen, Urt. v. 18.05.2006, Nr. 55339/00, Rn. 73 f.

Zustimmung der Mutter keine Möglichkeit habe, ein rechtliches Verhältnis zwischen ihm und seinem Kind zu begründen.[374]

Darüber hinaus merkt der EGMR an, dass im polnischen Recht jegliche Orientierung darüber fehle, in welcher Weise die Behörden das ihnen eingeräumte Ermessen bei der Entscheidung über die Frage, ob und wie eine in Frage gestellte rechtliche Vaterschaft, die durch eine Anerkennungserklärung eines anderen Mannes entstanden ist, angefochten werden solle. Im vorliegenden Fall hätten die Gerichte in ihren Entscheidungen nach der Vaterschaftsanerkennung des neuen Partners der Kindesmutter nur wiederholt, dass lediglich die Tatsache der rechtlichen Anerkennung der Vaterschaft durch einen anderen Mann ausreiche, um den Antrag des Beschwerdeführers, seine biologische Vaterschaft anerkennen zu lassen, abzuweisen.[375]

Schließlich kritisiert der Gerichtshof die oberflächliche Art, mit welcher die Gerichte den Antrag des Beschwerdeführers, die bestehende Vaterschaft anzufechten, behandelten. Neben der bereits bestehenden Vaterschaft hätten die Gerichte aus der Sicht des Gerichtshofs weitere Gesichtspunkte untersuchen müssen. Die aktuellen Umstände des Kindes, der Mutter und des Beschwerdeführers seien nicht aufgeklärt worden. Es hätte eine Abwägung zwischen den Interessen des vermeintlichen biologischen Vaters, denen des Kindes und der durch die Vaterschaftsanerkennung entstandenen Familie stattfinden müssen, um einen Ausgleich zwischen den Interessen des Kindes und denen des Beschwerdeführers herbeizuführen. Der Gerichtshof erkennt zwar an, dass die Gerichte die rechtlichen Beziehungen zwischen dem Kind und dem neuen Partner der Mutter nicht beeinträchtigen wollten. Es sei jedoch nicht ersichtlich, dass diese Interessen im Hinblick auf die konkreten Umstände des Einzelfalles berücksichtigt oder wenigstens in Betracht gezogen worden wären. Insbesondere sei nicht untersucht worden, ob unter den gegebenen Umständen eine Klärung der Vaterschaft des Beschwerdeführers die Interessen des Kindes beeinträchtigt hätte.[376]

4. Analyse des Urteils

Das Urteil im Fall Rozanski stellt eine Fortentwicklung der Rechtsprechung des EGMR basierend auf seinen Ausführungen in den Fällen Kroon und Keegan, auf die er explizit verweist,[377] dar. Der EGMR macht erneut deutlich, dass in Fällen

374 EGMR Fall Rozanski gegen Polen, Urt. v. 18.05.2006, Nr. 55339/00, Rn. 73 f.
375 EGMR Fall Rozanski gegen Polen, Urt. v. 18.05.2006, Nr. 55339/00, Rn. 76 f.
376 EGMR Fall Rozanski gegen Polen, Urt. v. 18.05.2006, Nr. 55339/00, Rn. 77 f..
377 EGMR Fall Rozanski gegen Polen, Urt. v. 18.05.2006, Nr. 55339/00, Rn. 65 ff.

des Abstammungsrechts die Achtung des Familienlebens verlange, dass sich die biologische und soziale Realität gegenüber gesetzlichen Vermutungen durchsetze. Daraus leitet er ab, dass ein potentieller biologischer Vater die Möglichkeit haben muss, eine bereits bestehende Vaterschaft anfechten zu können. Darüber hinaus müsse im Rahmen des Anfechtungsbegehrens eine Abwägung zwischen den Interessen des potentiellen biologischen Vaters und denen des Kindes sowie seiner bestehenden rechtlichen Familie erfolgen. Vor allem sollte eine Prüfung der konkreten familiären Situation des Kindes und der Frage, ob eine Klärung der Abstammung die Interessen des Kindes beeinträchtige, erfolgen. Auch hier wird – wie im Fall Zaunegger[378] – deutlich, dass der Gerichtshof zur Gewährleistung einer effektiven Wahrnehmung der Konventionsgarantien konkrete gerichtliche Überprüfungen von Einzelfällen gesetzlichen Regelungen, die eine Abwägung antizipieren, vorzieht.

Die Interessenabwägung und Prüfung der familiären Situation kann durchaus ergeben, dass die Klärung der Abstammung die Interessen des betroffenen Kindes beeinträchtigt. Ein Beispiel für einen Fall, in dem der Gerichtshof im Rahmen der Interessenabwägung den Kindesinteressen den Vorzug vor den Interessen des leiblichen Vaters gegeben hat, ist der Fall Yousef gegen die Niederlande[379].

Hier begehrte der leibliche Vater eines 1987 unehelich geborenen Kindes vergeblich die Feststellung seiner Vaterschaft, um das Sorge- und Umgangsrecht für die Tochter zu erlangen. Nach dem Tod der Kindesmutter 1994 lebte das Kind in der Familie des Bruders der Kindesmutter. Der EGMR konnte mit Urteil vom 05.10.2002 jedoch keine Verletzung von Art. 8 EMRK feststellen. Zwar liege zwischen Vater und Kind ein Familienleben vor. Doch seien den zuständigen Behörden bei der Abwägung der Interessen des Kindesvaters und der Kindesinteressen keinerlei Fehler unterlaufen. Es liege im Interesse des Kindes, in der Familie aufzuwachsen, in welcher es seit dem Tod der Mutter lebt. Insbesondere habe der Vater vorher nie für die Tochter gesorgt und auch nicht einen dahingehenden Wunsch geäußert. Außerdem führe eine Anerkennung zu einer Änderung des Nachnamens des Kindes, welcher dann nicht mehr dem Namen der Familie entspreche, in welcher es aufwächst. Insgesamt müssten die Interessen des Vaters hinter denen des Kindes zurückstehen. Abgesehen davon sei der Kontakt zwischen Vater und Tochter auch ohne Anerkennung weiterhin möglich. Damit seien die Interessen des leiblichen Vaters aus Art. 8 I EMRK hinreichend berücksichtigt worden.[380]

---

378 Vgl. Fallanalyse zum EGMR Fall Zaunegger Teil D. VII. 4.

379 EGMR Fall Yousef Urt.v. 05.11.2002, Nr. 37711/96; Vorrang der Kindesinteressen und des Schutzes bestehender familiärer Beziehungen ebenfalls in der etwas älteren Entscheidung im EGMR Fall Nylund v. 29.06.1999, Nr. 27110/95, S. 10.

380 EGMR Fall Yousef Urt.v. 05.11.2002, Nr. 37711/96, Rn. 65 ff., 75.

Hinsichtlich der Voraussetzungen für das Vorliegen eines Familienlebens stellt der EGMR zunächst auf den Charakter der früheren Beziehung zwischen Kindesmutter und Beschwerdeführer ab. Entscheidendes Gewicht misst er letztlich dem offensichtlichen Interesse und Engagement des Beschwerdeführers gegenüber seinem Kind vor und nach dessen Geburt sowie den wiederholten Bemühungen, die Vaterschaft gerichtlich feststellen zu lassen, bei. Das Vorliegen eines Familienlebens wird deshalb bejaht, obwohl die tatsächliche biologische Vaterschaft von der Kindesmutter bestritten wird. In dem älteren Fall Nylund[381] hatte der EGMR das Vorliegen eines Familienlebens abgelehnt, da der Vater das Kind nie gesehen hatte und die Vaterschaft von der Mutter bestritten worden war. Folglich dürfte im Fall Rozanski das Bestehen der elterlichen Beziehung im Zeitpunkt der Geburt sowie das ernsthafte Bemühen des Beschwerdeführers um das Kind ausschlaggebend gewesen sein.

Im Fall Mikulic gegen Kroatien[382] lehnt der EGMR das Vorliegen eines Familienlebens zwischen dem betroffenen Kind und dem mutmaßlichen Vater ab, da keine Familienbande zwischen Kind und Vater bestanden. Er hat jedoch einen Anspruch auf Klärung der Abstammung und auf gerichtliche Feststellung der gesetzlichen Verwandtschaftsbeziehung auf der Grundlage der Gewährleistung des Privatlebens gemäß Art. 8 I EMRK anerkannt. Die Mutter und ihre im Jahr 1996 nichtehelich geborene Tochter klagten im Januar 1997 auf gerichtliche Feststellung der Vaterschaft gegen den potentiellen Kindesvater. Durch Verzögerungen des potentiellen Vaters dauerte das gerichtliche Verfahren über vier Jahre an. Vor dem EGMR erhob die Tochter schließlich Beschwerde. Art. 6 und 8 EMRK seien aufgrund der überlangen Verfahrensdauer und der Unfähigkeit der Gerichte, sie über ihre persönliche Identität und Abstammung aufzuklären, verletzt. Mit Urteil vom 07.02.2002 stellte der EGMR eine Verletzung des Art. 8 I EMRK fest. Aufgrund fehlender prozessualer Mittel, um Verzögerungen zu verhindern und den potentiellen Vater zur DNA-Analyse zu bewegen, hätten die Gerichte die gegenläufigen Interessen nicht zu einem gerechten Ausgleich bringen können.[383] Darüber hinaus verletze die lange Verfahrensdauer die Rechte der Beschwerdeführerin aus Art. 6 I EMRK.[384]

381 EGMR Fall Nylund Entscheidung v. 29.06.1999, Nr. 27110/95.
382 EGMR Fall Mikulic Urt. v. 07.02.2002, Nr. 53176/99, Rn. 52 ff., 55.
383 EGMR Fall Mikulic Urt. v. 07.02.2002, Nr. 53176/99, Rn. 65 f.
384 EGMR Fall Mikulic Urt. v. 07.02.2002, Nr. 53176/99, Rn. 46.

III. Fall Mizzi gegen Malta[385]

1. Sachverhalt

Der Beschwerdeführer hatte 1963 die X geheiratet. Diese wurde 1966 schwanger. Zu dieser Zeit lebte sie mit dem Beschwerdeführer, der von der Schwangerschaft Kenntnis hatte, noch zusammen. Im März 1967 trennten sich die Eheleute. Im Juli wurde die Tochter Y geboren. Der Beschwerdeführer war als leiblicher Vater des Kindes registriert. Er hatte jedoch Zweifel an seiner Vaterschaft und wollte einen Bluttest durchführen lassen. Die X verweigerte die Durchführung eines solchen Testes. Die Ehe wurde 1968 geschieden. Eine nach 1993 stattfindende Blutuntersuchung ergab, dass der Beschwerdeführer nicht der leibliche Vater der Y war.

2. Beurteilung nach nationalem Recht

Nach damals geltendem maltesischen Recht war es dem Beschwerdeführer zu keiner Zeit möglich, durch einen genetischen Abstammungstest nachzuweisen, dass das Kind seiner früheren Ehefrau nicht von ihm abstammte. Gemäß Art. 70 i.V.m. 72 I des maltesischen ZGB in der damals gültigen Fassung war einem Vater die Nichtanerkennung seiner Vaterschaft nur aus dem Grund erlaubt, dass das Zusammenleben zum fraglichen Zeitraum der Empfängnis auf Grund physischer Unmöglichkeit oder bereits vollzogener Scheidung unmöglich gewesen ist. Ehebruch für sich genommen reichte nicht aus, um eine Klage auf Nichtanerkennung der Vaterschaft zu erheben. Es hätten weitere Umstände, wie die Verheimlichung der Geburt vor dem rechtlichen Kindesvater, hinzukommen müssen. Nur dann wäre er befugt gewesen, andere Beweismittel wie z.B. auch wissenschaftliche Belege beizubringen. Ratio dieser Beschränkung war, einen Vorrang zu Gunsten des Ehelichkeitsstatus des Kindes zu statuieren. Da der Beschwerdeführer zur Zeit der Empfängnis mit der X zusammenlebte und von der Geburt der Y Kenntnis hatte, schied eine Vaterschaftsanfechtungsklage, die innerhalb einer Frist von drei Monaten (Art. 73 ZGB) nach der Geburt des Kindes zu erheben gewesen wäre, aus. Im Jahr 1993 wurde das ZGB novelliert. Art. 70 I lit. d) ZGB gestattete dem Ehemann der Kindesmutter nun, die Anerkennung eines Kindes auch wegen Ehebruchs sowie auf der Grundlage weiterer Nachweise – einschließlich genetischer Tests – die eine Vaterschaft ausschließen, zu verweigern. In jedem Fall waren wissenschaftliche Tests vom maltesischen Gesetzgeber stets

385 EGMR Fall Mizzi Urt. v. 12.01.2006, Nr. 26111/02, EuGRZ 2006, 129 ff.

nur ergänzend zu anderen Beweismitteln zugelassen. Im Jahr 1993 war jedoch die Frist gemäß Art. 73 ZGB von sechs Monaten nach dem Tag der Geburt für die Einleitung eines Verfahrens verstrichen.

Im November 1996 erhob der Beschwerdeführer Klage vor dem Zivilgericht, um feststellen zu lassen, dass ihm ungeachtet der Vorschriften des maltesischen ZGB gemäß Art. 8 I EMRK ein Recht zustand, seine Vaterschaft vor Gericht anzufechten. Das Zivilgericht gab der Klage statt. Im Jahr 2002 gab das Verfassungsgericht jedoch den eingelegten Berufungen des Generalanwalts statt und hob die angegriffene Entscheidung des Zivilgerichts auf. Ziel des gerügten Eingriffs sei weniger der Schutz des Ehelichkeitsstatus als vielmehr ein Aufwachsen der Kinder in den familiären Bindungen zu gewährleisten. Das Interesse, die biologische und soziale Wahrheit gegenüber rechtlichen Vermutungen durchzusetzen, sei mit gleichwertigen Interessen des Abkömmlings, der Identität des Familienkerns und der Stabilität der Gesellschaft abzuwägen.

3. Beurteilung durch den EGMR

Zunächst prüft der Gerichtshof eine Verletzung des Art. 6 I EMRK und bejaht diese. Zur Zeit der Geburt der Y habe eine Klage des Beschwerdeführers mit dem Ziel, die Vaterschaft zu bestreiten, kaum Aussicht auf Erfolg gehabt, da dem Beschwerdeführer der Beweis eines nach dem damaligen Art. 72 I ZGB erforderlichen Tatbestandsmerkmals „Verheimlichung der Geburt des Kindes" nicht gelungen wäre. Nach der Gesetzesnovelle sei das Erfordernis der Verheimlichung nur noch eine von mehreren alternativen Voraussetzungen für die Erhebung der Klage gewesen. Die gerichtliche Geltendmachung des Anspruchs sei jedoch inzwischen verjährt gewesen. Zwar habe der Beschwerdeführer einen Feststellungsantrag vor dem Zivilgericht darauf, dass ihm ungeachtet der Bestimmungen des ZGB das Recht auf Erhebung der Vaterschaftsklage zustehe, stellen können. Die positive Entscheidung des Zivilgerichts sei jedoch aufgehoben worden. Nach dem Wortlaut der einschlägigen Vorschriften des ZGB in Verbindung mit der Weigerung des Verfassungsgerichts, dem Beschwerdeführer einen Weg zur Erhebung einer Vaterschaftsanfechtungsklage zu eröffnen, war er gehindert, seinen Anspruch, nicht der leibliche Vater der Y zu sein, gerichtlich durchzusetzen. Dies bedeute einen Eingriff in sein Recht aus Art. 6 I EMRK auf Zugang zum Gericht. Die praktische Unmöglichkeit, die Vaterschaft zu bestreiten, greife in den Kerngehalt seines Anspruchs auf rechtliches Gehör ein. Fristenregelungen für Vaterschaftsanfechtungsklagen im Interesse der Rechtssicherheit und der betroffenen Kinder seien zwar mit der Konvention vereinbar. Sie dürften aber nicht dazu führen, dass die Prozessparteien keinen Rechtsschutz in Anspruch nehmen können. Der Gerichtshof kommt zu dem Ergebnis, dass die geltend gemachte Beeinträchtigung eine übermäßige Belastung bedeute. Ein gerechter Ausgleich zwischen seinem legitimen Interesse, die vermutete Vaterschaft gerichtlich überprüfen zu lassen und den Belangen der Rechtssicherheit und den Interessen anderer an einem solchen Fall beteiligter Personen sei nicht gegeben.

Eine Verletzung des Art. 8 I EMRK sieht der EGMR ebenfalls als gegeben an. Er hält Art. 8 I EMRK für anwendbar, da das Begehren des Beschwerdeführers, die gesetzliche Vermutung seiner Vaterschaft auf der Grundlage biologischer Beweise durch ein gerichtliches Verfahren zu widerlegen, dem Zweck diene, die rechtliche Beziehung zu seiner Tochter, die kraft Gesetzes besteht, zu regeln. Die Regelung von Rechtverhältnissen zwischen Vater und Kind betreffe jedenfalls das Privatleben des Beschwerdeführers. Zwar würde den Konventionsstaaten ein Beurteilungsspielraum zustehen. Es müsse aber ein gerechter Ausgleich zwischen den widerstreitenden Interessen des Einzelnen und der Gesellschaft gefunden werden. Dabei sei es nicht Aufgabe des Gerichtshofs, an der Stelle der zuständigen inländischen Stellen Vaterschaftsstreitigkeiten auf nationaler Ebene zu regeln, sondern die von den nationalen Stellen in Ausübung ihres Ermessens getroffenen Entscheidungen am Maßstab der Konvention zu überprüfen. Hinsichtlich der Interessenabwägung kommt der Gerichtshof zu dem Ergebnis, dass ein mögliches Interesse der Y, die „gesellschaftliche Wirklichkeit" zu genießen, die Tochter des Beschwerdeführers zu sein, dessen legitimes Anliegen, wenigstens über eine Möglichkeit zur Anfechtung der Vaterschaft eines Kindes zu verfügen, das ausweislich wissenschaftlicher Untersuchungsergebnisse nicht sein eigenes ist, nicht überwiegen. Hinsichtlich der Belange der Rechtssicherheit verweist der EGMR auf seine vorstehenden Ausführungen. Nach seiner Rechtsprechung im Fall Kroon sei eine Situation, in der eine gesetzliche Vermutung Vorrang gegenüber der biologischen Wahrheit genieße, auch in Anbetracht des den Staaten zustehenden Beurteilungsspielraums nicht mit der Verpflichtung vereinbar, für einen wirksamen Schutz der Rechte aus Art. 8 I EMRK Sorge zu tragen. Der Umstand, dass der Beschwerdeführer niemals die Möglichkeit gehabt habe, seine Vaterschaft anzufechten, stehe außer Verhältnis zu den angestrebten Zielen. Aus den gleichen Gründen kam der Gerichtshof schließlich auch zu einer Verletzung der Art. 14 i.V.m. Art. 6 I und Art. 8 EMRK.

4. Analyse des Urteils

Der Gerichtshof gelangt in diesem Fall zu dem Schluss, dass kein gerechter Ausgleich zwischen dem allgemeinen Interesse, die Rechtssicherheit familiärer Beziehungen zu gewährleisten, und dem Anliegen des Beschwerdeführers, die gesetzliche Vermutung seiner Vaterschaft im Lichte biologischer Untersuchungen überprüfen zu lassen, gefunden worden sei. Er bestätigt damit seine vorhergehende Rechtsprechung im Fall Kroon, auf den er sich explizit bezieht,[386] zum Vorrang der biologischen Wahrheit vor der gesetzlichen Vermutung. Darüber hinaus ist dem Urteil zu entnehmen, dass einem rechtlichen Vater die Möglichkeit offen stehen muss, die gesetzliche Vermutung einer Vaterschaft gerichtlich überprüfen zu lassen und zu widerlegen.[387]

Die Ausführungen zum Beurteilungsspielraum und zum Prüfungsumfang bzw. zur Subsidiarität[388] sind ebenfalls Wiederholungen seiner ständigen Rechtsprechung. Der Gerichtshof prüft, ob der beklagte Staat im Umgang mit der Vaterschaftsklage des Betroffenen entsprechend seiner positiven Verpflichtungen aus Art. 8 EMRK gehandelt hat.

Die Entscheidung im Fall Mizzi wurde zum Anlass genommen, zu prüfen, ob die Anwendung und Auslegung der Vorschriften der §§ 1599 ff. BGB über die Anfechtung der Vaterschaft durch den BGH[389] im Zusammenhang mit heimlichen DNA Tests mit der EMRK in Einklang stehen.[390] Eine Verpflichtung der Konventionsstaaten, effektive Anfechtungsmöglichkeiten auch für jene Konstellationen vorzuhalten, in denen rechtliche Väter die Wahrheit über die Kindesabstammung rechtswidrig durch eine heimliche Genanalyse in Erfahrung bringen, sei der Entscheidung des EGMR zwar nicht zu entnehmen. Aus dem Urteil des EGMR im Fall Mizzi wurde eine Verpflichtung des deutschen Gesetzgebers abgeleitet, die Vorschriften der §§ 1599 ff. BGB um ein Verfahren zu ergänzen, das dem rechtlichen Vater eines Kindes die Feststellung der Vaterschaft unabhängig von einer Anfechtung seiner Vaterschaft auch gegen oder ohne den Willen des Kindes bzw. der Kindesmutter ermöglicht. Der BGH stehe seiner Meinung nach mit seinem Verbot der Verwertung heimlich eingeholter Vaterschaftsgutachten[391] im Widerspruch zur Rechtsprechung des EGMR, indem die biologische Realität durch die gesetzliche Vermutung des § 1592 BGB überlagert werde.[392]

Die Anfechtungsfrist von Vaterschaftsanfechtungen war kurz vor der Entscheidung im Fall Mizzi bereits Prüfungsgegenstand im Fall Shofmann gegen

386 EGMR Fall Mizzi Urt. v. 12.01.2006, Nr. 26111/02, Rn. 113, EuGRZ 2006, 129, 135.
387 EGMR Fall Mizzi Urt. v. 12.01.2006, Nr. 26111/02, Rn. 113 f., EuGRZ 2006, 129, 135.
388 EGMR Fall Mizzi Urt. v. 12.01.2006, Nr. 26111/02, Rn. 105 ff., EuGRZ 2006, 129, 135.
389 BGH FamRZ 2005, 340. 342.
390 *Brosius-Gersdorf* EuGRZ 2006, 123, 124, 126 f
391 BGH FamRZ 2005, 340, 342.
392 *Brosius-Gersdorf* EuGRZ 2006, 123, 128.

Russland[393]. In diesem Fall beschäftigte sich der EGMR mit der Anfechtungsfrist von Vaterschaftsanfechtungen. Auch hier versuchte ein Scheinvater seine Vaterschaft anzufechten. Dies schlug fehl, da nach russischem Recht die Anfechtungsfrist abgelaufen war. Die Anfechtung hätte innerhalb eines Jahres nach Kenntniserlangung von der Registrierung der Geburt des Kindes erfolgen müssen. Mit Urteil vom 24.11.2005 entschied der EGMR, dass in einer derartigen Begrenzung der Anfechtungsfrist ein Verstoß gegen Art. 8 EMRK gegeben sei. Zwar lasse sich die Einführung zeitlicher Grenzen für Vaterschaftsklagen unter den Gesichtspunkten von Rechtssicherheit in Familienbeziehungen und Kindesinteressen rechtfertigen. Doch hier würden keine Gründe für eine derartig starre Zeitgrenze vorliegen. Der Fristbeginn, welcher unabhängig davon festgelegt wurde, ob der Vater Kenntnis von den Zweifeln seiner Vaterschaft hatte, nehme dem Beschwerdeführer jede Möglichkeit einer Anfechtung und sei kein fairer Ausgleich zwischen den einzelnen Interessen dar. Der EGMR bestätigt auch hier seine Grundsätze bezüglich der positiven Verpflichtung der Konventionsstaaten, dafür Sorge zu tragen, dass biologische und soziale Wirklichkeit nicht hinter gesetzlichen Vermutungen zurückstehen. Dies dürfe insbesondere nicht der Fall sein, wenn die gesetzliche Vermutung den festgestellten Fakten, Wünschen und Nutzen der Betroffenen widerspreche.[394]

Unter ausdrücklicher Fortführung seiner Rechtsprechung in den Fällen Kroon, Mizzi und Shofmann wertete der EGMR im Fall Tavli gegen die Türkei[395] die Einschränkung einer Wiederaufnahmeregelung bei Vorlage eines erneuten, die Vaterschaft widerlegenden DNA-Gutachtens als Verletzung des Art. 8 I EMRK. Der Beschwerdeführer hatte bereits zwei Monate nach der Geburt seiner ehelichen Tochter im Jahr 1981 versucht, die Vaterschaft anzufechten. Der damalige Bluttest, der in der Türkei durchgeführt worden war, ergab, dass er der biologische Vater war. Im Jahr 1997 wurde in Deutschland ein zweiter DNA-Test durchgeführt, der zu dem Ergebnis kam, dass der Beschwerdeführer nicht der biologische Vater sein konnte. Nach dem einschlägigen nationalen Recht war eine Wiederaufnahme des Verfahrens aufgrund neuer Beweismöglichkeiten infolge wissenschaftlichen Fortschritts nicht vorgesehen. Die türkischen Gerichte legten die einschlägige Regelung des Art. 445 § 1 des türk. Zivilgesetzbuches so aus, dass neue Beweise bereits im Zeitpunkt des laufenden Verfahrens hätten vorliegen und aufgrund höherer Gewalt nicht erreichbar gewesen sein müssen, um eine Wiederaufnahme zu rechtfertigen. Wissenschaftlicher Fortschritt sei jedoch nicht als höhere Gewalt anzusehen. Der Gerichtshof konnte insbesondere

393 EGMR Fall Shofman Urt. v. 24.11.2005, Nr. 74826/01, FamRZ 2006, 181 f.

394 EGMR Fall Shofman Urt. v. 24.11.2005, Nr. 74826/0, FamRZ 2006, 181, 181 f.

395 EGMR Fall Tavli Urt. v. 09.11.2007, Nr. 11449/02.

nicht erkennen, auf welche Weise eine solche Regelung die Interessen des betroffenen Kindes schützen sollte. Auch das Kind habe ein Recht auf Kenntnis der Identität seines wirklichen biologischen Vaters. Die nationalen Gerichte sollten die bestehenden Gesetze im Lichte des wissenschaftlichen Fortschritts und der folgenden sozialen Auswirkungen interpretieren.[396]

IV. Fall Hülsmann gegen Deutschland[397]

1. Sachverhalt

S.B. lebte seit 1997 mit ihrem Partner B. zusammen. Im März 1999 ging sie eine Beziehung mit dem Beschwerdeführer ein und traf diesen regelmäßig. Im August 1999 wurde sie schwanger. Gegenüber dem Beschwerdeführer und ihren jeweiligen Verwandten erklärte sie, der Beschwerdeführer sei der Vater des Kindes. Sie traf den Beschwerdeführer nun jedoch weniger, da sie infolge der Schwangerschaft gesundheitliche Probleme hatte. Im März 2000 erkannte ihr Partner B. mit ihrer Zustimmung die Vaterschaft in einer öffentlichen Urkunde für das noch ungeborene Kind an. Im Mai 2008 wurde das Kind M. geboren. Der Beschwerdeführer besuchte Mutter und Kind mehrmals im Krankenhaus und zu Hause bis August 2000. Ende August wollte der Beschwerdeführer seinerseits die Vaterschaft beim Jugendamt anerkennen. Dort erhielt er die Auskunft, dass B. bereits die Vaterschaft für M. anerkannt habe. Eine Beurkundung seines Anerkenntnisses lehnte das Jugendamt wegen der schon bestehenden Vaterschaft ab. Ende September 2000 heiratete die Kindesmutter ihren Partner B. Der Beschwerdeführer sah M. im Rahmen von neun weiteren Kontakten zwischen September 2002 und Januar 2003. Nach Darstellung des Beschwerdeführers verhinderten Kindesmutter und B. weitere Kontakte vor und nach diesem Zeitraum. Im April 2003 erklärte der Beschwerdeführer notariell die Anerkennung der Vaterschaft, obwohl der Notar ihn darüber informiert hatte, dass eine solche Erklärung ungültig sei, solange ein anderer Mann rechtlicher Vater des Kindes sei.

2. Beurteilung nach nationalem Recht

Der Antrag des Beschwerdeführers, seine Vaterschaft durch Gerichtsurteil feststellen zu lassen, wurde sowohl vom Amtsgericht als auch vom OLG Düssel-

396 EGMR Fall Tavli Urt. v. 09.11.2007, Nr. 11449/02, Rn. 33 ff.

397 EGMR Fall Hülsmann Entscheidung v. 18.03.2008, Nr. 33375/03.

dorf[398] abgewiesen. Er habe keinen Anspruch auf gerichtliche Feststellung seiner Vaterschaft, da bereits eine rechtliche Vaterschaft des B. gemäß § 1592 Nr. 2 BGB bestehe. Eine isolierte Abstammungsfeststellungsklage ohne statusrechtliche Folgen sei unzulässig, da § 1600d I BGB die Abstammungsfeststellung abschließend regele. Desgleichen habe der Beschwerdeführer kein Recht nach § 1600 BGB, die infolge der Anerkennung bereits bestehende Vaterschaft des B. anzufechten, da zwischen dem rechtlichen Vater und dem Kind eine sozial-familiäre Beziehung bestehe. Das BVerfG[399] entschied mit Beschluss vom 13.10.2008, dass das Elternrecht des Beschwerdeführers aus Art. 6 II 1 GG und sein Persönlichkeitsrecht aus Art. 2 I i.V.m. Art. 1 I GG durch das geltende Vaterschaftsanfechtungs- und Vaterschaftsfeststellungsrecht nicht verletzt sei. Das OLG Düsseldorf habe eine dem Anfechtungsrecht des leiblichen Vaters entgegenstehende soziale Bindung des Kindes zum rechtlichen Vater nachvollziehbar damit begründet, dass das Kind mit seinem rechtlichen Vater seit seiner Geburt zusammengelebt hat. Das Persönlichkeitsrecht des biologischen Vaters werde auch nicht dadurch verletzt, dass ihm kein isolierter Anspruch auf Feststellung der Abstammung zustehe. Zwar gehöre zu dem Recht des leiblichen Vaters aus Art. 2 I i.V.m. 1 I GG auf Kenntnis, ob ein Kind von ihm abstamme, auch die Möglichkeit zu haben, in einem rechtsförmigen Verfahren die Abstammung klären zu lassen. Daraus erwachse dem mutmaßlichen leiblichen Vater eines Kindes aber kein Anspruch, die Abstammung des Kindes in jedem Fall klären zu lassen. Der Gesetzgeber habe bei der Ausgestaltung des Verfahrens gemäß § 1598a BGB, in dem die tatsächliche Abstammung des Kindes geklärt werden kann, von seinem verfassungsrechtlich eingeräumten Gestaltungsspielraum Gebrauch gemacht. Im Rahmen dieses Gestaltungsspielraums habe er sowohl das Interesse des Kindes an der Stabilität seiner rechtlichen und sozial-familiären Zuordnung als auch das Interesse von Mutter und Kind vor Preisgabe persönlicher Daten und Offenlegung intimer Begebenheiten zu schützen. Ein über das Recht auf mögliche Klärung der Abstammung hinausgehendes Recht auf gerichtliche Feststellung der biologischen Vaterschaft neben der bestehenden rechtlichen Vaterschaft bestehe aufgrund seines Persönlichkeitsrechts nicht. Die gerichtliche rechtsförmige Feststellung der Vaterschaft diene der rechtlichen Zuordnung eines Kindes zu einem Vater, der für das Kind damit Verantwortung zu tragen habe. Es existiere jedoch kein von der Verfassung geschütztes Interesse, die biologische Vaterschaft ohne elterliche Verantwortung neben der rechtlichen Vaterschaft festzustellen.[400]

398 OLG Düsseldorf Urteil v. 24.06.2003, FamRZ 2003, 1578 ff.

399 BVerfG Beschluss vom 13.08.2008, FamRZ 2008, 2257 f.; mit Bespr. *Wellenhofer* JuS 2009, 460 f.; krit. Anm. *Zimmermann* NJW 2009, 424, 424 f.

400 BVerfG FamRZ 2008, 2257, 2258.

Im Rahmen eines Umgangsrechtsverfahrens lehnten das Amtsgericht und im Berufungsverfahren auch das OLG Düsseldorf[401] die Bewilligung eines alle zwei Wochen stattfindenden Umgangs des Beschwerdeführers mit M. ab. Der Beschwerdeführer sei weder gemäß § 1684 BGB noch gemäß § 1685 BGB umgangsberechtigt. Er sei nicht gesetzlich legitimierter Elternteil des M. im Sinne des § 1684 BGB. Darüber hinaus sei § 1685 BGB nicht dahingehend auszulegen, dass auch der biologische Vater grundsätzlich vom in § 1685 a.F. und auch n.F. BGB genannten Personenkreis erfasst werde. Dem Beschwerdeführer stehe gemäß den Vorgaben des BVerfG[402] nur dann ein Umgangsrecht nach § 1685 BGB zu, wenn zwischen ihm und seinem mutmaßlichen Kind eine sozial-familiäre Beziehung bestanden habe oder aktuell bestehe. Eine solche sei dann anzunehmen, wenn der leibliche Vater zumindest eine Zeit lang tatsächlich Verantwortung für das Kind getragen habe. Das OLG Düsseldorf vermochte in diesem Fall nicht zu erkennen, dass infolge der vorübergehenden Beziehung zur Kindesmutter und aufgrund der sporadischen und einzelnen Kontakte im Jahr 2000 und im Zeitraum zwischen September 2002 und Januar 2003 (neun vereinzelte Kontakte in drei Monaten) eine sozial-familiäre Beziehung zwischen Vater und Kind entstanden war.

3. Beurteilung durch den EGMR

Der Gerichtshof hat die Beschwerde des Beschwerdeführers als unzulässig abgewiesen. Er sieht durch die Verweigerung eines Umgangrechts durch die nationalen Gerichte weder Art. 8 I EMRK noch Art. 14 EMRK i.V.m. Art. 8 I EMRK verletzt. Der EGMR bezweifelt schon das Vorliegen eines Familienlebens zwischen dem Beschwerdeführer und M. Selbst wenn angenommen werde, der Beschwerdeführer sei tatsächlich der biologische Vater des M., könne der Gerichtshof keine weiteren rechtlichen oder faktischen Umstände erkennen, die für die Existenz einer engen persönlichen Beziehung sprechen. Die Kindesmutter und der Beschwerdeführer hätten nie in einer nichtehelichen Lebensgemeinschaft zusammengelebt und somit nie eine de-facto Familie gebildet. Zwar hätten sie zumindest 1999 eine intime Beziehung unterhalten. Die Kindesmutter habe aber seit 1997 während und nach der Beziehung mit dem Beschwerdeführer weiterhin mit B. zusammengelebt. Das Kind M. sei vom Moment seiner Geburt an Teil dieser Familieneinheit gewesen und habe zu keiner Zeit mit dem Beschwerdeführer zusammengelebt. Später habe die Kindesmutter der Vaterschaftsanerken-

401 OLG Düsseldorf Beschluss v. 15.09.2003, FamRZ 2004, 290.

402 BVerfG Beschl. v. 09.04.2003, Az. 1 BvR 1496 u. 1724/01, FamRZ 2003, 816, 822.

nung des B., mit dem sie jahrelang zusammenlebte und den sie auch heiratete, zugestimmt und die biologische Vaterschaft des Beschwerdeführers vor Gericht bestritten. Der Gerichtshof sieht es letztlich für die Familiensituation des M. als entscheidend an, dass M. seit seiner Geburt mit seiner Mutter und seinem rechtlichen Vater und späteren Ehemann seiner Mutter, der für ihn Verantwortung getragen hat, zusammenlebte. Folglich sei er bisher in einer anderen stabilen familiären Beziehung aufgewachsen. Demgemäß liege keine dem Fall Kroon vergleichbare Situation vor, in der es die Achtung des Familienlebens gebiete, der biologischen und sozialen Realität Vorrang vor der gesetzlichen Vermutung einzuräumen. Zwar könnten auch andere Faktoren als ein Zusammenleben eine für ein Familienleben ausreichend konstante Beziehung zwischen Vater und Kind ausmachen. So etwa insbesondere vom leiblichen Vater gegenüber dem Kind gezeigtes Interesse und Engagement. Im vorliegenden Fall seien die vereinzelten Kontakte des Beschwerdeführers mit dem noch sehr jungen M. nicht ausreichend, um eine für ein Familienleben ausreichend intensive und konstante Beziehung zu entwickeln. Auch wenn zu berücksichtigen sei, dass weitere Kontakte von der Kindesmutter und ihrem Ehemann verhindert worden sein könnten und die Bemühungen des Beschwerdeführers für ein gewisses Interesse an dem Kind sprechen würden, sei das Vorliegen eines Familienlebens i.S.d. Art. 8 EMRK unter den konkreten Umständen zu bezweifeln. Letztlich könne dies offen bleiben, da zumindest das Verfahren vor den nationalen Gerichten die Interessen des Beschwerdeführers aus Art. 8 I EMRK ausreichend berücksichtigt habe. Die nationalen Gerichte seien zu dem Ergebnis gekommen, dass die vereinzelten Besuche des Beschwerdeführers im Hause der rechtlichen Kindeseltern nicht ausreichend gewesen seien, um eine sozial-familiäre Beziehung zwischen dem Beschwerdeführer und M. entstehen zu lassen. Umgangskontakte würden deshalb nicht dem Interesse des Kindes entsprechen. Diese Entscheidung hätten die Gerichte unter ausreichender Berücksichtigung der Interessen des Beschwerdeführers und auf der Grundlage einer ausreichenden Begründung getroffen. Er sei angehört worden. Die Beurteilung der aktuellen Beziehung zwischen Beschwerdeführer und dem Kind durch die nationalen Gerichte sei insbesondere deshalb zutreffend erfolgt, weil das OLG Düsseldorf ausgehend vom Vortrag des Beschwerdeführers von der Annahme ausgegangen sei, dass weitere Kontakte zum Kind von der Kindesmutter verhindert worden seien. Angesichts der für einen Umgang nicht ausreichenden familiären Beziehung sei auch kein Verfahrenspfleger für das Kind zu bestellen gewesen.

Hinsichtlich einer Verletzung der Art. 14 EMRK i.V.m. Art. 8 EMRK vermag der Gerichtshof keine Ungleichbehandlung zu erkennen. Er führt aus, dass die Position des Beschwerdeführers als mutmaßlicher biologischer Vater, der nie mit seinem Kind zusammengelebt habe, mit der von Eltern, die über eine rechtlich festgestellte Vaterschaft verfügen oder Personen, die über längere Zeit in einer häuslichen Gemeinschaft gelebt hätten, nicht vergleichbar sei. Der Beschwerdeführer habe auch nicht dargelegt, dass in einer vergleichbaren Situation wie dieser, in welcher eine stabile familiäre Beziehung noch nicht besteht, Großeltern oder Geschwister des Kindes bevorzugt behandelt würden.

4. Analyse der Entscheidung

Die Entscheidung im Fall Hülsmann ist deshalb interessant, weil hier die deutschen Regelungen zur Vaterschaftsanfechtung und zum Umgangrechts des biologischen Vaters betroffen sind. Zunächst beschäftigt sich der Gerichtshof ausführlich mit der Frage, ob ein Familienleben i.S.d. Art. 8 I EMRK vorliegt. Der Gerichtshof wiederholt seine bisherigen Ausführungen zur de-facto Familie unter Bezugnahme auf die Fälle Keegan und Lebbink. Eine nur biologische Elternschaft allein ohne weitere rechtliche oder faktische Umstände, welche die Existenz einer engen persönlichen Beziehung implizieren, ist demnach nicht ausreichend, um den Schutzbereich des Art. 8 I EMRK zu eröffnen. Der EGMR sieht den entscheidenden Unterschied im Fall Hülsmann zu den Fällen Rozanski, Lebbink, Görgülü und Keegan[403] darin, dass der Beschwerdeführer zwar zeitweilig eine intime Beziehung zur Kindesmutter unterhielt, diese jedoch vor, während und nach dieser Beziehung mit einem anderen Mann zusammenlebte, den sie später heiratete. Letztendlich lässt er die Frage offen, ob ein Familienleben vorliegt, äußert jedoch starke Zweifel.[404]

Hinsichtlich der abstammungsrechtlichen Problematik der fehlenden Möglichkeit des Beschwerdeführers, die mutmaßliche Vaterschaft gerichtlich anerkennen zu lassen und/oder die bereits bestehende rechtliche Vaterschaft anzufechten, vergleicht der EGMR die Umstände im Fall Hülsmann mit denen im Fall Kroon. Da das Kind seit seiner Geburt in einer stabilen familiären Beziehung mit seiner Mutter und seinem für das Kind Verantwortung tragenden rechtlichen Vater gelebt habe, liege keine dem Fall Kroon vergleichbare Situation vor. Das heißt, es liegt keine Situation vor, in der die Achtung des Familienlebens es erfordert, der biologischen und sozialen Realität Vorrang vor der gesetzlichen Vermutung einzuräumen.

---

403 EGMR Fall Rozanski Urt. v. 18.05.2006, Nr. 55339/00 Rn. 64; EGMR Fall Lebbink Urt. v. 01.09.2004, Nr. 45582/99 Rn. 36 f.; EGMR Fall Görgülü Urt. v. 26.02.2004, Nr. 74969/01, FamRZ 2004, 1456, 1458, Rn. 10, 35; EGMR Fall Keegan Urt. v. 26.05.1994, Nr. 16/1993/411/490, FamRZ 1995, 110, 111, Rn. 45.

404 EGMR Fall Hülsmann Entscheidung v. 18.03.2008, Nr. 33375/03, S. 6.

Die umgangsrechtliche Problematik betreffend, begibt sich der Gerichtshof auf die Verfahrensebene und prüft, ob der Beschwerdeführer genügend in das Verfahren einbezogen, seine Interessen ausreichend gewahrt und die Umstände des Einzelfalls konkret und ausgewogen beurteilt wurden.

Auf die betroffenen gesetzlichen Regelungen der §§ 1592 1593, 1595, 1600 und 1600d BGB sowie §§ 1684, 1685 BGB geht der Gerichtshof nicht explizit ein. Dies hängt mit seinen Grundsätzen zum Prüfungsumfang zusammen. Wie in den Fällen Sommerfeld und Kleinert ausgeführt, versteht der Gerichtshof es nicht als seine Aufgabe, im Rahmen einer Individualbeschwerde innerstaatliche Rechtsvorschriften abstrakt zu prüfen. Vielmehr hat er zu prüfen, in welcher Weise diese Rechtsvorschriften unter den jeweiligen Umständen auf den Beschwerdeführer angewendet worden sind.[405]

Im Ergebnis kann aber festgehalten werden, dass jedenfalls die Anwendung der geltenden gesetzlichen Regelungen im deutschen Abstammungs- und Umgangsrecht im Fall Hülsmann einer konventionsrechtlichen Überprüfung standgehalten haben.

---

405 EGMR Fall Kleinert Entscheidung v. 20.02.2007, Nr. 16013/04, Rn. 36, zitiert nach Juris; EGMR Fall Sommerfeld Urt. v. 08.07.2003, Nr. 31871/96, FamRZ 2004, 337, 341, Rn. 86.

F Bewertung der deutschen Rechtslage anhand erarbeiteter Anforderungen des EGMR

I. Sorge- und Umgangsrecht bei Trennung und Scheidung – materielles Recht

1. Die Berücksichtigung des Kindeswohls

a) Die Berücksichtigung des Kindeswohls in der Rechtsprechung des EGMR

Im Rahmen von Sorgerechtsverfahren und umgangsrechtlichen Verfahren nach Trennung und Scheidung trifft die nationalen Behörden – ebenso wie in Pflegekindfällen[406] – die positive Verpflichtung, Maßnahmen zu treffen, die eine Familienzusammenführung und Kontakterhaltung zwischen Kind und betroffenem Elternteil ermöglichen.[407] Der Gerichtshof fordert insoweit, dass zwischen den Interessen des Kindes und denen des betroffenen Elternteils ein gerechter Ausgleich – „fair balance" – herbeizuführen ist. Dabei entspricht es seiner ständigen Rechtsprechung, dass dem Wohl des Kindes, das je nach Art und Bedeutung gegenüber dem Wohl der Eltern überwiegen kann, besondere Aufmerksamkeit zukommt. Den Kindesinteressen kommt besonderes Gewicht zu.

Eltern können nach Art. 8 EMRK nicht beanspruchen, dass Maßnahmen getroffen werden, welche die Gesundheit und die Entwicklung des Kindes beeinträchtigen könnten.[408] Das Kindeswohl ist demnach das maßgebliche Entscheidungskriterium. Der EGMR definiert das Kindeswohl gerade auch durch die Be-

---

406 EGMR Fall Görgülü Urt. v. 26.02.2004, Nr. 74969/01, FamRZ 2004, 1456, 1459 f.; EGMR Fall Johansen Urt. v. 07.08.1996, Nr. 24/1995/520/616, ÖJZ 1997, 75, 77; EGMR Fall Olsson Urt. 25.02.1988, Nr. 2/1987/125/176, EuGRZ 1988, 591, 601; EGMR Fall Erikson Urt. 11.05.1987, Nr. 11373/85, EuGRZ 1988, 572, 573 f.; *Palm-Risse* (1990), S. 276, 281.

407 EGMR Fall Süss Urt. v. 10.11.2005, Nr. 40324/98, NJW 2006, 2241, 2243.

408 Vgl. nur EGMR Fall Skugor Urt. v. 10.05.2007, Nr. 76680/01, Rn. 51; EGMR Fall Haase Urt. v. 08.04.2004, Nr. 11057/02, FamRZ 2005, 585, 587; EGMR Fall Görgülü Urt. v. 26.02.2004, Nr. 74969/01, FamRZ 2004, 1456, 1459; EGMR Fall Sommerfeld Urt. v. 08.07.2003, Nr. 31871/96, FamRZ 2004, 337, 339, Rn. 64; EGMR Fall Sahin Urt. v. 08.07.2003, Nr. 30943/96, FamRZ 2004, 337, 339, Rn. 66; EGMR Fall Elsholz Urt. v. 13.07.2000, Nr. 25735/94, EuGRZ 2002, 595, 599; EGMR Fall Johansen Urt. v. 07.08.1996, Nr. 24/1995/520/616, ÖJZ 1997, 75, 77; *Wildhaber/Breitenmoser* Art. 8 EMRK Rn. 401.

ziehung zu den Eltern, indem er betont, dass das Zusammensein für einen Elternteil und sein Kind einen grundlegenden Bestandteil seines Familienlebens darstellt, auch wenn die Beziehung zwischen den Eltern zerbrochen ist.[409]

b) Die Vorrangstellung des Kindeswohls im deutschen Recht

Der Vorrang des Kindeswohls ist im deutschen Recht in § 1697a BGB gesetzlich verankert. Darüber hinaus entspricht es der ständigen Rechtsprechung des BVerfG, dass das Wohl des Kindes den Richtpunkt für den staatlichen Schutzauftrag nach Art. 6 II 2 GG darstellt. Im Falle einer Interessenkollision zwischen Eltern und Kind ist das Kindeswohl der bestimmende Maßstab.[410]

Das Recht der elterlichen Sorge sowie das Umgangsrecht stehen unter dem Schutz des Art. 6 II 1 GG. Das den Eltern gemäß Art. 6 II 1 GG verfassungsrechtlich gegenüber dem Staat gewährleistete Recht auf Pflege und Erziehung ihrer Kinder dient in erster Linie dem Kindeswohl, das zugleich oberste Richtschnur für die Ausübung der Elternverantwortung ist. Können sich Eltern über die Ausübung des Sorge- und/oder Umgangsrechts nicht einigen, haben die Gerichte eine Entscheidung zu treffen, die sowohl die beiderseitigen Grundrechtspositionen der Eltern als auch das Wohl des Kindes und dessen Individualität als Grundrechtsträger zu berücksichtigen hat.[411]

c) Bewertung

Hinsichtlich der grundsätzlichen Vorrangstellung des Kindeswohls besteht grundsätzlich kein Widerspruch zu der Rechtsprechung des EGMR. Allerdings kann man in Entscheidungen wie im Fall Görgülü oder im Fall Koudelka den Eindruck gewinnen, dass die Interessen des Kindes in der Rechtsprechung des EGMR nicht immer vorrangig berücksichtigt werden.[412] Dies mag an der auffällig „beschwerdeführer-orientierten" Sichtweise des EGMR[413] und insbesondere an dem Bemühen des EGMR liegen, einen effektiven Schutz der Konventionsga-

---

409 Vgl. Fallanalyse zum Fall Elsholz Teil D. I. 4.; aber auch EGMR Fall Zaunegger Urt. v. 03.12.2009, Nr. 22028/04, Rn. 38, FamRZ 2010, 103, 104; EGMR Fall Kleinert Entscheidung v. 20.02.2007, Nr. 16013/04, Rn. 31 (zitiert nach Juris); EGMR Fall Hoppe Urt. v. 05.12.2002, Nr. 28422/95, Rn. 44; EGMR Fall Hoffmann Urt. v. 11.10.2001, Nr. 34045/96, Rn. 34.

410 BVerfG FamRZ 1999, 641, 642 m.w.N.

411 BVerfG Kammerbeschluss vom 06.11.2009, Az. 1 BvR 1410/08, Rn. 15; BVerfG Kammerbeschluss vom 30.06.2009, Az. 1 BvR 1868/08, Rn. 12; BVerfG FamRZ 2004, 1166, 1167; BVerfG FamRZ 2005, 871, 871.

412 Vgl. Fallanalyse zum EGMR Fall Görgülü D. V. 4. b) und c) und Fallanalyse zum EGMR Fall Koudelka Teil D. XII. 4.

413 Vgl. Teil B. III.

rantien zu gewährleisten. Hinzu kommt, dass sich die Perspektive der Straßburger Rechtsprechung im Rahmen des Dreiecksverhältnisses Kind-Mutter-Vater primär aus der Perspektive des Vaters entwickelt hat.[414] Darüber hinaus wird im Falle multipolarer Konfliktlagen eine ausgewogene Abbildung aller beteiligten Rechtspositionen und Interessen infolge der Zweiseitigkeit des Individualbeschwerdeverfahrens erschwert. Einen verfahrensbeteiligten, unabhängigen Interessenvertreter des Kindes, welcher für eine ausreichende Wahrnehmung und Erwägung der Interessen des Kindes sorgt, kennt das Verfahren vor dem EGMR nicht.[415] Diese Faktoren sind im Rahmen der Rezeption der Urteile des EGMR insbesondere im Hinblick auf die Einhaltung der grundsätzlichen Vorrangstellung des Kindeswohls stets mit zu berücksichtigen.

2. Das Sorgerecht der Väter nichtehelicher Kinder

a) Die Vorgaben des EGMR

Nachdem sich der Gerichtshof im Fall Kleinert noch einer Bewertung der Regelung des § 1626a BGB unter Verweis auf die Rechtsprechung des BVerfG enthielt, bezieht er im Fall Zaunegger nun klar Stellung. Er wertet den generellen Ausschluss einer gerichtlichen Prüfung des alleinigen Sorgerechts der Mutter im Hinblick auf den Schutz der Interessen des unehelichen Kindes als unverhältnismäßig.[416]

b) Die bisherige Rechtslage in Deutschland

(aa) Bisheriger Stand der Diskussion

Die im Rahmen der Fallanalyse zum Fall Görgülü aufgezeigten Bedenken gegen in Deutschland geltende gesetzliche Regelungen in Bezug auf das Sorgerecht nichtehelicher Väter finden ihren Ursprung in einer seit langem geführten Diskussion. Im Fokus stehen die als restriktiv empfundene Regelung des § 1626a BGB bezüglich der gemeinsamen Sorge nichtehelicher Eltern sowie die Regelungen bezüglich der Sorgeübertragung auf den nichtehelichen Vater gem. §§ 1672, 1678, 1680 BGB.

---

414 *Kielmansegg*, Archiv des Völkerrechts 2008, 273, 281.

415 Vgl. Fallanalyse EGMR Fall Kroon Teil E. I. 4. und Teil B. III.

416 Vgl. Fallanalysen zu den Fällen Zaunegger Teil D. VII. 4. und Kleinert Teil D. VI. 4.

(1) Alleiniges Sorgerecht und Vetorecht der Kindesmutter

Aufgrund der Regelungen der §§ 1626a II i.V.m. § 1672 I BGB ist eine Beteiligung des nichtehelichen Vaters am Sorgerecht gegen den Willen der Mutter nur im Falle einer Gefährdung des Kindeswohls möglich. Da der Vater eines nichtehelich geborenen Kindes das Sorgerecht gegen den Willen der Mutter nur erhalten kann, wenn ihr das Sorgerecht gemäß §§ 1666, 1666a BGB entzogen wird, wird der Kindesmutter faktisch ein Vetorecht eingeräumt. Dieses wird in der Fachliteratur schon lange Zeit teilweise kritisch und als verfassungs- bzw. konventionswidrig (sowohl bezüglich der EMRK als auch der KRK) angesehen, da eine Abwägung der Interessen des Vaters und auch eine Prüfung des Kindeswohls nicht stattfinden.[417] Der BGH[418] und auch das BVerfG[419] hielten § 1626a BGB bisher für verfassungsgemäß.

Das BVerfG hatte in der Vergangenheit eine Verfassungswidrigkeit des § 1626a BGB aus folgenden Gründen verneint: Das Kindeswohl verlange, dass das Kind ab seiner Geburt eine Person habe, die für das Kind rechtsverbindlich handeln könne. Angesichts der sehr unterschiedlichen Lebensverhältnisse, in die nichteheliche Kinder hineingeboren würden, sei es gerechtfertigt, grundsätzlich der Mutter das alleinige Sorgerecht zuzusprechen, und nicht dem Vater, der in jedem Falle die Möglichkeit habe, bei Abgabe einer gemeinsamen Sorgerklärung die elterliche Sorge zu erhalten. Diese Regelung verletze weder das Elternrecht des Vaters aus Art. 6 II GG noch das Gleichbehandlungsgebot gemäß Art. 6 V GG. Allerdings sei der Gesetzgeber verpflichtet, tatsächliche Entwicklungen zu beobachten und zu prüfen, ob die Möglichkeit gemeinsamen Sorgerechts von zusammenlebenden Eltern auch hinreichend genutzt werde. Methodisch machte das BVerfG die verfassungsrechtliche Haltbarkeit des § 1626a BGB damit vom faktischen Gebrauch abhängig, den die Bürger von der Regelung machen.[420]

In seiner damaligen Entscheidung ging das BVerfG von der Annahme aus, dass Mütter, die zwar mit Vater und Kind zusammenleben, gleichwohl aber keine Sorgerechtserklärung abgeben, dafür schwerwiegende Kindeswohlgründe haben. Bereits eine nicht repräsentative Befragung von Rechtsanwälten und Ju-

417 *Henrich* und *Scherpe*, jeweils Anmerkung zum Urteil des EGMR im Fall Zaunegger vom 03.12.2009, Nr. 22028/04, FamRZ 2010, 107,108; *Dethloff* ZKJ 2009, 141, 142; *Muscheler* ZKJ 2008, 452, 453; *Eckebrecht* FPR 2005, 205, 206; *Humphrey* FPR 2003, 578, 584 f.; MüKo-*Huber* § 1626a BGB Rn. 39 ff.; Palandt-*Diederichsen* in der 69. Auflage, 2010, § 1626a BGB Rn. 6; Staudinger/*Coester* § 1672 BGB Rn. 10; *Coester* FamRZ 2007, 1137, 1139 ff.; ders. FamRZ 1995, 1245, 1247 f.; *Richter* FPR 2004, 484, 485.

418 BGH FamRZ 2001, 907, 909 ff.

419 BVerfG FamRZ 2003, 285, 287 f., 290, 292.

420 *Schwab* AnwBl. 2009, 557, 562.

gendämtern des Bundesministeriums der Justiz im Sommer 2006 hatte Hinweise darauf gegeben, dass Gründe für die Ablehnung der gemeinsamen Sorge vielschichtig sind und nicht immer eindeutig dem Wohl des Kindes zugeordnet werden können. Unter anderem würden auch Verlustängste, Besitzansprüche, Kontrollbedürfnisse oder der Einfluss dritter Personen eine Rolle spielen. Die am häufigsten genannten Motive der Mütter waren: „Die Mutter möchte die Alleinsorge behalten, um allein entscheiden zu können („einfacherer Weg")" und „Die Mutter möchte mit dem Vater nichts mehr zu tun haben und lehnt daher jeden Kontakt auch in Angelegenheiten des Kindes ab".[421]

Anlässlich einer Fachtagung zum zehnjährigen Bestehen der Kindschaftsrechtsreform kündigte die damalige Bundesministerin für Justiz, Brigitte Zypries, am 04.12.2008 an, zur Überprüfung dieser Annahme und etwaigen Reformbedarfs Umfragen bei Rechtsanwälten und Jugendämtern sowie eine wissenschaftliche Studie in Auftrag zu geben.[422] Laut der Pressemitteilung der Bundesjustizministerin Sabine Leutheusser-Schnarrenberger vom 03.12.2009 zum EGMR Urteil im Fall Zaunegger räumt diese ein, dass die in Auftrag gegebene Studie des Deutschen Jugendinstituts erst Ende 2010 vorliegen werde.[423]

(2) Kindeswohldienlichkeit

Die in §§ 1672 I 2, 1678 II, 1680 II 2 BGB vorgesehene Prüfung der Kindeswohldienlichkeit einer Sorgerechtsübertragung wird ebenfalls kritisch gesehen.[424] Die Sorgerechtsübertragung auf einen Elternteil, der niemals das Sorgerecht innehatte, werde von der hohen Übertragungshürde der Kindeswohldienlichkeit abhängig gemacht. Dadurch werde der bemühte, nichteheliche Vater, der gegen den Willen der Mutter nie eine Chance hatte, sorgerechtliche Funktionen zu übernehmen, diskriminiert. Zum Schutze des Kindeswohls sei eine Negativkontrolle bezüglich der Sorgerechtsübertragung widersprechender Kindesinteressen ausreichend. Im Falle einer Reform des Sorgerechts müssten daher auch die §§ 1672, 1678, 1680 BGB miteinbezogen werden.[425] Die Regelung des § 1672 I

---

421 Information zu § 1626a BGB des Bundesministeriums der Justiz, JAmt 2008, 415, 416; BT-Drucks. 16/10047, S. 9 ff.

422 *Zypries* ZKJ 2009, 4, 5.

423 Vgl. Fallanalyse zum Fall Zaunegger Teil D. VII. 4.

424 Staudinger/*Coester* § 1672 BGB Rn. 13; Staudinger/*Coester* § 1678 BGB Rn. 29; Staudinger/*Coester* § 1680 BGB Rn. 14; MüKo-*Finger* § 1672 BGB Rn. 24; *Schumann* FF 2010, 222, 230.

425 *Coester* FPR 2005, 60, 65; unter dem Eindruck der Entscheidung des EGMR im Fall Zaunegger steht offensichtlich nun auch der BGH FamRZ 2010, 1242, 1243.

BGB hat der Prüfung durch das BVerfG unter Verweis auf seine Entscheidung vom 29.01.2003 bisher standgehalten.[426]

Im Falle des Ruhens der elterlichen Sorge hat der BGH[427] in der bereits zitierten Entscheidung vom 26.09.2007 festgestellt, dass für Fälle, in denen dem Elternrecht des nichtehelichen Vaters kein gleichrangiges Grundrecht der Mutter gegenüberstehe, die Vorschrift des § 1672 I BGB verfassungskonform weiter auszulegen sei. Das Elternrecht des Vaters konkurriere lediglich mit den Grundrechten des Kindes aus Art. 2 I GG und Art. 1 I GG. Das Kindeswohl bleibe zwar oberstes Rechtsgut, § 1672 I BGB sei jedoch so auszulegen, dass dem nichtehelichen Vater das Sorgerecht bereits zu übertragen sei, wenn die Übertragung nicht dem Wohl des Kindes widerspreche. Darüber hinaus sei § 1672 I BGB im Lichte des Art. 8 EMRK auszulegen. Ausgangspunkt sei die Verpflichtung der Gerichte, geeignete Maßnahmen zur Zusammenführung eines leiblichen Elternteils mit seinem Kind zu ergreifen. Konkret sei deshalb zu prüfen, ob eine Zusammenführung von Vater und Kind möglich ist, welche die Belastungen des Kindes soweit wie möglich vermindert.

Inzwischen hat das BVerfG[428] auch bezüglich § 1680 II, III BGB entschieden, dass es verfassungsrechtlich geboten sei, die Norm verfassungskonform dahingehend auszulegen, dass eine Sorgerechtsübertragung auf den umgangsberechtigten Vater, der im konkreten Einzelfall die elterliche Sorge für sein Kind in tatsächlicher Hinsicht wahrnimmt, regelmäßig dem Kindeswohl dient, solange nicht konkret feststellbare Kindesinteressen der Übertragung widersprechen.

Auf der verfahrensrechtlichen Ebene ist der nichteheliche Vater, der zuvor nie sorgeberchtigt war, als beschwerdeberechtigt gemäß § 59 I FamFG anzusehen, wenn das Familiengericht eine nach dem Gesetzeswortlaut von Amts wegen vorzunehmende Sorgerechtsübertragung auf den nichtehelichen Kindesvater ablehnt und stattdessen auf einen Vormund oder im Falle des Teilentzugs des Sorgerechts der Mutter auf einen Ergänzungspfleger überträgt. Grund hierfür sei, dass § 1680 III Var. 2 i.V.m. II 2 BGB ein subjektives Recht für den Kindesvater begründe.[429] Ob dies nach der Entscheidung des EGMR im Fall Zaunegger auch für Fälle gelten soll, in denen der Entzug der elterlichen Sorge der Kindesmutter vom Familiengericht abgelehnt wird, hat der BGH bisher offen gelassen.[430] Diese

---

426 BVerfG FamRZ 2003, 1447, 1448 unter Verweis auf BVerfG FamRZ 2003, 285 ff.

427 BGH FamRZ 2007, 1969, 1972 f.

428 BVerfG FamRZ 2008, 2185, 2187; AG Pankow/Weißensee, Beschluss vom 27.10.2009, Az. 17 F 7120/08, ZKJ 2010, 76, 78 f. zur verfassungskonformen Auslegung von § 1680 II 2 BGB und § 1666 BGB.

429 BGH FamRZ 2011, 1242, 1242. Anm. *Knittel* FF 2010, 404, 406.

430 BGH FamRZ 2011, 1242, 1242; früher keine Beschwerdeberechtigung vgl. BGH FamRZ 2009, 220, 221; OLG Celle FamRZ 2011, 121, 121; *Huber/Möll* FamRZ 2011, 765, 770 halten die

Problematik könnte sich mit einer gesetzlichen Neuregelung des Sorgerechts nichtehelicher Väter, die den Vätern einen Zugang zur elterlichen Sorge auch ohne Einverständnis der Kindesmutter ermöglicht, erübrigen.

(3) Entscheidung des BVerfG vom 21.07.2010[431]

Mit Beschluss vom 21.07.2010 hat das BVerfG die derzeit geltende Regelung des Sorgerechts für Väter nichtehelicher Kinder für verfassungswidrig erklärt. Der generelle Ausschluss des Vaters eines nichtehelichen Kindes von der elterlichen Sorge bei Zustimmungsverweigerung der Mutter (§§ 1626a I Nr. 1, 1672 I BGB) verstößt gegen Art. 6 II GG. Der generelle Ausschluss des Vaters bei mangelnder Zustimmung der Mutter sowie die fehlende Möglichkeit, gegen den Willen der Mutter gerichtlich überprüfen zu lassen, ob es aus Gründen des Kindeswohls angezeigt ist, ihm zusammen mit der Mutter die gemeinsame Sorge einzuräumen oder ihm anstelle der Mutter die Alleinsorge zu übertragen, stelle einen unverhältnismäßigen Eingriff in das Elternrecht dar.

Diese Grundrechtsverletzung sei nicht dadurch zu beheben, bei einer Gefährdung des Kindeswohls durch Versagung der Zustimmung durch die Mutter dieser das Sorgerecht zu entziehen und es auf den Vater zu übertragen, wenn dies dem Kindswohl dient (§§ 1666, 1680 III 2 BGB). Denn § 1666 BGB sei keine Norm, die den Eltern im Verhältnis zueinander prinzipielle Rechte zuordnet und auf den Ausgleich von Elternrechten abzielt. Deshalb verbiete es sich, nichtehelichen Vätern durch eine interpretatorische Öffnung von § 1666 BGB einen erleichterten Zugang zum Sorgerecht zu verschaffen.[432]

Das BVerfG führt unter ausdrücklicher Bezugnahme auf die Entscheidung des EGMR im Fall Zaunegger aus, dass die Abhängigkeit der Beteiligung des Vaters an der gemeinsamen Sorge vom Willen der Mutter das Elternrecht des Vaters in unverhältnismäßiger Weise generell hinter das Grundrecht der Mutter zurücksetzt, ohne dass dies durch die Wahrung des Kindeswohls geboten ist. Zwar könnten Gerichtsverfahren temporär eine zusätzliche Belastung für das Kind mit sich bringen, die grundsätzliche Klärung der Sorgerechtsfrage diene jedoch gerade dem Kindeswohl. Das BVerfG stimmt dem EGMR außerdem in der Einschätzung zu, dass der deutsche Gesetzgeber seine den § 1626a I Nr. 1 BGB rechtfer-

---

frühere Rechtsprechung des BGH angesichts der Entscheidungen des EGMR im Fall Zaunegger und des Beschlusses des BVerfG vom 21.07.2010, Az. 1 BvR 420/09 für gegenstandslos und plädieren für eine Bechwerdeberechtigung gemäß § 59 I FamFG i.V.m. den Übergangsregeln des BVerfG; ebenso *Rixe* Anm. zum Beschluss des OLG Brandenburg v. 20.08.2010, Az. 10 WF 187/10, FamFR 2010, 426.

431 Beschluss des BVerfG vom 21.07.2010, Az. 1 BvR 420/09; FamRZ 2010, 1403 ff.

432 Beschluss des BVerfG vom 21.07.2010, Az. 1 BvR 420/09, Rn. 48, FamRZ 2010, 1403, 1406.

tigende Prämisse, eine mangelnde Übereinstimmung der Eltern über die Sorgetragung lasse einen elterlichen Konflikt erkennen, der stets zu einer dem Kindeswohl abträglichen Ausübung der elterlichen Sorge führe, nicht konsequent seinem Grundkonzept der Sorgetragung von Eltern nichtehelicher Kinder zugrunde gelegt hat. Denn bei bisheriger Ausübung der gemeinsamen Sorge werde im Falle einer Antragstellung gemäß § 1671 BGB nicht schon aufgrund der Antragstellung und mangelnden Zustimmung des anderen Elternteils auf eine mangelnde Kooperationsbereitschaft und Kooperationsfähigkeit der Eltern mit schädlichen Auswirkungen auf das Kind geschlossen. Insofern sei kein Grund ersichtlich, warum der Gesetzgeber nicht auch bei der Begründung der gemeinsamen Sorge vorrangig darauf abstelle, ob dies trotz bestehender Meinungsverschiedenheit zwischen den Eltern im konkreten Fall dem Kindeswohl entspricht. Vielmehr lasse der Gesetzgeber den entgegenstehenden Willen der Mutter ausreichen, um daran generell die Vermutung der Kindeswohlbeeinträchtigung zu knüpfen.[433]

Darüber hinaus würden neue empirische Erkenntnisse nicht die Annahme des Gesetzgebers stützen, die Zustimmungsverweigerung von Müttern basiere in aller Regel auf einem sich nachteilig auf das Kind auswirkenden elterlichen Konflikt. Insoweit bezieht sich das BVerfG auf die bereits genannte Umfrage des Bundesministeriums der Justiz aus dem Jahr 2006.[434]

Auch in Bezug auf § 1672 II BGB stellt das BVerG einen schwerwiegenden Eingriff in das Elternrecht des Vaters infolge des generellen Ausschlusses des Zugangs zur elterlichen Sorge bei mangelnder Zustimmung der Mutter fest. Eine Belastung des bestehenden Mutter-Kind-Verhältnisses durch die ständige Befürchtung, ihr könne das Sorgerecht entzogen und auf den Vater übertragen werden, rechtfertige diesen Eingriff nicht. Andererseits sei zu berücksichtigen, dass die Übertragung der Alleinsorge auf den Vater ihrerseits einen schwerwiegenden Eingriff in das Elternrecht der Mutter darstellt. Darüber hinaus sei für das Kind ein Sorgerechtswechsel regelmäßig auch mit einem Wechsel vom Haushalt der Mutter in den Haushalt des Vaters verbunden. Dies wirke sich auf die Mutter-Kind-Beziehung aus und berühre das Bedürfnis des Kindes nach Stabilität und Kontinuität. Aus diesen Gründen sei bei der Eröffnung einer gerichtlichen Einzelfallprüfung dem Elternrecht der Mutter ebenfalls hinreichend Rechnung zu tragen. Eine Sorgerechtsentziehung soll nur gerechtfertigt sein, wenn zur Wahrung des väterlichen Elternrechts keine andere Möglichkeit bestehe, die weniger

433 Beschluss des BVerfG vom 21.07.2010, Az. 1 BvR 420/09, Rn. 56 f., FamRZ 2010, 1403, 1407 f.
434 Beschluss des BVerfG vom 21.07.2010, Az. 1 BvR 420/09, Rn. 61, FamRZ 2010, 1403, 1408 unter Verweis auf BT-Drucks. 16/10047, S. 11 ff.

in das Elternrecht der Mutter eingreife. Darüber hinaus müssten gewichtige Kindeswohlgründe vorliegen, die den Sorgerechtsentzug nahe legen.[435]

Das BVerfG erklärt die §§ 1626a I Nr. 1, 1672 I BGB nicht für nichtig, denn dadurch würde ein Zustand geschaffen, der von der verfassungsmäßigen Ordnung noch weiter entfernt wäre, als der bisherige. Um einen verfassungs- und konventionskonformen Zustand sicherzustellen, trifft das BVerfG eine Regelung,[436] die der gesetzlichen Neuregelung nicht vorgreift und sie nicht erschwert. In seiner Entscheidung ordnet das BVerfG ergänzend zur Regelung des § 1626a I Nr. 1 BGB bis zum Inkrafttreten einer gesetzlichen Neuregelung vorläufig an, dass das Familiengericht den Eltern auf Antrag eines Elternteils die elterliche Sorge oder einen Teil der elterlichen Sorge gemeinsam überträgt, soweit zu erwarten ist, das dies dem Kindeswohl entspricht. Der vom BVerfG gewählte Prüfungsmaßstab hinsichtlich des Kindeswohls soll sicherstellen, dass die Belange des Kindes maßgeblich Berücksichtigung finden, die Zugangsvoraussetzungen zur gemeinsamen Sorge jedoch nicht zu hoch angesetzt werden. Eine entsprechende Handhabung ordnet das BVerfG auch bezüglich § 1672 I BGB an. Hier soll in Ergänzung zu § 1672 I BGB bis zum Inkrafttreten einer gesetzlichen Neuregelung das Familiengericht dem Vater auf Antrag eines Elternteils die elterliche Sorge oder einen Teil davon übertragen, soweit eine gemeinsame elterliche Sorge nicht in Betracht kommt und zu erwarten ist, dass dies dem Kindeswohl am besten entspricht.

bb) Das Sorgerecht nichtehelicher Väter in anderen europäischen Staaten

Der deutschen Regelung wurde in der Vergangenheit zunächst zu Gute gehalten, dass das BVerfG einer Entwicklung nicht vorgreifen wollte, die alles andere als abgeschlossen ist.[437] Andere rechtsvergleichende Untersuchungen sind zu dem Ergebnis gelangt, dass die deutsche Regelung, die eine gemeinsame Sorge für nichteheliche Kinder an das Einverständnis der Mutter knüpft, heute in Europa Ausnahmecharakter habe.[438] An die Stelle der früher vorherrschenden Dominanz der Mutter sei allgemein eine stärkere oder gleiche Beteiligung unverheirateter Väter am Sorgerecht getreten. Mit der deutschen Regelung vergleichbare Bestimmungen würden sich heute noch in der Schweiz (Art. 298, 298a I ZGB) und in Österreich (§§ 166, 167 I ABGB) finden. In diesen beiden Ländern sei die

435 Beschluss des BVerfG vom 21.07.2010, Az. 1 BvR 420/09, Rn. 63 ff., FamRZ 2010, 1403, 1408 f.

436 Beschluss des BVerfG vom 21.07.2010, Az. 1 BvR 420/09, Rn. 71, 75 f., FamRZ 2010, 1403, 1409 f.

437 *Frank* FamRZ 2004, 841, 846.

438 *Dethloff* ZKJ 2009, 141, 141 ff.; *Rixe* FPR 2008, 222, 226; *Humphrey* FPR 2003, 578, 585.

Elternautonomie allerdings noch stärker eingeschränkt, da die gemeinsame Sorgeerklärung der Eltern grundsätzlich einer staatlichen Kontrolle bezüglich des Kindeswohls unterzogen werde.[439]

Darüber hinaus verfügen Dänemark (Kap. 1 § 7 I-IV, § 9 Gesetz über die elterliche Verantwortung), Luxembourg (Art. 380 luxemb. Zivilgesetzbuch von 1807) und Liechtenstein (§ 166 f. Allgemeines bürgerliches Gesetzbuch des Fürstentums Liechtenstein) über Regelungen, die mit dem deutschen Recht vergleichbar sind. In diesen Staaten steht die elterliche Sorge für ein außerehelich geborenes Kind zunächst der Mutter zu. In Dänemark können die Kindeseltern eine gemeinsame Sorgeerklärung abgeben oder eine Vereinbarung hinsichtlich der gemeinsamen Sorge treffen. In Luxembourg kann auf eine gemeinschaftliche Erklärung gegenüber dem Vormundschaftsgericht hin die elterliche Gewalt von beiden Elternteilen gemeinsam ausgeübt werden. In Liechtenstein hat das Gericht auf gemeinsamen Antrag der Eltern zu verfügen, dass beiden die elterliche Sorge zukommt, wenn die Eltern mit dem Kind in dauernder häuslicher Gemeinschaft leben und diese Verfügung für das Wohl des Kindes nicht nachteilig ist. Folglich ist auch hier die Erlangung der elterlichen Sorge für den nichtehelichen Vater immer von dem Einverständnis der Kindesmutter abhängig, in Liechtenstein darüber hinaus auch von der staatlichen Kontrolle bezüglich des Kindeswohls.

Einige andere Rechtsordnungen unterscheiden zwar zwischen verheirateten und unverheirateten Eltern, ermöglichen es jedoch dem nichtehelichen Vater, sich auch ohne Zustimmung der Mutter an der elterlichen Sorge zu beteiligen bzw. diese zu erlangen.

Im englischen Recht ist die Mutter eines nichtehelich geborenen Kindes zunächst alleinsorgeberechtigt. Unter der Voraussetzung der Registrierung des Vaters in der Geburtsurkunde ist die Abgabe einer gemeinsamen Sorgeerklärung der Eltern oder eine gerichtliche Verfügung vorgesehen. Für die Registrierung ist ein Antrag beider Elternteile oder jeweils eines Elternteils nötig (Sec. 2 II i.V.m. Sec. 4 I und Sec. 10 I Children Act). Stimmt die Mutter einer gemeinsamen Sorgeerklärung nicht zu, ist unter der Voraussetzung, dass der Vater Bereitschaft zeigt, elterliche Verantwortung wahrzunehmen, eine gerichtliche Verfügung möglich. In Ausnahmefällen – etwa im Falle einer Kindeswohlgefährdung – kann die Mutter widersprechen. Dem Antrag des Vaters wird jedoch in 90% aller Fälle stattgegeben. So wurden im Jahr 2006 nur 148 von 9.674 Anträgen von Vätern auf gerichtliche Einräumung von parental responsibility abschlägig beschieden.[440]

---

439 *Humphrey* FPR 2003, 578, 582.

440 *Scherpe* Anm. zum Urteil des EGMR im Fall Zaunegger vom 03.12.2009, Nr. 22028/04, FamRZ 2010, 108, 108; *Humphrey* FPR 2003, 578, 583.

In Schweden (Kapitel 6 §§ 3 I, 5 I schwed. Elterngesetz), Norwegen (§§ 35 I, 48 norweg. Kindergesetz), Finnland (§§ 6 I, 10 I finn. Gesetz über das Sorge- und Umgangsrecht) und den Niederlanden (Art. 253b I, 235d II nl. BGB) steht zwar der Mutter bei Geburt die alleinige Sorge zu. Es ist den Eltern jedoch möglich, sich über die gemeinsame Sorge zu einigen oder der Vater kann die Übertragung des gemeinsamen bzw. alleinigen Sorgerechts beantragen. Dabei ist das Kindeswohl der alleinige Prüfungsmaßstab für das Gericht.

In Irland steht das alleinige Sorgerecht der Kindesmutter zu, wenn die Eltern weder zehn Monate vor noch nach der Geburt verheiratet waren. Der nichteheliche Vater kann beim Gericht die Übertragung der elterlichen Sorge verlangen. Überträgt das Gericht die elterliche Sorge, ist er zusammen mit der Mutter sorgeberechtigt (Irisches Gesetz über die Vormundschaft über Kinder von 1964, Sec. 6A und 9). Auch hier ist in erster Linie dem Kindeswohl Rechnung zu tragen (Gesetz über die Vormundschaft über Kinder von 1964 Sec. 3).

In den romanischen Rechtsordnungen wie Spanien (§ 156 Codigo Civil), Frankreich (Art. 372, 373 franz. Code Civil), Belgien (Art. 373, 374 Code Civil) oder den Osteuropäischen Staaten (Art. 68 i.V.m. Art. 72 bulg. Familiengesetzbuch; Art. 3.156 und 3.159 lit. Zivilgesetzbuch; Art. 61 i.V.m. Art. 66 russ. Familiengesetzbuch; Art. 34 I tschech. Familiengesetzbuch; § 72 I ungar. Gesetz über Ehe, Familie und Vormundschaft) erlangen auch unverheiratete Paare kraft Gesetz das gemeinsame Sorgerecht. Da dies unabhängig von einer Vereinbarung oder gerichtlichen Entscheidung geschieht, werden unverheiratete und verheiratete Paare weitgehend gleichgestellt. Die Übertragung des Alleinsorgerechts erfolgt auf Antrag und wenn dies dem Kindeswohl entspricht (Art. 373-2 I, 373-2-1 I franz. Code Civil; Art. 107 § 1 poln. Familien-und Vormundschaftsgesetz; Art. 156 VII span. Codigo Civil). In Russland und Litauen bleibt die gemeinsame Sorge sogar, bis auf wenige Ausnahmefälle, auch bei einer Trennung zwingend bestehen (Art. 66, 69 russ. Familiengesetzbuch; Art. 3.180 und 3.156 lit. Zivilgesetzbuch).

In Italien wird ein kraft Gesetz entstehendes Sorgerecht von einem Zusammenleben der Eltern abhängig gemacht (Art. 317 Codice Civile).

Voraussetzung für das Bestehen eines Sorgerechts ist in allen genannten Rechtsordnungen, dass die Elternschaft feststeht. Dazu bedarf es entweder eines Vaterschaftsanerkenntnisses oder einer gerichtlichen Feststellung der Vaterschaft. Das kraft Gesetz entstehende Sorgerecht wird in vielen Rechtsordnungen nur im Falle des Anerkenntnisses, nicht im Falle der gerichtlichen Feststellung der Vaterschaft begründet (Art. 372 II franz. Code Civil; Art. 317 ital. Code Civile; Art. 93 § 2 poln. Familien- und Vormundschaftsgesetz; Art. 111 Nr. 2 span. Codigo Civil). Daraus wird gefolgert, dass auch hier ein Konsens erforderlich sei, der sich auf die Herstellung des Eltern-Kind-Verhältnisses insgesamt beziehe. Es sei der Mutter aber – im Gegensatz zum deutschen Recht – verwehrt, lediglich dem Vaterschaftsanerkenntnis zuzustimmen und gleichzeitig eine Beteiligung des („Zahl“-)Vaters am Sorgerecht zu verhindern.[441]

Bei fehlendem Konsens der Eltern über die gemeinsame Sorge ist stets eine am Kindeswohl orientierte Sorgerechtsentscheidung möglich (Kapitel 6 § 5 I schwed. Elterngesetz; § 35 II i.V.m. § 34 III norweg. Kindergesetz; Art. 253 II nl. BGB; Art. 373-2-1 I franz. Code Civil; Art. 156 VII span. Codigo Civil; Art. 107 § 1 poln. Familien- und Vormundschaftsgesetz).

Anfang 2007 hat die Commisssion on European Family Law (CEFL) Prinzipien zum europäischen Familienrecht die elterliche Verantwortung betreffend vorgelegt. Diese Prinzipien sollen einer Harmonisierung des europäischen Familienrechts dienen. Die Untersuchungsergebnisse der CELF weisen eine Tendenz zur gemeinsamen elterlichen Sorge unabhängig von der Abstammung oder vom Familienstatus der Eltern als „common core“ auf. Prinzip 3:2 trifft die Aussage, dass Inhaber elterlicher Verantwortung die Eltern des Kindes sind. Den Prinzipien 3:11 und 3:15 ist zu entnehmen, dass die elterliche Verantwortung grundsätzlich gemeinsam ausgeübt wird und eine alleinige Ausübung nur aufgrund Vereinbarung oder Entscheidung der zuständigen Behörde vorgesehen ist.[442]

c) Stellungnahme

aa) Ideologischer Gegensatz zwischen BVerfG und EGMR?

Zu der Entscheidung des BVerfG vom 29.01.2003[443] bezieht der Gerichtshof in seiner Entscheidung im Fall Zaunegger eindeutig Stellung. Er teilt nicht die Ansicht des BVerfG, dass die Verweigerung einer Zustimmung der Kindesmutter zur gemeinsamen Sorge stets auf guten, kindeswohlorientierten Gründen beruhe. Er schließt sich auch nicht der Annahme an, dass eine gemeinsame Sorge gegen den Willen der Kindesmutter prima facie dem Kindeswohl zuwiderlaufe. Hier werden Gegensätze zwischen BVerfG und EGMR besonders deutlich. Für die Argumentation des BVerfG spricht im Hinblick auf das Kindeswohl, dass es sich in seiner Begründung auf fachwissenschaftliche Untersuchungen stützt, die besagen, dass die Qualität der jeweiligen Eltern-Kind Beziehung sowie die Kooperationsbereitschaft der Eltern in Bezug auf das Kind von wesentlicher Bedeutung für das Kindeswohl sind.[444]

---

441 *Dethloff* ZKJ 2009, 141, 142.

442 *Kohler/Pintens* FamRZ 2007, 1481, 1486, 1489.

443 BVerfG Urt. v. 29.01.2003, Az. 1 BvL 20/99 u. 1 BvR 933/01, FamRZ 2003, 285 ff.

444 BVerfG FamRZ 2003, 285, 289; *Wallerstein/Lewis/Blakeslee*, S. 228; *Balloff/Walter* FamRZ 1990, 445, 454.

Problematisch an der Regelung des § 1626a BGB ist die Tatsache, dass das geltende Recht bei nicht miteinander verheirateten Eltern typisierend von einer nicht gewährleisteten Kooperationsfähigkeit der Eltern ausgeht. Im Wege einer wiederum typisierenden Grundentscheidung wird die Alleinsorge der Mutter zugeordnet. Eine Korrektur kann gegen ihren Willen nicht erfolgen. Insbesondere findet keine am Kindeswohl orientierte Einzelfallprüfung statt.[445] Dies widerspricht der Tendenz des EGMR, zur Gewährleistung einer effektiven Wahrnehmung der Konventionsgarantien die Eröffnung konkreter gerichtlicher Überprüfungen von Einzelfällen gesetzlichen Regelungen, die eine Abwägung antizipieren, vorzuziehen.

Eine solche Sichtweise ist dem BVerfG nicht fremd. Die ehemalige Verfassungsrichterin Seibert hat schon vor fünfzehn Jahren darauf hingewiesen, dass dem Gesetzgeber zwar ein Gestaltungsspielraum und eine Einschätzungsprärogative zukomme.[446] Es sei Aufgabe des Gesetzgebers, veränderten Verhältnissen und neuen Erkenntnissen Rechnung zu tragen. Eine gesetzliche Regelung werde der verfassungsrechtlichen Prüfung aber am ehesten standhalten, wenn sie differenzierende Lösungen für unterschiedliche Gegebenheiten zur Verfügung stellten, die genügend Raum lassen, um den Besonderheiten des Einzelfalles Rechnung zu tragen. Der Fall Zaunegger zeigt, dass das geltende Recht gerade nicht genügend Raum lässt, um den Besonderheiten des Einzelfalles Rechnung zu tragen.

Ein dauerhafter Gegensatz zwischen den Gerichten war nicht zu erwarten, denn das BVerfG hatte die verfassungsrechtliche Haltbarkeit des § 1626a BGB vom faktischen Gebrauch der Regelung durch die Bürger abhängig gemacht. So ist es dem BVerfG möglich, die sich wandelnden Realitäten ebenso zu berücksichtigen wie der EGMR. Die vorgenannte methodische Abhängigkeit der verfassungsrechtlichen Haltbarkeit des § 1626a BGB vom faktischen Gebrauch der Bürger ermöglicht dem BVerfG ohne weiteres, von früheren Argumentationslinien aus dem Jahr 2003 abzuweichen. Folglich überrascht die mit Beschluss des BVerfG vom 21.07.2010[447] festgestellte Verfassungswidrigkeit eines generellen Ausschlusses des nichtehelichen Vaters vom Sorgerecht im Falle mangelnder Zustimmung der Mutter in Verbindung mit einer fehlenden Möglichkeit der gerichtlichen Einzelfallüberprüfung nicht. Bemerkenswert ist jedoch, wie ausdrücklich das BVerfG sich auf die Ausführungen des EGMR bezieht und wie

445 Insoweit auch kritisch gegenüber der deutschen Rechtslage *Henrich,* Anm. zum Urteil des EGMR im Fall Zaunegger vom 03.12.2009, Nr. 22028/04, FamRZ 2010, 107, 108.

446 *Seibert* FamRZ 1995, 1457, 1563.

447 Beschluss des BVerfG vom 21.07.2010, Az. 1 BvR 420/09, Rn. 75 ff., FamRZ 2010, 1403, 1410.

deutlich das BVerfG die Argumentationen des EGMR übernimmt.[448] Die Entscheidung des BVerfG erging ganz offensichtlich unter dem starken Eindruck der Entscheidung des EGMR im Fall Zaunegger.

Die aktuellen Vorgaben des BVerfG an den Gesetzgeber, die Möglichkeit einer gerichtlicher Einzelfallprüfungen zu eröffnen, entsprechen den Vorgaben des EGMR im Fall Zaunegger. Sie stellen eine Annäherung der deutschen Verfassungsrechtssprechung an die generell einzelfallorientierte Sichtweise des EGMR dar.

bb) Europäische Tendenzen

Die Übersicht über gesetzliche Regelungen der gemeinsamen Sorge in anderen Mitgliedsstaaten bestätigt die Annahme des EGMR, in der Mehrzahl der Mitgliedsstaaten sei eine Entscheidung über die Zuweisung der elterlichen Sorge stets am Kindeswohl auszurichten und im Falle eines Konfliktes zwischen den Eltern sei eine gerichtliche Überprüfung der Zuweisung möglich.

In Deutschland, Österreich[449], Schweiz, Dänemark, Liechtenstein und Luxembourg ist zur Erlangung der gemeinsamen Sorge eine gemeinschaftliche Sorgeerklärung abzugeben. Es muss daher ein Konsens zwischen den Eltern bestehen. In England, Irland, Schweden, Norwegen und Finnland erhält zunächst die Mutter die alleinige Sorge. Der Vater kann die gemeinsame Sorge jedoch auf gerichtlichem Wege auch ohne Zustimmung der Mutter erlangen, wenn dies dem Kindeswohl entspricht. In den Ländern Spanien, Frankreich, Belgien, Bulgarien, Tschechien, Polen, Russland, Litauen und Italien besteht die gemeinsame Sorge bereits ab Geburt des Kindes kraft Gesetz. Eine gerichtliche Übertragung der Alleinsorge erfolgt auf Antrag und nach Überprüfung des Kindeswohls.

Mit der Forderung, die Möglichkeit einer gerichtlichen Überprüfung der Alleinsorge der Mutter unabhängig von deren Willen zu eröffnen, schließt sich der EGMR dem „Mittelweg" an. Dies erscheint angesichts einer offensichtlich zu-

448 Beschluss des BVerfG vom 21.07.2010, Az. 1 BvR 420/09, Rn. 56 f.; EGMR Fall Zaunegger Urt. v. 03.12.2009, Nr. 22028/04, FamRZ 2010, 103, 106; zur „Bereitschaft des Aufeinanderzugehens" *Hohmann-Dennhardt* FF 2011, 181, 182.

449 Inzwischen hat der EGMR auch die österreichische Rechtslage, nach der weder eine gerichtliche Überprüfung der Frage, ob die gemeinsame Sorge dem Wohl des Kindes entspricht, noch eine Überprüfung der Frage, ob im Falle einer kindeswohlschädlichen Ausübung der gemeinsamen Sorge, die Übertragung der alleinigen Sorge auf die Mutter oder den Vater dem Kindeswohl am besten entspricht, vorgesehen ist, wegen Verstoßes gegen Art. 14 i.V.m. Art. 8 I EMRK für konventionswidrig erklärt. Der EGMR verweist mehrmals ausdrücklich auf den Fall Zaunegger, vgl. EGMR Fall Sporer Urt. v. 03.02.2011, Nr. 3537/03, Rn. 83, 85, 87, 88, 90 f.

nehmenden Tendenz zur originären gemeinsamen Sorge in Europa nicht unangemessen.

cc) Gesetzliche Neuregelung

Ein Vorteil der derzeit geltenden deutschen Regelung ist die Rechtsklarheit für alle Beteiligten. Darüber hinaus werden Auseinandersetzungen über das Sorgerecht, die für alle Beteiligten belastend sein können, vermieden. Der große Nachteil ist ein massiver Eingriff in das Elternrecht des nichtehelichen Vaters und eine Typisierung, die im Einzelfall – wie im Fall Zaunegger ersichtlich – das Kindeswohl verfehlen kann. Der Vorteil einer gesetzlich vorgeschriebenen originären gemeinsamen Sorge ist die Erschaffung eines Leitbildes gleichberechtigt ausgeübter Elternverantwortung, die im Gesetz verankert ist. Eine solche gesetzliche Regelung kann Eltern Orientierung geben und eine positive gesellschaftliche Entwicklung fördern.[450]

(1) Regelungsalternativen

Für eine Neuregelung sind drei Regelungsmodelle denkbar.[451] Das Modell 1 beinhaltet die generelle gesetzliche Zuweisung des gemeinsamen Sorgerechts an beide rechtliche Eltern ohne besondere Voraussetzungen mit einer dem § 1671 BGB vergleichbaren gerichtlichen Korrekturmöglichkeit zugunsten der Alleinsorge eines Elternteils (sog. „Widerspruchslösung" oder „große Lösung"). Dies wäre die weitestgehende Alternative. Weniger pauschal und mehr auf elterlichen Konsens angelegt wäre im Modell 2 eine gemeinsame Sorge kraft Gesetz bei Indizien für die Bereitschaft zur Übernahme von Elternverantwortung wie Zusammenlebenden der Eltern oder bei beiderseitigen Sorgeerklärungen. Liegt keine dieser Voraussetzungen vor, kommt der Mutter die Alleinsorge zu. Es besteht jedoch eine Korrekturmöglichkeit zugunsten gemeinsamer Sorge oder Alleinsorge des Vaters (sog. „Mischlösung"). Das Modell 3 sieht bei fehlenden Sorgeerklärungen die originäre Alleinsorge der Mutter mit einer erleichterten gerichtlichen Korrekturmöglichkeit (z.B. analog § 1696 BGB bei „triftigen Gründen")

---

450 *Coester* FPR 2005, 60, 63; *Humphrey* FamRZ 2003, 578, 583; zum negativen Effekt der Förderung struktureller Verantwortungslosigkeit bei Vätern durch Vorenthaltung elterlicher Entscheidungskompetenzen: *Richter* FPR 2004, 484, 485; vgl. auch Kommentar Spiegel online vom 04.12.2009 von Claudia Voigt „Schluss mit Mutti", www.spiegel.de/panorama/gesellschaft.

451 *Coester* NJW 2010, 482, 483; ders. FamRZ 2007, 1137, 1139 ff.; ders. FPR 2005, 60, 62 ff.; *Coester*/Staudinger § 1626a BGB Rn. 8, m.w.N.; *Altrogge* FamFR 2010, 73, 76; diess. FPR 2008, 154, 157; *Löhnig* FamRZ 2010, 338, 339 ff.; *Luthin* FamRZ 2010, 1410, 1411.

zugunsten einer gemeinsamen Sorge oder Alleinsorge des Vaters auch gegen den Willen der Mutter vor (sog. „Antragslösung“ oder „kleine Lösung“).

(2) Studienergebnisse und Regelungsvorschlag der Justizministerin

Inzwischen liegen die Ergebnisse der vom Justizministerium in Auftrag gegebenen Studie „Gemeinsames Sorgerecht nicht miteinander verheirateter Eltern“ des Jugendinstitutes und auch ein Kompromissvorschlag der Bundesjustizministerin Sabine Leutheusser-Schnarrenberger zur gesetzlichen Regelung des Sorgerechts von Vätern nichtehelicher Kinder vor.[452] Die Studie hat ergeben, dass sehr unterschiedliche Motive hinter der Entscheidung nicht verheirateter Eltern für oder gegen ein gemeinsames Sorgerecht stehen. Insbesondere bei zusammenlebenden Paaren würde nur eine Minderheit nicht die gemeinsame Sorge erklären. Dies geschehe überwiegend aus nicht kindeswohlrelevanten Gründen. Häufig erscheine die Erklärung den Betroffenen zu bürokratisch oder werde aufgeschoben oder die Eltern seien nicht ausreichend informiert. Es komme auch vor, dass Mütter das gemeinsame Sorgerecht ablehnen, um im Fall der Trennung allein entscheiden zu können. Zusammenlebende Paare mit einem gemeinsamen Sorgerecht weisen eine bessere Kooperation auf. Diese sei eher der Grund für die Abgabe der Sorgeerklärungen, nicht das Resultat der gemeinsamen Sorge. Insofern wird davon abgeraten, das gemeinsame Sorgerecht mit überhöhten Erwartungen zu überfrachten. Es sei vielmehr so, dass die Tragfähigkeit der Partnerschaft eine zentrale Bedeutung als Garant für eine verlässliche Kooperationsbasis habe.[453] Im Falle von Paaren, die bei der Geburt des Kindes nicht zusammengelebt haben oder keine Partnerschaft hatten, seien mehr Hinweise auf Belastungen und problematische Konstellationen zu finden. Potentiell kindeswohlrelevanten Gründen würde hier eine stärkere Rolle zukommen. Die Autorinnen nennen hier als Ursachen stark wechselnde Verantwortungsübernahmen und ein Ignorieren kindlicher Bedürfnisse.[454] Hinsichtlich des Informationsstandes der Kindeseltern – insbesondere der Kindesväter – zum Thema Sorgerecht wurde festgestellt, dass dieser häufig verbesserungsbedürftig sei. Darüber hinaus komme dem Zeitpunkt der Abgabe der Sorgeerklärung einige Bedeutung zu. Wenn Eltern Sorgeerklärungen abgeben, geschehe dies häufig vor oder maximal zwei Monate nach der Geburt

---

452 Vorgezogener Endbericht für das Projekt „Gemeinsames Sorgerecht nicht miteinander verheirateter Eltern“ vom 30.11.2010, verfügbar unter www.bmj.de/SharedDocuments/Downloads/DE/pdfs/Endbericht_Sorgerecht_final.html sowie Kurzmeldung des BMJ vom 03.02.2011 „Sorgerecht – Kompromissvorschlag und Forschungsergebnisse“, verfügbar unter www.bmj.de/SharedDocuments/Kurzmeldungen/DE/2011/20110203.html.

453 Endbericht *Jurczyk/Walper*, S. 352, 355.

454 Endbericht *Jurczyk/Walper*, S. 353.

des gemeinsamen Kindes. Sie empfehlen daher ein Beratungsangebot – insbesondere für die Väter – schon vor der Geburt des Kindes sicherzustellen.[455] Die Studie kommt zu dem Ergebnis, dass es angemessen erscheine, ein gemeinsames Sorgerecht für zusammenlebende Paare ab der Geburt des Kindes – ggf. je nach Dauer des Zusammenlebens – einzurichten. Für diese Eltern dürfte die generelle Zuweisung des gemeinsamen Sorgerechts zu einer Entlastung führen, da ein bürokratischer Aufwand entfalle. Von einer generellen Zuweisung des gemeinsamen Sorgerechts auch für getrennt lebende Kindeseltern oder Eltern, die nicht in einer Partnerschaft leben, wird dagegen abgeraten.[456]

Der dreistufige Kompromissvorschlag der Bundesjustizministerin Sabine Leutheusser-Schnarrenberger zur gesetzlichen Neuregelung des gemeinsamen Sorgerechts nicht miteinander verheirateter Kindeseltern sieht vor, dass das alleinige Sorgerecht zunächst originär der Kindesmutter zukommen soll (erste Stufe). Ist die Vaterschaft geklärt und macht der Vater mit einer Sorgeerklärung deutlich, dass er für das Kind Verantwortung übernehmen will, entsteht das gemeinsame Sorgerecht, wenn die Kindesmutter dem nicht innerhalb von acht Wochen widerspricht (zweite Stufe). Der Vater kann nun einen Antrag auf gerichtliche Klärung der Sorgerechtsfrage stellen (dritte Stufe).

(3) Diskussion und eigener Regelungsvorschlag

Im Anschluss an die Entscheidung des EGMR haben sich viele Stimmen gefunden, die das *Modell 1*, das originäre gemeinsame Sorgerecht, bevorzugen.[457] Zur Begründung wird auf die gesellschaftliche Entwicklung hingewiesen. Die Zahl nichtehelicher Geburten nehme stetig zu, aber nur in 45% der nichtehelichen Geburten werde eine Sorgeerklärung abgegeben. Rechtspolitisch sei es wünschenswert, beide Eltern – auch die Väter – in die „Sorgepflicht" zu nehmen.[458] Erneut wird darauf hingewiesen, dass die Beteiligung des Vaters an der gemeinsamen Sorge von Geburt des nichtehelichen Kindes an zu einer Stärkung der familiären Beziehungen zwischen Vater und Kind führen würde. Der Eintritt der elterlichen Sorge stelle zugleich einen gesellschaftlichen Appell an den Vater dar, sich nicht nur auf die Rolle des Zahlvaters zu beschränken, sondern echte familiäre Verpflichtungen gegenüber dem Kind zu übernehmen. Die Auswirkungen rechtli-

455 Endbericht *Jurczyk/Walper*, S. 354.
456 Endbericht *Jurczyk/Walper*, S. 352 f.
457 *Löhnig* FamRZ 2010, 338, 341; *Willutzki* ZKJ 2010, 86, 89; nicht ganz eindeutig *Coester* NJW 2010, 482, 483 („wünschenswert, dass auch diese Alternative in die Überlegungen einbezogen und sachlich abgewogen würde").
458 *Löhnig* FamRZ 2010, 338, 340 unter Verweis auf *Coester* FamRZ 2007, 1137, 1138.

cher Vorgaben auf die Ausgestaltung menschlicher Beziehungen sollte nicht unterschätzt werden.[459]

Voraussetzung für alle drei Modelle ist, dass die rechtliche Vaterschaft des nichtehelichen Vaters rechtsverbindlich feststeht, sei es durch Anerkennung oder durch gerichtliche Feststellung (§§ 1592 Nr. 2, 1592 Nr. 3 i.V.m. § 1600d BGB). Nachvollziehbar wird vor der Gefahr gewarnt,[460] die Einführung einer gemeinsamen Sorge auch gegen den Willen der Mutter ohne vorherige gerichtliche Entscheidung („große Lösung") könnte eine zukünftige Verweigerung nichtehelicher Mütter bei der Zustimmung zur Vaterschaftsanerkennung zur Folge haben. Denn so würden die betroffenen Mütter versuchen, einer aus ihrer Sicht „aufgedrängten" gemeinsamen Sorge zu entgehen. An dieser Stelle ist jedoch zu beachten, dass die Gefahr eines pflichtwidrigen Verhaltens der Mütter keine Rechtfertigung für die Einschränkung von Kindes- und Vaterrechten sein darf.[461] Weiterhin wird darauf hingewiesen, dass die „große Lösung" insofern problematisch sei, als sie dazu führe, dass den Müttern zugemutet werde, in einer emotional schwierigen Phase unmittelbar nach der Geburt aktiv zu werden, wenn sie das Sorgerecht des Vaters nicht wolle.[462]

Der Hinweis, im Falle einer Entscheidung des Gesetzgebers gegen die „große Lösung" bestehe die Gefahr, dass Deutschland innerhalb weniger Jahre im europäischen Vergleich erneut in der Schlussgruppe zu finden sei und seine gesetzliche Neuregelung nachbessern müsse, kann von der Verfasserin nicht nachvollzogen werden. Selbst wenn sich der deutsche Gesetzgeber für das Modell 3 entscheiden sollte – was als durchaus wahrscheinlich erachtet wird[463] – würde er damit, wie bereits dargestellt, immer noch den Vorgaben des EGMR gerecht.[464] Der vorstehend vorgenommene Rechtsvergleich zeigt, dass Deutschland sich mit einer Regelung nach dem *Modell 3* im „europäischen Mittelfeld" befinden würde.

Das *Modell 2* erfährt zwar Bestätigung der vom Bundesjustizministerium in Auftrag gegebenen Studie. Danach wird ein originäres gemeinsames Sorgrecht für zusammenlebende Paare empfohlen, um für eine Vermeidung bürokratischen

---

459 *Willutzki* ZKJ 2010, 86, 89 unter Verweis auf die Leitbildfunktion der gemeinsamen Sorge nach Trennung und Scheidung der Eltern (§ 1671 II Nr. 2 BGB), die dazu geführt hat, dass die Mehrzahl der Eltern nach der Trennung an der gemeinsamen Sorge beibehält; auch *Altrogge* FamFR 2010, 73, 76, spricht von einer möglichen „Signalwirkung".

460 *Altrogge* FamFR 2010, 73, 76.

461 So auch Staudinger/*Coester* § 1672 BGB Rn. 10.

462 *Luthin* FamRZ 2010, 1410, 1411.

463 *Coester* NJW 2010, 482, 483.

464 So auch *Schumann* FF 2010, 222, 229, die für Modell 3 plädiert und feststellt, dass die originäre Zuweisung der elterlichen Sorge an einen Elternteil solange verfassungs- und konventionsgemäß ist, wie der andere Elternteil eine reelle Chance auf Teilhabe hat.

Aufwands zu sorgen.[465] Gegen das *Modell 2* spricht jedoch, dass Indizien für die Bereitschaft der Übernahme von Elternverantwortung, wie das Bestehen einer faktischen Lebensgemeinschaft, nur schwerlich eindeutig bestimmbar sind.[466] Allein das Kriterium eines gemeinsamen Haushalts von Mutter und Vater zum Zeitpunkt der Geburt des Kindes wäre ein eindeutig zu bestimmender Anknüpfungspunkt, betrifft aber nicht alle nichtehelichen Familienbeziehungen, für die eine gemeinsame Sorge in Frage kämen. Letztlich würde es sich bei einer solchen gesetzlichen Regelung jedoch erneut um eine antizipierte Abwägung des Gesetzgebers handeln. Die verbleibende Korrekturmöglichkeit im Einzelfall führt zur gleichen Situation wie die Ausgangssituation in *Modell 3*.

Die erheblichen Vorteile des *Modell 3* liegen in der Berücksichtigung der unterschiedlichen Lebensverhältnisse, in die nichteheliche Kinder hineingeboren werden und der Tatsache, dass es Väter gibt, die ihren Kindern völlig interesselos gegenüberstehen oder deren Teilhabe am Sorgerecht sogar kindeswohlschädlich wäre. Im familienrechtlichen Alltag ist immer noch häufig zu beobachten, dass aus der Anerkennung der Vaterschaft nicht generell auf eine Bereitschaft des Vaters zur Verantwortungsübernahme, auf ein Interesse des Vaters an der Ausübung einer gemeinsamen Sorge und auf eine tragfähige Beziehung der Eltern geschlossen werden kann, die eine konfliktfreie Ausübung des Sorgerechts gewährleistet. Das *Modell 3* berücksichtigt die Kindeswohlbelange im Einzelfall bevor eine gemeinsame Sorge übertragen wird und es entspricht mit der erleichterten Korrekturmöglichkeit im Zuge einer gerichtlichen Einzelfallprüfung sowohl den Vorgaben des EGMR als auch denen des BVerfG. Darüber hinaus dürfte schon die Antragslösung zu einem Anstieg der „Erklärungsfreudigkeit" der betroffenen Mütter nichtehelicher Kinder hinsichtlich einer gemeinsamen Sorgeerklärung führen. Denn in der anwaltlichen oder jugendamtlichen Beratung wird den betroffenen Müttern nichtehelicher Kinder in Anbetracht der erleichterten gerichtlichen Korrekturmöglichkeit die Abgabe einer gemeinsamen Sorgeerklärung grundsätzlich anzuraten sein, soweit keine dem Kindeswohl widersprechenden Gründe für eine Nichtabgabe vorliegen.

Der Kompromissvorschlag des Bundesjustizministeriums ist eine Variante des Modell 3. Das Sorgerecht liegt primär bei der Kindesmutter. Ein gemeinsames Sorgerecht kann durch einseitige Sorgeerklärung des Kindesvaters enstehen, wenn die Kindesmutter nicht binnen der Widerspruchsfrist von acht Wochen Bedenken äußert. In diesem Falle kann der Kindesvater einen Antrag zur gerichtlichen Klärung beim Familiengericht stellen. Der Regelungsvorschlag er-

465 Endbericht *Jurczyk/Walper*, S. 352 f.

466 *Löhnig* FamRZ 2010, 338, 340; *Coester* FamRZ 2007, 1137, 1141 f.; Kinderrechtekommission des Deutschen Familiengerichtstages ZKJ 2011, 130, 132.

scheint in Anbetracht der Studienergebnisse wenig praxistauglich. Die Autorinnen der Studie weisen auf einen teilweise defizitären Informationsstand der Kindeseltern – insbesondere der Kindesväter – hin. Sie empfehlen außerdem grundsätzlich einen Abbau der bürokratischen Hürden für die Kindeseltern. Ein Zwischenschalten des fristgebundenen Widerspruchs, der letztendlich doch zum gerichtlichen Verfahren führt, erscheint als ein Mehr an Bürokratie und im Ergebnis überflüssig. Die Kinderrechtekommission des Deutschen Familiengerichtstages befürchtet sogar, dass die Fristenregelung viele Mütter, die in Bezug auf die Ausübung der gemeinsamen Sorge mit dem Kindesvater Furcht vor einem Rechtsverlust haben, zum Widerspruch drängen könnte. Ohne die Fristenregelung hätten diese Mütter vielleicht zunächst abgewartet, wie die Ausübung des gemeinsamen Sorgrechts tatsächlich funktioniert.[467] Die Kinderrechtekommission schlägt ihrerseits vor, ein gemeinsames Sorgerecht der Kindeseltern nach einseitiger Sorgeerklärung des Kindesvaters entstehen zu lassen. Diese Regelung solle verbunden werden mit einer familiengerichtlichen Kontrolle auf Antrag der Kindesmutter entsprechend § 1671 II Nr. 2 BGB. Diese Regelung komme zum gleichen Ergebnis, sei strukturell einfacher und für die Bevölkerung leichter zu vestehen.[468]

Der Kommissionsvorschlag erscheint der Verfasserin gegenüber dem *Modell 3* und auch dem Kompromissvorschlag der Bundesjustizministerin vorzugswürdig. Es verbleibt zunächst beim originären Alleinsorgerecht der Kindesmutter. Die einseitige Sorgeerklärung ermöglicht es tatsächlich verantwortungsbereiten Vätern unabhängig vom Willen der Kindesmutter und ohne die Anstrengung eines gerichtlichen Verfahrens, ein gemeinsames Sorgerecht einseitig entstehen zu lassen. Damit geht der Vorschlag weiter als *Modell 3* und auch über die Vorgaben des BVerfG und des EGMR hinaus.

Das Erfordernis der Sorgeerklärung des Kindesvaters und die Möglichkeit der gerichtlichen Überprüfung führen dazu, dass Väter, die ihren Kindern völlig interesselos gegenüberstehen oder deren Teilhabe am Sorgerecht sogar kindeswohlschädlich wäre, entweder durch Unterlassen der Sorgeerklärung erst gar kein gemeinsames Sorgerecht erlangen oder die Alleinsorge vom Gericht wieder auf die Mutter übertragen werden kann, wenn dies aus kindeswohlrelevanten Gründen notwendig ist. Die Möglichkeit eines gerichtlichen Antrages der Kindesmutter zur Überprüfung der Vereinbarkeit der Ausübung gemeinsamen Sorge mit dem Kindeswohl stellt sicher, dass eine gemeinsame Sorge nur aus kindeswohlrelevanten Gründen abgelehnt und die Ausübung der gemeinsamen Sorge

467 Kinderrechtekommission des Deutschen Familiengerichtstags ZKJ 2011, 130, 131; ähnlich kritisch auch *Huber/Möll* FamRZ 2011, 765, 771.

468 Kinderrechtekommission des Deutschen Familiengerichtstags ZKJ 2011, 130, 132.

im Einzelfall unter Kindeswohlgesichtspunkten gerichtlich überprüft werden kann. Die Regelung korrespondiert außerdem mit den gesetzlichen Regelungen zum Getrenntleben bei gemeinsamer elterlicher Sorge nach § 1671 BGB und führt so zu einer Gleichbehandlung verheirateter und unverheirateter Kindeseltern sowie ehelicher und nichtehelicher Kinder. Etwaige Konventionsverstöße oder Grundrechtsverletzungen infolge von Ungleichbehandlungen und Diskriminierungen nicheheliche Kinder und deren Väter wären nicht mehr zu befürchten.

Auch der Prüfungsmaßstab ist nun für verheiratete und nicht verheiratete Väter der Gleiche. Der Vater eines nichtehelichen Kindes muss nicht darlegen, dass die Ausübung der gemeinsamen Sorge dem Kindeswohl am besten entspricht, sondern die antragstellende Mutter muss darlegen, dass die Übertraguung der Alleinsorge auf sie dem Kindeswohl am besten entspricht.

Die entsprechende Umformulierung des bisherigen § 1626a BGB und die Neueinfügung eines § 1671a BGB könnten nach Ansicht der Verfasserin folgendermaßen aussehen:

§ 1626a BGB Elterliche Sorge nicht miteinander verheirateter Eltern; Einseitige Sorgeerklärung

(1) Sind Eltern bei Geburt des Kindes nicht miteinander verheiratet, so steht ihnen die elterliche Sorge dann gemeinsam zu, wenn
1. der Vater des Kindes erklärt, dass er die gemeinsame Sorge mit übernehmen will (einseitige Sorgeerklärung),
2. sie einander heiraten.
(2) Im Übrigen hat die Mutter die elterliche Sorge.

§ 1671a BGB Gerichtliche Überprüfung gemeinsamer elterlicher Sorge nicht miteinander verheirateter Eltern

(1) Im Falle der gemeinsamen Sorge nicht miteinander verheirateter Eltern kann die Mutter beantragen, dass ihr das Familiengericht die elterliche Sorge oder einen Teil der elterlichen Sorge allein überträgt.
(2) Dem Antrag ist stattzugeben, soweit
1. der Vater zustimmt, es sei denn, dass das Kind das vierzehnte Lebensjahr vollendet hat und der Übertragung widerspricht, oder
2. zu erwarten ist, dass die Aufhebung der gemeinsamen Sorge und die Übertragung auf die Mutter dem Wohl des Kindes am besten entspricht.
(3) Dem Antrag ist nicht stattzugeben, soweit die elterliche Sorge auf Grund anderer Vorschriften abweichend geregelt werden muss.

Im Übrigen wäre auch § 1672 I BGB entsprechend den Vorgaben des BVerfG[469] dahingehend abzuändern, dass das Familiengericht dem Vater auf Antrag eines Elternteils die elterliche Sorge unabhängig vom Willen der Mutter überträgt, wenn eine gemeinsame elterliche Sorge nicht in Betracht kommt und zu erwarten ist, dass dies dem Kindeswohl am besten entspricht. Der strengere, vom BVerfG vorgegebene Prüfungsmaßstab „dem Kindeswohl am besten entspricht" steht zwar nicht in Einklang mit der Tendenz, die hohe Hürde der Kindeswohldienlichkeit für eine Sorgerechtsübertragung auf den nichtehelichen Vater in bestimmten Konstellationen abzusenken.[470] In der Fachliteratur wird die Formulierung „dem Kindeswohl am besten entspricht" als „Best-Variante" bezeichnet. Für diese ist eine optimale Relation zwischen Bedürfnislage und Lebensbedingungen des Kindes erforderlich. Die Formulierung „dem Kindeswohl entspricht" wird als „Genug-Variante" bezeichnet. Im Rahmen dieser Variante wird keine Optimalität angestrebt. Es genügt eine günstige, entwicklungsförderliche Relation von Bedürfnissen und Lebensbedingungen des Kindes.[471] Die Verwendung der „Best-Variante" für eine Neuregelung des § 1672 I BGB erscheint der Verfasserin an dieser Stelle jedoch vorzugswürdig. Der strengere Prüfungsmaßstab trägt dem Umstand Rechnung, dass der Sorgerechtswechsel von der Mutter zum Vater einen schwerwiegenden Eingriff in ihr Elternrecht darstellt und auch für das Kind mit gegebenefalls erheblichen Auswirkungen verbunden sein kann.[472] Würde der Gesetzgeber die Formulierung der „Best-Variante" nicht nur wie bisher in § 1671 II Nr. 2 BGB, sondern auch für die neuformulierten § 1671a II Nr. 2 BGB und § 1672 I BGB verwenden, wäre auf diesem Weg ein einheitlicher Kindeswohlprüfungsmaßstab für alle, die Übertragung der alleinigen elterlichen Sorge betreffenden gesetzlichen Regelungen gewährleistet. Der entsprechende Regelungsvorschlag der Verfasserin zu § 1672 I BGB lautet wie folgt:

§ 1672 BGB Getrenntleben bei elterlicher Sorge der Mutter

(1) Leben die Eltern nicht nur vorübergehend getrennt und steht die elterliche Sorge nach § 1626a Abs. 2 BGB der Mutter zu, so kann der Vater beantragen, dass ihm das Familiengericht die elterliche Sorge oder einen Teil der elterlichen Sorge allein überträgt. Dem Antrag ist statt zu geben, wenn die Ausübung der

469 BVerfG FamRZ 2010, 1403, 1410.

470 Vgl. die Ausführungen zu Konstellationen, in denen die elterliche Sorge der Mutter ruht oder der nichteheliche Vater die elterliche Sorge für das Kind bereits in tatsächlicher Hinsicht wahrnimmt unter Teil F I. 2. b) aa) (2).

471 Vgl. *Dettenborn* (2007), S. 54 f.

472 Vgl. Beschluss des BVerfG vom 21.07.2010, Az. 1 BvR 420/09, Rn. 66 f., FamRZ 2010, 1403, 1409 f.

gemeinsamen elterlichen Sorge nicht in Betracht kommt und zu erwarten ist, dass die Übertragung der alleinigen elterlichen Sorge auf den Vater dem Kindeswohl am besten entspricht.

dd) Übergangszeit bis zur Neuregelung

Vor der Entscheidung des BVerfG vom 21.07.2010 stellte sich die Frage, wie deutsche Familiengerichte in ähnlich gelagerten Fällen wie dem Fall Zaunegger im Rahmen des geltenden Rechts entscheiden könnten, ohne gegen die EMRK und damit gegen das GG zu verstoßen. Die EMRK hat den Rang eines einfachen Bundesgesetzes. Sie bildet jedoch eine Auslegungshilfe für die Bestimmung von Inhalt und Reichweite der Grundrechte. Deshalb sind die deutschen Gerichte verpflichtet, die konventionskonforme Auslegung vorrangig zu behandeln, soweit dies mittels Auslegungs- und Abwägungsspielräumen möglich ist.

Wie im Fall Zaunegger festgestellt,[473] war es den deutschen Gerichten im Rahmen des geltenden Rechts nicht möglich, anders zu entscheiden als in eben diesem Fall. Das Gesetz sieht eine gerichtliche Möglichkeit der Überprüfung der Alleinsorge der Mutter gegen deren Willen bisher nicht vor. Ermessensspielräume bestehen gemäß §§ 1626a, 1672 BGB nicht. Einzig denkbarer Ansatzpunkt für eine konventionskonforme Auslegung des geltenden Rechts bot die Regelung für Altfälle vor dem 01.07.1998 gemäß Art. 224 § 2 III EGBGB.[474] Diese sieht vor, dass im Falle nicht miteinander verheirateter Eltern, die längere Zeit in häuslicher Gemeinschaft gemeinsam die elterliche Verantwortung für das Kind getragen haben, das Familiengericht auf Antrag eines Elternteils die Sorgeerklärung des anderen Elternteils gemäß § 1626a BGB zu ersetzen hat, wenn die gemeinsame elterliche Sorge dem Kindeswohl dient. Ein Familienrichter, der in einem dem Fall Zaunegger ähnlichen Fall keine konventionswidrige Entscheidung fällen möchte, es nach geltendem Recht aber müsste, hätte diese Regelung möglicherweise konventionskonform dahingehend auslegen können, dass sie nicht nur für Altfälle vor dem 01.07.1998, sondern ohne zeitliche Einschränkung anzuwenden ist. Eine analoge Anwendung der Vorschrift setzt eine Gesetzeslücke voraus. Diese Gesetzeslücke findet sich in dem dargelegten Spannungsfeld zwischen gesetzlicher Regelung der gemeinsamen Sorge einerseits und den Anforderungen des EGMR andererseits. Es hätte demnach zwar keine Gesetzeslücke im Sinne einer planwidrigen Lücke, dafür aber eine Gesetzeslücke im Sinne eines schwerwiegenden Wertungswiderspruchs vorgelegen.[475]

---

473 Vgl. Fallananlyse zum Fall Zaunegger Teil D. VII. 4.

474 Vgl. auch *Hammer* Anm. zum EGMR Urteil im Fall Zaunegger, FamRZ 2010, 623 f.

475 *Hammer* Anm. zum EGMR Fall Zaunegger FamRZ 2010, 623, 624.

Hier wäre allerdings zu bedenken gewesen, dass auch Art. 224 § 2 III EGBGB die Kindeswohldienlichkeit als Voraussetzung einer Ersetzung der Sorgeerklärung nennt. Dies wurde vom BGH im Jahr 2008 noch als verfassungsgemäß angesehen.[476] Angesichts der Ausführungen des EGMR im Fall Zaunegger[477] dürfte die Annahme, eine gegen den Willen eines Elternteils erzwungene gemeinsame Sorge sei regelmäßig für das Kind mit mehr Nachteilen als Vorteilen verbunden, sodass in diesen Fällen keine Vermutung für eine Kindeswohldienlichkeit bestehe, nicht konventionskonform sein.[478]

Mit dem Beschluss des BVerfG vom 21.07.2010 haben sich all diese Überlegungen nun erübrigt.[479] Allerdings fordert das BVerfG weiterhin im Rahmen seiner vorläufigen Anordnung einer Übergangsregelung eine Kindeswohldienlichkeit der Sorgeübertragung. Denn eine Übertragung des gemeinsamen Sorgerechts soll erfolgen, soweit zu erwarten ist, dass dies dem Kindeswohl „entspricht". Eine Übertragung der Alleinsorge wird davon abhängig gemacht, dass eine gemeinsame elterliche Sorge nicht in Betracht kommt und zu erwarten ist, dass dies dem Kindeswohl „am besten entspricht". Wie bereits dargestellt, entspricht die vom BVerfG angeordnete Übergangsregelung damit nicht der aufkommenden Tendenz, die hohe Hürde der Kindeswohldienlichkeit für eine Sorgerechtsübertragung auf den nichtehelichen Vater herabzusetzen.[480]

In zwei Beschlüssen des OLG Brandenburg[481] und des OLG Hamm[482] kann die Anwendung der Übergangsregelung des BVerfG zu § 1672 I BGB – also der Übertragung nicht nur der gemeisamen, sondern der alleinigen Sorge bzw. Teilen davon auf den Kindesvater durch deutsche Gerichte in Verfahren des einstweiligen Rechtsschutzes – beispielhaft betrachtet werden. Die Kindesmütter waren allein sorgeberechtigt nach § 1626a II BGB. Die Gerichte übertrugen auf Antrag der nicheheIichen Väter im Wege der einstweiligen Anordnung das allei-

476 BGH FamRZ 2008, 251.

477 EGMR Fall Zaunegger Urt. v. 03.12.2009, Nr. 22028/04, Rn. 59, FamRZ 2010, 103, 105.

478 *Löhnig* FamRZ 2010, 338, 339.

479 Beschluss des BVerfG vom 21.07.2010, Az. 1 BvR 420/09, Rn. 75 ff., FamRZ 2010, 1403, 1410.

480 Vgl. Teil F I. 2. b) aa) (2) jedenfalls in Fällen in denen die elterliche Sorge der Mutter ruht oder der nichteheliche Vater die elterliche Sorge für das Kind bereits in tatsächlicher Hinsicht wahrnimmt.

481 Anm. *Rixe* zum Beschluss des OLG Brandenburg v. 20.08.2010, Az. 10 WF 187/10, FamFR 2010, 426: Übertragung Bestimmungsrecht bzgl. Schulbesuch im Wege der einstweiligen Anordnung.

482 Anm. *Beger-Oelschlegel* zum Beschluss des OLG Hamm v. 07.10.2010, Az. 2 WF 211/10, FamFR 2010, 525: Bestätigung der familiengerichtlichen Entscheidung, dem nichtehelichen Kindesvater im Wege der einstweiligen Anordnung das Aufenthaltsbestimmungsrecht zu übertragen.

nige Sorgerecht teilweise auf die nicheheIichen Väter, da eine gemeinsame Sorge nicht in Betracht kam und die Übertragung der alleinigen Sorge dem Kindeswohl am besten entsprach. In zwei weiteren Entscheidungen des OLG Brandenburg[483] und des OLG Naumburg[484] kamen die Gerichte unter Anwendung der Übergangsregelung nach Prüfung der Kriterien des § 1672 I BGB zu dem Ergebnis, dass weiterhin die Kindesmutter die alleinige elterliche Sorge innehaben sollte.

Ausführungen zu den Voraussetzungen der Übertragung der gemeinsamen Sorge sind einem Beschluss des OLG Brandenburg[485], einem Beschluss des OLG Rostock[486] sowie einem Beschluss des AG Karlsruhe[487] zu entnehmen. Bei der Beurteilung der Auswirkung der Übertragung der gemeinsamen Sorge wird spiegelbildlich auf die Kriterien zurückgegriffen, welche die Rechtsprechung zur Aufhebung der gemeinsamen Sorge nach § 1671 II Nr. 2 BGB entwickelt hat. Immer dann, wenn bei unterstellter gemeinsamer Sorge deren Aufhebung dem Kindeswohl am besten entsprechen würde, entspricht die Begründung der gemeinsamen Sorge nicht dem Wohl des Kindes. Es ist ein Mindestmaß an Übereinstimmung zwischen den Eltern erforderlich.

ee) Starke europäische Einflussnahme auf das deutsche Familienrecht

Das Familienrecht ist immer „ein Spiegel der sozialen Wirklichkeit“[488]. Weder der deutsche Gesetzgeber noch das BVerfG werden sich gegen eine Gesetzesänderung sperren, solange sie dem Vorrang des Kindeswohls gerecht wird. Das BVerfG hat seine Position mit dem Beschluss vom 21.07.2010 deutlich gemacht. Es hat sich dem EGMR hinsichtlich der Bewertung der derzeit geltenden gesetzlichen Regelungen und sogar in Bezug auf die Argumentation angeschlossen. Das Urteil des EGMR im Fall Zaunegger hat eine jahrelange Diskussion ins öf-

483 Anm. *Schmid* zum Beschluss des OLG Brandenburg v. 12.08.2010, Az. 10 UF 109/10, FamFR 2010, 451: Die Übertragung der elterlichen Sorge auf den Vater hätte dem Kindeswohl nicht am besten entsprochen. Beide Eltern waren gleichermaßen erziehungsgeeignet und bindungstolerant. Für den Verbleib des Kindes bei der Mutter war letztlich die Bindung des Kindes an seine Stiefschwester maßgebend.

484 Beschluss des OLG Naumburg vom 12.08.2010, Az. 8 UF 56/10, FamRZ 2010, 1918, 1919: Die Übertragung der elterlichen Sorge auf den Vater hätte dem Kindeswohl nicht am besten entsprochen. Die Kooperationsbereitschaft zwischenden Kindeseltern fehlte völlig. Die Kontinuität sprach für die Mutter, die das Kind seit 10 Jahren allein versorgt. Gründe des Kindeswohls für die Ausübung einer gemeinsamen Sorge hatte der Kindesvater nicht dargelegt.

485 Beschluss des OLG Brandenburg vom 23.03.2011, Az. 10 UF 2/11, ZKJ 2011, 389, 390 mit Anm. *Heilmann*.

486 Beschluss des OLG Rostock vom 11.02.2011, Az. 10 WF 39/10, FamRZ 2011, 1660, 1661.

487 Beschluss des AG Karlsruhe vom 01.07.2011, Az. 4 F 415/10, FF 2011, 466, 467.

488 *Frank* FamRZ 2004, 841, 846.

fentliche Bewusstsein gerückt. Dies und die kurz darauf folgende Entscheidung des BVerfG bewirken einen Handlungsdruck auf den deutschen Gesetzgeber. Die europäischen Einflüsse auf das deutsche Familienrecht werden an dieser Stelle besonders deutlich.

3. Die Rechtstellung des biologischen Vaters

a) Der Schutz des leiblichen Vaters

aa) Der Schutz des Familienlebens im Rahmen des Art. 8 I EMRK für den leiblichen Vater in der neueren Rechtsprechung des EGMR

Nach der Rechtsprechung des EGMR in den Fällen Keegan und Görgülü begründet der Schutz des Familienlebens gemäß Art. 8 EMRK das Recht, aufgrund rein biologischer Verwandtschaft soziale familiäre Bindungen zu entwickeln, wenn das Kind aus einer auf Dauer angelegten Beziehung der Eltern hervorgegangen ist. Dass sich die Eltern bereits vor der Geburt getrennt haben, ist dafür unerheblich.[489]

Im Fall Lebbink weist der Gerichtshof ausdrücklich darauf hin, dass allein die biologische Vaterschaft ohne weitere rechtliche oder faktische Elemente nicht ausreiche, um die Existenz einer nahen persönlichen Beziehung zu indizieren, die den Voraussetzungen genügt, um den Schutzbereich des Art. 8 I EMRK zu eröffnen.[490] Derartige Indikatoren können neben dem Charakter der früheren Beziehung zwischen Kindesmutter und leiblichem Vater das offensichtliche Interesse und Engagement des leiblichen Vaters gegenüber dem Kind vor und nach dessen Geburt, wie etwa wiederholte Bemühungen um Umgangskontakte, sowie sein Bekenntnis zu dem Kind, wie eine gerichtliche Feststellung der Vaterschaft, sein.[491] Diese Grundsätze hat der EGMR in seinen Entscheidungen zu den Fällen Anayo und Schneider bestätigt. Darüber hinaus hat er festgestellt, dass auch ein beabsichtigtes Familienleben ausnahmsweise vor allem dann unter Art. 8 I EMRK fallen kann, wenn der Umstand, dass das Familienleben noch nicht vollständig hergestellt ist, nicht dem leiblichen Vater zuzurechnen ist.[492]

489 Vgl. Fallanalyse zum Fall Görgülü Teil D. V. 4. a).

490 Fallanalyse zum Fall Lebbink Teil D. VI. 4., EGMR Fall Lebbink Urt. v. 01.06.2004, 45582/99, Rn. 37.

491 Vgl. Fallanalysen zu den Fällen Rozanski Teil E. II. 4., Hülsmann Teil E. IV. 4. und Zaunegger Teil D. VII. 4.

492 Vgl. Fallanalysen zum Fall Anayo Teil D. VIII. 4. und zum Fall Schneider Teil D. IX. 4.

Teilweise wird angenommen, aus dem Zusammenspiel der Entscheidungen Keegan und Lebbink sei herzuleiten, dass der EGMR für die Annahme eines von Art. 8 I EMRK geschützten Familienlebens neben der Abstammung zumindest das Potential zu einer tatsächlich gelebten Familienbeziehung fordert.[493]

bb) Der Schutz der Familie im Rahmen des Art. 6 GG für den leiblichen Vater in der Rechtsprechung des BVerfG

Art. 6 I GG schützt die Ehe und die Familie. Der Ehebegriff des Grundgesetzes orientiert sich an der bürgerlich-rechtlichen Ehe. Nichteheliche oder eheähnliche und gleichgeschlechtliche Lebensgemeinschaften ohne Kinder fallen nicht unter Art. 6 I GG. Der Familienbegriff bezieht sich wie die Ehe auf das bürgerlichrechtliche Institut der Familie. Als Familie wird „die umfassende Gemeinschaft zwischen Eltern und Kindern" verstanden. Darunter fallen eheliche, nichteheliche, Adoptiv-, Stief- und Pflegekinder. Unter dem Schutz von Art. 6 I GG steht auch das Zusammenleben nur eines Elternteils mit seinem Kind, auch wenn dieses nichtehelich sein sollte. Das geschützte Verhalten bezieht die Familiengründung und alle Bereiche des familiären Zusammenlebens mit ein. Die Familienmitglieder sind berechtigt, ihre Gemeinschaft nach innen in familiärer Verantwortlichkeit und Rücksicht frei zu gestalten.[494]

Das BVerfG erkennt eine im Rahmen des Art. 6 I GG schützenswerte familiäre Beziehung zwischen ausschließlich biologischem Vater und seinem Kind jedoch dann an, wenn bereits eine tatsächliche Beziehung besteht und der biologische Vater tatsächlich Verantwortung für das Kind übernommen hat. Denn eine „Familie" im Sinne des Art. 6 I GG ist für das BVerfG nur die tatsächliche Lebens- und Erziehungsgemeinschaft zwischen Kindern und Eltern, die für diese Verantwortung tragen. Dabei soll nicht maßgeblich sein, ob die Kinder von den Eltern abstammen und ob sie ehelich oder nichtehelich geboren wurden. Lebt das Kind mit beiden Eltern zusammen, bilden sie gemeinsam eine Familie. Ist dies nicht der Fall, tragen aber beide Eltern tatsächlich Verantwortung für das Kind, hat dieses zwei Familien, nämlich die mit der Mutter und die Familie mit dem Vater. Beide Familien sind von Art. 6 I GG geschützt.[495] Das BVerfG betont, dass Art. 6 I GG die Beziehung zwischen dem Kind und seinem Elternteil schützt, nicht das einzelne Familienmitglied für sich allein. Die Grundrechtsnorm könne deshalb dem Einzelnen nur dann ein Recht vermitteln, wenn dies

493 *Kielmansegg*, Archiv des Völkerrechts 2008, 273, 299.

494 *Jarass/Pieroth* Art. 6 GG Rn. 2 ff.; *Schlüter*, Rn. 3 ff.

495 BVerfG FamRZ 2003, 816, 822.

mit den Interessen des anderen, mit ihm verbundenen Familienmitglieds korrespondiert und dem Schutz der familiären Bindung dient.[496]

Das Elternrecht, welches nicht nur ein Grundrecht, sondern auch eine Pflichtbindung der Eltern darstellt, ist in Art. 6 II 1 GG niedergelegt. Es beinhaltet die freie Entscheidung über Pflege, also Sorge für das körperliche Wohl und die Erziehung, womit die seelische und geistige Entwicklung gemeint ist, die Bildung und Ausbildung der minderjährigen Kinder und die umfassende Verantwortung für die Lebens- und Entwicklungsbedingungen des Kindes. Grenzen ergeben sich aus der Pflichtbindung. Staatliche Maßnahmen, welche das Elternrecht im Verhältnis zum Kind beschränken und Beschränkungen im Verhältnis der Eltern untereinander, können Eingriffe in Art. 6 II 1 GG darstellen.[497] Träger des Elternrechts sind die Eltern. Dies gilt auch für die leiblichen Eltern nichtehelicher Kinder.[498]

So schützt Art. 6 II 1 GG das Interesse des leiblichen Vaters eines Kindes, die rechtliche Stellung als Vater einzunehmen. Die gesetzliche Ausgestaltung hinsichtlich Begründung und Inhalt familiärer Rechtsbeziehungen hat sich daran auszurichten, dass in der Regel den leiblichen Eltern eines Kindes auch die rechtliche Stellung als Eltern einzuräumen ist. Art. 6 II 1 GG enthält das Gebot, möglichst eine Übereinstimmung von leiblicher und rechtlicher Elternschaft zu erreichen. Dieses Gebot verlangt auch für solche Fälle bei Zweifeln an der Vaterschaft die Eröffnung eines Verfahrens, in dem die Vaterschaft überprüft und das Elternrecht gegebenenfalls rechtlich neu zugeordnet wird. Das BVerfG stellt insofern fest, dass Art. 6 II 1 GG auch dem biologischen Vater grundsätzlich einen verfahrensrechtlichen Zugang zum Elternrecht gewährleistet. Es räumt jedoch ein, dass Art. 6 II 1 GG nicht zu entnehmen ist, dass sich die leibliche stets gegenüber der rechtlichen Elternschaft durchsetzen muss. Zum Schutz der sozialen Familie ist der leibliche Vater in seinem rechtlichen Interesse, die rechtliche Stellung als Vater einzunehmen, nicht geschützt, wenn dem der Schutz einer familiären Beziehung zwischen dem Kind und seinen rechtlichen Eltern entgegensteht.[499]

cc) Bewertung

Der deutlichste Unterschied zwischen den Schutzbereichen des Art. 8 I EMRK und Art. 6 GG ist, dass Art. 8 I EMRK das Recht auf Familienleben nicht nur in

496 BVerfG FamRZ 2003, 816, 823.
497 *Jarass/Pieroth* Art. 6 GG Rn. 31 ff.
498 BVerfG FamRZ 1995, 789, 792.
499 BVerfG FamRZ 2003, 816, 820 f.

Bezug auf bereits bestehende Familien schützt. Er begründet auch ein Recht darauf, aufgrund biologischer Verwandtschaft soziale familiäre Beziehungen entwickeln zu können.

Auf den ersten Blick scheinen sich EGMR und BVerfG in ihrer Rechtsprechung anzunähern, da auch das BVerfG inzwischen den biologischen Vater unter der Voraussetzung einer sozial-familiären Beziehung zum Kind in den Schutzbereich des Art. 6 GG mit einbezieht. Im Rahmen des Art. 6 I GG ist der leibliche Vater geschützt, wenn er mit dem Kind zusammengelebt hat bzw. zusammen lebt und tatsächliche Verantwortung getragen hat bzw. trägt. Art. 6 II GG schützt das Interesse des biologischen Vaters, die rechtliche Stellung als Vater einzunehmen, wenn dem der Schutz einer familiären Beziehung zwischen dem Kind und seinen rechtlichen Eltern nicht entgegensteht. Dennoch ist der Schutzbereich des Familienlebens im Sinne des Art. 8 I EMRK in Bezug auf den biologischen Vater immer noch weiter gefasst als der des Art. 6 GG. Dies gilt selbst wenn man davon ausgeht, dass der EGMR über die reine Abstammung hinausgehende Indikatoren für ein Potential zu einer tatsächlich gelebten Familienbeziehung fordert, um ein Familienleben zu bejahen. Denn der EGMR lässt eine vor Geburt bestehende familiäre Beziehung zwischen leiblichem Vater und Kindesmutter bzw. unter bestimmten Umständen eine lediglich potentielle soziale Beziehung zwischen Vater und Kind ausreichen, um den Schutzbereich des Art. 8 EMRK zu eröffnen.[500]

Letztlich geht es hier um das Spannungsverhältnis zwischen biologischer Abstammung und sozialer Familie.[501] Oberflächlich betrachtet steht der EGMR für eine stärkere Gewichtung der biologischen Abstammung gegenüber der sozialen Familie, während das BVerfG dem Schutz der sozialen Familie Vorrang gegenüber der allein biologischen Abstammung gewährt.[502] Tatsächlich hat das BVerfG in der Vergangenheit die Formen sozialer Elternschaft stetig aufgewertet.[503] Es darf jedoch nicht übersehen werden, dass auch das BVerfG schon früh

---

500 Vgl. Fallanalysen zu den Fällen Kroon Teil E. I. 4., Lebbink Teil D. IV. 4., Rozanski Teil E. II. 4. und Hülsmann Teil E. IV. 4.; teilweise eröffnet der EGMR den Schutzbereich des Art. 8 I EMRK bei bisher lediglich beabsichtigter Vater-Kind-Beziehung über das Privatleben, vgl. Fallananlysen zu den Fällen Anayo Teil D. VIII. 4. und Schneider Teil D. IX. 4. sowie EGMR Fall Grönmark Urt. v. 06.07.2010, Nr. 17038/04, Rn. 39 und EGMR Fall Backlund Urt. v. 06.07.2010, Rn. 36498/05, Rn. 37.

501 Vgl. Fallanalyse zu Fall Görgülü Teil D. 4. V. c) und Teil F I. 1. c).

502 Krit. zur scheinbar rein ideologisch geprägten Position des EGMR, welche Kindeswohlerwägungen vernachlässigt, *Hoffmann* ZfJ 2005, 44, 49 ff.

503 BVerfG FamRZ 2010, 865, 865; BVerfG FamRZ 2000, 1489, 1489; BVerfG FamRZ 1985, 39, 42; hiernach stehen die gewachsenen Bindungen zwischen Pflegeeltern und Kind bei Vorliegen einer längeren Pflegedauer unter dem Schutz von Art. 6 I GG; dies gilt, obwohl Pflegeeltern nicht selbst Träger des Elternrechts aus Art. 6 II GG sind, BVerfG FamRZ 1989, 31, 33; außer-

den Grundsatz aufgestellt hat, dass die genetischen Eltern dazu berufen sind, ihre Kinder aufzuziehen.[504] Dies bedeutet, dass auch das BVerfG der biologischen Abstammung eine hohe Bedeutung beimisst. Dieser aufgestellte Grundsatz des Erziehungsprimats der leiblichen Eltern kann aufgrund von Kindeswohlerwägungen eingeschränkt sein. Das Elternrecht der leiblichen Eltern hat im Einzelfall gegenüber den Interessen des Kindes zurückzutreten.[505] Letztlich hat somit im deutschen Recht immer eine am Kindeswohl ausgerichtete Abwägung der Interessen des Kindes, der sozialen Familie und der biologischen Abstammung zu erfolgen. Konsequent fordert das BVerfG daher ausdrücklich eine Vereinbarkeit der Wünsche des biologischen Vaters mit den Interessen des Kindes.

Am Grundsatz des Vorrangs des Kindeswohls richtet sich auch die Rechtsprechung des EGMR aus, sodass der vorgenannten oberflächlichen Einordnung der Schutzziele von EGMR und BVerfG nicht gefolgt werden kann. Richtig ist allerdings, dass die starke Berücksichtigung von Kindesinteressen im deutschen Recht im Rahmen von mehrpoligen Rechtbeziehungen deutlicher hervor tritt als in der Rechtsprechung des EGMR. Dies hat seinen Ursprung in den strukturellen Unterschieden zwischen Verfassungsbeschwerde und dem Individualbeschwerdeverfahren.[506]

Die Wertungen des BVerfG stehen in Einklang mit humanwissenschaftlichen Erkenntnissen. Sie stellen ein ausgewogenes Zusammenspiel von Bindungs- und Systemtheorie dar. Kinder erkennen diejenigen Personen als maßgebliche Bezugspersonen an, die ihre täglichen Bedürfnisse erfüllen. Die biologische Voraussetzung der Elternschaft spielt hier eine untergeordnete Rolle. Folglich entspricht der Schutz der sozialen Familie den Vorgaben der Bindungstheorie.[507] Der Erhalt der Beziehungen des Kindes zum biologischen Vater entspricht dem systemischen Ansatz[508], den Erhalt der Gesamtheit aller für das Kind wichtigen Beziehungen zu ermöglichen. Die Prüfung der Vereinbarkeit der Wünsche des biologischen Vaters mit den Interessen des Kindes, sollte eine ausgewogene, allein am Kindeswohl ausgerichtete Anwendung von Bindungs- und Systemtheorie darstellen, um insbesondere die Interessen des Kindes zu wahren.

---

dem kann es geboten sein, dass ein Pflegekind weiterhin in seiner Pflegefamilie lebt, obwohl die Voraussetzungen für die Pflegschaft entfallen sind, um eine Kindswohlgefährdung infolge der Trennung von der Pflegefamilie abzuwenden, BVerfG FamRZ 1993, 782, 784; zu Rückschritten des BVerfG bzgl. seiner grundsätzlich am Kindeswohl orientierten Rechtsprechung vgl. Fallanalyse zum Fall Görgülü Teil D. V. c).

504 BVerfG NJW 1968, 2233, 2237.

505 BVerfG NJW 1968, 2233, 2237.

506 Vgl. Teil B. III. und Teil F. I. 1. c).

507 Vgl. Teil C. I. 1. und 4., Teil C. VI.

508 Vgl. Teil C. I. 4.

b) Das Umgangsrecht des biologischen Vaters

aa) Vorgaben des EGMR

Art. 8 I EMRK gewährleistet ein wechselseitiges Recht von Eltern und Kindern auf Umgang. Bei der Regelung ist ein angemessener Interessenausgleich zu schaffen, wobei dem Kindeswohl besondere Bedeutung zukommt. Der EGMR geht von der widerleglichen Vermutung aus, dass der Kontakt zu jedem Elternteil im Interesse des Kindes liegt und dem Kindeswohl dient.[509]

bb) Deutsches Recht

Auch im deutschen Recht wird zunächst davon ausgegangen, dass die Ausübung des Umgangsrechts in der Regel dem Wohle des Kindes dient.[510] Dies ist gesetzlich fixiert in § 1626 III BGB. Danach hat sich ein Sachverständiger im Trennungs- und Scheidungsfall der Eltern von dem Grundsatz leiten zu lassen, dass der Umgang mit beiden Eltern zum Wohl des Kindes gehört.[511]

Im Umgangsrecht ist die rechtliche Position des biologischen Vaters gegenüber der des rechtlichen Vaters schwächer. Gemäß § 1685 II 2 BGB steht ihm ein Umgangsrecht nur dann zu, wenn er für das Kind selbst Verantwortung trägt bzw. getragen hat. Davon ist in der Regel auszugehen, wenn er mit dem Kind in häuslicher Gemeinschaft zusammengelebt hat. Ein Umgangsrecht des biologischen Vaters zur Aufrechterhaltung der zwischen ihnen bestehenden sozialen Beziehung besteht nur insoweit, als es dem Kindeswohl dient.[512] Es wird nur die Aufrechterhaltung einer bereits existierenden sozialen Beziehung des leiblichen Vaters zu seinem Kind geschützt, nicht die Möglichkeit der Begründung einer solchen Beziehung. Dies geschieht, um die intakten familiären Beziehungen des Kindes zu seinem rechtlichen Vater und seiner Mutter nicht zu gefährden. Dabei bedarf es nicht eines aktuell bestehenden persönlich vertrauten Bezuges zum Kind. Vielmehr ist es ausreichend, wenn die umgangsbegehrende Person in der Vergangenheit tatsächlich Verantwortung getragen hat.[513]

---

509 EGMR Fall Hoffmann Urt. v. 11.10.2001, Nr. 34045/96, Rn. 53. EGMR Fall Sommerfeld Kammerentscheidung vom 11.10.2001, Nr. 31871/96, EuGRZ 2002, 588, 592, Rn. 51; EGMR Fall Sahin Kammerentscheidung vom 11.10.2001, Nr. 30943/96, EuGRZ 2002, 25, 29, Rn. 55; *Kielmansegg* Archiv des Völkerrechts 2008, 273, 282.

510 BVerfG FamRZ 1983, 872, 873; Palandt- *Diederichsen* § 1684 BGB Rn. 28.

511 *Balloff* FPR 2007, 288, 289.

512 BVerfG FamRZ 2006, 1661, 1662 (Fall Schneider); BVerfG FamRZ 2003, 816, 823.

513 BGH FamRZ 2005, 705.

Teilweise wird der Ansatz, dem biologischen Vater nur dann ein Umgangsrecht zu gewähren, wenn eine sozial-familiäre Beziehung zum Kind existiert,[514] deren Schaffung jedoch in maßgeblichen Fallgestaltungen von der Willkür der Mutter und ihren Beziehungspräferenzen abhängig sein könne, für verfehlt gehalten. Es wird hier ein Verstoß gegen Art. 8 I EMRK vermutet.[515]

cc) Stellungnahme und eigener Regelungsvorschlag

Der regelhafte Zusammenhang von Umgang und Kindeswohl, den sowohl der EGMR als auch das deutsche Recht herstellen, wird in der Fachliteratur nicht unkritisch gesehen.[516] Es ist notwendig, zu differenzieren. Im Falle eines anhaltend hohen Konfliktniveaus zwischen den Eltern wirkt sich ein Umgang eher belastend als förderlich für das betroffene Kind aus. Günstige Effekte treten nur bei einer positiven Beziehungsqualität zwischen Kind und umgangsberechtigtem Elternteil, einer verantwortungsvollen Kontaktgestaltung und einer verantwortungsvollen Erziehungshaltung beider Elternteile ein.[517]

Wie der Fall Süss[518] zeigt, akzeptiert der EGMR durchaus ein Abweichen von der grundsätzlichen Annahme der Kindeswohldienlichkeit des Umgangs aus Kindeswohlgründen. Dies ist insbesondere der Fall, wenn die nationalen Gerichte in ihrer Begründung des Umgangsausschlusses zeigen, dass sie sich ihrer Verpflichtung, die Bindung zwischen Vater und Kind aufrechtzuerhalten, bewusst sind und den Ausschluss nach sorgfältiger Sachverhaltsermittlung differenziert mit Kindeswohl-gesichtspunkten begründen.[519]

Speziell für den biologischen Vater kann festgehalten werden, dass dessen Umgangsansprüche im Rahmen des Art. 8 I EMRK weitergehend geschützt werden als nach deutschem Recht. Anders als noch im Fall Hülsmann hat der Gerichtshof nunmehr in den Fällen Anayo und Schneider die von deutschen Gerichten vorgenommene Anwendung und Auslegung des § 1685 II BGB in zwei Einzelfällen für konventionswidrig erklärt.[520] Der EGMR richtet sein Augenmerk hier insbesondere auf Fälle, in denen der verantwortungsbereite und am Kind offensichtlich und nachhaltig interessierte Vater infolge der stetigen Abwehr durch

---

514 Vgl. etwa OLG Celle NJW 2005, 78, 79.

515 Staudinger/*Rauscher* § 1684 BGB Rn. 23 und § 1685 BGB Rn. 10a ff.

516 Vgl. Teil C. VI. 2. a.E.; *Kindler* ZKJ 2009, 110, 111; ders. FPR 2009, 150, 151 f.; *Kölch/Fegert* FamRZ 2008, 1573, 1575 f.; *Kindler/Reinhold* FPR 2007, 291, 291 f.; *Balloff* (2007), S. 97.

517 Vgl. ausführlich Teil C. IV. 1. und insbesondere 2. a.E.

518 EGMR Fall Süss Urt. v. 10.11.2005, Nr. 40324/98, NJW 2006, 2241 ff.

519 Vgl. Fallananlyse zum Fall Sommerfeld, in welcher der Fall Süss behandelt wird Teil D. III. 4.

520 Vgl. Fallanalysen zum Fall Anayo Teil D VIII. 4., Fall Schneider Teil D XI. 4. und zum Fall Hülsmann Teil E. IV. 4.

die Kindesmutter niemals die Möglichkeit hatte, eine sozial-familiäre Beziehung im Sinne des § 1685 II BGB zu seinem Kind aufzubauen. Das Umgangsrecht gemäß § 1684 BGB steht ihm nicht zu, da er nie die rechtliche Vaterschaft wegen des Bestehens einer sozial-familiären Beziehung zwischen rechtlichem Scheinvater und Kind erlangen konnte (§§ 1594 II, 1600 II BGB). In derartigen Fällen wird es dem biologischen Vater aufgrund der geltenden Gesetzeslage bis zum Erwachsenenalter seines Kindes nicht möglich sein, familiäre Beziehungen aufzubauen, selbst wenn es im konkreten Einzelfall dem Kindeswohl dienlich sein könnte.

An dieser Stelle liegt mit der Regelung des § 1685 II BGB wiederum eine vom Gesetzgeber antizipierte Abwägung der beteiligten Interessen vor. Eine gerichtliche Überprüfung der Kindeswohlbelange im Einzelfall ist nicht möglich. Letztlich hängt die Schaffung der sozial-familiären Beziehung zwischen leiblichem Vater und seinem Kind allein von der Willkür der Kindesmutter und ihrem Ehemann ab. Eine gerichtliche Einzelfallprüfung, ob ein Umgang dem Kindeswohl dienlich sein könnte, ist dem biologischen Vater, der bisher noch keine solche Beziehung aufbauen konnte, verwehrt. Er hat nach der gesetzlichen Regelung schlicht keinen Anspruch auf einen Umgang mit seinem Kind. Unter Zugrundelegung der dargestellten Maßstäbe des EGMR in Bezug auf Art. 8 I EMRK kann eine solche antizipierte Abwägung ohne die Möglichkeit einer gerichtlichen Überprüfung im Einzelfall – wie in den Fällen Anayo und Schneider – tatsächlich konventionswidrig sein.

Für das deutsche Kindschaftsrecht ergeben sich zwei Möglichkeiten zur Vermeidung weiterer Konventionsverletzungen. Zunächst könnten weitere Konventionsverletzungen durch eine konventionskonforme Auslegung des § 1685 II BGB durch deutsche Familiengerichte vermieden werden. Unter den Begriff „Verantwortungsübernahme" müssten dann auch solche Sachverhalte gefasst werden, in denen der nachweislich am Kind interessierte, leibliche Vater zwar noch keine Verantwortung getragen hat, ihm dies aber nicht zuzurechnen ist. Eine solche Auslegung ist angesichts des Gesetzeswortlauts in § 1685 II BGB „tatsächlich Verantwortung tragen oder getragen haben" nicht unproblematisch.[521] Dies gilt insbesondere in Anbetracht der jüngst vom BVerfG in Erinnerung gerufenen Grundsätze zu den Grenzen einer zulässigen Gesetzesauslegung in Bezug auf den Wortlaut des Begriffs „eheliche Lebensverhältnisse" in § 1578 I 1 BGB.[522]

Die zweite Möglichkeit wäre eine entsprechende Gesetzesänderung, die dem leiblichen Vater die Möglichkeit einer gerichtlichen Überprüfung im Einzelfall

521 Krit. auch *Willutzki* ZKJ 2011, 90, 93.

522 BVerfG FamRZ 2011, 437, 443.

eröffnet. Mit Beschluss vom 21.07.2010 hielt das BVerfG es für geboten, den Vätern nichtehelicher Kinder in Anbetracht ihrer Rechte aus Art. 6 II GG die gerichtliche Überprüfung einer bestehenden Sorgerechtsregelung im Einzelfall zu ermöglichen. Das BVerfG gibt damit im Bereich des Sorgerechts nichtehelicher Väter – im Einklang mit dem EGMR und in Abweichung von seiner bisherigen eigenen Rechtsprechung – einer Einzelfallprüfung den Vorzug gegenüber einer vom Gesetzgeber antizipierten Abwägung. Angesichts dieser offensichtlich durch die Entscheidung des EGMR im Fall Zaunegger ausgelösten Rechtsprechungsänderung des BVerfG ist dies nun auch für die Regelung des § 1685 II BGB zumindest denkbar. Um eine gerichtliche Einzelfallprüfung in den zuvor geschilderten Sachverhaltkonstellationen zu ermöglichen, könnte nach Ansicht der Verfasserin eine Neuformulierung des § 1685 II BGB folgendermaßen lauten:

§ 1685 BGB Umgang des Kindes mit anderen Bezugspersonen

(2) Gleiches gilt für enge Bezugspersonen des Kindes, wenn diese für das Kind tatsächlich Verantwortung tragen oder getragen haben (sozial-familiäre Beziehung). Eine Übernahme tatsächlicher Verantwortung ist in der Regel anzunehmen, wenn die Person mit dem Kind längere Zeit in häuslicher Gemeinschaft zusammengelebt hat. Im Falle eines leiblichen Vaters eines nichtehelichen Kindes kann ausnahmsweise der tatsächlichen Übernahme von Verantwortung die beabsichtigte Verantwortungsübernahme gleichstehen, wenn dieser nachweisbar bereit ist, Verantwortung zu übernehmen und der Umstand, dass bisher nicht tatsächlich Verantwortung übernommen wurde, dem leiblichen Vater nicht zuzurechnen ist.

Eine solche gesetzliche Regelung würde einerseits eine gerichtliche Überprüfung der Kindeswohldienlichkeit im Einzelfall gewährleisten und so den Anforderungen des EGMR entsprechen. Andererseits würde der Ausnahmecharakter einer solchen Konstellation deutlich. Nur in derartigen Fällen sollte ausnahmsweise ein Verzicht auf eine bestehende sozial-familiäre Beziehung möglich sein. Die Gleichstellung von bereits getragener Verantwortung und der nur beabsichtigten Verantwortungsübernahme ist erforderlich, weil Art. 6 I GG bisher so ausgelegt wird, dass ein grundrechtlicher Schutz des biologischen Vaters nur besteht, wenn eine sozial-familiäre Beziehung bereits besteht oder bestanden hat.

Eine weniger umständliche, aber weitergehende Alternative wäre, den biologischen Vater als biologisch Verwandten in den Kreis der Umgangsberechtigten nach § 1685 I BGB mit aufzunehmen. Sein Umgangsrecht wäre dann nicht mehr abhängig vom Bestehen einer sozial-familiären Beziehung, stünde aber weiterhin

– anders als bei einem Umgangsrecht nach § 1684 BGB – unter der Voraussetzung der Kindeswohldienlichkeit.[523] Dies sollte jedenfalls beibehalten werden, denn die Kindeswohlprüfung ist nach Ansicht der Verfasserin notwendig, um den Interessen des betroffenen Kindes gerecht zu werden. Gerade im Falle eines Kindes, welches mit seinen rechtlichen Eltern in einer sozialen Familie zusammenlebt und bisher keinen Kontakt mit seinem leiblichen Vater hatte, kann nicht regelmäßig von einer Kindeswohldienlichkeit des Umgangs ausgegangen werden. Auch hier sind, wie im Falle von Trennung und Scheidung, konflikthafte Situationen zwischen den rechtlichen Eltern und dem biologischen Vater denkbar, deren Auswirkungen auf das betroffene Kind im Interesse des Kindes nicht ignoriert werden dürfen.[524] Im Rahmen der vorzunehmenden Kindeswohlprüfung würde so indirekt auch der Schutz der bestehenden sozialen Familie Berücksichtigung finden können. Der Verfasserin erscheint dennoch die vorstehende Gesetzesformulierung sachgerechter. Wie bereits dargestellt, wird auf diese Weise der Ausnahmecharakter derartiger Konstellationen deutlicher und damit der Schutz der Interessen des Kindes und der sozialen Familie stärker betont.

Die Einführung einer gerichtlichen Einzelfallprüfung der Kindeswohldienlichkeit eines Umgangs des Kindes mit seinem biologischen Vater, der eine sozialfamiliäre Beziehung zu dem Kind erst aufbauen möchte, betrifft erneut das Spannungsverhältnis zwischen sozialer Familie und biologischer Abstammung. Eine Ausrichtung der Umgangsgewährung an den im Einzelfall ermittelten Kindeswohlbelangen sollte an einer ausgewogenen Anwendung von Bindungs- und Systemtheorie ausgerichtet werden.[525]

Die Eröffnung einer gerichtlichen Einzelfallprüfung der Kindeswohldienlichkeit eines Umgangs hilft allerdings dem nur potentiellen biologischen Vater, dessen Vaterschaft noch gar nicht erwiesen ist, nicht weiter. In derartigen Fallkonstellationen ist bereits früher anzusetzen – nämlich im Bereich des Abstammungsrechts.[526]

---

523 Krit. Staudinger/*Rauscher* § 1685 BGB Rn. 3b zu der aus seiner Sicht verfehlten Einordnung des biologsichen Vaters in den Personenkreis der Umgangsberechtigten des § 1685 BGB und dem damit verbundenen Prüfungsmaßstab der Kindeswohldienlichkeit.

524 Vgl. die Ausführungen zur zweifelhaften Kindeswohldienlichkeit bei fortwährend hohem Konfliktniveau der Eltern in Teil C. IV. 2.

525 Vgl. Teil F. I. 3. a) cc) mit dem Unterschied, dass es sich hier nicht um die Erhaltung der Beziehung zum biologischen Vater, sondern um die Begründung einer solchen Beziehung handeln würde.

526 Vgl. Fallanalyse EGMR Fall Schneider Teil D. IX. 4.

II. Sorge- und Umgangsrecht bei Trennung und Scheidung – Verfahrensrecht

1. Die Verfahrensanforderungen

a) Die Vorgaben des EGMR

Der EGMR leitet Anforderungen an die Gestaltung von Sorge- und Umgangsrechtsverfahren sowohl aus Art. 8 I EMRK als auch aus Art. 6 I EMRK ab. Zu dem Verhältnis der Art. 8 I EMRK und Art. 6 I EMRK zueinander führt der Gerichtshof aus, dass die beiden Garantien unterschiedliche Ziele verfolgen. Nach den besonderen Umständen des Einzelfalles könne es gerechtfertigt sein, denselben Sachverhalt nach beiden Artikeln zu prüfen. Handelt es sich allerdings bei der Rüge einer Verletzung des Art. 6 I EMRK nur um Wiederholungen von bereits im Rahmen des Art. 8 I EMRK erhobenen Rügen, prüft der EGMR Art. 6 I EMRK nicht gesondert.[527]

aa) Konkurrenzverhältnis zwischen Art. 6 I EMRK und Art. 8 I EMRK

Bezüglich der Verfahrensgarantien der Fairness und einer angemessenen Dauer des Verfahrens kommt es durch die zusätzliche Ableitung von Verfahrensgarantien aus Art. 8 I EMRK zwischen Art. 8 I EMRK und Art. 6 I EMRK zu Überschneidungen.

Gerade in der jüngeren Rechtsprechung des EGMR hat sich die Tendenz verstärkt, Verletzungen der Menschenrechte durch fehlende Verfahrensfairness und eine unangemessen lange Verfahrensdauer lediglich unter Art. 8 I EMRK zu prüfen.[528] Gründe für diesen Trend werden im Effektivitätsprinzip vermutet.[529] Die EMRK verfolgt die Zielsetzung einer effektiven und praktischen Gewährleistung

---

527 Vgl. Fallanalyse zum Fall Sommerfeld, in deren Rahmen der Fall Süss behandelt wird, Teil D. III. 4.

528 EGMR Fall Haase Urt. v. 08.04.2004, Nr. 11057/02, FamRZ 2005, 585, 588; EGMR Fall Görgülü Urt. v. 26.02.2004, Nr. 74969/01, FamRZ 2004, 1456, 1460; EGMR Fall Sommerfeld Urt. v. 08.07.2003, Nr. 31871/96 und EGMR Fall Sahin Urt. v. 08.07.2003, Nr. 30943/96, FamRZ 2003, 337, 340 f.; EGMR Fall Venema Urt. v. 17.12.2002, Nr. 35731/97, ÖJZ 2004, 275, 276; EGMR Fall Hoppe Urt. v. 5.12.2002, Nr. 28422/95, Rn. 52-56; EGMR Fall Kutzner Urt. v. 26.02.2002, Nr. 46544/99, FamRZ 2002, 1393, 1397; EGMR Fall Buchberger Urt. v. 20.12.2001, Nr. 32899/96, ÖJZ 2002, 395, 397; EGMR Fall Hoffmann Urt.v. 11.10.2001, Nr. 34045/96 Rn. 44-48; EGMR Fall Elsholz Urt. v. 13.07.2000, Nr. 25735/94, EuGRZ 2002, 595, 599 f.; *Möller* (2005), S. 97.

529 *Möller* (2005), S. 231.

der Konventionsgarantien.[530] Gesellschaftliche Entwicklungen, die mit einem Wandel traditioneller Rollenverständnisse und der Zunahme familienrechtlicher Verfahren einhergehen, könnten dazu geführt haben, dass ein Bedürfnis zur effektiven Durchsetzung der Inhalte der Konventionsgarantien stärker in den Vordergrund getreten ist.[531] Schließlich wird in der Betonung von angemessenen Verfahrensregelungen im Rahmen von Art. 8 I EMRK eine Symbolwirkung erkannt. Der EGMR scheint die Mitgliedsstaaten auf die Dringlichkeit einer effektiven Gestaltung von kindschaftsrechtlichen Verfahren hinweisen zu wollen.[532] Diese Entwicklung bringt dogmatisch die Gefahr einer praktischen Aushöhlung des Schutzbereichs des Art. 6 I EMRK und eine Zersplitterung des Verfahrensrechtes mit sich. Zur Auflösung dieses Konkurrenzverhältnisses wird vorgeschlagen, Art. 8 I EMRK zur Gewährleistung von Verfahrensgarantien lediglich im behördlichen Verfahren anzuwenden und Art. 6 I EMRK die verfahrensrechtlichen Probleme im gerichtlichen Verfahren zu überlassen, da Art. 6 I EMRK im behördlichen Verfahren keinen Schutz gewährt. Würden beide Menschenrechte derart kombiniert, könnte in Fällen, in welchen der prozessuale Verfahrensschutz des Art. 6 I EMRK nicht ausreicht, auf den materiellen Verfahrensschutz des Art. 8 I EMRK zurückgegriffen werden und so lückenloser Menschenrechtsschutz gewährleistet werden.[533]

Letztlich bleibt festzuhalten, dass eine Verschiebung der Prioritäten in der Rechtsprechung des EGMR zu Art. 8 I EMRK zu beobachten ist, die für den einzelnen Beschwerdeführer jedoch nicht nachteilig ist. Sein verfahrensrechtlicher Schutz ist unverändert, wenn nicht sogar noch stärker gewährleistet als zuvor, da er sich auf zwei Konventionsgarantien berufen kann.

bb) Anhörung der Beteiligten und Einholung von Sachverständigengutachten

Der Entscheidungsprozess muss fair sein und die durch Art. 8 EMRK geschützten Interessen müssen ausreichend gewahrt sein. Die Eltern sollen einen Anspruch auf vollständige Information und Anhörung haben.[534] Im Nachgang zu den Urteilen in den Fällen Elsholz, Sommerfeld und Sahin waren in der Fachliteratur Empfehlungen bis hin zu konkreten Faustformeln zur Verfahrensgestaltung zu finden:[535] Bei einem Kindesalter von unter zehn Jahren sei stets ein psychologisches Gutachten einzuholen, während es bei älteren Kindern nicht mehr zwin-

530 EGMR Fall Airey gegen Irland Urt. v. 06.02.1981, Nr. 6289/73, EuGRZ 1979, 626, 627 f.
531 *Möller* (2005), S. 247 f.
532 *Möller* (2005), S. 252.
533 *Möller* (2005), S. 287 ff.
534 Vgl. Fallanalyse zum Fall Elsholz Teil D. I. 4.
535 *Lenz/Baumann* FPR 2004, 303, 305.

gend und mit wachsendem Alter nicht mehr überwiegend erforderlich sei. Im Hinblick auf die „PAS-Gefahr“[536] stünde man allerdings auf der sicheren Seite, wenn man auch bei zweistelligem Alter des Kindes grundsätzlich ein psychologisches Gutachten einholen würde. Bei größeren Kindern sei regelmäßig eine Anhörung geboten. Bei kleinen Kindern könne davon abgesehen werden, wenn sich die Fachgerichte für die Prognose, eine Anhörung schade dem Kindeswohl, auf das Votum von behutsam und wissenschaftlich korrekt vorgehenden Sachverständigen stützen könnten. Letztlich kann festgehalten werden, dass die große Kammer des EGMR kein schematisches Vorgehen im Hinblick auf die Verfahrenserfordernisse vorschreibt, sondern auf die im Einzelfall bestehenden Umstände abstellt.

cc) Verfahrensdauer

Die Einhaltung einer angemessenen Verfahrensdauer prüft der EGMR sowohl im Rahmen des Art. 8 I EMRK[537] als auch im Rahmen des Art. 6 I EMRK[538]. Im Rahmen kindschaftsrechtlicher Verfahren, die das Verhältnis einer Person zu ihrem Kind betreffen, entspricht es der ständigen Rechtsprechung des EGMR zu Art. 6 EMRK, dass diese Verfahren zügig durchzuführen sind.[539] Umgangsrechtliche Verfahren bedürfen einer außergewöhnlichen Verfahrensbeschleunigung („exceptional diligence“)[540], da hier allein der Zeitablauf zu einer faktischen Präjudizierung in der Sache führen kann und die Gefahr irreversibler Auswirkungen auf das Familienleben der Betroffenen infolge fortschreitender Entfremdung besteht. Diese Maßstäbe wendet der Gerichtshof neben den Fällen fremd-

536 Ausführlich zum PAS vgl. Teil C. V. 3.

537 EGMR Fall Süss, NJW 2006, 2241, 2244; EGMR Fall Hoppe Urteil v. 05.02.2002, Nr. 28422/95, Rn. 54.

538 EGMR Fall Kuhlen-Rafsandjani Urt. v. 20.01.2011, Nr. 21980/06, Nr. 26944/07 und Nr. 36948/08, Rn. 84 ff., FamRZ 2011, 533 mit Anm. *Wendenburg*; EGMR Fall Afflerbach Urt. v. 24.06.2010, Nr. 39444/08, Rn. 57 ff., FamRZ 2010, 1721, 1722; EGMR Fall Wildgruber Urt. v. 21.01.2010, Nr. 42402/05 und Nr. 42423/05, Rn. 61 f., FamRZ 2010, 172; EGMR Fall Hub Urt. v. 09.04.2009, Nr. 1182/05, Rn. 52 f.; EGMR Fall Nanning Urteil v. 12.07.2007, Nr. 39741/02, Rn. 40 ff.; EGMR Fall Skugor Urteil v. 10.05.2007, Nr. 76680/01 Rn. 60 ff.; EGMR Fall Wimmer Urteil v. 24.02.2005, Nr. 60534/00, Rn. 20 ff.; FuR 2005, 380, 381; EGMR Fall Niederbörster Urteil v. 27.02.2003, Nr. 39547/98, Rn. 31 ff.

539 EGMR Fall Haase Urt. v. 08.04.2004, Nr. 11057/02, FamRZ 2005, 585, 589; EGMR Fall Görgülü Urt. v. 26.02.2004, Nr. 74969/01, FamRZ 1456, 1459; EGMR Fall Keegan Urt. v. 26.05.1994, Nr. 16/1993/411/490, FamRZ 1995, 110, 111.

540 EGMR Fall Adam Urt. v. 04.12.2008, Nr. 44036/02, Rn. 66, 77, FamRZ 2009, 1037.

untergebrachter Kinder nunmehr auch in Fällen der Sorgerechts- und Umgangsrechtsstreitigkeiten nach Trennung und Scheidung an.[541]

Verfahren in kindschaftsrechtlichen Angelegenheiten sind zwar grundsätzlich zügig durchzuführen. Doch die Verfahren sind nicht alle gleichermaßen eilbedürftig. Die Differenzierung bezüglich der Reichweite des den nationalen Behörden zustehenden Beurteilungsspielraums im Rahmen von Sorgrechts- und Umgangsrechtsverfahren überträgt der EGMR auch auf die Prüfung einer überlangen Verfahrensdauer im Rahmen des Art. 6 I EMRK. Der Beurteilungsspielraum der nationalen Behörden ist bei Umgangsfragen enger zu fassen als bei Sorgrechtsfragen, da die Beschränkung von Umgangskontakten stärker als Beschränkungen des Sorgerechts die Gefahr bergen, familiäre Beziehungen zwischen Elternteilen und kleinen Kindern nachhaltig zu beeinträchtigen.[542] Entsprechend wird die Beurteilung der Überschreitung einer angemessenen Verfahrensdauer in Umgangsfällen noch strenger vorgenommen als bei Sorgrechtsverfahren.[543]

b) Die Verfahrensanforderungen nach deutschem Recht

aa) Anhörung der Beteiligten und Einholung von Sachverständigengutachten

Auch im deutschen Recht gilt, dass der Grundrechtsschutz durch die Gestaltung des Verfahrens sicherzustellen ist. Der korrekte Ablauf gerichtlicher Verfahren steht zunehmend auf dem Prüfstand.[544] Das gerichtliche Verfahren muss in seiner Ausgestaltung geeignet und angemessen sein, um der Durchsetzung der materiellen Grundrechtspositionen wirkungsvoll zu dienen. Die Gerichte müssen ihr Verfahren so gestalten, dass sie möglichst zuverlässig die Grundlage einer am Kindeswohl orientierten Entscheidung erkennen können. So ist das betroffene Kind im Kindschaftsrechtsverfahren grundsätzlich persönlich anzuhören, um sich einen unmittelbaren Eindruck von ihm zu verschaffen.[545] Die Gerichte sind

---

541 Vgl. Fallanalyse zum Fall Adam Teil D. X. 4.; Anm. *Rixe* zum EGMR Fall Adam FamRZ 2009, 1037, 1037; EGMR Fall Kaplan Urt. v. 18.01.2007, Nr. 45983/99, Rn. 32 f.; EGMR Fall Süss Urt. v. 10.11.2005, Nr. 40324/98, NJW 2006, 2241, 2244; EGMR Fall Hoppe Urt. v. 05.02.2002, Nr. 28422/95, Rn. 54.

542 EGMR Fall Elsholz Urt. v. 13.07.2000, Nr. 25735/94, EuGRZ 2002, 595, 599.

543 Vgl. Fallanalyse zum Fall Skugor Teil D. XI. 4.

544 BVerfG FamRZ 2009, 1897, 1898; 2009, 1389, 1389; 2007, 1797, 1798; 2007, 105, 106; krit. zu dieser Entwicklung mangels familienspezifischer Fachkompetenz des BVerfG, das sich so einen sachlich uneingeschränkten Zugriff auf fachgerichtliche Entscheidungen eröffne: *Coester* FF 2010, 10, 11.

545 BVerfG FamRZ 2009, 399, 400; FamRZ 2008, 246, 246 f.; FamRZ 1981, 124, 126; BGH FamRZ 2011, 796, 799.

verfassungsrechtlich jedoch nicht stets verpflichtet, die Beteiligten anzuhören bzw. Sachverständigengutachten einzuholen. Die Gestaltung des Verfahrens bleibt grundsätzlich den Fachgerichten überlassen.[546]

(1) Anhörungen

Die gesetzlichen Regelungen zur Anhörung des Kindes finden sich seit dem 01.09.2009 in § 159 FamFG. Kinder sind gemäß § 159 I FamFG zwingend persönlich anzuhören, wenn sie das vierzehnte Lebensjahr vollendet haben und das Verfahren zumindest auch die Personensorge betrifft. Vor Vollendung des vierzehnten Lebensjahres sind sie persönlich anzuhören, wenn ihre Neigungen, Bindungen oder ihr Wille für die gerichtliche Entscheidung von Bedeutung sind (§ 159 II FamFG). Dies ist insbesondere in Verfahren gemäß §§ 1632, 1666, 1671, 1684 und 1685 BGB der Fall. Eine persönliche Anhörung soll umso eher angezeigt sein, je älter das Kind ist. Doch auch bei kleineren Kindern unter zehn Jahren wird davon ausgegangen, dass der stets zu beachtende Kindeswille ein ernstzunehmendes Indiz für die zu berücksichtigenden persönlichen Bindungen liefert.[547]

Die Kindesanhörung entspricht dem verfassungsrechtlichen Gebot[548], in Angelegenheiten der Personensorge den Willen des Kindes zu berücksichtigen, soweit dies mit dem Kindeswohl vereinbar ist. Die Anhörung des Kindes durch einen Sachverständigen macht die richterliche Anhörung nicht entbehrlich. Eine Kindesanhörung ist auch im Beschwerdeverfahren erneut durchzuführen. Dies soll nicht gelten, wenn ein Erkenntniszuwachs, etwa infolge zeitlicher Nähe zur aktenkundigen Anhörung im amtsgerichtlichen Verfahren, ausgeschlossen ist.[549] Hinsichtlich der Kindesanhörung in der Beschwerdeinstanz hat der BGH[550] in seiner „Mexiko-Entscheidung“ vor Kurzem konkretisiert, dass die Anhörung vor dem voll besetzten Senat stattfinden muss, wenn die spätere Entscheidung des Senats auch wesentlich auf dm persönlichen Eindruck von dem Kind beruht, den die Anhörung vermittelt hat. Ob die Entscheidung darauf beruht, soll der Begründung der Beschwerdeentscheidung zu entnehmen sein. Baut die Entscheidung unmittelbar auf dem persönlichen Eindruck vom Kind auf – etwa seiner Reife oder seiner offenbaren Freiheit der Willensbildung), muss der vollbesetzte Senat diesen Eindruck gewonnen haben. Andernfalls ist die vor dem beauftrag-

546 BVerfG FamRZ 2006, 605, 606.

547 BVerfG FamRZ 1990, 392, 393.

548 BVerfG FamRZ 1981, 124, 126.

549 Zöller-*Philippi* § 159 FamFG Rn. 1; MüKo-*Schumann* § 159 FamFG Rn. 8; *Schulte-Bunert/Weinreich/Ziegler* § 159 FamFG Rn. 2 und 10.

550 BGH FamRZ 2010, 1060 ff.

ten Richter erfolgte Anhörung vor dem Senat zu wiederholen. Die höchstrichterliche Rechtsprechung weist dem Kindeswillen bei kindeswohlorientierten Entscheidungen generell eine hohe Bedeutung zu. Hinzu kommt die stark persönlichkeitsrechtsgeprägte Natur von Sorgerechtsentscheidungen. Angesichts dieser Umstände wird empfohlen, die Kindesanhörung vor dem voll besetzten Senat in Sorgerechtsverfahren zur Regel zu machen.[551]

Nach gefestigter Meinung in Literatur und Rechtsprechung sollte eine Anhörung im Allgemeinen vom dritten Lebensjahr an veranlasst werden. Je nach persönlichem Entwicklungsstand und Gegenstand des Verfahrens kann eine persönliche Anhörung auch schon unterhalb dieser Altersgrenze sinnvoll sein.[552] Von einer persönlichen Anhörung des Kindes darf gemäß § 159 III FamFG nur aus schwerwiegenden Gründen abgesehen werden. Maßstab ist in erster Linie das Kindeswohl. Es muss eine erhebliche Beeinträchtigung des Wohlbefindens des Kindes durch die Anhörung zu befürchten sein. Die Gründe müssen in der Gerichtsentscheidung nachvollziehbar dargelegt werden.[553]

Die Regelungen zur Anhörung der übrigen Verfahrensbeteiligten finden sich in §§ 160, 162 FamFG. Die Anhörung der Eltern ist in § 160 FamFG geregelt. Gemäß § 160 I 1 FamFG sollen die Eltern in allen Kindschaftssachen durch den Familienrichter anzuhören sein, es sei denn, es liegt ein besonders gelagerter Ausnahmefall vor. In Verfahren gemäß §§ 1666, 1666a BGB müssen sie angehört werden. Insgesamt haben sich die Anforderungen im Vergleich zum bisherigen § 50a I 2 FamFG erhöht. Wird von einer persönlichen Anhörung ohne die Heranziehung des § 160 III FamFG („schwerwiegende Gründe“) abgesehen, soll wenigstens eine schriftliche Anhörung stets geboten sein. Der Gesetzgeber verfolgt mit der neuen Regelung das Ziel einer Stärkung der Anhörungspflicht.[554] Gemäß § 162 FamFG ist das Jugendamt in Verfahren, die die Person des Kindes betreffen, stets anzuhören. Damit werden alle Kindschaftssachen erfasst. Die Vorschrift geht damit weiter als der bisherige § 49a FGG. Von der Anhörung kann nicht abgesehen werden.[555]

Unterbleibt eine der genannten Anhörungen zu Unrecht, liegt ein Verfahrensfehler vor. Dieser führt im Regelfall zur Aufhebung der Entscheidung, wenn

551 *Coester* FF 2010, 365, 367; MüKo-*Schumann* § 159 FamFG Rn. 10.

552 OLG Brandenburg FamRZ 2003, 624, 624; OLG Hamburg FamRZ 1983, 527, 527 f.; OLG Köln FamRZ 1980, 1153, 1154; *Schulte-Bunert/Weinreich/Ziegler* § 159 FamFG Rn. 6; *Balloff* (2004), S. 169.

553 BVerfG FamRZ 2009, 399, 400; BVerfG FamRZ 2009, 1472, 1475; OLG Köln FamRZ 1997, 1449, 1549 f.; BayOLG FamRZ 1983, 87, 88.

554 *Schulte-Bunert/Weinreich/Ziegler* § 160 FamFG Rn. 4 ff.; MüKo-*Schumann* § 160 FamFG Rn. 5.

555 *Schulte-Bunert/Weinreich/Ziegler* § 162 FamFG Rn. 4 f .; MüKo-*Schumann* § 162 FamFG Rn. 4.

nicht ausnahmsweise auszuschließen ist, dass die Anhörung zur Sachverhaltsaufklärung beigetragen hätte.[556]

Die Erforderlichkeit einer persönlichen Anhörung macht das BVerfG ausdrücklich von der Schwere des Eingriffs in das durch Art. 6 II GG geschützte Umgangsrecht des umgangsberechtigten Elternteils und das Recht des Kindes auf Umgang mit diesem Elternteil abhängig.[557] Die Spannungen zwischen Psychologie und effektiver Rechtspflege wird in der Fachliteratur zu eben diesem Beschluss des BVerfG[558] vom 05.12.2008 verdeutlicht.[559] Das Recht fordere eine gründliche Aufklärung der Tatsachen. Die damit verbundenen Bemühungen wie persönliche Anhörungen durch das Gericht, Sachverständige, Verfahrenspfleger und Umgangspfleger könnten für das betroffene Kind jedoch sehr belastend sein und das Kindeswohl gefährden. Folglich bestehe auch ein Spannungsfeld zwischen Kindeswohl und Elternrechten.

(2) Sachverständige

Im Rahmen des Amtsermittlungsgrundsatzes gemäß § 126 FamFG ist das Familiengericht verpflichtet, zur Ermittlung der entscheidungserheblichen Tatsachen gegebenenfalls ein Sachverständigengutachten einzuholen.[560] Weichen Fachgerichte von fachkundigen Feststellungen und fachlichen Wertungen eines gerichtlich bestellten Sachverständigen ab, so müssen sie anderweitig über eine zuverlässige Grundlage für die am Kindeswohl orientierte Entscheidung verfügen.[561] Es bedarf einer eingehenden Begründung und des Nachweises eigener Sachkunde des Gerichts.[562]

Gemäß § 163 II FamFG soll der Sachverständige neben seiner Rolle als Gutachter auch intervenieren dürfen und auf Einvernehmen hinwirken. Der Sachverständige bleibt Gehilfe des Gerichts. Es wird von einem „lösungs- oder entwicklungsorientierten" Sachverständigen gesprochen, der einerseits neben der fortbestehenden Pflicht, gemäß den Verfahrensvorschriften dem Gericht Informationen zu vermitteln, damit dieses fundiert eine kindeswohlgemäße Entscheidung treffen kann, auch andererseits die Aufgabe hat, die Familien bei der Lö-

556 BVerfG FamRZ 2002, 229, 229; FamRZ 2008, 246, 246 f.; *Schulte-Bunert/Weinreich/Ziegler* § 159 FamFG Rn. 11, § 160 FamFG Rn. 12, § 162 FamFG Rn. 5; MüKo-*Schumann* § 159 FamFG Rn. 13, § 160 FamFG Rn. 15, § 162 FamFG Rn. 10; Zöller-*Philippi* § 162 FamFG Rn. 2.

557 BVerfG FamRZ 2009, 399, 400.

558 BVerfG FamRZ 2009, 399 ff.

559 *Salzgeber* ZKJ 2009, 204, 204 f.

560 BVerfG FamRZ 2009, 1897, 1899.

561 BVerfG FamRZ 2009, 399, 400; FamRZ 2006, 605, 606; FamRZ 2001, 1285, 1286.

562 BVerfG FamRZ 2007, 1625, 1625; FamRZ 1999, 1417, 1418 f.

sung ihrer Konflikte um das Kind zu unterstützen.[563] Diese eindeutige Festlegung der Rolle des Sachverständigen beendet eine in der Fachliteratur geführte Diskussion zwischen Anhängern des lösungsorientierten Ansatzes[564] und des entscheidungsorientierten[565] Ansatzes des Gutachtenauftrages.

bb) Beschleunigungsgebot

(1) In der Rechtsprechung des BVerfG

In der Rechtsprechung des BVerfG ist ein Beschleunigungsgebot für sorge- und umgangsrechtliche Verfahren anerkannt. Ob eine Verfahrensdauer im Hinblick auf den Anspruch auf effektiven Rechtsschutz gemäß Art. 2 I GG i.V.m. 20 III GG unangemessen lang ist, beurteilt auch das BVerfG anhand der Umstände des Einzelfalls wie Natur des Verfahrens und Auswirkungen einer langen Dauer des Verfahrens für die Beteiligten. Bei umgangsrechtlichen Verfahren sei von Bedeutung, dass mit jeder Verfahrensverzögerung eine Entfremdung zwischen dem den Umgang begehrenden Elternteil und dem betroffenen Kind fortschreitet. So bestehe die Gefahr rein faktischer Vorentscheidungen, noch bevor ein Richterspruch vorliege. Hinzu komme, dass das kindliche Zeitempfinden nicht den Zeitmaßstäben eines Erwachsenen entspreche. Darüber hinaus seien umgangsrechtliche Verfahren für die betroffenen Familienmitglieder von höchstpersönlicher Bedeutung, da ihre persönlichen Beziehungen unmittelbar beeinflusst werden. Folglich sei in umgangsrechtlichen Verfahren besondere Sensibilität für die Problematik der Verfahrensdauer erforderlich.[566]

Das BVerfG bezieht sich sowohl auf europäische Grundsätze[567] als auch ausdrücklich auf sozialwissenschaftliche Erkenntnisse, indem es ausführt, dass Kinder erst mit zunehmendem Alter die Fähigkeit zur Wahrnehmung und Schätzung von Zeit erwerben und lernen würden, dass „verschwundene“ Personen wieder auftauchen. Kleinere Kinder würden daher – auf objektive Zeitspannen bezogen – den Verlust einer Bezugsperson schneller als endgültig empfinden als ältere Kinder oder Erwachsene.[568] Die Ausführungen des BVerfG entsprechen den so-

---

563 *Salzgeber/Fichtner* ZKJ 2009, 334, 337, so auch *Balloff* FF 2008, 98, 106.

564 *Jopt/Züphen* ZfJ 2004, 362, 363 ff.; *Salzgeber/Höfling* KindPrax 2004, 163, 165 ff., *Balloff* (2004), S. 128 f.

565 *Dettenborn/Walter* (2002), S. 324; *Dettenborn* FPR 2003, 293, 298.

566 BVerfG FamRZ 2009, 189, 190; FamRZ 2008, 2258, 2259; FamRZ 2004, 689, 689; FamRZ 2001, 753, 753 f.; FamRZ 1997, 871. 872 f.

567 BVerfG FamRZ 1997, 871, 873 unter Verweis auf *Brötel* (1991), S. 138 und die Rechtsprechung des EGMR.

568 BVerfG FamRZ 2001, 753, 754.

zialwissenschaftlichen Erkenntnissen, die im Grundlagenteil zum kindlichen Zeitempfinden unter C. VI. bereits dargestellt wurden.[569]

(2) Beschleunigungsgebot im FamFG

Neben dem Beschleunigungsgebot des § 155 I FamFG sieht das FamFG weitere Regelungen zu Beschleunigung kindschaftsrechtlicher Verfahren vor. Innerhalb eines Monats ist gemäß § 155 II FamFG ein erster Termin anzuberaumen. Dem Kind ist gemäß § 158 II FamFG frühzeitig ein Verfahrensbeistand zu bestellen. Einem Sachverständigen ist gemäß § 163 I FamFG eine Frist zur Erstellung eines Gutachtens zu setzen. Stärker als bisher wird die Förderung einvernehmlicher Konfliktlösungen durch das Gericht und außergerichtliche Beratungsstellen (§ 156 I, 165 II-IV FamFG) sowie durch Sachverständige (§ 163 II FamFG) und Verfahrensbeistände (§ 158 IV 3 FamFG) hervorgehoben. In umgangsrechtlichen Streitigkeiten ist gemäß § 156 III 1, 2 FamFG der Erlass einer einstweiligen Anordnung vorgesehen. Darüber hinaus wird gefordert,[570] in Ermangelung einer ausreichenden Strukturierung des weiteren umgangsrechtlichen Verfahrens nach dem ersten Termin die Verpflichtung des Gerichts, einen Zeitplan zu erstellen, um einen Verfahrensabschluss in angemessener Zeit sicherzustellen.

(3) Spannungsverhältnis

Der Grundsatz zur Verfahrensbeschleunigung einerseits und das Erfordernis einer konventions- und verfassungskonformen Verfahrensgestaltung andererseits stehen einander in einem Spannungsverhältnis gegenüber. Bei allen Bemühungen, die gerichtlichen Verfahren zügig durchzuführen, dürfen die konventions- und verfassungsrechtlichen Verfahrensanforderungen nicht außer Acht gelassen werden. Erst vor kurzem erging eine Entscheidung des KG[571], in der klargestellt wurde, dass auch im so genannten Berliner „Beschleunigten Familienverfahren" Verfahrensvorschriften (in diesem Fall § 50b FGG, Art. 103 I GG) nicht umgangen werden dürften. Das zuständige Familiengericht hatte im Rahmen des beschleunigten Familienverfahrens ohne Anhörung der Kinder und ohne den Beteiligten die Möglichkeit zu eingehendem Vortrag zu geben, bereits am Ende des ersten Anhörungstermins in der Hauptsache entschieden. Ferner genügte das Familiengericht seiner im konkreten Fall bestehenden ausführlichen Dokumentationspflicht nicht, da es bereits nach dem ersten Anhörungstermin eine verfah-

569 Vgl. Teil C. VI.; *Dettenborn/Walter* (2002), S. 48 f.; *Heilmann* ZfJ 1998, 317, 318 f.

570 *Rixe* FamRZ 2009, 1037, 1038.

571 KG FamRZ 2009, 1428, 1429 mit Anm. *Ernst* FamRZ 2009, 1430, 1431.

rensabschließende Entscheidung getroffen hatte, ohne den Beteiligten die Möglichkeit zur eigenen schriftlichen Stellungnahme einzuräumen. Folglich dürfen Bestimmungen zur Kindesanhörung durch das Beschleunigungsgebot nicht außer Kraft gesetzt werden. Diese Gefahr wird bei sachgerechter und richtiger Anwendung des beschleunigten Familiengerichtsverfahrens als gering angesehen. [572] Dazu dürften Ziel und Zweck des frühen ersten Termins nicht verkannt werden. Es handele sich hier nicht um ein „Schnellverfahren minderer Güte", sondern um eine völlig neue, stärker konsensorientierte Verfahrensführung, die vor allem dazu dienen soll, die Eigenverantwortung der Beteiligten zu stärken.

Das im beschleunigten Familienverfahren dynamisch verstandene Amtsermittlungsprinzip (§ 12 FGG a.F., § 26 FamFG) umfasst die Ermittlung der für eine gerichtliche Entscheidung erforderlichen Tatsachen und darüber hinaus die Einwirkung des Familiengerichts auf den Familienkonflikt. Beides wird parallel geführt und miteinander verschränkt.[573] Die einschlägigen Regelungen des FamFG korrespondieren größtenteils mit dem so genannten Berliner beschleunigten Verfahren bzw. dem Cochemer Modell[574], sodass die Ausführungen des KG auf die neuen Regelungen des FamFG übertragen werden können.

Bedenken hinsichtlich der tatsächlichen Umsetzbarkeit des Beschleunigungsgrundsatzes werden angesichts der derzeitigen personellen und sachlichen Ausstattung der Gerichte und Jugendämter geäußert.[575] So wird befürchtet, dass eine sachgerechte Vorbereitung des frühen ersten Erörterungstermins angesichts der überlasteten Großstadtgerichte und Großstadtjugendämter kaum möglich sein dürfte. Als Folge bestehe die Gefahr, dass das Einvernehmen, auf welches das Gericht frühzeitig hinwirken soll, ein hastiger, nicht abgewogener Kompromiss sein könnte.[576] Es wird daher angemahnt, den Beschleunigungsgrundsatz nicht schematisch anzuwenden, sondern auch hier dem Kindeswohl oberste Priorität beizumessen.[577] Das Kindeswohl prägt und begrenzt das Beschleunigungsgebot.[578] Eine beschleunigte Verfahrensweise dient nicht immer dem Kindeswohl. Zwar dürfte der Erlass einstweiliger Anordnungen gemäß § 156 III FamFG dazu beitragen, in eilbedürftigen Kindschaftssachen möglichst schnell eine Lösung der bestehenden Konflikte herbeizuführen und einem unbefriedigenden, das Kin-

572 *Menne* ZKJ 2009, 309. 309 f.

573 *Ernst* FamRZ 2009, 1430, 1431, Anm. zu KG FamRZ 2009, 1428 ff.

574 *Jaeger* FPR 2006, 410, 414.

575 *Rixe* FamRZ 2009, 1037, 1038; *Rasche* FF 2009, 192, 193; *Menne* ZKJ 2009, 309, 311; *Hennemann* FPR 2009, 20, 23; aus der Sicht des Jugendamtes *Flemming* FPR 2009, 339, 341;

576 *Jaeger* FPR 2006, 410, 414 f.

577 *Salgo* FF 2010, 352, 357; MüKo-*Heilmann* § 155 FamFG Rn. 33; Zöller-*Philippi* § 155 FamFG Rn 3; *Schulte-Bunert/Weinreich/Ziegler* § 155 FamFG Rn. 4.

578 Amtl. Begr. BT-Drs. 16/6308, S. 235 f.; *Salgo* FF 2010, 352, 357.

deswohl beeinträchtigenden Stillstand entgegen zu wirken. Ein staatlicher Hoheitsakt in Umgangsverfahren vermag jedoch nicht immer die Probleme zu lösen. Die gütliche Einigung sollte oberstes Ziel bleiben, das zu erreichen manchmal Zeit bedarf.[579] Eine mechanische Handhabung des Beschleunigungsgebotes sollte gerade bei „Hochkonfliktfamilien" vermieden werden.[580] Einerseits würden einschlägige Studien belegen, dass ein Rückgang des elterlichen Konfliktniveaus allein durch Zeitablauf möglich sei und die elterliche Fähigkeit zur Kooperation im Sinne des Kindeswohls zeitlich nah an der Trennung stärker eingeschränkt sei, als bei einem etwas größeren zeitlichen Abstand. Andererseits sei auch die schädliche Wirkung fortdauernder Elternkonflikte nachgewiesen. Angesichts dieser heterogenen Befunde sollte daher stets zwischen der Gefahr einer dauerhaften Verschlechterung des Kontaktes zwischen Kindern und getrennt lebendem Elternteil einerseits und den im Regelfall wachsenden Ressourcen der Eltern für tragfähige, kooperative Lösungen andererseits abgewogen werden.

Das Kindeswohl darf auch nicht in Fällen der sog. ertrotzten Kontinuität oder der mutwilligen Verzögerung des Verfahrens durch einzelne Verfahrensbeteiligte zum Zwecke der Herstellung einer vermeintlich „gerechten" Lösung in den Hintergrund gedrängt werden, um Fehlverhalten zu sanktionieren.[581]

Es wird außerdem eindringlich davor gewarnt, schnelle Entscheidungen um jeden Preis zu treffen.[582] Vielmehr sei eine sensible Austarierung und Ausbalancierung zwischen Kindeswohlorientierung und rechtsstaatliche Anforderungen an die Durchführung des Verfahrens erforderlich.

Für die Familiengerichte bedeutet dies, dass es vor einer Entscheidung über die Einleitung weiterer Ermittlungsschritte im Rahmen des Amtsermittlungsgrundsatzes gemäß § 26 FamFG – etwa vor der Einholung eines Sachverständigengutachtens oder einer ergänzenden Stellungnahme des Jugendamtes – einer Abwägung bedarf zwischen den Vorteilen des zu erwartenden zusätzlichen Erkenntnisgewinns einerseits und den Nachteilen, die auch für das Kind mit der einhergehenden Verzögerung des Verfahrens verbunden sind andererseits.[583]

Der Vorschlag, die Familiengerichte sollten gerade in Umgangs-, Herausgabe- und Sorgerechtssachen auch ohne Einholung von Sachverständigengutachten zu eigener Entscheidungskraft zurückfinden,[584] ist daher nicht unproblematisch. Es wird hier ausgeführt, eine derartige Verpflichtung werde durch § 156 III FamFG

579 *Schulte-Bunert/Weinreich/Ziegler* § 155 FamFG Rn. 6; *Fichtner/Salzgeber* FPR 2009, 348, 351.

580 *Salzgeber/Fichtner* ZKJ 2009, 334, 336.

581 BVerfG FamRZ 2009, 189, 190; *Salgo* FF 2010, 352, 357; MüKo-*Heilmann* § 155 FamFG Rn. 27.

582 *Salgo* FF 2010, 352, 357.

583 MüKo-*Heilmann* § 155 FamFG Rn. 33.

584 *Rasche* FF 2009, 192, 193.

vorgezeichnet. Die Regelung sehe auch bei Beauftragung eines Gutachters eine einstweilige Regelung des Umgangs durch das Gericht vor. Dabei wird es sogar für vertretbar gehalten, die gutachterliche Stellungnahme in Sorge- und Umgangsrechtsverfahren auf Ausnahmen zu begrenzen. Dieser Ansicht kann nicht gefolgt werden. Zum einen widerspricht die generelle Beschränkung der Einholung gutachterlicher Stellungnahmen auf Ausnahmefälle den einzelfallorientierten Anforderungen des EGMR[585] an die Gestaltung eines fairen Verfahrens. Zum anderen birgt eine solche Einschränkung die Gefahr, dass eine Entscheidung des Gerichts sich möglicherweise mangels möglichst zuverlässiger Entscheidungsgrundlage nicht mehr am Kindeswohl orientiert. Dies kann nicht gewollt sein.

Vor einem Verfehlen materieller Gerechtigkeit um der Beschleunigung willen warnte die deutsche Richterin des EGMR Renate Jaeger schon vor einigen Jahren sehr deutlich mit den Worten:[586] „die Arbeit in Straßburg würde schwieriger und nicht einfacher, wenn in Deutschland insoweit kurzer Prozess gemacht würde." Trete die Beschleunigung zu sehr in den Vordergrund, verliere der Rechtsschutz an Qualität. Doch gerade die Qualität der Vorinstanzen sei im Hinblick auf die hohe Arbeitsbelastung von nationalen und internationalen Verfassungsgerichten die beste Garantie für die Arbeitsfähigkeit eines Verfassungsgerichts.

c) Stellungnahme

Die Anforderungen, welche EGMR und BVerfG an die Gestaltung kindschaftsrechtlicher Verfahren stellen, sind weitgehend identisch. Beide verlangen eine sorgfältige Ermittlung des Sachverhalts und stellen bezüglich der Notwendigkeit eines Absehens von Kindesanhörungen und der Einholung von Sachverständigengutachten auf den Einzelfall ab. Hier sollten insbesondere Beeinträchtigungen des Kindeswohls infolge wiederholter belastender Befragungen berücksichtigt werden. Die effektive Gewährleistung der Elternrechte steht an dieser Stelle in einem Spannungsverhältnis zum Kindeswohl. Die geltenden deutschen gesetzlichen Regelungen zur Anhörung der Beteiligten ermöglichen eine konventionskonforme Verfahrensgestaltung und die Berücksichtigung des Kindeswohls. In Bezug auf die Beurteilung einer angemessenen Verfahrensdauer entsprechen sich die von beiden Gerichten angelegten Beurteilungsmaßstäbe. Beide Gerichte weisen auf die Gefahr faktischer Präjudizierung durch Zeitablauf hin.

Die noch stärkere Betonung des Beschleunigungsgrundsatzes durch das FamFG dürfte vom EGMR begrüßt werden. Es ist allerdings darauf zu achten,

585 Vgl. die Fallanalysen zu den Fällen Elsholz Teil D. I. 4. und Sommerfeld Teil D. III. 4.; *Lenz/Baumann* FPR 2004, 303, 305.

586 *Jaeger* EuGRZ 2003, 149, 153.

dass das Bemühen um ein beschleunigtes Verfahren nicht zu einer Verkürzung der Verfahrensgrundsätze – wie die sorgfältige Sachverhaltsermittlung und die Gewährung rechtlichen Gehörs – führt. Auch das Kindeswohl darf nicht aus den Augen verloren werden.

Das Beschleunigungsgebot des EGMR gilt für alle kindschaftsrechtlichen Verfahren, die das Verhältnis einer Person zu ihrem Kind betreffen. Eine in der Literatur[587] geforderte analoge Anwendung des § 155 I FamFG auch für alle sonstigen kindschaftsrechtlichen Verfahren, die nicht explizit in § 155 I FamFG genannt sind, erscheint daher erwägenswert.[588] Der scheinbare Widerspruch zwischen der gesetzlichen Regelung des § 155 I FamFG und der Rechtsprechung des EGMR relativiert sich jedoch, wenn man bedenkt, dass auch der EGMR nicht alle kindschaftsrechtlichen Verfahren für gleich eilbedürftig hält und zwischen der Eilbedürftigkeit von Sorgerechts- und Umgangsrechtsverfahren differenziert.

Im Bereich der Verfahrensgestaltung sind nachhaltige Widersprüche zwischen geltendem deutschen Recht und der Rechtsprechung des EGMR nicht ersichtlich. Für die Praxis sehr bedeutsam bleibt der generelle Widerspruch zwischen einer effektiven Gewährleistung der aufgestellten Verfahrensgrundsätze und der tatsächlichen Verfahrensdauer vor deutschen Familiengerichten, dem BVerfG und dem EGMR selbst infolge mangelnder sachlicher und personeller Ausstattung. Gerade im Hinblick auf das Bestreben, die materielle Gerechtigkeit einer gerichtlichen Entscheidung nicht um der Beschleunigung willen zu vernachlässigen, kommt der Problematik einer ungenügenden Ausstattung nationaler wie internationaler Gerichte grundlegende Bedeutung zu.

Ein wie vom EGMR im Fall Sürmeli[589] geforderter gesetzlich geregelter, wirksamer Rechtsbehelf gegen eine überlange Verfahrensdauer existierte im deutschen Recht bisher nicht. Dies hat dazu geführt, dass der EGMR Deutschland ausdrücklich „Mängel im deutschen Rechtssystem“ attestiert hat.[590] Inzwischen ist vom Bundesministerium für Justiz ein Gesetzesentwurf vorgelegt worden, nach welchem dem Betroffenen das Recht einer „Verzögerungsrüge“ und die Geltendmachung von Schadensersatzansprüchen eingeräumt werden soll.[591] Am

---

587 *Rixe* FamRZ 2009, 1037, 1037, Anm. zum EGMR Fall Adam Urt. v. 04.12.2008, Nr. 44036/02; *Rixe* FamRZ 2007, 1453, 1458, Anm. zum EGMR Fall Sürmeli Urt. v. 08.06.2006, Nr. 75529/01, FamRZ 2007, 1449 ff.

588 Vgl. Fallanalyse zum Fall Adam Teil D. X. 4.

589 EGMR Fall Sürmeli Urt. v. 08.06.2006, Nr. 75529/01, FamRZ 2007, 1449, 1452.

590 Vgl. Fallanalyse zum Fall Adam Teil D. X. 4.; EGMR Fall Rumpf Urteil v. 02.09.2010, Nr. 46344/06, Rn. 70, NJW 2010, 3355, 3358

591 Referentenentwurf vom 15.03.2010 „Gesetz über den Rechtsschutz bei überlangen Gerichtsverfahren und strafrechtlichen Ermittlungsverfahren“, der mit geringfügigen Modifikationen am

14.10.2011 hat der Bundesrat beschlossen, dem vom Bundestag am 29.09.2011 verabschiedeten Gesetz zuzustimmen. Die Regelungen sollen am Tag nach ihrer Verkündung im Bundesgesetzblatt in Kraft treten.[592]

2. Die Vollstreckung von Umgangs- und Rückführungsentscheidungen

a) Die Vorgaben des EGMR

Aus Art. 8 I EMRK folgt nicht nur ein Recht von Elternteil und Kind auf Umgang, sondern auch das Recht auf Durchsetzung von Umgangsentscheidungen. Art. 8 I EMRK dient insoweit als Rechtsgrundlage für eine effektive Vollstrekkung gerichtlicher Umgangsentscheidungen.[593] Der Staat hat alle im Einzelfall notwendigen und angemessenen Maßnahmen zur Förderung des Umgangs zu ergreifen und Verfahrensverzögerungen zu vermeiden, um eine faktische Präjudizierung zu verhindern. Zwar steht dem Staat ein Beurteilungsspielraum hinsichtlich Wahl und Ausgestaltung wirksamer gesetzlicher Instrumente zur Erfüllung dieser Verpflichtung zu. Er muss jedoch einen funktionsfähigen Mechanismus zur Durchsetzung von Umgangsentscheidungen zur Verfügung stellen. Der EGMR bezieht sich insoweit auf die Grundsätze „Verpflichtung zur Familienzusammenführung" und „Beurteilung der Angemessenheit einer Maßnahme nach Zügigkeit".

Der Gerichtshof stellt klar, dass die Verpflichtung zur Ausübung von Zwang im Bereich des Umgangsrechts begrenzt ist. Die Interessen, Rechte und Freiheiten aller Beteiligten müssen berücksichtigt werden. Dabei bezieht sich der EGMR ausdrücklich auf das Kindeswohl und die Rechte des Kindes gemäß Art. 8 I EMRK. Die Nichtvollstreckung bestandskräftiger Umgangsentscheidungen soll trotz des Vorliegens veränderter maßgeblicher Unstände dann nicht gerechtfertigt sein, wenn die neue Sachlage auf Versäumnissen der nationalen Behörden

---

03.09.2010 als Regierungsentwurf eingebracht wurde (BR-Drucks. 540/10). Der bisherige Gesetzesentwurf, Stand 12.08.2010, kann auf der Homepage des BMJ heruntergeladen werden unter www.bmj.de/SharedDocs/Downloads/DE/pdfs/Rechtsschutz_ueberlange_gerichtsverfahren.html.; krit. *Rixe* FamRZ 2011, 1965, 1967, der den bisherigen Gesetzesenwurf für verfassungswidrig und konventionswidrig hält, weil er für anhängige Verfahren keinen wirksamen Beschleunigungsrechtsbehelf vorsehe und auch die vorgesehene Entschädigungslösung weder den Anforderungen an einen präventiven Rechtsbehelf gemäß Art. 13 EMRK genügen würden, noch den Vorgaben des BVerfG entspreche.

592 Zum Gesetzestext vgl. BR-Drucks. 587/11 vom 30.09.2011.

593 Vgl. Fallanalyse zum Fall Koudelka Teil D. XII. 4.

beruht. In Fällen der Kindesentziehung fordert der EGMR,[594] dass die positiven Verpflichtungen der Vertragsstaaten hinsichtlich der Zusammenführung eines Elternteils mit seinen Kindern gemäß Art. 8 I EMRK im Lichte des HKÜ auszulegen sind.

Auch in diesem Bereich steht die effektive Durchsetzung gerichtlicher Umgangsregelungen im Vordergrund. Der EGMR betont zwar einerseits den Vorrang des Kindeswohls, andererseits hält er aber auch die Anwendung von Zwang gegen den sich widersetzenden Elternteil und auch das Kind als Sanktionierung rechtswidrigen Verhaltens des Elternteils für nicht ausgeschlossen.

b) Die Rechtslage in Deutschland

Die Neuregelungen des FamFG zum 01.09.2009 ermöglichen eine effektivere Vollstreckung von Herausgabeentscheidungen und Umgangsregelungen. Es hat ein Systemwechsel im Vollstreckungsrecht von Umgangsentscheidungen stattgefunden. Die in § 89 FamFG geregelten Ordnungsmittel sind an die Stelle der in § 33 FGG geregelten Zwangsmittel getreten. Die Anordnung von Ordnungsmitteln steht im Ermessen des Gerichts (§ 89 I 1 und 2 FamFG: „kann“). Eine Androhung der Ordnungsmittel im Vollstreckungsverfahren ist nicht mehr erforderlich. Es muss lediglich auf die Möglichkeit der Verhängung von Ordnungsmitteln hingewiesen werden (§ 89 II FamFG). Die Vollstreckung der in § 89 FamFG geregelten Ordnungsmittel ist auch dann noch möglich, wenn die zu vollstreckende Handlung wegen Zeitablaufs nicht mehr vorgenommen werden kann. Im Gegensatz zu Zwangsmitteln, die lediglich Beugecharakter haben, wohnt Ordnungsmitteln ein strafrechtlicher Sanktionscharakter inne.[595] Dies ist zu begrüßen, denn bisher konnte eine Zuwiderhandlung gegen Umgangsregelungen für bestimmte konkrete Termine wie beispielsweise Ferientermine nicht mehr vollstreckt bzw. mit einem Zwangsgeld geahndet werden, wenn die Ferien vorüber waren. Der Wille des verpflichteten Elternteils konnte nicht mehr gebeugt werden, wenn die Zeit abgelaufen war und die Handlung nicht mehr in dieser Zeit vorgenommen werden konnte. Der Sanktionscharakter der nunmehr möglichen Ordnungsmittel wirkt abschreckend im Hinblick auf künftige Zuwiderhandlungen und über den Einzelfall hinaus generalpräventiv.[596] Das innerstaatliche Recht ist damit der Regelung des § 44 I 2 und 3 IntFamRVG für Fälle mit Auslandsbezug angeglichen worden. Die Festsetzung des Ordnungsmittels

594 Vgl. Fallanalyse zum Fall Mattenklott Teil D. XIII. 4.

595 *Schulte-Bunert/Weinreich/Schulte-Bunert* § 89 FamFG Rn. 1; MüKo-*Zimmermann* § 89 FamFG Rn. 1.

596 *Rixe* FamRZ 2008, 1061, 1062.

unterbleibt nur dann, wenn der Verpflichtete Gründe vorträgt, aus denen sich ergibt, dass er die Zuwiderhandlung nicht zu vertreten hat (§ 89 IV FamFG).

Gemäß § 90 II FamFG ist die Anwendung unmittelbaren Zwangs gegen das Kind zur Ausübung des Umgangsrechts ausgeschlossen. In anderen Fällen darf unmittelbarer Zwang gegen ein Kind nur zugelassen werden, wenn dies unter Berücksichtigung des Kindeswohls gerechtfertigt ist und mildere Mittel nicht möglich sind. Ein wesentliches Kriterium ist das Alter des Kindes.[597] Jedenfalls ab dem 14. Lebensjahr soll die Anwendung unmittelbaren Zwangs zur Durchsetzung einer Herausgabeentscheidung gegen den Willen des Kindes nicht mehr in Betracht kommen.[598]

Eine Tendenz zur Effektivierung der Durchsetzung gerichtlicher Rückführungsentscheidungen lässt sich auch im Umgang der deutschen Rechtsprechung mit dem Haager Kindesentführungsübereinkommen (HKÜ) feststellen. Deutsche Fachgerichte legen die Ausnahmeregelung des Art. 13 I Zif. B HKÜ dahingehend restriktiv aus, dass nur ungewöhnlich schwerwiegende Beeinträchtigungen des Kindeswohls, die sich erheblich, konkret und aktuell darstellen, einer Rückführung entgegenstehen können. Das BVerfG billigt dies.[599]

Die Effektivierung der Vollstreckung von gerichtlichen Umgangsregelungen wird teilweise kritisch gesehen. Es wird von einem „Gesetz zur Durchsetzung des Umgangsrechts" gesprochen und vor der Gefahr gewarnt, dass die zahlreichen verschärften Instrumentarien zur Durchsetzung eines Umgangs nach dem FamFG noch mehr Leid schaffen und eine kaum absehbare Kostenflut auslösen könnten.[600] Ausschlaggebend für die positive Entwicklung von Kindern nach der Elterntrennung sei insbesondere die Qualität der Versorgung durch den betreuenden Elternteil und die materielle Situation im Haushalt. Gerade diese für die Kindesentwicklung wichtigste Beziehung werde durch die verschärften Regelungen des FamFG bedroht.

Andere[601] bezweifeln, ob die Verhängung von Ordnungs-, statt Zwangsmitteln zur Erzwingung eines Umgangs im familienrechtlichen Verfahren sachdienlich sein kann. Ordnungsmittel, so wird zu bedenken gegeben, könnten das Verhältnis der Beteiligten zusätzlich belasten und das Gegenteil des Bezweckten erreichen. Erfolgversprechender sei das nun gesetzlich vorgeschriebene Hinwirken

---

597 BT-Drs. 16/6308, S. 483.

598 *Schulte-Bunert/Weinreich/Schulte-Bunert* § 90 FamFG Rn. 4; MüKo-*Zimmermann* § 90 FamFG Rn. 14 mwN; Zöller-*Feskorn* § 90 FamFG Rn. 9.

599 Beschluss des BVerfG v. 29.10.1998, Az. 2 BvR 1206/98, Rn. 48; Beschluss des BVerfG v. 15.02.1996, Az. 2 BvR 233/96, NJW 1996, 1402, 1403; zustimmend *Völker* FamRZ 2010, 157, 160 f., 165.

600 *Salgo* FPR 2008, 401, 402, 404 f.

601 *Giers* FPR 2008, 441, 442 f.

auf Einvernehmen durch den im Erkenntnisverfahren beauftragten Sachverständigen.

Schließlich wird zu bedenken gegeben, dass das Kindeswohl lediglich im Hinblick auf den Extremfall der Gewaltanwendung gegen das Kind selbst zur Erzwingung der Herausgabe nach § 1632 BGB Erwähnung finde (§ 90 II 2 FamFG). Das Kindeswohl hätte jedoch für den Einsatz sämtlicher Ordnungsmittel als konkretes Kriterium im Gesetz verankert werden müssen.[602]

c) Stellungnahme

aa) Neuregelungen des FamFG

Das Bemühen um eine effektive Vollstreckung gerichtlicher Umgangsregelungen infolge der Neuregelung des FamFG und auch die restriktive Anwendung der Regelungen des HKÜ durch deutsche Gerichte steht im Einklang mit der Rechtsprechung des EGMR. Ob die Vollstreckung von Umgangsentscheidungen infolge der neuen Regelungen des FamFG tatsächlich effektiver wird und wie die Nachteile der neuen Regelung einzuschätzen sind, muss sich in der Zukunft zeigen.

Sowohl der EGMR als auch das deutsche Recht gehen von dem Grundsatz aus, dass ein Umgang mit beiden Elternteilen dem Wohl des Kindes dient. In dem Bemühen um eine effektive Durchsetzung gerichtlicher Umgangsregelungen darf jedoch nicht übersehen werden, dass sozialwissenschaftliche Erkenntnisse diesen pauschalen Grundsatz so nicht belegen. Nicht der Häufigkeit, sondern – wie richtigerweise betont wird – der Art und Qualität des Umgangs zwischen Kind und umgangsberechtigtem Elternteil, kommen entscheidende Bedeutung für das Kindeswohl zu.[603] Auch kann es gewichtige Ausnahmefälle geben, wie häusliche Gewalt oder hohes Konfliktniveau zwischen den Eltern, welche dazu führen können, dass Aufrechterhaltung der Kontakte und Kindeswohl nicht übereinstimmen.[604] Da die Anordnung eines Ordnungsmittels im Ermessen des Gerichts liegt, obliegt diesem die Verantwortung, eine im Einzelfall verhältnismäßige und ausreichend am Kindeswohl orientierte Entscheidung zu treffen.

---

602 *Schweitzer* (2007), S. 126 f., 161 ff., 695.

603 *Kindler* ZKJ 2009, 110, 110 f.; *Salgo* FPR 2008, 401. 402 f.; *Walper/Langmeyer* ZKJ 2008, 94, 95; *Gödde/Fthenakis* in *Fthenakis* (2008), S. 72 f.; *Kindler/Reinhold* FPR 2007, 291, 292; *Rakete-Dombeck* FPR 2008, 492, 495; Detaillierter Überblick über den Forschungsstand *Kostka* (2004), S. 206 ff., 212 ff., 526.

604 *Salgo* FPR 2008, 441, 443; *Kindler/Fichtner* FPR 2008, 139, 143; *Walper/Langmeyer* ZKJ 2008, 94, 95; *Kölch/Fegert* FamRZ 2008, 1573, 1577.

bb) Nichtvollstreckung bestandskräftiger Umgangsentscheidungen

Bezüglich der Nichtvollstreckung bestandskräftiger Umgangsentscheidungen erscheint die Argumentation des EGMR ambivalent. Auf der einen Seite hebt er ausdrücklich das Kindeswohl hervor. Auf der anderen Seite soll die Nichtvollstreckung ungerechtfertigt sein, wenn ein Umgang zwar inzwischen dem Kindeswohl nicht mehr entspricht, diese veränderten Umstände jedoch auf Versäumnissen der nationalen Behörden beruhen. Somit besteht eine völkerrechtliche Verantwortung des Staates für die eingetretene Situation, selbst wenn die zwischenzeitliche Entwicklung eine Abänderung der bisherigen Umgangsregelung nach innerstaatlichem Recht rechtfertigen würde.[605] Diese Argumentation ist vor dem Hintergrund der Gewährleistung eines effektiven Schutzes der Menschenrechte des Kindesvaters nachvollziehbar. Die Widersprüchlichkeit ergibt sich jedoch mit Blick auf das Kindeswohl. Einerseits soll die Durchsetzung der Umgangsregelung nicht gegen das Kindeswohl erfolgen. Andererseits soll die Nichtvollstreckung ungerechtfertigt sein, auch wenn ein Umgang inzwischen dem Kindeswohl nicht mehr entspricht bzw. wie im vorliegenden Fall ohne vorherige Therapie nicht durchführbar ist. Für das Kind spielt es jedoch keine Rolle, wie es zu den Verzögerungen gekommen ist, die zu einer faktischen Präjudizierung geführt haben. Für das Kind ist allein maßgeblich, ob der Umgang dem Kindeswohl entspricht. Die Gerichte der Mitgliedsstaaten befinden sich im Rahmen derartiger Fallkonstellationen in einem Dilemma: Entweder sie vollstrecken und gefährden möglicherweise das Kindeswohl oder sie laufen Gefahr, wegen Verletzung des Art. 8 I EMRK verurteilt zu werden.

An dieser Stelle zeigt sich ganz deutlich die Problematik der Rechtsprechung des EGMR: Auf der einen Seite steht das Bemühen um effektiven Schutz der Grundrechtsgarantien, auf der anderen Seite sollen die Interessen aller Beteiligten gewahrt werden. Zwar bezieht sich der EGMR ausdrücklich auch auf die Kindesinteressen. Offensichtlich werden die Interessen der Kinder hier jedoch der effektiven Gewährleistung der Konventionsgarantien untergeordnet.

Im deutschen Recht hat im Rahmen des vom Erkenntnisverfahren zu unterscheidenden Vollstreckungsverfahrens grundsätzlich keine Überprüfung der Ausgangsentscheidung zu erfolgen. Neue Umstände, durch die die bereits getroffene Umgangsregelung mit dem Kindeswohl unvereinbar geworden ist, sind zu berücksichtigen. Sie können entweder zur Abänderung der Ursprungsregelung von Amts wegen führen oder werden im Vollstreckungsverfahren berücksich-

605 Vgl. Fallanalyse zum Fall Koudelka Teil D. XII. 4.

tigt.[606] Dabei ist die Vollstreckungsmaßnahme nicht isoliert zu betrachten, denn sie würde sich regelmäßig als kindeswohlgefährdend erweisen. Vielmehr sei dem Schädigungspotential der Vollstreckungsmaßnahme der Nachteil des Umgangsausfalls gegenüberzustellen und abzuwägen.[607]

In diesem Zusammenhang ist eine Entscheidung des OLG Frankfurt a.M. im Rahmen eines Sorgerechtsverfahrens hervorzuheben.[608] Das Gericht führt aus, es liege in der Natur kindschaftsrechtlicher Verfahren, dass sich tatsächliche Verhältnisse, insbesondere auch die den Maßstab des Kindeswohls beeinflussenden Faktoren, mit Zeitablauf und damit während des Verfahrens verändern könnten. Diesem Gesichtspunkt müsse durch die Ausgestaltung des Verfahrens, insbesondere mit Blick auf die Verfahrensdauer, Rechnung getragen werden. Keinesfalls aber dürfe eine den Maßstab des Kindeswohls verlassende Sorgerechtsentscheidung getroffen werden.

Eine derart kindeswohlorientierte Sichtweise sollte sich die deutsche Rechtsprechung bewahren. Andernfalls könnte mit der Befolgung der Grundsätze der Rechtsprechung des EGMR ein drohender Verstoß gegen tragende Grundsätze der deutschen Verfassung – nämlich dem Schutz des Kindeswohls im Rahmen des Allgemeinen Persönlichkeitsrechts des Kindes gemäß Art. 2 I i.V.m. 1 I GG – einhergehen. Ein Abweichen von der Rechtsprechung des EGMR ist laut BVerfG[609] theoretisch möglich, solange die Fachgerichte ihre Entscheidung einzelfallbezogen, gründlich und verständlich begründen.

III. Abstammungsrecht – Vaterschaftsanfechtung und Klärung der Abstammungsverhältnisse

1. Die Vaterschaftsanfechtung durch den rechtlichen (Schein-)Vater

a) Die Vorgaben des EGMR

Gemäß dem Grundsatz des Vorrangs der biologischen Wahrheit vor der gesetzlichen Vermutung ist dem rechtlichen Vater die Möglichkeit zu eröffnen, die gesetzliche Vermutung einer Vaterschaft gerichtlich überprüfen zu lassen und zu widerlegen.[610] Die Möglichkeit einer Anfechtung darf nicht durch die Ausge-

---

606 Ausführlich m.w.N. aus der Rechtsprechung *Gottschalk* FPR 2008, 417, 418 f.; *Schweitzer* (2007), S. 130.

607 *Schweitzer* (2007), S. 128.

608 OLG Frankfurt a.M. NJW-RR 2007, 284, 285.

609 BVerfG FamRZ 2004, 1857, 1862.

610 EGMR Fall Mizzi Urt. v. 12.01.2006, Nr. 26111/02, Rn. 113 f., EuGRZ 2006, 129, 135.

staltung der Anfechtungsfristen unmöglich gemacht werden. Die Fristenregelung muss ein faires Gleichgewicht zwischen dem Interesse am Schutz der Rechtssicherheit in den Familienbeziehungen und dem Recht des rechtlichen Vaters, die gesetzliche Vaterschaftsvermutung im Lichte der biologischen Erkenntnisse überprüfen zu lassen, herstellen.[611]

b) Die Bewertung der deutschen Rechtslage

Der rechtliche Vater ist gemäß §§ 1600 I Nr. 1 i.V.m. 1592, 1593 BGB anfechtungsberechtigt. Die Anfechtungsfrist beträgt gemäß § 1600b I BGB 2 Jahre beginnend ab Kenntnis der Umstände, die gegen eine Vaterschaft sprechen. Sie wird vom BVerfG[612] als gerechter Ausgleich der beteiligten Interessen bewertet. Auf der einen Seite stehen die Interessen von Kind und Mutter hinsichtlich Stabilität der bestehenden rechtlichen und sozialen familiären Zuordnung. Auf der anderen Seite findet sich das Recht des rechtlichen Vaters aus Art. 6 II GG, sich bei mangelnder Übereinstimmung seiner rechtlichen mit der biologischen Vaterschaft von der Rechtsposition des Vaters lösen zu können. Der vom Gesetzgeber vorgenommene Ausgleich dieser Interessen dürfte auch im Lichte der EMRK einen ausgewogenen Interessenausgleich darstellen.

Lebhaft diskutiert wurden in der Vergangenheit die Anforderungen an die Substantiierung der Anfechtungsklage. Es ist nicht ausreichend, dass der Kläger schlicht behauptet, nicht der Vater zu sein. Er muss vielmehr einen begründeten Anfangsverdacht vortragen. Infolge dieser hohen Anforderung an die Substantiierung[613] kam es dazu, dass betroffene Väter sich heimlich eingeholter Vaterschaftstests bedienten, um ihre Vaterschaft abklären zu lassen. Derartige Gutachten sind jedoch nach der Rechtsprechung des BGH[614] und des BVerfG[615] nicht geeignet, einer Vaterschaftsklage Schlüssigkeit zu verleihen. Gutachten, die ohne Einwilligung von Kindesmutter und Kind eingeholt werden, sind rechtswidrig erlangt, da sie auf einer nicht zu rechtfertigenden Verletzung des Rechts des betroffenen Kindes auf informationelle Selbstbestimmung beruhen. Sie dürfen als Beweismittel nicht berücksichtigt werden. In dem Zusammenspiel von der notwendigen Darlegung eines substantiierten Anfangsverdachts und einem Ver-

---

611 EGMR Fall Shofman Urt. v. 24.11.2005, Nr. 74826/01, FamRZ 2006, 181, 182, Rn. 44 f.

612 BVerfG FamRZ 2007, 441, 445.

613 Krit. Staudinger/*Rauscher* § 1599 BGB Rn. 21; *Balthasar* JZ 2007, 635, 636; *Brosius-Gersdorf* EuGRZ 2006, 123, 129; *Wellenhofer* FamRZ 2005, 665, 666, 668.

614 BGH FamRZ 2005, 340, 342.

615 BVerfG FamRZ 2007, 441, 443.

wertungsverbot heimlich eingeholter Abstammungsgutachten sahen einige Stimmen[616] eine konventionswidrige Rechtsprechung deutscher Gerichte.

So wurde in der Vergangenheit aus dem Urteil des EGMR im Fall Mizzi gar eine Verpflichtung des deutschen Gesetzgebers abgeleitet, die Vorschriften der §§ 1599 ff. BGB um ein Verfahren zu ergänzen, das dem rechtlichen Vater eines Kindes die Feststellung der Vaterschaft unabhängig von einer Anfechtung seiner Vaterschaft auch gegen oder ohne den Willen des Kindes bzw. der Kindesmutter ermöglicht.[617] Komme der Gesetzgeber dieser Verpflichtung nicht nach, so sollten seiner Ansicht nach die Gerichte gehalten sein, eine Anfechtung der Vaterschaft auch auf Grundlage privater Vaterschaftsgutachten zuzulassen. Der BGH stehe mit seinem Verbot der Verwertung heimlich eingeholter Vaterschaftsgutachten[618] im Widerspruch zur Rechtsprechung des EGMR, indem die biologische Realität durch die gesetzliche Vermutung des § 1592 BGB überlagert werde.

c) Stellungnahme

Dieser Schluss erscheint voreilig. Zunächst hat der EGMR eine Bevorzugung der gesetzlichen Vaterschaftsvermutung gegenüber der biologischen Abstammungswahrheit nicht ausnahmslos für unvereinbar mit der EMRK erklärt. Zwar könnte man dies aus der Entscheidung im Fall Mizzi[619] herauslesen. Der Gerichtshof bezieht sich an gleicher Stelle jedoch auf seine Ausführungen im Fall Kroon. Dieser Entscheidung und auch den Fällen Shofman, Rozanski und Yousef ist zu entnehmen, dass der Gerichtshof der biologischen und sozialen Wirklichkeit nicht uneingeschränkt den Vorrang einräumt, sondern eine Interessenabwägung vornimmt. Der Gerichtshof hält lediglich eine Situation, in der eine gesetzliche Vermutung schwerer wiegt als die biologische und soziale Wirklichkeit, ohne Rücksicht auf festgestellte Fakten und Wünsche der Betroffenen und ohne aktuellen Nutzen für irgendjemanden, auch unter Berücksichtigung eines gewissen nationalen Ermessenspielraums, für konventionswidrig.[620] Außerdem hat sich der Gerichtshof mit der Einholung heimlicher Vaterschaftsgutachten noch gar nicht befasst. Im Fall Mizzi hatte der rechtliche Vater das Gutachten mit Einwilligung des Kindes eingeholt. Es kann nicht von vornherein davon ausgegangen werden,

616 *Rixe* FPR 2008, 222, 226; *Brosius-Gersdorf* EuGRZ 2006, 123, 128.

617 *Brosius-Gersdorf* EuGRZ 2006, 123, 128.

618 BGH FamRZ 2005, 340,342 f.

619 EGMR Fall Mizzi Urt. v. 12.01.2006, Nr. 26111/02, EuGRZ 2006, 129, 135, Fn. 113.

620 EGMR Fall Rozanski, Urt. v. 18.05.2006, Nr. 55339/00, Rn. 67; EGMR Fall Shofmann Urt. v. 24.11.2005, Nr. 74826/01, FamRZ 2006, 181, 181, Rn. 44; EGMR Fall Yousef Urt. v. 05.11.2002, Nr. 37711/96, Rn. 65 ff.; EGMR Fall Kroon Urt. v. 27.10.1994, Nr. 29/1993/424/503, FamRZ 2003, 813, 814, Rn. 40.

dass der EGMR die Einholung heimlicher Gutachten als konventionskonform bewerten würde.

Dem deutschen Gesetzgeber dürfte ein gewisser Beurteilungsspielraum zukommen. Die Durchführung genetischer Abstammungstests ist in der Mehrzahl der europäischen Länder problematisch. Die Regelungen zur genetischen Abstammungsuntersuchung sind unterschiedlich. Es besteht aber ein weitgehender Konsens bezüglich der Ablehnung heimlicher Abstammungstests.[621]

Letztlich dürfte sich die Konfliktlage mit Einführung des vom BVerfG[622] geforderten rechtfolgenlosen und statusunabhängigen Abstammungsfeststellungsverfahrens gemäß § 1598a BGB entspannt haben. Am 01.04.2008 trat in Deutschland das „Gesetz zur Klärung der Vaterschaft unabhängig vom Anfechtungsverfahren" in Kraft. In dem neu eingefügten § 1598a BGB ist geregelt, dass Vater, Mutter und Kind gegeneinander einen Anspruch auf Einwilligung in eine genetische Abstammungsuntersuchung und Duldung der Entnahme einer für die Untersuchung geeigneten genetischen Probe haben. Einzig der mutmaßliche biologische Vater ist nicht anfechtungsberechtigt. Wird die Einwilligung nicht erteilt, wird sie grundsätzlich vom Familiengericht ersetzt. Bei einer erheblichen Kindeswohlbeeinträchtigung wird das Verfahren ausgesetzt. Zwar bestand schon vor In-Kraft-Treten dieses Gesetzes bei bestehenden Zweifeln an der Abstammung des Kindes die faktische Möglichkeit, sich privat und außergerichtlich rechtmäßig Kenntnis von der biologischen Vaterschaft zu verschaffen. Dabei handelte es sich aber um eine allein vom Willen anderer – des Kindes oder der sorgeberechtigten Mutter – abhängige Klärungsmöglichkeit. Das Klärungsverfahren ist vom statusbezogenen Vaterschaftsanfechtungsverfahren abgekoppelt. Gegenstand des Klärungsverfahrens ist die Frage, ob eine bereits bestehende abstammungsrechtliche Zuordnung mit den biologischen Tatsachen übereinstimmt. Die Verfahren bestehen nebeneinander.

Ist die Frist des § 1600d BGB für die Vaterschaftsanfechtung noch nicht abgelaufen, kann das Klärungsverfahren als „Vorverfahren" für die Erhebung einer Vaterschaftsklage dienen. Im Klärungsverfahren ist die Darlegung des sog. Anfangsverdachts nicht notwendig. Gleichwohl können die Ergebnisse aus dem Klärungsverfahren dazu verwendet werden, im Rahmen der Vaterschaftsanfechtungsklage den Anfangsverdacht zu belegen. Hier wird die Gefahr einer unnötigen Verfahrensverdopplung gesehen.[623] Der rechtliche Vater könne sich so auf dem Umweg über das Klärungsverfahren den Anfangsverdacht „erkaufen" (die

621 BT-Drs. 16/6561, S. 9.

622 BVerfG FamRZ 2007, 441, 447.

623 *Helms* FamRZ 2008, 1033, 1036 f.; *Frank/Helms* FamRZ 2008, 1277, 1279 f.; so auch *Brosius-Gersdorf* NJW 2007, 806, 811.

Abstammungsuntersuchung ist privat auf eigene Kosten durchzuführen). Die Schutzfunktion des Anfangsverdachts werde damit völlig ausgehöhlt. Es wird darauf hingewiesen, dass es verfahrenstechnisch einfacher, systematisch konsequenter und wertungsmäßig gerechter gewesen wäre, auf den Anfangsverdacht für die Vaterschaftsanfechtung gänzlich zu verzichten, zumal es im Ausland in keiner Rechtsordnung eines Anfangsverdachts bedürfe, um eine Vaterschaft anzufechten.

Hier gilt es jedoch zu bedenken, dass dem Anfangsverdacht die Funktion zukommt, eine gesetzliche Situation zu vermeiden, in welcher jederzeit eine Vaterschaftsanfechtung möglich wäre. Denn die Anfechtungsfristen würden durch eine Abschaffung des Anfangsverdachts ins Leere laufen. Eine jederzeit mögliche Vaterschaftsanfechtung würde dem von Art. 6 I GG geschützten Interesse am Bestand der sozialen familiären Zuordnung zuwider laufen. Folglich ist die Beibehaltung des Anfangsverdachts verfassungsrechtlich geboten.[624] Die einschlägige Rechtsprechung zu der Voraussetzung eines Anfangsverdachts für eine Vaterschaftsanfechtung nach § 1600 I Nr. 1 bis 4 BGB hat in § 171 II 2 FamFG mittlererweile Eingang in den Gesetzeswortlaut gefunden.

Nach anderer Ansicht ist der Verzicht auf den Anfangsverdacht ein verfassungsrechtlich gangbarer Weg, weil es sich nur um eine Beweislastumkehr handeln würde. Die Beklagten müssten beweisen, dass der rechtliche Vater schon länger als zwei Jahre an der Vaterschaft zweifle und die Anfechtungsklage verfristet sei.[625] Andere sprechen sich gegen das Fristargument des BVerfG aus, weil die Beweislast für den Fristablauf ohnehin grundsätzlich das Kind als Beklagter trage. Würde das Kind die Fristwahrung bestreiten, könne den Kläger lediglich eine sekundäre Beweislast[626] treffen. Würden jedoch Anhaltspunkte dafür fehlen, dass der Mann schon früher Zweifel an der Abstammung des Kindes gehabt hat, erledige sich eine sekundäre Aufklärungsobliegenheit. Die Rechtsprechung zum begründeten Anfangsverdacht führe daher zu einer faktischen, vom Gesetz nicht vorgesehenen Beweislastumkehr.[627]

Letztlich kann festgehalten werden, dass die Einführung des statusunabhängigen Klärungsverfahrens dazu geführt hat, dass es dem rechtlichen Vater nun möglich ist, auch ohne Einwilligung von Kind und Kindesmutter sowie ohne Darlegung eines begründeten Anfangsverdachts seine Abstammungsverhältnisse klären zu lassen, ohne auf ein heimlich eingeholtes Abstammungsgutachten angewiesen zu sein. Insofern dürfte die Rechtslage bezüglich seiner Rechtsposition

---

624 BVerfG FamRZ 2007, 441, 445.

625 *Süß* (2010), S. 135.

626 BGH FamRZ 1998, 955, 956.

627 MüKo-*Wellenhofer* § 1599 BGB Rn. 19; diess. FamRZ 2005, 665, 666.

konventionskonform sein. Ob der rechtliche Vater in Zukunft – gerade im Hinblick auf den Familienfrieden – tatsächlich auf die Einholung eines heimlichen Abstammungstests verzichten wird, wird bezweifelt.[628]

2. Die Rechtsstellung des biologischen Vaters im Abstammungsrecht

a) Die Vorgaben des EGMR

Auch im Bereich rechtlicher Anerkennung oder Anfechtung von Vaterschaften sind die Konventionsstaaten verpflichtet, für eine Gewährleistung der Weiterentwicklung familiärer Beziehungen zu sorgen. Der Gerichtshof fordert im Rahmen der Achtung des Familienlebens gemäß Art. 8 I EMRK, dass sich die biologische und soziale Realität gegenüber gesetzlichen Vermutungen durchsetzen muss, wenn dem nicht andere Interessen entgegenstehen.[629] Das Gebot des Vorrangs der biologischen und sozialen Realität gegenüber gesetzlichen Vermutungen gilt jedoch nicht uneingeschränkt. Im Rahmen des Anfechtungsbegehrens muss eine Abwägung zwischen den Interessen des potentiell biologischen Vaters, denen den Kindes und seiner bestehenden rechtlichen Familie erfolgen. Entgegenstehende Interessen können insbesondere Kindesinteressen sein. Der EGMR wertet im Fall Yousef eine zwischen Kind und Pflegeeltern gewachsene soziale Verbindung als ein einer Vaterschaftsfeststellung entgegenstehendes Interesse.[630]

Ein potentieller biologischer Vater muss die Möglichkeit haben, eine bereits bestehende Vaterschaft anfechten zu können. Hängt die Möglichkeit, die Vaterschaft feststellen zu lassen, allein von der Zustimmung der Kindesmutter ab und fehlt die Möglichkeit, die Vaterschaftsfeststellung im Einzelfall gerichtlich prüfen zu lassen, ist dies ein konventionswidriger Zustand.[631]

Liegt kein Familienleben i.S.d. Art. 8 I EMRK vor, begründet der EGMR einen Anspruch auf Klärung der Abstammung und gerichtliche Feststellung der

628 MüKo-*Wellenhofer* § 1598a BGB Rn. 13; diess. NJW 2008, 1185, 1189; *Muscheler* FPR 2007, 389, 391.

629 EGMR Fall Mizzi Urt. v. 12.01.2006, Nr. 26111/02, Fn. 113 f., EuGRZ 2006, 129, 135; EGMR Fall Shofman Urt. v. 24.11.2005, Nr. 74826/01, FamRZ 2006, 181, 181f.; EGMR Fall Kroon Urt. v. 27.10.1994, Nr. 29/1993/424/503, FamRZ 2003, 813, 814.

630 EGMR Fall Yousef Urt. v. 05.11.2002, Nr. 37711/96, Rn. 72 f.; Vorrang der Kindesinteressen und des Schutzes bestehender familiärer Beziehungen ebenfalls in der etwas älteren Entscheidung im EGMR Fall Nylund v. 29.06.1999, Nr. 27110/95, S. 10.

631 EGMR Fall Rozanski Urt. v. 18.05.2006, Nr. 55339/00, Rn. 73 f.

gesetzlichen Verwandschaftsbeziehung auf der Grundlage der Gewährleistung des Privatlebens gemäß Art. 8 I EMRK.[632]

b) Die Bewertung der deutschen Rechtslage

aa) Vaterschaftsanfechtung

(1) Geltendes deutsches Recht

Mit Beschluss vom 09.04.2003 bewertete das BVerfG den ausnahmslosen Ausschluss des leiblichen Vaters vom Anfechtungsrecht als Verletzung seines Elternrechts aus Art. 6 II GG und forderte eine Gesetzesänderung. Der Ausschluss wurde mit dem Schutz der sozialen Familie von Mutter, Kind und Ehemann gerechtfertigt. Verfassungsrechtlich gerechtfertigt kann ein solcher Schutz jedoch nur sein, wenn eine solche soziale Familie überhaupt existiert.[633] An diesen Vorgaben orientierte sich der deutsche Gesetzgeber. Seit 2004 ist auch der biologische Vater gemäß § 1600 I Nr. 2, II BGB anfechtungsberechtigt, wenn zwischen dem Kind und seinem rechtlichen Vater keine sozial-familiäre Beziehung besteht oder im Zeitpunkt seines Todes bestanden hat. [634] Der Begriff „sozial-familiäre Beziehung" wird in § 1600 IV 1 BGB dahingehend konkretisiert, dass der Mann für das Kind tatsächlich Verantwortung tragen muss. Das Gesetz enthält in § 1600 IV Satz 2 und 3 BGB für das Tragen von Verantwortung zwei Regelannahmen – die Verheiratung der Eltern und das Zusammenleben von Vater und Kind über längere Zeit in einer häuslichen Gemeinschaft. Die Regelannahmen sind widerlegbar.[635] Die Anfechtungsfrist beträgt gemäß § 1600b I BGB zwei Jahre ab Kenntnis der Umstände, die für eine Vaterschaft sprechen. Sie wird durch das Bestehen einer sozial-familiären Beziehung nicht gehemmt. Die Intention des Gesetzgebers, eine Anfechtung bei positiver Feststellung einer sozial-familiären Beziehung durch den leiblichen Vater auch für die Zukunft auszuschließen, wird vom BGH – unter explizitem Verweis auf die Rechtsprechung des EGMR im Fall Shofman – als im Interesse der Rechtssicherheit und des Schutzes der bestehenden sozialen Familie als sachgerecht und zumutbar bewertet.[636]

---

632 EGMR Fall Mikulic Urt. v. 07.02.2002, Nr. 53176/99, Rn. 52 ff., 55.

633 BVerfG FamRZ 2003, 816, 821; MüKo-*Wellenhofer* § 1600 BGB Rn. 6.

634 „Gesetz zur Änderung der Vorschriften über die Anfechtung der Vaterschaft und das Umgangsrecht von Bezugspersonen des Kindes" vom 23.04.2004, BGBl. 2004 I, Nr. 18, S. 598.

635 BGH FamRZ 2007, 538, 541; MüKo-*Wellenhofer* § 1600 BGB Rn. 10, 12.

636 BGH FamRZ 2007, 538, 542.

Mit dieser Regelung räumt der Gesetzgeber der sozialen Familie zwischen rechtlichem Vater und Kind den Vorrang gegenüber einem Anfechtungsrecht des leiblichen Vaters ein. Sowohl BGH[637] als auch BVerfG[638] bewerten die gesetzliche Regelung als verfassungsgemäß. Das BVerfG hatte im Rahmen des Falles Hülsmann an seine bisherige Rechtsprechung, nach der sich die leibliche Elternschaft nicht stets gegen die rechtliche durchsetzen müsse,[639] angeknüpft. Das von Art. 6 II GG geschützte Interesse des leiblichen Vaters kollidiere mit dem durch Art. 6 I GG geschützten Interesse des Kindes und seiner rechtlichen Eltern am Schutz der bestehenden Familie. Das BVerfG erachtet folglich die Ausgestaltung der Anfechtungsvoraussetzungen des leiblichen Vaters als verfassungsgemäß.[640]

Der BGH begründet die Verfassungsmäßigkeit des § 1600 II und III BGB unter Bezugnahme auf die Ausführungen des BVerfG.[641] Im Interesse des Kindeswohls müsse eine klare Zuweisung der verantwortlichen Elternrolle erfolgen. Träger des Elternrechts könne nur entweder der rechtliche oder der biologische Vater sein. Schützenswert ist dabei auch nur derjenige, der zugleich bereits Elternverantwortung wahrnehme, unabhängig davon, ob sich die Elternverantwortung auf Rechtszuweisung oder Abstammung gründet. Trage der rechtliche Vater diese Verantwortung, verliere er diese nicht allein dadurch, dass sich ein anderer Mann als leiblicher Vater herausstelle. Einer Verfassungsmäßigkeit stehe auch nicht entgegen, dass im Falle des Bestehens einer von Art. 6 I GG vorrangig geschützten sozialen Familie ein Anfechtungsrecht des biologischen Vaters ausnahmslos ausgeschlossen sei, so dass eine Einzelabwägung zwischen dem dieser Familie gebührenden Schutz und dem damit im Konflikt stehenden Elternrecht des leiblichen Vaters nicht mehr stattzufinden habe. Dem Gesetzgeber sei es von Verfassungs wegen nicht verwehrt, eine solche Abwägung generalisierend vorwegzunehmen, um die bestehende Familie davor zu schützen, deren Interna im Einzelnen aufdecken zu müssen.

Das OLG Frankfurt vermag keinen Verstoß des § 1600 II und III BGB gegen Art. 8 I EMRK zu erkennen.[642] Es sei nicht zu beanstanden, dass der Gesetzgeber im Rahmen seiner eigenen Abwägung das Interesse an der Wahrung einer sozialfamiliären Bindung als so gewichtig ansehe, dass der Wunsch des biologischen Vaters, rechtlich als solcher anerkannt zu werden, dahinter zurücktreten müsse. Durch die Verwendung des unbestimmten Rechtsbegriffs sei es möglich, auf den

---

637 BGH FamRZ 2007, 538, 540 f. m. zust. Anm. *Luthin*; OLG Frankfurt FamRZ 2007, 1674, 1674 f.

638 BVerfG FamRZ 2007, 2257, 2257 f.

639 BVerfG FamRZ 2003, 816, 820; krit. *Zimmermann* NJW 2009, 424, 424 f.

640 *Wellenhofer* Jus 2009, 460, 461.

641 BGH FamRZ 2007, 538, 540 unter Bezugnahme auf BVerfG zum Fall Schneider FamRZ 2006, 1661, 1662; BVerfG FamRZ 2003, 813, 818 f.

642 OLG Frankfurt a.M. FamRZ 2007, 1674, 1675.

Einzelfall abzustellen. Dabei sei zum Wohle des Kindes und im Interesse des Kindeswohls darauf abzustellen, inwieweit das Kind eine enge, schützenswerte Bindung zu seinem rechtlichen Vater aufgebaut habe, die durch dessen Verdrängung als Vater aufgrund einer erfolgreichen Anfechtungsklage erheblich gefährdet werden könne. Auf andere Weise könnten die im Interesse des Kindeswohls zu beachtenden Grundsätze der Kontinuität und der Erhaltung vorhandener Bindungen nicht angemessen gewahrt werden. Der Schutz des Familienlebens gebiete nicht, dass die Rechte des leiblichen Vaters als vorrangig gegenüber denjenigen des rechtlichen Vaters zu werten sind.

In der Literatur[643] wird die Meinung vertreten, die gesetzliche Regelung eines Anfechtungsrechts des biologischen Vaters entspreche zwar den Vorgaben der Entscheidung des EGMR im Fall Kroon, nicht aber den Vorgaben des Urteils im Fall Rozanski. Der typisierende Anfechtungsausschluss in der Auslegung des BGH[644] verhindere eine Einzelfallabwägung[645] zwischen Familienschutz und den Elternrechten des leiblichen Vaters. Auch eine Berücksichtigung konkreter Kindeswohlerwägungen im Einzelfall – wie im Fall Rozanski vom Gerichtshof gefordert – finde nicht statt.

(2) Stellungnahme

Das BVerfG leitet aus Art. 6 II 1 GG – wie der EGMR aus Art. 8 I EGMR – das Gebot ab, möglichst eine Übereinstimmung von leiblicher und rechtlicher Elternschaft zu erreichen. Dieses Gebot verlange, dem biologischen Vater grundsätzlich einen verfahrensrechtlichen Zugang zum Elternrecht zu ermöglichen.[646] Die Vorgaben des BVerfG führten dazu, dass nun auch der leibliche Vater gemäß § 1600 II BGB anfechtungsberechtigt ist. Dies ist er aber nicht uneingeschränkt, sondern nur, wenn zwischen Kind und rechtlichem Scheinvater keine sozial-familiäre Beziehung besteht. Die Rechtfertigung des Eingriffs in die Rechte des biologischen Vaters aus Art. 6 II GG und Art. 8 I EMRK bildet der Schutz der sozialen Familie. Es wird demnach ein legitimes Ziel verfolgt. Eine „sozial-familiäre Beziehung" entspricht den „entgegenstehenden Interessen", welche der EGMR in den Fällen Kroon und Shofman erwähnt.

Im Hinblick auf die Vorgaben aus Straßburg erscheint lediglich die Gefahr einer starren Anwendung dieser gesetzlichen Wertungen bedenklich, sollten die nationalen Stellen die konkreten Umstände im Einzelfall nicht genügend berück-

643 *Rixe* FPR 2008, 222, 225.

644 BGH FamRZ 2007, 538, 540 m. zust. Anm. *Luthin* FamRZ 2007, 542.

645 Eine solche Abwägung wird auch in der Literatur gefordert: Staudinger/*Rauscher* § 1600 BGB Rn. 16 und 40.

646 BVerfG FamRZ 2003, 816, 820.

sichtigen. Denn selbst wenn eine dauerhafte Beziehung zur Mutter nicht unbedingt gewünscht ist, kann Männern, die innerhalb einer rechtlich nicht formalisierten Beziehung Vater werden, kein generelles Desinteresse an ihren Kindern unterstellt werden.[647]

Problematisch erscheint es darüber hinaus, dass § 1600 IV BGB allein darauf abstellt, ob zwischen leiblichem Vater und Kind im Zeitpunkt der Prüfung eine sozial-familiäre Beziehung besteht. Ob zuvor einmal eine Beziehung zum leiblichen Vater eine solche Beziehung bestanden hat, bleibt unberücksichtigt. Die gesetzliche Regelung beinhaltet nicht die Möglichkeit, dass es zu einem Wechsel der sozial-familiären Beziehung vom biologischen zum rechtlichen Vater kommen könnte.[648]

Ebenso wenig wird die Interessenlage im Falle einer Beendigung der sozialfamiliären Beziehung zum rechtlichen Vater nach Ablauf der Anfechtungsfrist des biologischen Vaters berücksichtigt.[649] Ein Beispiel liefert hier der Fall Hülsmann. Zwischenzeitlich ist der rechtliche Vater verstorben und das betroffene Kind wächst „vaterlos" auf. Dem biologischen Vater steht nach Ablauf der Frist des § 1600b I BGB kein Recht auf gerichtliche Feststellung seiner Vaterschaft zu, wenn die sozial-familiäre Beziehung zwischen dem Kind und seinem rechtlichen Vater gar nicht mehr besteht, der biologische Vater an einer Anfechtung vor Ablauf der Frist jedoch gemäß § 1600 II BGB gehindert war. Zu überlegen wäre, für Fälle, in denen eine sozial-familiäre Beziehung zwischen dem Kind und seinem rechtlichen Vater gar nicht mehr besteht, dem biologischen Vater eine Möglichkeit zu eröffnen, eine Anfechtungsberechtigung trotz Fristablaufs im Rahmen einer Einzelfall bezogenen Interessenabwägung zwischen dem Recht auf Kenntnis der eigenen Abstammung und der Rechtssicherheit sowie dem Schutz der sozialen Familie vorzunehmen. Im Rahmen dieser Interessenabwägung könnte dann überprüft werden, ob begründete Interessen einem Vorrang der biologischen Realität entgegenstehen.

Eine Entscheidung des OLG Karlsruhe vom 21.01.2010[650] offenbart, zu welch unbilligen Ergebnissen die Einschränkung des Anfechtungsrechts des biologischen Vaters durch die Prüfung des Vorliegens des negativen Tatbestandmerkmals der sozial-familiären Beziehung kommen kann. Maßgeblicher Zeitpunkt für

647 *Helms* FamRZ 2010, 1, 3.

648 *Helms* FamRZ 2010, 1, 6.

649 Staudinger/*Rauscher* § 1600b BGB Rn. 23, *Süß* (2010), S. 149 f. für eine Hemmung der Anfechtungsfrist durch Bestehen einer sozial-familiären Beziehung zum rechtlichen Vater; *Wellenhofer* FamRZ 2003, 1889, 1893 ist für einen Fristbeginn ab dem Zeitpunkt, in dem der leibliche Vater Kenntnis von seiner Anfechtungsberechtigung erlangt.

650 Urteil des OLG Karlsruhe vom 21.01.2010, Az. 2 UF 69/08, ZKJ 2010, 248 ff. mit Anm. *Helms* ZKJ 2010, 244 f., der ebenfalls für eine Einzelfallabwägung plädiert.

die Feststellung einer sozial-familiären Beziehung ist die letzte mündliche Tatsachenverhandlung.[651] Das OLG Karlsruhe hatte einen Fall zu entscheiden, in dem im Zeitpunkt der Erhebung der Anfechtungsklage durch den biologischen Vater eine sozial-familiäre Beziehung des Kindes zu seinem rechtlichen Vater noch nicht bestand. Aus einer intimen Beziehung der Kindesmutter mit dem biologischen Vater war ein nichteheliches Kind hervorgegangen. Der biologische Vater hatte zunächst Umgang mit dem Kind und zahlte Kindesunterhalt. Er wurde von der Kindesmutter zwei Jahre in dem Glauben gelassen, sie hätte seiner Vaterschaftsanerkennung zugestimmt. Tatsächlich war dies nicht der Fall. Ein Jahr später heiratete die Kindesmutter einen anderen Mann, der die Vaterschaft für das Kind wirksam anerkannte. Es gelang der Kindesmutter durch unkooperatives Verhalten das Anfechtungsverfahren so lange in die Länge zu ziehen, so dass inzwischen im Zeitpunkt der letzten mündlichen Tatsacheverhandlung eine sozial-familiäre Beziehung zwischen Kind und rechtlichem Vater bestand. Beide hatten inzwischen zweieinhalb Jahre in häuslicher Gemeinschaft zusammengelebt. Das OLG Karlsruhe kam in seiner Entscheidung zu dem Ergebnis, dass das Anfechtungsrecht des biologischen Vaters dennoch nicht ausgeschlossen sei. Es sei ausnahmsweise nicht auf den Zeitpunkt der letzten mündlichen Tatsachenverhandlung abzustellen, sondern auf den Zeitpunkt des Verfahrensbeginns. Denn erst durch die bewusste Ausnutzung der selbst herbeigeführten Verfahrensdauer durch die Kindesmutter sei die sozial-familiäre Beziehung begründet und verfestigt worden. Ein vorrangiges Schutzbedürfnis der sozialen Familie bestehe nicht. Die Schutzbedürftigkeit des rechtlichen Vaters sei so stark herabgesetzt, dass sie einer Anfechtung nicht entgegenstehe. Eine Gefährdung des Kindeswohls sei durch die bloße Feststellung der Vaterschaft des biologischen Vaters nicht zu befürchten. Das OLG Karlsruhe weist ausdrücklich darauf hin, dass es sich vorliegend um eine Einzelfallentscheidung handelt, die aufgrund der Besonderheiten eine Abweichung von der Rechtsprechung des BGH erfordere, ohne diese im Grundsatz in Frage zu stellen.[652]

Es liegt jedoch nahe, die gesetzliche Regelung des § 1600 II BGB und den Grundsatz des BGH[653], dass eine Einzelfallabwägung gerade nicht stattzufinden hat, in Frage zustellen. Der Fall des OLG Karlsruhe wie auch der Fall Hülsmann zeigen, dass eine Einzelfallabwägung den Interessen aller Beteiligten gerechter wird als die bestehende gesetzliche Regelung. Insofern wäre es jedenfalls mit Blick auf Art. 8 I EMRK günstiger gewesen, der Gesetzgeber hätte sich dazu entschlossen, die Anfechtung durch den leiblichen Vater allgemein an eine Kin-

651 BGH FamRZ 2007, 538, 539.

652 OLG Karlsruhe ZKJ 2010, 248, 250.

653 BGH FamRZ 2007, 538, 540.

deswohlklausel zu binden, wie in der Literatur[654] vorgeschlagen wird. Der entworfene Gesetzestext enthält eine am Kindeswohl orientierte Generalklausel mit einem Vermutungstatbestand. Danach wäre der leibliche Vater anfechtungsberechtigt, wenn die Anfechtung dem Wohl des Kindes entsprechen würde. Eine Kindeswohldienlichkeit sei insbesondere dann zu vermuten, wenn zwischen Kind und rechtlichem Vater keine Familiengemeinschaft besteht. Eine derartige gesetzliche Regelung würde den aus dem Fall Rozanski abgeleiteten Vorgaben des EGMR und seiner Tendenz, gerichtliche Einzelfallprüfungen generalisierenden Regelvermutungen, die Einzelfallabwägungen antizipieren, vorzuziehen, entsprechen.

Die Gerichte sollten mit Blick auf die Vorgaben aus Straßburg dazu übergehen, im Rahmen einer konventionskonformen Anwendung das Vorliegen einer sozial-familiären Beziehung, also die familiäre Situation des Kindes und dessen Kindeswohlbelange, stets im konkreten Einzelfall zu überprüfen und sich nicht schematisch auf die gesetzlichen Regelvermutungen, die widerlegt werden können, beschränken. Ein gutes Beispiel für eine differenzierte und einzelfallabhängige Anwendung des § 1600 II BGB bildet auch ein Urteil des AG Herford. Das AG Herford[655] hatte dem leiblichen Vater ein Anfechtungsrecht zugestanden, obwohl zwischen Kind und rechtlichem Vater eine sozial-familiäre Beziehung bestand. In diesem besonderen Fall bestand gleichzeitig eine sozial-familiäre Beziehung zum Anfechtenden, denn dieser war seit der Zeugung des Kindes in dessen Leben miteinbezogen worden. Die Abwägung des Gerichts ergab, dass mit der rechtlichen Neuordnung der Vaterschaft nur festgeschrieben wurde, was die Parteien ohnehin gelebt hatten.

Der EGMR selbst scheint die vom deutschen Gesetzgeber vorgenommene Interessenabwägung bzw. deren Anwendung durch die deutschen Gerichte bisher für konventionskonform zu halten, wie seine Entscheidung im Fall Hülsmann zeigt. Auch in seiner jüngsten Entscheidung im Fall Schneider, hält sich der EGMR hinsichtlich einer Bewertung der geltenden deutschen Rechtslage im Abstammungsrecht noch zurück.[656] Es sind jedoch bereits weitere Beschwerdeverfahren zur der Frage des Vaterschaftsanfechtungsrechts des leiblichen Vaters anhängig.[657] Es ist nicht unwahrscheinlich, dass sich der EGMR in naher Zukunft auch zu dieser Problematik äußern könnte. Ein Rechtsvergleich macht deutlich, dass Deutschland eine „mittlere Position“ einnimmt.[658] Die Interessen des poten-

654 *Wellenhofer* FamRZ 2003, 1889, 1891.

655 AG Herford FamRZ 2008, 1270, 1271.

656 Vgl. Fallanalyse Fall Schneider Teil D. XI. 4.

657 Vgl. Rixe FamRZ 2011, 1363, 1365 mit Verweis auf die Beschwerdeverfahren Kautzor ./. Deutschland, Nr. 23338/09 und Ahrens ./. Deutschland, Nr. 45071/09.

658 Ausführlich *Helms* FamRZ 2010, 1, 2 ff.

ziellen Erzeugers werden nicht ignoriert, der Schutz der Sozialbeziehungen respektiert. Angesichts der vorstehend geschilderten Beispielsfälle erscheint eine Überarbeitung des § 1600 II GG dennoch angebracht. Die Einführung einer am Kindeswohl ausgerichteten Einzelfallprüfung ist den derzeitigen gesetzlichen Regelungen vorzuziehen.

bb) Fehlende Klärungsberechtigung im statusunabhängigen Verfahren zur Klärung der Abstammung gemäß § 1598a BGB

(1) Geltendes deutsches Recht

In der Fachwelt wird insbesondere der Umstand kritisch beurteilt, dass § 1598a BGB keinen Klärungsanspruch für den potentiellen biologischen Vater umfasst.[659] Insoweit besteht für ihn nur die Möglichkeit einer Anfechtungs- und Feststellungsklage. Der Ausschluss des biologischen Vaters vom Klärungsverfahren erfolgte im Hinblick auf den Schutz der Interessen des Kindes und der funktionierenden sozialen Familie. Der biologische Vater soll seine Vaterschaft nicht klären lassen können, ohne auch rechtliche Verantwortung für das Kind zu übernehmen.[660]

Folglich verfügt der mutmaßliche biologische Vater selbst dann über keinen rechtsfolgenlosen Klärungsanspruch, wenn zwischen rechtlichem Vater und Kind gar keine sozial-familiäre Beziehung besteht. Im Falle einer solchen Konstellation bleibt dem mutmaßlichen biologischen Vater nur die Anfechtungs- und Feststellungsklage gemäß § 1600 BGB. Im Rahmen dieses Verfahrens muss er die hohen Schwellen des negativen Tatbestandsmerkmals einer fehlenden sozial-familiären Beziehung zwischen Kind und rechtlichem Vater sowie die Darlegung eines Anfangsverdachts überwinden. Das BVerfG[661] ist der Ansicht, dass das Fehlen einer rechtlichen Zuordnung des Kindes zum biologischen Vater rechtfertige, strengere Anforderungen an die Darlegungslast zu stellen. Es sei ihm zuzumuten, Umstände vorzutragen, die es möglich erscheinen lassen, dass er der biologische Vater sein könnte. Dies solle Kind und Mutter vor der Preisgabe persönlicher Daten und der Offenlegung intimer Begebenheiten in grundlos von Männern angestrengten Verfahren schützen, zu denen sie in keinerlei rechtlicher

659 *Helms* FamRZ 2010, 1, 7; *Heiderhoff* FamRZ 2010, 8,9; *Zimmermann* NJW 2009, 424, 425; *Wellenhofer* NJW 2008, 1885, 1888; *Muscheler* FPR 2008, 257, 258; *Schwab* FamRZ 2008, 23, 23, 26; *Frank/Helms* FamRZ 2008, 1277, 1281.

660 Vgl. Beschlussempfehlung und Bericht des Rechtsausschusses vom 20.02.2008, BT-Drucks. 16/8219, Begründung unter „1. Allgemeines", S. 6; BT-Drs. 16/6561, S. 12; außerdem BVerfG FamRZ 2008, 2257, 2258.

661 BVerfG FamRZ 2007, 441, 446.

oder sozialer Beziehung stehen. Hinzu kommt, dass der biologische Vater im Falle einer abgelaufenen Anfechtungsfrist auch dann die rechtliche Vaterschaft nicht mehr anfechten kann, wenn die sozial-familiäre Beziehung zwischen Kind und rechtlichem Vater nicht mehr besteht und zwischen Kind und biologischem Vater eine sozial-familiäre Beziehung entstanden sein sollte. Aus all dem folgt, dass der biologische Vater zur Klärung seiner Abstammungsverhältnisse sehr hohe Hürden überwinden muss.

Der Ausschluss des biologischen Vaters aus dem Kreis der Klärungsberechtigten des § 1598a BGB erscheint jedenfalls im Falle einer nicht bestehenden sozial-familiären Beziehung zwischen Kind und rechtlichem Vater nur schwerlich mit der Rechtsprechung des BVerfG vereinbar.[662] Denn das BVerfG selbst hat im Rahmen der Vaterschaftsanfechtung ausgeführt, dass der Schutz der gelebten sozialen Familie einen Ausschluss des Anfechtungsrechts nur rechtfertigen könne, wenn tatsächlich eine sozial-familiäre Beziehung zwischen rechtlichem Vater und Kind bestehe. Es wird richtigerweise darauf hingewiesen,[663] dass auch der leibliche Vater ein Recht auf Kenntnis der Abstammungsverhältnisse habe. Das BVerfG habe hinsichtlich des biologischen Vaters lediglich klargestellt, dass an diesen strengere Anforderungen, wie die Darlegung eines Anfangsverdachts, gestellt werden könnten. Deshalb wird vorgeschlagen,[664] dem biologischen Vater die Möglichkeit zur folgenlosen Abstammungsklärung zu eröffnen und zur Vermeidung grundloser Verfahren in Anlehnung an die Rechtsprechung des BVerfG[665] zur Anfechtungsklage besondere Voraussetzungen – wie die Darlegung eines Anfangsverdachts – zu verlangen. Wie der BVerfG-Entscheidung im Fall Hülsmann zu entnehmen ist, hält das BVerfG den generellen Ausschluss des biologischen Vaters vom Klärungsverfahren gemäß § 1598b BGB bisher für verfassungsgemäß.[666]

Schließlich bewirkt der Ausschluss des mutmaßlichen biologischen Vaters aus dem Kreis der Anfechtungsberechtigten, dass auch dem Kind kein Klärungsanspruch gegen den mutmaßlichen biologischen Vater zusteht. Insoweit wird die Nichtberücksichtigung der Kindesinteressen aus Art. 2 I i.V.m. 1 I GG gerügt.[667]

---

662 *Wellenhofer* NJW 2008, 1185, 1188; *Muscheler* FPR 2008, 257, 258.

663 *Wellenhofer* NJW 2008, 1185, 1188 f.

664 *Muscheler* FPR 2008, 257, 258.

665 BVerfG FamRZ 2007, 441, 446.

666 BVerfG FamRZ 2008, 2257, 2258; *Wellenhofer* Jus 2009, 460, 461

667 *Wellenhofer* NJW 2008, 1185, 1189; *Muscheler* FPR 2008, 257, 258; *Frank/Helms* FamRZ 2007, 1277, 1278.

(2) Stellungnahme

Insbesondere hinsichtlich der Rechtsposition des mutmaßlichen biologischen Vaters bestehen Zweifel an einer Vereinbarkeit der deutschen Rechtslage mit den Anforderungen des EGMR. Mangels verfassungsrechtlich geschützten Interesses besteht für den vermeintlichen biologischen Vater keine Möglichkeit, bei bestehender sozial-familiärer Beziehung zwischen Kind und Ehemann der Mutter die biologische Vaterschaft (isoliert) feststellen zu lassen. Infolge der gesetzlichen Regelannahme der Existenz einer sozial-familiären Beziehung aufgrund der Ehe gemäß § 1600 IV 2 BGB kann sich dies insgesamt rechtsausschließend auswirken. Denn die Feststellung der eigenen Vaterschaft scheitert an der Rechtsausübungssperre des § 1600 II BGB. Da dem biologischen Vater auch das unabhängige Abstammungsaufklärungsverfahren nach § 1598a BGB nicht offen steht, hat er unter diesen Umständen keine legale Möglichkeit, seine Abstammungsverhältnisse zu klären. Dies dürfte jedenfalls in Fällen, in denen keine sozial-familiäre Beziehung zwischen Kind und rechtlichem Vater besteht, weder verfassungs- noch konventionskonform sein.

Ein faktischer Ausschluss des biologischen Vaters von der Möglichkeit, seine Abstammungsverhältnisse zu klären, verstößt gegen das allgemeine Persönlichkeitsrecht des biologischen Vaters aus Art. 2 I GG i.V.m. Art. 1 I GG. Das BVerfG[668] hat bereits im Jahr 1989 ausgeführt, dass das Verständnis und die Entfaltung der Individualität mit der Kenntnis der für sie konstitutiven Faktoren eng verbunden sind. Dazu zähle auch die Abstammung. Sie lege die genetische Ausstattung fest, fungiere als Individualisierungsmerkmal und präge so die Persönlichkeit mit. Die Kenntnis der eigenen Abstammungsverhältnisse nehme eine Schlüsselstellung für die Persönlichkeitsfindung und das Selbstverständnis ein. Diese Position ist humanwissenschaftlich sehr gut belegt.[669]

Mit dem faktsichen Ausschluss des biologischen Vaters von der Möglichkeit, seine Abstammungsverhältnisse zu klären, dürfte auch ein Eingriff in seine Rechte aus Art. 8 I EMRK einhergehen. Konnte der biologische Vater bisher noch keinerlei Beziehung zu seinem leiblichen Kind aufnehmen, könnte das Vorliegen eines Familienlebens zwar zweifelhaft sein. Hier ist jedoch die zunehmend weitere Auslegung des Begriffs Familienleben durch den EGMR zu

---

668 BVerfG NJW 1989, 891, 891 f.; nach *Degenhart* JuS 1992, 362, 366 f. hat die Kenntnis der genetische Abstammung maßgebliche Bedeutung für die Entwicklung der eigenen Individualität auf der Grundlage einer gesicherten Identität.

669 Ausführliche Auswertung zu den humanwissenschaftlichen Hintergründen *Süß* (2010), S. 46 ff., 61 ff.

berücksichtigen.[670] Kann ein Familienleben i.S.d. Art. 8 I EMRK im Einzelfall nicht bejaht werden, begründet der EGMR einen Anspruch auf Klärung der Abstammung und gerichtliche Feststellung der gesetzlichen Verwandschaftsbeziehung jedenfalls auf der Grundlage der Gewährleistung des Privatlebens gemäß Art. 8 I EMRK.[671] Besteht keine sozial-familiäre Beziehung zwischen dem Kind und seinem rechtlichen Vater, ist keine Rechtfertigung im Sinne des Art. 8 II EMRK für einen Eingriff in die Rechte des biologischen Vaters aus Art. 8 I EMRK ersichtlich. Die Rechte des biologischen Vaters aus Art. 8 I EMRK wären folglich verletzt.

Wie im Fall Schneider[672] ersichtlich, hat der Ausschluss des biologischen Vaters sowohl aus dem Kreis der Anfechtungsberechtigten als auch aus dem Kreis der Klärungsberechtigten direkte Auswirkungen auf seine umgangsrechtlichen Möglichkeiten. Sind die Abstammungsverhältnisse nicht geklärt, kommt man gar nicht dazu, die Voraussetzung der Kindeswohldienlichkeit eines begehrten Umgangs zu prüfen. Folglich muss dem biologischen Vater entweder die Möglichkeit gegeben werden, seine Abstammungsverhältnisse über § 1598a BGB zu klären oder die bestehende Vaterschaft im Rahmen des § 1600 II BGB anfechten zu können. Gegen die bloße Klärungsmöglichkeit spricht die Tatsache, dass auf diese Weise bloße „Umgangsvaterschaften" entstehen würden, die nicht zu einer tatsächlichen Übernahme von tatsächlicher und rechtlicher Verantwortung für das Kind durch den Kindesvater führen würden. Dies stünde in Widerspruch zu den Grundsätzen des deutschen Familienrechts, die mit der Ausübung von Sorge- und Umgansgsrecht immer auch die Übernahme von Verantwortung für das Kind verknüpfen. Zutreffend wird auf die Risiken eines Umgangsrechts des biologischen Vaters, der bisher keine Beziehung zu dem betroffenen Kind hat und nur Umgang, nicht aber die Übernahme rechtlicher und finanzieller Verantwortung, begehrt, für das betroffenen Kind und seine Familie hingewiesen.[673] Einer dem Umgang ablehnend gegenüber stehenden Kindesmutter muss sich der Eindruck aufdrängen, es gehe dem biologischen Vater allein darum, seine Interessen, nicht die des Kindes, durchzusetzen. Vor diesem Hintergrund erscheint die Einräumung eines Anfechtungsrechts für den biologischen Vater auf den ersten Blick vorzugswürdiger. Es sind aber auch Fallkonstellationen vorstellbar, in denen alle Beteiligten es vorziehen würden, trotz der geklärten tatsächlichen Abstammungsverhältnisse und des daraufhin eingeräumten Umgangsrechts die bestehenden Verwandtschaftverhältnisse im Interesse des Kindes und/oder der Fa-

670 Vgl. Fallananlyse zum Fall Anayo Teil D. VIII. 4. und Fallanalyse zum Fall Schneider Teil D. IX. 4.

671 EGMR Fall Mikulic Urt. v. 07.02.2002, Nr. 53176/99, Rn. 52 ff., 55.

672 Vgl. Fallanalyse Fall Schneider Teil D. IX. 4.

673 *Helms* FamRZ 2011, 1717, 1717 f.

milie aufrecht zu erhalten. In derartigen Fallkonstellationen würde die Vaterschaftsanfechtung, die zur Beendigung der bestehenden Vaterschaft und zur Neubegründung der Vaterschaft des biologischen Vaters führt, zu weit gehen. In Anbetracht der Vielgestaltigkeit der möglichen Konstellationen, sollten dem biologischen Vater sowohl die Anfechtungsmöglichkeit nach § 1600 II BGB als auch die Klärungsmöglichkeit nach § 1598a BGB offen stehen. Ein Umgangsbegehren, eines biologischen Vaters, der tatsächlich nur seine eigenen Interessen verfolgt, ohne Verantwortungsbereitschaft und Verständnis für sein Kind zu zeigen, sollte im Rahmen der Prüfung einer Kindeswohldienlichkeit des begehrten Umgangs besonders kritisch geprüft werden. Die Korrektur kann so über die Prüfung der Kindeswohldienlichkeit einer Vaterschaftsklärung, oder Vaterschaftsanfechtung und des gegebenenfalls daraus folgenden Umgangsbegehrens im konkreten Einzefall erfolgen. Die Rechte des biologischen Vaters werden so nicht bereits im Bereich des Abstammungsrechts abgeschnitten.

Eine Alternative zur geltenden Rechtslage hinsichtlich der fehlenden Klärungsmöglichkeit könnte die Aufnahme des mutmaßlichen leiblichen Vaters in den Kreis der Klärungsberechtigten unter den Voraussetzungen einer Vaterschaftsanfechtung sein. So würden sowohl die Interessen des biologischen Vaters als auch die des Kindes auf Kenntnis der eigenen Abstammung gewahrt. Knüpfte man den Klärungsanspruch des biologischen Vaters entsprechend der Rechtsprechung des BVerfG und der im Anfechtungsverfahren zu erfüllenden Voraussetzungen an die negative Tatbestandsvoraussetzung der fehlenden sozialfamiliären Beziehung zwischen Kind und rechtlichem Vater sowie die Darlegung eines Anfangsverdachts, würden die Interessen der gelebten sozialen Familie ausreichend geschützt und grundlose Verfahren vermieden werden.[674]

Eine solche Interessenabwägung entspricht, wie im Fall Hülsmann ersichtlich, den Vorgaben des EGMR, wonach sich die biologische und soziale Realität gegenüber gesetzlichen Vermutungen nur dann durchsetzen muss, wenn dem nicht andere Interessen entgegenstehen.[675]

In Anbetracht der vorstehenden Erkenntnisse in den Bereichen Sorgerecht nichtehelicher Väter sowie Umgangs- und Vaterschaftsanfechtung biologischer Väter wäre jedoch eine gesetzliche Regelung, die eine am Kindeswohl orientierte Interessenabwägung im Einzelfall ermöglicht – ähnlich der im Rahmen der Vaterschaftsanfechtung vorgeschlagenen Regelung[676] – einer generalisierenden Abwägung in Gesetzesform unbedingt vorzuziehen. Wie bereits dargestellt, stünden

674 *Ostermann* (2009), S. 327, 343 f.

675 Vgl. auch EGMR Fall Mizzi Urt. v. 12.01.2006, Nr. 26111/02, Rn. 113 f., EuGRZ 2006, 129, 135; EGMR Fall Shofman Urt. v. 24.11.2005, Nr. 74826/01, FamRZ 2006, 181, 181 f.; EGMR Fall Kroon Urt. v. 27.10.1994, Nr. 29/1993/424/503, FamRZ 2003, 813, 814.

676 Vgl. Teil F. III. 2. b) aa) (2).

dem biologischen Vater so alle Möglichkeiten offen. Die vorzunehmenden Korrekturen könnten im Einzelfall über die am Kindeswohl orientierte Interessenabwägung erfolgen.

G Der zukünftige Umgang mit der Rechtsprechung des EGMR

Die EMRK stellt eine Auslegungshilfe für die Bestimmung von Inhalt und Reichweite der Grundrechte und der rechtsstaatlichen Grundsätze dar. Die EMRK und die Rechtsprechung des EGMR sind von allen staatlichen Organen der Bundesrepublik Deutschlands zu berücksichtigen.[677] Für eine angemessene Rezeption der Entscheidungen des EGMR im Familienrecht ist es notwendig, die Aussagekraft der Entscheidungen des EGMR für das deutsche Familienrecht einordnen zu können und einige Besonderheiten zu beachten. Ein Vergleich der Rechtsprechung des EGMR mit der des BVerfG erscheint hierzu hilfreich.

I. Die Prüfungsmaßstäbe von EGMR und BVerfG

Der EGMR sieht es nicht als seine Aufgabe an, selbst an die Stelle der nationalen Behörden zu treten, um Fragen des Umgangs- oder Sorgerechts zu regeln. Insoweit betont er immer wieder die Subsidiarität seiner Rechtsprechung, da die nationalen Behörden in der vorteilhaften Situation seien, in unmittelbarem Kontakt zu allen Beteiligten zu stehen und somit besser beurteilen könnten, was dem Kindeswohl am besten diene. Dies geschieht beispielsweise ganz ausdrücklich im Rahmen der Urteilsbegründung im Fall Skugor. Hier führt der EGMR wörtlich aus, dass die Zivilgerichte verglichen mit einem internationalen Gericht aufgrund ihres unmittelbaren Kontakts zum Hintergrund des Falles und zu den beteiligten Parteien grundsätzlich eher in der Lage seien abzuwägen, was dem Kindeswohl diene.[678]

Der Gerichtshof prüft lediglich im Lichte der Konvention die Entscheidung der nationalen Gerichte, die sie in Ausübung ihres Ermessens getroffen haben.[679] Den nationalen Behörden wird ein Ermessensspielraum zugestanden. Wie groß dieser ist, hängt im Einzelfall von der Art der streitigen Fragen und der Bedeutung der streitigen Interessen ab. Der den zuständigen nationalen Behörden eingeräumte Ermessensspielraum erfährt eine Verengung, wenn es sich um einen

677 Vgl. Teil B. II.

678 EGMR Fall Skugor Urt. v. 10.05.2007, Nr. 76680/01, Rn. 54.

679 Aktuell beispielsweise EGMR Fall G.B. gegen Deutschland Entscheidung über die Zulässigkeit vom 03.02.2009, Nr. 35198/05, FamRZ 2010, 269.

besonders intensiven Eingriff in die Rechte des Beschwerdeführers handelt, wie die weitergehende Einschränkung oder der Ausschluss eines Umgangsrechts, welche die Gefahr bergen, dass Familienbeziehungen endgültig abgeschnitten werden.[680] Folglich sind die Grenzen des Beurteilungsspielraums in Umgangsrechtsfällen enger gesetzt als in Sorgerechtsfällen. Ob die ebenfalls relativ restriktive Handhabung des nationalen Beurteilungsspielraums im aktuellen Sorgerechtsfall Zaunegger[681] zur Gewohnheit werden wird, wird zu beobachten sein.

Der EGMR sieht es auch nicht als seine Aufgabe, als Beschwerdeinstanz zur Begründetheit der Entscheidungen der deutschen Gerichte zu verhandeln.[682] Im Fall Hoppe führt er aus, dass es nicht seine Sache sei, sich mit Tatsachen- und Rechtsirrtümern der innerstaatlichen Gerichte zu beschäftigen und das ihnen vorliegende Beweismaterial zu würdigen.[683] Der Gerichtshof prüft zwar neben eventuellen Ermessensfehlern auch Einzelumstände und getroffene Maßnahmen und verlangt, dass zwischen den Interessen der Eltern und denen des Kindes ein gerechter Ausgleich – „fair balance“ – gefunden wird. Meist beschränkt er sich jedoch darauf, zu prüfen, ob die widerstreitenden Interessen ausreichend abgewogen wurden. Er unterlässt eine inhaltliche Bewertung der von den Gerichten angeführten Gründe und prüft lediglich, wie die Gerichte zu ihren Schlussfolgerungen gelangen und ob der Entscheidungsfindungsprozess als Ganzes betrachtet die Interessen des Beschwerdeführers ausreichend berücksichtigt und geschützt hat. Dabei begibt er sich häufig auf die Verfahrensebene und vermeidet eigene inhaltliche Wertungen bezüglich der Kindeswohldienlichkeit etwa eines Umgangs. Dies entspricht der gängigen Praxis des Gerichtshofs, der aus oben genannten Gründen grundsätzlich versucht, sich aus Fragen der Beweiswürdigung herauszuhalten.[684]

Ausnahmefälle stellen die Fälle Görgülü und Kutzner oder auch das Sondervotum der Richter Ress, Pastor Ridruejo und Türmen im Fall Sommerfeld sowie die Sondervoten der Richter Rozakis, Tulkens Ress, Pastor Ridruejo, Türmen im Fall Sahin dar.[685] Diese sind durchaus kritisch zu bewerten, da dem Gerichtshof

---

680 Vgl. statt vieler nur EGMR Fall Elsholz Urt. v. 13.07.2000, Nr. 25735/94, EuGRZ 2002, 595, 599.

681 Vgl. Fallanalyse im Fall Zaunegger Teil D. VII. 4.; krit. hierzu *Hohmann-Dennhardt* FF 2011, 181, 183 f.

682 EGMR Fall Hoffmann Urt.v. 11.10.2001, Nr. 34045/96, Rn. 46.

683 EGMR Fall Hoppe Urt. v. 05.12.2002, Nr. 28422/95, Rn. 61.

684 *Kielmansegg* Archiv des Völkerrechts 2008, 273, 279; krit. hinsichtlich der regelmäßigen Gewährung eines Beurteilungs- und Ermessensspielraums durch den EGMR und für mehr Zurückhaltung des EGMR, *Grabenwarter* EuGRZ 2011, 229, 230.

685 Fallanalysen zu den Fällen Görgülü (D. V. 4.) ; Skugor (D. XI. 4.) in dessen Rahmen der Fall Kutzner besprochen wird; Sommerfeld (D. III. 4.) in dessen Rahmen der Fall Sahin angesprochen wird.

die unmittelbare Nähe zu den Beteiligten und den konkreten Umständen des Falles fehlt. Darüber hinaus zeigen die Analysen zu den Fällen Elsholz, Sommerfeld, Görgülü, und Skugor, in deren Rahmen auch die Fälle Sahin und Kutzner angesprochen werden, dass dem Gerichtshof offensichtlich das notwendige „sozialwissenschaftliche Rüstzeug" fehlt, um selbst fundierte Einschätzungen zum Kindeswohl abzugeben.[686]

Die Tendenz des EGMR, die sachverständige Einschätzung einer Kindeswohlgefährdung den nationalen Fachgerichten zu überlassen und nicht selbst inhaltliche Wertungen abzugeben, solange die verfahrensrechtlichen Anforderungen eingehalten werden, scheint sich gerade in seiner jüngeren Rechtsprechung zu verfestigen, wie die Fallanalysen zu Sommerfeld, Kleinert und Skugor zeigen.[687]

Die Rechtsprechung des EGMR ähnelt insoweit der Rechtsprechung des BVerfG. Das BVerfG nimmt ebenfalls keine Nachprüfung der von den Fachgerichten getroffenen tatsächlichen Feststellungen und die von ihnen im Einzelnen vorgenommene Abwägung vor. Es überlässt den Fachgerichten, welchen verfahrensrechtlichen Weg sie wählen, um zu den für ihre Entscheidung notwendigen Erkenntnissen zu gelangen. Gleiches gilt für die Feststellung und Würdigung des Tatbestandes sowie Auslegung und Anwendung verfassungsrechtlich unbedenklicher Regelungen im Einzelfall. Der verfassungsrechtlichen Prüfung unterliegt jedoch, ob fachgerichtliche Entscheidungen auf einer grundsätzlich unrichtigen Anschauung von der Bedeutung und Tragweite eines Grundrechts beruhen. Die Intensität der Prüfung hängt davon ab, in welchem Maße Grundrechte von den Entscheidungen beeinträchtigt werden. Dies soll insbesondere für gerichtliche Entscheidungen hinsichtlich der Entziehung des Sorgerechts der Eltern für ihr Kind gelten. Die Beeinträchtigung der elterlichen Grundrechte aus Art. 6 II 1 GG und Art. 2 I GG geben Anlass, über den grundsätzlichen Prüfungsumfang hinauszugehen, zumal der Eingriff in das Elternrecht das Kind in gleicher Intensität betrifft.[688]

---

686 Fallanalysen zu den Fällen Elsholz Teil D. I. 4.), Sommerfeld Teil D. III. 4., in dessen Rahmen der Fall Sahin angesprochen wird, Görgülü Teil D. V. 4. b) und Skugor Teil D. XI. 4., in dessen Rahmen der Fall Kutzner besprochen wird.

687 Fallanalysen zu den Fällen Kleinert Teil D. VI. 4., Skugor Teil D. XI. 4. und Sommerfeld Teil D. III. 4., in dessen Rahmen der Fall Süss angesprochen wird.

688 BVerfG Beschluss v. 29.01.2009, Az. BvR 374/09, Rn. 36; BVerfG Beschluss v. 19.01.2009, Az. 1941/09, Rn. 31; BVerfG FamRZ 2009, 1897, 1898; FamRZ 2009, 1472, 1473; FamRZ 2008, 1737, 1737 f.; FamRZ 2007, 335, 335; BVerfG Beschluss v. 10.08.2006, 1 BvR 2529/05, Rn. 13 f.; BVerfG FamRZ 1986, 871, 874.

II. Die Einhaltung des Subsidiaritätsgrundsatzes

Die ehemalige Richterin des BVerfG und bisherige deutsche Richterin am EGMR, Renate Jaeger[689] und auch der ehemalige Präsident des BVerfG Hans-Jürgen Papier[690] begrüßen die Vorgehensweise des EGMR, Fragen der Beweiswürdigung und der inhaltlichen Bewertung den nationalen Fachgerichten zu überlassen. *Papier* ist der Ansicht, dass ein Fall, der von den Organen des nationalen Rechtsschutzes unter menschenrechtlichen Aspekten hinreichend geprüft worden ist, keiner erneuten Detailprüfung durch internationale Gerichte bedürfe. *Jaeger* betont den Entlastungseffekt für den EGMR[691] durch eine gewissenhafte Anwendung der Prinzipien der richterlichen Zurückhaltung und der Subsidiarität. Kenntnisse des nationalen Rechts seien am EGMR teilweise verbesserungsbedürftig. Der Gerichtshof werde von den nationalen Staaten nur mäßig gut ausgestattet und finanziell „an der kurzen Leine" gehalten. Bessere personelle und sachliche Mittel könne er sich daher nicht leisten. Die Mitarbeiter würden entweder nur über länger zurückliegende vertiefte Kenntnisse im nationalen Recht verfügen oder sie kämen ohne Berufserfahrung relativ „frisch" vom Staatsexamen zum EGMR. Dies dürfte insbesondere deshalb bedenklich sein, weil – wie *Jaeger*[692] bereits vor einigen Jahren in Bezug auf ihre Erfahrungen beim BVerfG feststellte – die Qualität von Gerichtsentscheidungen entscheidend von der Qualität der Richter und der den Richtern zuarbeitenden Hilfskräften abhängt. Die Qualität könne sich jedoch immer nur dann verbessern, wenn eine Spezialisierung möglich sei. Dies setze wiederum eine längere Befassung mit der Materie voraus.

Gerade die ausreichende Spezialisierung der Richter ist jedoch ein Problem des EGMR. Denn eine Spezialisierung der Richter erscheint kaum möglich. Die Richter des EGMR und ihre Mitarbeiter haben es vom Sozialrecht über das Arzthaftungsrecht bis zum Strafverfahren mit allen Rechtsgebieten zu tun. Das Spektrum ist noch breiter ausgerichtet als das eines Amtsrichters.[693] Ein weiteres

---

689 *Jaeger* EuGRZ 2005, 193, 203 f.; Richterin am EGMR vom 01.11.2004 bis 31.12.2010.

690 *Papier* EuGRZ 2010, 368.

691 Ende 2010 waren 140.000 Fälle vor dem EGMR anhängig, *Meyer-Ladewig/Petzold* NJW 2011, 3126, 3126; *Engels* EuGRZ 2010, 148, 148.

692 *Jaeger* EuGRZ 2003, 149, 153.

693 *Schmaltz* DRiZ 2010, 120, 121, abgeordnete Richterin in der Kanzlei des EGMR. Die rund 600 (davon 240 Juristen) Mitarbeiter der Kanzlei des EGMR unterstützen die EGMR Richter. Die Kanzlei führt die Korrespondenz mit den Beschwerdeführern und bereitet alle Entscheidungs- und Urteilsentwürfe vor. Sie wird auch „La plume de la Cour" genannt.

Problem ist die Qualifikation der einzelnen Richter selbst.[694] Es wird kritisiert, dass die Regierungen der Mitgliedsstaaten zu häufig und ungeniert Kandidaten auf ihre Vorschlaglisten setzen, die ungeeignet seien. Die zu häufige Ablehnung mangelhafter Kandidatenlisten würde jedoch Grabenkämpfe verursachen, bei denen die Regierungen wegen der Rückkopplung der Parlamentarischen Versammlung an die nationalen Parlamente und Parteien meist am längeren Hebel sitzen würden. Müsse die Parlamentarische Versammlung schließlich aus drei ungeeigneten Kandidaten das geringste Übel wählen, schade sie dem EGMR und ruiniere ihre legitimierende Funktion. Hinzu komme die derzeitige Tendenz, auch Beamte des Europarates, Beamte und sogar Mitarbeiter mit Zeitverträgen aus der Kanzlei des Gerichtshofes auf die Liste zu setzen. Eine Praxis, die keine Regierung bei ihren eigenen Verfassungs- und Höchstgerichten oder beim EuGH auch nur wagen würde. So nominierte die ukrainische Regierung im Jahr 2007 die 33-jährige Juristin Ganna Yudkivska aus der Kanzlei des Gerichtshofs mit knapp zwei Jahren Berufserfahrung als Rechtsanwältin und noch nicht beendeter Dissertation. Die Kandidatin wurde nach einigen politischen Verwicklungen schließlich im April 2010 zur Richterin des EGMR gewählt.

Straßburg braucht, um eine angemessene Qualität der Rechtsprechung zu gewährleisten und auch, um in Zukunft bestehen zu können, Richter, die bereits bei Amtsantritt über die notwendigen richterlichen Berufserfahrungen verfügen. Die bisherige deutsche Richterin am EGMR Renate Jaeger verfügte über eine solche kontinuierlich gewachsene richterliche Berufserfahrung. Sie hatte vor ihrem Amtsantritt in Straßburg im November 2004 knapp elf Jahre als Richterin des BVerfG absolviert. Davor war sie Richterin am Bundessozialgericht und Mitglied des Verfassungsgerichtshofs in Nordrhein-Westfalen. Die professionelle Qualität der Richter wird als Voraussetzung für eine überzeugende Qualität der Rechtsprechung und deren Akzeptanz bei den innerstaatlichen Gerichten gesehen. Richter, die Berufsanfänger sind, würden diese Voraussetzung nicht erfüllen. Mit Beschluss vom 25.02.2010 hat die EU einen Ausschuss zur Qualitätssicherung im Vertrag von Lissabon (Art. 255 Vertrag über die Arbeitsweise der EU, AEUV) eingerichtet. Dieser Ausschuss prüft, ob die von den Regierungen vorgeschlagenen Richter-Kandidaten für ihr Amt am EuGH geeignet sind. Die Einrichtung eines derartigen Ausschusses wird auch zur Überprüfung der vorgeschlagenen Kandidaten für den EGMR empfohlen.[695]

---

694 *Engels* EuGRZ 2010, 368, 369; ders. EuGRZ 2010, 259, 260 f.; zur Dokumentation problematischer, aktueller EGMR Richterwahlen (Ukraine, Portugal, Frankreich) vgl. EuGRZ 2010, 260, EuGRZ 2011, 187 und EuGRZ 2011, 544.

695 *Engels* EuGRZ 2010, 368, 369; ders. EuGRZ 2010, 259, 260 f.

III. Der Einzelfallcharakter der Entscheidungen des EGMR

Der EGMR macht in seinen Entscheidungen immer wieder den Einzelfallcharakter seiner Entscheidungen deutlich. Es sei nicht Aufgabe des Gerichtshofs, die innerstaatlichen Vorschriften abstrakt zu prüfen, sondern vielmehr, in welcher Weise die Vorschriften unter den besonderen Umständen des Einzelfalls auf den Beschwerdeführer angewandt worden seien.[696] Lassen die innerstaatlichen Regelungen den Gerichten keinen Ermessensspielraum, kann es dennoch dazu kommen, dass der EGMR faktisch eine Normenkontrolle durchführt.[697]

Ein Unterschied zwischen EGMR und BVerfG besteht bisher darin, dass der EGMR es bisher unterlassen hat, innerstaatliche Gesetze abstrakt zu überprüfen. Er prüft nur die Anwendungsebene. Dies hat seine Ursache in der Einzelfallbezogenheit der Rechtsprechung des EGMR und der Intention, Popularklagen zu vermeiden.[698] Das BVerfG dagegen nimmt im Rahmen von Urteilsverfassungsbeschwerden eine Prüfung der gesetzlichen Grundlage inzident vor.[699]

Dies könnte sich mit der Einführung des neuartigen „Piloturteilsverfahrens" vor der großen Kammer ändern.[700] Kennzeichnend für diese Verfahrensart sind folgende Schritte: die Entscheidung der Kammer, das Piloturteilsverfahren anzuwenden, die Mitteilung darüber an die Regierung und den Beschwerdeführer, grundsätzliche Abgabe der Sache an die Große Kammer, Vertagung parallel laufender Verfahren und Anordnung der im internen Recht notwendigen allgemeinen Maßnahmen im Tenor des Piloturteils. Das Piloturteilsverfahren wurde eingeführt, um eine Vielzahl gleich gelagerter Fälle durch die Entscheidung eines Musterfalles zu erledigen und so eine Reduzierung der Verfahrenslast für den EGMR zu bewirken. Es soll sich für Fälle eignen, in denen sich ein strukturelles Defizit der innerstaatlichen Rechtsordnung offenbart, welches die Gefahr hervorruft, dass es zu massenhaft gleich gelagerten Beschwerden vor dem EGMR kommt.[701] Diese Entwicklung entspricht einer angesichts der starken Arbeitsbelastung schon vor einigen Jahren geforderten Konzentrierung des Gerichtshofs auf richtungsweisende Grundsatzentscheidungen, um gemeinschaftliche Min-

696 EGMR Fälle Sommerfeld & Sahin zu §§ 1634, 1711 II BGB a.F. FamRZ 2004, 337, 341; EGMR Fall Kleinert Urt. v. 20.02.2007, 16013/04 ausdrücklich zu § 1626a BGB: Rn. 36, zitiert nach Juris.

697 Vgl. Fallanalyse im Fall Zaunegger Teil D. VII. 4.

698 *Breuer* EuGRZ 2008, 121, 122; *Schmahl* EuGRZ 2008, 369, 378 f.

699 *Böckenförde* NJW 1999, 9, 15.

700 Ausführlich zur Einführung einer indirekten Normenkontrolle im Wege des Piloturteilverfahrens *Schmahl* EuGRZ 2008, 369, 379 f.

701 *Breuer* EuGRZ 2008, 121, 121.

destnormen in ganz Europa einzuführen.[702] Deutschland hat erst vor kurzem durch den EGMR-Fall Rumpf[703] erste Erfahrungen bezüglich des neu eingeführten Piloturteilsverfahrens sammeln können und dabei „starke Worte der Missbilligung“[704] erfahren, weil in Deutschland immer noch kein Rechtsbehelf gegen überlange Gerichtsverfahren geschaffen wurde.

IV. Schlussfolgerungen

Für den Umgang mit Entscheidungen des EGMR ist es notwendig, die Aussagekraft der Entscheidungen des EGMR für das Familienrecht einordnen zu können. Hierzu ist ein Vergleich der Rechtsprechung des EGMR mit der des BVerfG hilfreich. EGMR und BVerfG verfügen über nahezu den gleichen Prüfungsumfang. Sie nehmen keine Beweiswürdigung oder tatsächliche Feststellungen vor, sondern prüfen die Anwendung des einschlägigen Rechts im Lichte der Konvention bzw. des Grundgesetzes. Der den nationalen Gerichten zugestandene Beurteilungsspielraum erfährt sowohl beim EGMR als auch beim BVerfG eine der Intensität des Eingriffs entsprechende Einschränkung. Bisher unterschied sich die Rechtsprechung der beiden Gerichtshöfe allein darin, dass nur das BVerfG eine inzidente Prüfung der gesetzlichen Grundlage in seinen Entscheidungen vornimmt. Der EGMR hat es bisher unterlassen, innerstaatliche Gesetze abstrakt zu überprüfen. Dies hat sich durch die Einführung des Piloturteilsverfahrens vor der Großen Kammer des EGMR nun geändert. Die Einführung des Piloturteilsverfahrens führt dazu, dass sich der Gesetzgeber einem noch größeren öffentlichen Druck ausgesetzt wird, Urteile des EGMR zügig zu befolgen.

Für das deutsche Familienrecht bedeutet dies, dass umstrittene gesetzliche Regelungen wie § 1626a BGB und § 1865 II BGB in Zukunft einer Prüfung durch den EGMR unterworfen werden könnten. Faktisch ist dies mit dem Urteil im Fall Zaunegger bereits geschehen. In diesem Verfahren überprüft der EGMR – zwar an einem Einzelfall – faktisch doch die Vorschrift des § 1626a BGB wie in einer Normenkontrolle und gibt eindeutige Vorgaben zur Lösung der Problematik. Die Tendenz des EGMR auf diese Weise eine Art Rechtsangleichung zu betreiben, wird auch kritisch beurteilt.[705] Es erscheint fraglich, ob auf diese Wei-

702 *Wildhaber* EuGRZ 2002, 569, 572 f.

703 Vgl. Fallanalyse zum Fall Adam, Teil D X. 4.; EGMR Fall Rumpf Urteil v. 02.09.2010, Nr. 46344/06, Rn. 70, NJW 2010, 3355, 3358 m. Anm. *Meyer-Ladewig* NJW 2010, 3358, 3359, der vermutet, dass der EGMR mit dem Piloturteil seinen Unmut über die deutsche Säumnis, das Urteil Sürmeli zu befolgen, plakativ zum Ausdruck bringen wolle.

704 *Meyer-Ladewig* NJW 2010, 3358, 3358.

705 *Hohmann-Dennhardt* FF 2011, 181, 184.

se Beurteilungsspielräume und Einschätzungsprärogativen des nationalen Gesetzgebers noch genügend respektiert und beachtet werden. Die Beseitigung und Vermeidung von Völkerrechtsverletzungen wird zwar häufig leichter zu erreichen sein, wenn innerstaatliches Recht mit der Konvention harmonisiert wird. Völkerrechtlich obliegt es jedoch immer noch den Mitgliedsstaaten, in welcher Weise sie ihre Pflicht zur Beachtung der EMRK nachkommen.[706]

Im Familienrecht tätige Juristen müssen sich bei der Rezeption der Urteile des EGMR über einige Punkte bewusst sein. Zunächst handelt es sich – außer im Piloturteilsverfahren – stets um Einzelfälle, nicht um die abstrakte Überprüfung einer Norm. Der Gerichtshof prüft nicht Tatsachen- und Rechtsirrtümer der innerstaatlichen Gerichte. Er nimmt keine Beweiswürdigung vor. Er überprüft lediglich im Lichte der Konvention die Entscheidung der nationalen Gerichte, die sie in Ausübung ihres Ermessens getroffen haben. Darüber hinaus sind die Besonderheiten mehrpoliger Rechtsverhältnisse im deutschen Privatrecht zu berücksichtigen, die im zweiseitigen Beschwerdeverfahren vor dem EGMR nicht immer vollständig abgebildet werden können. Schließlich kann nicht davon ausgegangen werden, dass sozialwissenschaftliches Hintergrundwissen im Rahmen der Rechtsprechung des EGMR stets ausreichend Berücksichtigung erfährt. Defizite schon in der personellen und sachlichen Ausstattung im juristischen Bereich legen ähnliche Defizite im Bereich außerjuristischer Humanwissenschaften nahe. Eine Spezialisierung und ein Erfahrungsschatz der Richter des EGMR, der mit dem Fachwissen der nationalen Familiengerichte vergleichbar wäre, existiert am EGMR nicht.

---

706 BVerfG EuGRZ 2011, 297, 309.

H Ergebnis

Die vorliegende Untersuchung zeigt, dass der Einfluss des EGMR auf das deutsche Familienrecht erheblich ist. Von seiner Rechtsprechung geht eine Orientierungswirkung aus, zu deren Beachtung die deutschen Gerichte verpflichtet sind. Die detaillierte, systematische Darstellung und Analyse der aktuellen Rechtsprechung des EGMR zu den Bereichen elterliche Sorge und Umgang nach Trennung und Scheidung sowie zum Bereich des Abstammungsrechts hat es ermöglicht, Anforderungen, die der EGMR an Gesetze und Rechtsprechung stellt, herauszuarbeiten. An diesen Anforderungen wurden sowohl die gesetzlichen Regelungen des deutschen Familienrechts als auch die Rechtsprechung im deutschen Familienrecht zu den Bereichen elterliche Sorge und Umgang nach Trennung und Scheidung sowie zum Bereich des Abstammungsrechts gemessen.

Es kann festgehalten werden, dass tatsächlich nur wenige Widersprüche zwischen den Anforderungen des EGMR und den im deutschen Familienrecht geltenden Regelungen bestehen. Eine Tendenz des EGMR zur bedenklichen Überhöhung der Bedeutung von leiblicher Elternschaft und biologischer Herkunft gegenüber sozialen Bindungen konnte nicht festgestellt werden. Allerdings gewährleistet Art. 8 I EGMR dem biologischen Vater schon allein aufgrund seiner biologischen Abstammung die Möglichkeit eine sozial-familiäre Beziehung entwickeln zu können. Im Rahmen des Art. 6 I GG ist der leibliche Vater nur geschützt, wenn er mit dem Kind zusammengelebt hat bzw. zusammen lebt und tatsächliche Verantwortung getragen hat bzw. trägt. Art. 6 II GG schützt das Interesse des biologischen Vaters, die rechtliche Stellung als Vater einzunehmen, wenn diesem Begehren der Schutz einer familiären Beziehung zwischen dem Kind und seinen rechtlichen Eltern nicht entgegensteht. Hier wird deutlich, dass im deutschen Familienrecht eine stärkere Betonung der Kindesinteressen und des Schutzes der sozialen Familie vorgenommen wird.[707]

Letztlich jedoch nimmt das Kindeswohl auch in der Rechtsprechung des EGMR eine Vorrangstellung vor allen anderen Interessen ein. Damit entspricht die Interessengewichtung des EGMR grundsätzlich den Maximen des deutschen Familienrechts. Im Rahmen der Rezeption der Rechtsprechung des EGMR ist allerdings stets zu beachten, dass der effektive Schutz von Konventionsgarantien in der Rechtsprechung des Gerichtshofs einen hohen Stellenwert einnimmt. Im

707 Vgl. Teil F I. 3. a) cc).

Zusammenspiel mit der beschwerdeführer-orientierten Sichtweise des EGMR, die dem Verfahren der Individualbeschwerde von vornherein zu eigen ist, kann dadurch im Fall multipolarer Konfliktlagen leicht der Eindruck einer Rechtsprechung entstehen, die nicht immer in erster Linie das Kindeswohl im Auge hat.[708]

Einem ekffektiven Schutz von Konventionsgarantien entsprechend misst der EGMR im materiellen Recht der Ermöglichung eines Aufbaus familiärer Beziehungen und der Aufrechterhaltung dieser Beziehungen hohe Bedeutung bei. Auf der verfahrensrechtlichen Ebene hat die Einhaltung eines fairen Verfahrens und einer angemessenen Verfahrensdauer höchste Priorität. Im Bereich des Verfahrensrechts gleichen sich die Grundsätze des EGMR und des deutschen Familienrechts weitestgehend. Die deutschen Gerichte sollten allerdings darauf achten, sich in ihrem Bemühen um die Gewährleistung von Verfahrensgarantien und einer Verfahrensbeschleunigung ihre kindeswohlorientierte Sichtweise zu erhalten.[709]

Im Bereich des materiellen Rechts besteht teilweise Verbesserungsbedarf. Grundsätzlich zieht der EGMR zur Gewährleistung einer effektiven Wahrnehmung der Konventionsgarantien gerichtliche Überprüfungen von konkreten Einzelfällen gesetzlichen Regelungen, die Interessenabwägungen antizipieren, vor. Die Eröffnung der Möglichkeit der gerichtlichen Überprüfung eines Sachverhalts im Einzelfall stellt für den EGMR eine Mindestgarantie für die Einhaltung der Konventionsgrundsätze dar. Ist ein Betroffener, für den der Schutzbereich eines Menschenrechts eröffnet ist, von vorn herein vom Rechtsweg ausgeschlossen, wird dies vom EGMR als problematisch beurteilt. Diese Erkenntnis führt gleich einem roten Faden durch die Bereiche des Sorge- und Umgangsrechts sowie durch das Abstammungsrecht. Im Hinblick auf eine Regelung des Sorgerechts der Väter nichtehelicher Kinder fordert der EGMR die Ermöglichung der gerichtlichen Überprüfung der Alleinsorge der Mutter unabhängig von deren Willen. Das BVerfG hat diese Forderung in seinem Beschluss vom 21.07.2010 übernommen und eine entsprechende Übergangsregelung angeordnet.[710] Derzeit werden in Deutschland verschiedene Möglichkeiten einer gesetzlichen Neuregelung intensiv diskutiert.[711] Angesichts dieser Entwicklung wird deutlich, wie stark der Einfluss der Rechtsprechung des EGMR – und damit auch der Einfluss europäischer Wertesysteme – auf unsere Rechtsprechung und das deutsche Familienrecht zugenommen haben.

708 Vgl. Teil F I. 1. c).

709 Vgl. Teil F II. 1. c) und Teil F II. 2. c).

710 Vgl. Teil F I. 2. c) dd).

711 Vgl. Teil F I. 2. c) cc) Darstellung der Diskussion mit eigenem Regelungsvorschlag.

Im Deutschen Familienrecht sind weitere Regelungen zu finden, die antizipierte Interessenabwägungen vornehmen und keine gerichtliche Überprüfung des Einzelfalles ermöglichen. Die Voraussetzung einer sozial-familiären Beziehung zwischen einem biologischen Vater und seinem Kind zur Gewährung eines Umgangsrechts in § 1685 II BGB stellt eine solche antizipierte Interessenabwägung durch den Gesetzgeber dar.[712] Ihre Anwendung durch die deutschen Gerichte wurde vom EGMR mit seinen Entscheidungen in den Fällen Anayo und Schneider in einer bestimmten Fallkonstellation bereits für konventionswidrig erklärt. Ähnlich problematisch verhält es sich mit dem negativen Tatbestandsmerkmal einer sozial-familiären Beziehung zwischen Kind und rechtlichem Vater. Dieses kann einer Vaterschaftsanfechtung des biologischen Vaters entgegenstehen (§ 1600 I Nr. 2, II BGB).[713] Konventionswidrig dürfte auch die Tatsache sein, dass der mutmaßliche biologische Vater vom Kreis der Klärungsberechtigten des § 1598a BGB bisher ausgeschlossen ist. Besteht eine sozial-familiäre Beziehung zwischen dem Kind und dem Ehemann der Mutter, hat der biologische Vater keine legale Möglichkeit, seine Abstammungsverhältnisse klären zu lassen. Auch hier sollte eine Einbeziehung des biologischen Vaters unter der Voraussetzung einer auf den Einzelfall bezogenen Interessenabwägung in den Kreis der Klärungsberechtigten nach § 1598a BGB erwogen werden.[714]

Die strikte Anwendung dieser vom Gesetzgeber antizipierten Interssenabwägungen in den Bereichen elterliche Sorge, Umgang und Abstammung kann in Einzelfällen zu unbilligen Ergebnissen führen.[715] Die Ermöglichung gerichtlicher Überprüfungen der Einzelfälle würde dies verhindern und den Vorgaben des EGMR entsprechen. Solange dem Kindeswohl von den Familiengerichten im Rahmen der vorzunehmenden Einzelfallprüfungen weiterhin oberste Priorität eingeräumt wird, ist eine Gefährdung der Rechtsposition des Kindes nicht zu befürchten.

Im Rahmen der Rezeption und Anwendung der Rechtsprechung aus Straßburg im Familienrecht ist zu beachten, dass Erfahrungs- und Wissensdefizite der Straßburger Richter im Bereich des sehr speziellen Fachgebietes Familienrecht sowie im Bereich des außerjuristischen Humanwissens und die Zweiseitigkeit des Beschwerdeverfahrens des EGMR eine rein schematische Übertragung der Rechtsprechung des EGMR auf innerstaatliche, familienrechtliche Einzelfälle nicht erlauben.[716]

712 Vgl. Teil F I. 3. b) cc).

713 Vgl. Teil F III. 2. b) aa) (2).

714 Vgl. Teil F III 2. b) bb) (2).

715 Vgl. Teil F I. 3. b) cc), Teil F III. 2. b) aa) (2) und Teil F III. 2. b) bb) (2).

716 Vgl. Teil G IV.

J Zusammenfassung

1. Dem EGMR kommt eine Doppelfunktion zu. Er garantiert einerseits dem Einzelnen den Schutz seiner Individualrechte und etabliert andererseits einen allgemeingültigen, objektiven Mindeststandard für europäischen Grundrechtsschutz. Im Rahmen dieser Doppelfunktion ist der Gerichtshof bemüht, eine effektive Gewährleistung der Konventionsgarantien zu erreichen und die EMRK als „living instrument" im Lichte der in den demokratischen Gesellschaften der Vertragsstaaten heute vorherrschenden, aber auch wandelbaren Bedingungen auszulegen.

2. Die Rechtsprechung des EGMR ist geprägt von einigen Besonderheiten, die dem Gerichtshof die Erfüllung seiner Doppelfunktion ermöglichen. Die Auslegung unbestimmter Konventionsbegriffe – wie „Familienleben" – erfolgt autonom, das heißt unabhängig von den Rechtsordnungen einzelner Vertragsstaaten. Dies ermöglicht die Schaffung angeglichener Mindeststandards des Grundrechtsschutzes in den Mitgliedsstaaten. Eine evolutiv-dynamische Auslegung der EMRK führt zu einer Anpassung der Konvention an gewandelte gesellschaftliche Rahmenbedingungen. Die Einräumung eines Beurteilungsspielraums für die Mitgliedsstaaten schafft einen Ausgleich zwischen den sich in einem Spannungsverhältnis einander gegenüberstehenden Zielen einer effektiven Kontrolle der Menschenrechtsstandards und nationaler Souveränität. So können unterschiedliche nationale Rechtstraditionen berücksichtigt und eine Akzeptanz der Rechtsprechung des EGMR erreicht werden. Der Umfang dieses Beurteilungsspielraums wird für jeden Einzelfall neu bestimmt und durch das Verhältnismäßigkeitsprinzip korrigiert und begrenzt. Der Spielraum wird in Fällen, in denen Kernbereiche der Konventionsgarantien betroffen sind oder ein Konsens zwischen den nationalen Rechtsordnungen besteht, stärker eingeschränkt.

3. Die Hauptaufgabe des EGMR wird in Zukunft darin liegen, durch Auslegung und Anwendung der einzelnen Konventionsrechte und Konventionsfreiheiten eine europäische Kultur- und Werteordnung zu schaffen. Dabei stehen EGMR und BVerfG einander nicht in einem Konkurrenzverhältnis gegenüber, sondern kooperieren vielmehr mit dem Ziel eines wirksamen Grund-

rechtsschutzes für alle Bürger. Dem BVerfG kommt eine Integrationsfunktion zu, denn als menschenrechtlicher Mindeststandard ist die EMRK ihrem Status und ihrer Funktion nach noch keine Verfassungsurkunde. Das BVerfG hat die Offenheit und Integrationsbereitschaft des Grundgesetzes zu wahren und die Einhaltung und Durchsetzung des Völkerrechts zu gewährleisten.

4. Der angewandte Prüfungsmaßstab von EGMR und BVerfG ist nahezu identisch. Beide Gerichtshöfe nehmen keine Beweiswürdigung oder tatsächliche Feststellungen vor, sondern prüfen die Anwendung des einschlägigen Rechts im Lichte der EMRK bzw. im Lichte des Grundgesetzes. Den nationalen Gerichten wird ein Beurteilungsspielraum zugestanden, der entsprechend der Intensität des Eingriffs eingeschränkt werden kann. Eine der inzidenten Normenkontrolle des BVerfG entsprechende abstrakte Überprüfung innerstaatlicher Gesetzesvorschriften kannte der EGMR bis zur Einführung des Piloturteilsverfahrens nicht. Im Piloturteilsverfahren ist es nun auch möglich, gesetzliche Regelungen des deutschen Familienrechts der Prüfung des EGMR zu unterwerfen.

5. Die EMRK hat zwar in der Normenhierarchie in Deutschland den Rang eines förmlichen Bundesgesetzes. Aufgrund der Völkerrechtsfreundlichkeit der deutschen Verfassung ist sie jedoch als „Auslegungshilfe“ für die Bestimmung von Inhalt und Reichweite der Grundrechte und der rechtsstaatlichen Grundsätze zu berücksichtigen. Für das deutsche Familienrecht bedeutet dies, dass von der EMRK und der Rechtsprechung des EGMR eine Orientierungswirkung ausgeht, zu deren Beachtung deutsche Gerichte verpflichtet sind. Ein Abweichen deutscher Gerichte von den Rechtsprechungsgrundsätzen des EGMR ist dennoch theoretisch möglich, erfordert jedoch eine besonders gründliche, einzelfallbezogene und fundierte Begründung.

6. Dies gilt etwa im Falle eines Abweichens von der grundsätzlichen Annahme eines regelhaften Zusammenhangs zwischen Umgang und Kindeswohl. Fachgerichtliche Entscheidungen halten einer Überprüfung durch den Gerichtshof insbesondere dann stand, wenn die Verfahrensanforderungen beherzigt wurden und ein Bestreben des Familiengerichts, langfristig eine Aufrechterhaltung der familiären Beziehungen zu erreichen, zu erkennen ist. Der Gerichtshof wertet ausdrücklich geäußertes Bewusstsein deutscher Familiengerichte hinsichtlich ihrer Verpflichtung, familiäre Beziehungen aufrecht zu erhalten, als Bestreben der nationalen Fachgerichte, eine Aufrechterhaltung oder spätere Wiederherstellung familiärer Beziehungen zu begünstigen. Ein solches Vorgehen entspricht den Maximen des Gerichtshofs und erhöht of-

fensichtlich die Straßburger Akzeptanz von Entscheidungen deutscher Familiengerichte.

7. Sowohl in der Rechtsprechung des EGMR als auch im deutschen Familienrecht kommt dem Kindeswohl die Vorrangstellung vor allen anderen Interessen zu. Die Beschwerdeführer-orientierte Sichtweise des EGMR und das Bemühen um einen effektiven Schutz der Konventionsgarantien können in Einzelfällen jedoch einen anderen Eindruck vermitteln.

8. Die zunehmenden europäischen Einflüsse auf das deutsche Familienrecht werden aktuell in den Bereichen der elterlichen Sorge und des Umgangs der Väter nichtehelicher Kinder sichtbar. Der EGMR fordert in seiner Entscheidung im Fall Zaunegger die Ermöglichung einer gerichtlichen Überprüfung der Alleinsorge der Mutter unabhängig von deren Willen. Väter nichtehelicher Kinder hatten bisher keine Möglichkeit, ohne die Zustimmung der Kindesmutter ein gemeinsames Sorgerecht zu erlangen. Grundsätzlich zieht der EGMR zur Gewährleistung einer effektiven Wahrnehmung der Konventionsgarantien konkrete gerichtliche Überprüfungen von Einzelfällen gesetzlichen Regelungen, die eine Abwägung antizipieren, vor. Das BVerfG hat die Wertungen und auch die Vorgaben des EGMR zur Beseitigung des konventionswidrigen Zustandes in Bezug auf das gemeinsame Sorgerecht von Vätern nichtehelicher Kinder nahezu vollständig übernommen. Es hat die Regelung des § 1626a BGB für verfassungswidrig erklärt und dem Gesetzgeber aufgegeben, eine entsprechende Gesetzesänderung vorzunehmen. Für die Übergangszeit haben die Väter nichtehelicher Kinder die Möglichkeit, eine gemeinsame Sorge auf Antrag vor Gericht zu erlangen, wenn zu erwarten ist, dass dies dem Kindeswohl entspricht. Vom deutschen Gesetzgeber ist eine baldige Neuregelung der betroffenen gesetzlichen Regelungen beabsichtigt. Derzeit werden verschiedene Lösungsmodelle diskutiert. Der EGMR hat an dieser Stelle einen starken europäischen Einfluss im Rahmen einer seit langem in Deutschland geführten Diskussion ausgeübt.

9. Die Rechtstellung des biologischen Vaters ist im deutschen Recht schwächer als die des rechtlichen Vaters. Obwohl das BVerfG in der Vergangenheit den biologischen Vater zunehmend in den Schutzbereich des Art. 6 GG miteinbezogen hat, geht der Schutz des biologischen Vaters im Rahmen des Art. 8 I EMRK weiter. Das BVerfG erkennt eine im Rahmen des Art. 6 I GG schützenswerte familiäre Beziehung zwischen biologischem Vater und seinem Kind nur an, wenn bereits eine tatsächliche Beziehung besteht bzw. bestanden hat. Art. 8 I EMRK gewährleistet dem biologischen Vater dagegen unter

bestimmten Umständen schon allein aufgrund der biologischen Abstammung die Möglichkeit, eine sozial-familiäre Beziehung entwickeln zu können. Hier zeigt sich, dass der EGMR die effektive Gewährleistung der Rechte des biologischen Vaters verfolgt, während die Voraussetzung des Tatbestandsmerkmals einer „sozial-familiären Beziehung“ zwischen biologischem Vater und Kind im deutschen Recht für eine starke Betonung der Kindesinteressen spricht.

10. Das von Art. 6 II GG geschützte Interesse des leiblichen Vaters, die rechtliche Stellung als Vater einzunehmen, ist zum Schutz der sozialen Familie eingeschränkt. Zum Schutz der sozialen Familie ist der leibliche Vater in seinem rechtlichen Interesse, die rechtliche Stellung als Vater einzunehmen, nicht geschützt, wenn dem der Schutz einer familiären Beziehung zwischen dem Kind und seinen rechtlichen Eltern entgegensteht. Hier geht es um das Spannungsverhältnis zwischen biologischer Abstammung und sozialer Familie. Oberflächlich betrachtet gibt der EGMR der biologischen Abstammung den Vorzug, während das BVerfG vorrangig die soziale Familie schützt. Tatsächlich jedoch messen beide Gerichte der biologischen Abstammung eine hohe Bedeutung zu. Die Rechte des biologischen Vaters werden von beiden Gerichten letztendlich aber immer gegen die Kindeswohlbelange abgewogen. Die Berücksichtigung der Kindeswohlinteressen tritt allerdings im deutschen Recht durch den Ausgleich mehrpoliger Rechtsbeziehungen stärker hervor als im Rahmen des zweiseitigen Verfahrens der Individualbeschwerde vor dem EGMR.

11. Die Vorgehensweise des deutschen Rechts, nämlich Schutz der sozialen Familie und Erhalt weiterer für das Kind wichtiger familiärer Beziehungen, wenn dies dem Kindeswohl entspricht, vereinigt die Maxime der Bindungstheorie und der Systemtheorie in einem ausgewogenen Verhältnis und entspricht so humanwissenschaftlichen Erkenntnissen zur Wahrung des Kindeswohls.

12. Gleichwohl stellt die Voraussetzung einer sozial-familiären Beziehung zwischen biologischem Vater und seinem Kind zur Gewährung eines Umgangsrechts eine vom Gesetzgeber antizipierte Interessenabwägung dar. In Fällen, in denen der Aufbau einer sozial-familiären Beziehung kontinuierlich von der Kindesmutter vereitelt wurde und wird, ist dem um das Kind bemühten, biologischen Vater ein Umgangsrecht und damit der Aufbau einer sozial-familiären Beziehung verwehrt, obwohl dies gegebenenfalls dem Kindeswohl entsprechen würde. Eine gerichtliche Überprüfung des Einzelfalls ist

nicht möglich. Mit Blick auf die Entwicklungen im Bereich der elterlichen Sorge und die jüngsten Ausführungen des EGMR im Fall Anayo, ist die Ermöglichung einer gerichtlichen Einzelfallabwägung der durch den Gesetzgeber antizipierten Interessenabwägung vorzuziehen.

13. Die Anforderungen des EGMR und des BVerfG an die Gestaltung kindschaftsrechtlicher Verfahren entsprechen sich weitgehend. Beide Gerichtshöfe verlangen eine sorgfältige Aufklärung des Sachverhalts. Der effektiven Gewährleistung der Elternrechte kann im Fall wiederholter belastender Befragungen des Kindes in Anhörungen des Gerichts oder durch Sachverständige das Kindeswohl entgegenstehen. Die geltenden gesetzlichen Regelungen des FamFG ermöglichen eine konventionskonforme Verfahrensgestaltung und die Berücksichtigung des Kindeswohls. In Bezug auf eine angemessene Verfahrensdauer weisen beide Gerichte auf die Gefahr faktischer Präjudizierung durch Zeitablauf hin. Die starke Betonung des Beschleunigungsgrundsatzes entspricht den Grundsätzen des EGMR. Ein Bemühen deutscher Gerichte um ein beschleunigtes Verfahren darf jedoch nicht zu einer Verkürzung der Verfahrensgrundsätze führen. Eine effektive Gewährleistung aufgestellter Verfahrensgrundsätze und eine Einhaltung einer angemessenen Verfahrensdauer können in Einzelfällen an mangelnder sachlicher und personeller Ausstattung deutscher Gerichte und Jugendämter sowie des EGMR scheitern. Der deutsche Gesetzgeber forciert eine Entwicklung der Rechtspraxis hin zu mehr Einigungs-, Beratungs- und Vermittlungsangeboten. Gerade für die Jugendämter und Beratungsstellen erweitern sich die Aufgabenbereiche. Die vom Gesetzgeber beabsichtigte Verfahrensbeschleunigung und Forcierung einvernehmlicher Lösungen wird nur eintreten, wenn Gerichte und Jugendämter mit zusätzlichen Ressourcen für die Bereiche Sorge- und Umgangsrecht ausgestattet werden. Ein wie vom EGMR geforderter gesetzlich geregelter, wirksamer Rechtsbehelf gegen eine überlange Verfahrensdauer existiert im deutschen Recht bisher nicht. Inzwischen hat das Bundesministerium der Justiz jedoch einen Gesetzesentwurf vorgelegt, der Betroffenen bei zu langen Gerichtsverfahren das Recht der „Verzögerungsrüge“ und die Geltendmachung von Schadensersatzansprüchen einräumt. Ein solcher Rechtsbehelf würde ein konstruktives „Druckmittel“ für deutsche Gerichte darstellen, eine angemessene Verfahrensdauer einzuhalten. Da es sich um ein weniger „persönliches“ Instrument als die bisher gebräuchlichen Institute wie Befangenheitsanträge und Dienstaufsichtsbeschwerde handelt, könnte sich ein solcher Rechtsbehelf weniger „belastend“ für das laufende Verfahren auswirken.

14. Im Bereich der Vollstreckung von Sorgerechts- und Umgangsentscheidungen ermöglichen die Neuregelungen des FamFG zum 01.09.2009 eine Effektivierung der Vollstreckung. Gerade im Bereich des Umgangsrechts und im Bereich von Kindesentziehungen können eine effektive Vollstreckung und das Kindeswohl jedoch in einem Spannungsverhältnis zueinander stehen. Die Problematik zeigt sich insbesondere im Falle der Rechtfertigung einer Nichtvollstreckung bestandskräftiger Umgangsentscheidungen bei inzwischen veränderten tatsächlichen Verhältnissen. Beim EGMR steht die effektive Durchsetzung gerichtlicher Umgangsregelungen im Vordergrund. Der EGMR betont zwar einerseits den Vorrang des Kindeswohls, andererseits hält er aber auch die Anwendung von Zwang gegen den sich widersetzenden Elternteil und auch das Kind als Sanktionierung rechtswidrigen Verhaltens des Elternteils für nicht ausgeschlossen. Die deutschen Gerichte sollten darum bemüht sein, sich hier ihre kindeswohlorientierte Sichtweise zu bewahren.

15. Im Bereich des Abstammungsrechts leiten sowohl der EGMR als auch das BVerfG aus Art. 8 I EMRK bzw. Art. 6 II 1 GG das Gebot ab, möglichst eine Übereinstimmung von leiblicher und rechtlicher Elternschaft zu erreichen.

16. Gesetzliche Regelungen des deutschen Abstammungsrechts wie Anfechtungsfristen oder die Anfechtungsvoraussetzung der Darlegung eines Anfangsverdachts dienen dem Schutz der sozialen Familie. Derartige Einschränkungen des Vaterschaftsanfechtungsrechts sind nicht per se konventionswidrig. Der EGMR räumt der biologischen Abstammung und sozialen Wirklichkeit nicht uneingeschränkt den Vorrang ein, sondern nimmt auch hier Interessenabwägungen vor. Der Gerichtshof hält lediglich eine Situation, in der eine gesetzliche Vermutung schwerer wiegt als die biologische und soziale Wirklichkeit, ohne Rücksicht auf festgestellte Fakten und Wünsche der Betroffenen und ohne aktuellen Nutzen für irgendjemanden, auch unter Berücksichtigung eines gewissen nationalen Ermessenspielraums, für konventionswidrig.

17. In diesem Zusammenhang werden in Deutschland die Notwendigkeit der Anfechtungsvoraussetzung des Anfangsverdachts und die gerichtliche Verwertbarkeit von heimlich eingeholten, privaten Abstammungsgutachten diskutiert. Diese Diskussion dürfte sich mit Einführung des vom BVerfG geforderten rechtfolgenlosen und statusunabhängigen Abstammungsklärungsverfahrens gemäß § 1598a BGB erübrigt haben. Mit Hilfe dieses Verfahrens, welches nicht an Fristen gebunden ist, wird es dem rechtlichen Vater ermöglicht, ohne Einwilligung der Mutter und des Kindes sowie ohne Darlegung

eines Anfangsverdachts seine Abstammungsverhältnisse klären zu lassen. Ist die Anfechtungsfrist des § 1600d BGB noch nicht abgelaufen, kann das Klärungsverfahren als Vorverfahren des Anfechtungsverfahrens dienen. Die Rechtslage bezüglich der Rechtsposition des rechtlichen Vaters ist damit konventionskonform ausgestaltet.

18. Hinsichtlich der Ausgestaltung der Rechtsposition des biologischen Vaters im Abstammungsrecht bestehen dagegen Zweifel an der Vereinbarkeit mit der EMRK. Die derzeitige Regelung der Vaterschaftsanfechtung des biologischen Vaters gemäß § 1600 I Nr. 2, II BGB unter der Voraussetzung, dass zwischen rechtlichem Vater und Kind keine sozial-familiäre Beziehung besteht, findet seine Rechtfertigung im Schutz der sozialen Familie und letztlich in den Kindesinteressen. Die Regelung eines typisierenden Anfechtungsausschlusses erscheint jedoch nicht unproblematisch, da der Gerichtshof zur Gewährleistung einer effektiven Wahrnehmung der Konventionsgarantien konkrete gerichtliche Überprüfungen von Einzelfällen gesetzlichen Regelungen, die eine Abwägung bereits antizipieren, vorzieht. Beispielsfälle aus der deutschen Rechtsprechung haben gezeigt, dass die strikte Anwendung des negativen Tatbestandsmerkmals „sozial-familiäre Beziehung" in Einzelfällen zu unbilligen Ergebnissen führen kann. Vorzugswürdiger wäre es daher, die Anfechtung durch den leiblichen Vater von einer Kindeswohlklausel abhängig zu machen und eine gerichtliche Überprüfung des Einzelfalls zu ermöglichen. Solange die deutschen Gerichte die familiäre Situation des Kindes und dessen Kindeswohlbelange im Einzelfall überprüfen und sich nicht auf schematische Regelvermutungen beschränken, dürfte zumindest die Anwendung des deutschen Rechts zunächst konventionskonform sein.

19. In Bezug auf § 1598a BGB bestehen hinsichtlich der Rechtsposition des mutmaßlichen biologischen Vaters ebenfalls Zweifel an der Vereinbarkeit des geltenden Rechts mit der EMRK. Besteht eine sozial-familiäre Beziehung zwischen dem Kind und dem Ehemann der Mutter bzw. wird diese gemäß § 1600 IV 2 BGBG vermutet, hat der biologische Vater unter diesen Umständen keine legale Möglichkeit, seine Abstammungsverhältnisse zu klären. Dies dürfte jedenfalls im Falle eines Nichtbestehens einer sozial-familiären Beziehung zwischen Kind und rechtlichem Vater weder verfassungs- noch konventionskonform sein. Der biologische Vater sollte in den Kreis der Klärungsberechtigten des § 1598a BGB unter der Voraussetzung einer auf den Einzelfall bezogenen Interessenabwägung einbezogen werden.

20. Zwar konnte eine Tendenz zur bedenklichen Überhöhung der Bedeutung leiblicher Elternschaft zu Lasten des Kindeswohls im Bereich Sorge- und Umgangsrecht nach Scheidung und Trennung sowie im Bereich Abstammungsrecht nicht festgestellt werden. Die Rechtsprechungsgrundsätze des EGMR sollten im Familienrecht jedoch grundsätzlich nicht unreflektiert und schematisch übernommen werden. Im Umgang mit der Rechtsprechung des EGMR sind einige Besonderheiten zu beachten. Zunächst ist zu bedenken, dass die Zweiseitigkeit des zweipoligen Beschwerdeverfahrens vor dem EGMR zu einer nur ausschnittsweisen Wahrnehmung komplexer, mehrpoliger Grundrechtsverhältnisse führen kann. Bei einer konventionskonformen Auslegung deutscher Gesetze ist zu berücksichtigen, dass sich die Perspektive der Straßburger Rechtsprechung im Rahmen des Dreiecksverhältnisses Kind-Mutter-Vater primär aus der Sicht des Vaters entwickelt hat. Deutsche Gerichte müssen daher im Umgang mit Rechtsprechungsgrundsätzen des EGMR insbesondere die Interessen der betroffenen Kinder beachten.

21. Die Beachtung der Interessen der betroffenen Kinder und die Auswirkungen gerichtlicher Entscheidungen für die Kinder sind im Kindschaftsrecht von solch wesentlicher Bedeutung, weil es meist unmittelbar um das gesundheitliche und seelische Wohl der Kinder geht. Um beurteilen zu können, welche Umstände und Entwicklungen für das Kindeswohl förderlich sind oder diesem auch zuwiderlaufen, ist es unerlässlich, dass die zuständigen Richter mit den humanwissenschaftlichen Hintergründen vertraut sind. Ein solches humanwissenschaftliches Verständnis zur fundierten Einschätzung des Kindeswohls scheint beim EGMR nicht immer gegeben zu sein. Dies mag nicht zuletzt auch an begrenzten personellen und sachlichen Mitteln des Gerichtshofs und fehlender Spezialisierung der Richter liegen.

22. Deutsche Gerichte sollten sich dies bei der Anwendung Straßburger Wertungen bewusst machen. Defizite im Bereich außerjuristischen Humanwissens und die Zweiseitigkeit des Beschwerdeverfahrens des EGMR verbieten eine rein schematische Übertragung der Straßburger Rechtsprechung auf innerstaatliche Einzelfälle. Die aktuelle Tendenz des EGMR, Einschätzungen der Kindeswohlgefährdung den nationalen Fachgerichten im Rahmen ihres Beurteilungsspielraums zu überlassen, ist zu begrüßen.

23. Die Rechtsprechung des EGMR hat zunehmend stärkeren Einfluss auf das deutsche Familienrecht. Im verfahrensrechtlichen Bereich bestehen deutliche Tendenzen in Richtung Effektivierung des Rechtsschutzes und Verfahrensbeschleunigung. Im materiell-rechtlichen Bereich werden die Einflüsse des

EGMR dafür sorgen, dass die Eröffnung der Möglichkeit gerichtlicher Einzelfallprüfungen noch stärker in den Vordergrund rücken und letztlich antizipierte Interessenabwägungen durch den Gesetzgeber verdrängen wird.

24. Im Zuge von regelmäßigen Gesetzesreformierungen in den einzelnen Mitgliedsstaaten wird sich zunehmend ein „europäisches Familienrecht" herausbilden. Unterschiede zwischen den Mitgliedsstaaten werden sich nivellieren. Es ist zwar nicht Aufgabe des EGMR, Rechtsangleichung zu betreiben. Die Rechtsprechung des EGMR schafft jedoch allgemeingültige Mindeststandards europäischen Grundrechtsschutzes und liefert so die Grundlagen für ein europäisches Familienrecht.

Literaturverzeichnis

Ahnert, Lieselotte: Frühe Bindung – Entstehung und Entwicklung, München, Basel, 2004, zitiert: Bearbeiter in Ahnert (2004), S.

Altrogge, Alexandra: „Diskriminierung eines nichtehelichen Vaters mangels gesetzlicher Regelung zur gerichtlichen Prüfung eines gemeinsamen Sorgerechts?", FamFR 2010, S. 73 ff.

Altrogge, Alexandra: „Nichtehelicher Vater und Sorgeerklärung", FPR 2008, S. 154 ff.

Altrogge, Alexandra: Umgang unter Zwang: Das Recht des Kindes auf Umgang mit dem umgangsunwilligen Elternteil, Bielefeld, 2007, zitiert: Altrogge (2007), S.

Balloff, Rainer: „Vom Gehilfen zum Vermittler? – Die Rolle des Sachverständigen im Verfahren", FF 2008, S, 98 ff.

Balloff, Rainer: „Der Sachverständige im Umgangsverfahren", FPR 2007, S. 288 ff.

Balloff, Rainer: „Die Bedeutung des Vaters für die Entwicklung des Kindes", FPR 2005, S. 210 ff.

Balloff, Rainer: „Literaturempfehlung zu „Bindungen – Das Gefüge psychischer Sicherheit" von Karin und Klaus Grossmann", FPR 2005, S. 213 ff.

Balloff, Rainer: Kinder vor dem Familiengericht, München, Basel, 2004, zitiert: Balloff (2004), S.

Balthasar, Stephan: Anmerkung zur Entscheidung des BVerfG vom 13.02.2007, Az. 1 BvR 421/05, JZ 2007, S. 635 ff.

Beger-Oelschlegel, Sandra: Anmerkung zum Beschluss des OLG Hamm vom 07.10.2010, Az. 2 WF 211/09, FamFR 2010, S. 525.

Benda, Ernst: „Verkehrtes zum Verkehrsrecht – Anmerkung zu den EGMR-Urteilen Sommerfeld, Elsholz und Sahin gegen Bundesrepublik Deutschland", EuGRZ 2002, S. 1 ff.

Bergmann, Alexander Ferid, Murad: Internationales Ehe- und Kindschaftsrecht, Stand 184. Lieferung, Frankfurt a. M., November 2009, zitiert: Bergmann/Ferid/Bearbeiter, Land, Lieferung, Stand, S.

Bernhardt, Rudolf: „Anmerkung zur Rechtsfortbildung und Rechtsschöpfung durch internationale Gerichte", in Festschrift für Karl Zemanek, Berlin, 1994, S. 11 ff., zitiert: Bernhardt in FS Zemanek (1994), S.

Bernhardt, Rudolf: „Internationaler Menschenrechtsschutz und nationaler Gestaltungsspielraum“, in Festschrift für Hermann Mosler, Berlin, Heidelberg, New York, 1983, S. 75 ff., zitiert: Bernhardt in FS Mosler (1983), S.

Böckenförde, Ernst-Wolfgang: „Verfassungsgerichtsbarkeit: Strukturfragen, Organisation, Legitimation“, NJW 1999, S. 9 ff.

Bowlby, John: Mutterliebe und kindliche Entwicklung, München, 1972, zitiert: Bowlby (1972), S.

Breuer, Marten: „Das Recht der Individualbeschwerde zum EGMR im Spannungsfeld zwischen Subsidiarität und Einzelfallgerechtigkeit“, EuGRZ 2008, S. 121 ff.

Breuer, Marten: „Karlsruhe und die Gretchenfrage: Wie hast Du`s mit Straßburg?“, NVwZ 2005, S. 412 ff.

Brisch, Karl-Heinz: Bindungsstörungen – Von der Bindungstheorie zur Therapie, 9. Auflage, Stuttgart, 2009, zitiert: Brisch (2009), S.

Brisch, Karl-Heinz: „Bindung und Umgang“ in Brühler Schriften zum Familienrecht, Band 15 zum 17. Deutschen Familiengerichtstag, Bielefeld, 2008, S. 89 ff., zitiert: Brisch in Bd. 15 der Brühler Schriften zum Familienrecht (2008), S.

Brisch, Karl-Heinz / Hellbrügge, Theodor: Bindung und Trauma – Risiken und Schutzfaktoren für die Entwicklung von Kindern, Stuttgart, 2003, zitiert: Bearbeiter in Brisch/Hellbrügge (2003), S.

Brosius-Gersdorf, Frauke: „Das Kuckucksei im Familiennest – Erforderlichkeit einer Neuregelung der Vaterschaftsuntersuchung“, NJW 2007, S. 806 ff.

Brosius-Gersdorf, Frauke: „Vaterschaftsanfechtung und Europäische Menschenrechtskonvention – Zum Jurisdiktionskonflikt zwischen dem Bundesgerichtshof und dem Europäischen Gerichtshof für Menschenrechte“, EuGRZ 2006, S. 123 ff.

Brötel, Achim: „Grundrechtsschutz und Verfahrensgestaltung: Verfassungs- und Völkerrechtliche Vorgaben für die Durchführung kindschaftsrechtlicher Verfahren“, DeuFamR 1999, S. 143 ff.

Brötel, Achim : Der Anspruch auf Achtung des Familienlebens – Rechtsgrund und Grenzen staatlicher Einwirkungsmöglichkeiten in familiäre Rechtspositionen nach der europäischen Konvention zum Schutze der Menschenrechte und Grundfreiheiten, dargestellt an ausgewählten Beispielen des deutschen Familienrechts, Baden Baden 1991, zitiert: Brötel (1991), S.

Bruch,Carol S.: „Parental Alienation Syndrome und Parental Alienation: Wie man sich in Sorgerechtsfällen irren kann“, FamRZ 2002, S. 1304 ff.

Brückner, Christoph: „Väterrechte vor dem Europäischen Gerichtshof für Menschenrechte“, FPR 2005, S. 200 ff.

Callies, Christian: „Die grundrechtliche Schutzpflicht im mehrpoligen Verfassungsverhältnis", JZ 2006, S. 321 ff.

Callies, Christian: „Zwischen staatlicher Souveränität und europäischer Effektivität: Zum Beurteilungsspielraum der Vertragsstaaten im Rahmen des Art. 10 EMRK", EuGRZ 1996, S. 293 ff.

Coester, Michael: „Sorgerechtliche Impulse aus Straßburg", NJW 2010, S. 482 ff.

Coester, Michael: Anmerkung zum Beschluss des BGH vom 28.04.2010, Az. XII ZB 81/09, „Mexiko-Entscheidung", FF 2010, S. 365 ff.

Coester, Michael: „Wechselmodell und Sorgerecht für die Mutter – zugleich eine Anmerkung zu BVerfG FF 2009, S. 416", FF 2010, S. 10 ff.

Coester, Michael: „Nichteheliche Elternschaft und Sorgerecht", FamRZ 2007, S. 1137 ff.

Coester, Michael: „Verfassungsrechtliche Vorgaben für die gesetzliche Ausgestaltung des Sorgerechts nicht miteinander verheirateter Eltern", FPR 2005, S. 60 ff.

Cremer, Hans-Joachim: „Zur Bindungswirkung von EGMR-Urteilen", EuGRZ 2004, S. 683 ff.

Deegener, Günther / Körner, Wilhelm: Kindesmisshandlung und Vernachlässigung – Ein Handbuch, Göttingen, Bern, Toronto, Seattle, Oxford, Prag, 2005, zitiert: Bearbeiter in Deegener/Körner (2005), S.

Degenhart, Christoph: „Das allgemeine Persönlichkeitsrecht, Art. 2 I i.V.m. Art. 1 I GG", JuS 1992, S. 361 ff.

Dethloff, Nina: „Kindschaftsrecht des 21. Jahrhunderts – Rechtsvergleichung & Zukunftsperspektiven", ZKJ 2009, S. 141 ff.

Dethloff, Nina: Familienrecht, 29. Auflage, München, 2009, zitiert: Dethloff (2009), § Rn.

Dettenborn, Harry: Kindeswohl und Kindeswille – Psychologische und rechtliche Aspekte, 2. Auflage, München 2007, zitiert: Dettenborn (2007), S.

Dettenborn, Harry: „Die Beurteilung der Kindeswohlgefährdung als Risikoentscheidung", FPR 2003, S. 293 ff.

Dettenborn, Harry / Walter, Eginhard: Familienrechtspsychologie, München, Basel, 2002, zitiert: Dettenborn/Walter (2002), S.

Dornes, Martin: Die emotionale Welt des Kindes, 3. Auflage, Frankfurt a. M., 2002, zitiert: Dornes (2002), S.

Eckebrecht, Marc: „Neuere Gesetze zur Stärkung der Vaterrechte", FPR 2005, S. 205 ff.

Ehinger, Uta: „Die Regelung der elterlichen Sorge bei psychischer Erkrankung eines Elternteils oder beider Eltern im Überblick", FPR 2005, S. 253 ff.

Elbert, Thomas / Schnabel, Ulrich: „Wie die Angst in den Kopf kommt“, Die Zeit, Nr. 7, 10. Februar 2005, www.zeit.de/2005/07/kultur.

Eliot, Lise: Was geht da drinnen vor? – Die Gehirnentwicklung in den ersten fünf Lebensjahren, Berlin, 2001, zitiert: Eliot (2001), S.

Engel, Norbert Paul: „Richterwahl beim EGMR und Qualifikation der von den Regierungen nominierten Kandidaten“, EuGRZ 2010, S. 368 f.

Engel, Norbert Paul: „Konsequenzen eines Beitritts der Europäischen Union zur EMRK und für die EU selbst, für den Europarat und den EGMR“, EuGRZ 2010, S. 259 ff.

Enzmann, Dirk / Wetzels, Peter: „Das Ausmaß häuslicher Gewalt und die Bedeutung innerfamiliärer Gewalt für das Sozialverhalten von jungen Menschen aus kriminologischer Sicht“, FPR 2001, S. 246 ff.

Ernst, Rüdiger: Anmerkung zu, Beschluss des KG vom 23.12.2008, Az. 18 UF 156/08, FamRZ 2009, S. 1430 f.

Esser, Robert: „Die Umsetzung der Urteile des europäischen Gerichtshofs für Menschenrechte im nationalen Recht – ein Beispiel für die Dissonanz völkerrechtlicher Verpflichtungen und verfassungsrechtlicher Vorgaben“, StV 2005, S. 348 ff.

Fahrenhorst, Irene: Familienrecht und Europäische Menschenrechtskonvention, Paderborn, München, Wien, Zürich, 1994, zitiert: Fahrenhorst (1994), S.

Fahrenhorst, Irene: „Die Individualbeschwerde vor den Organen der Menschenrechtskonvention“, Jura 1987, S. 130 ff.

Fichtner, Jörg / Salzgeber, Joseph: „Konzepte zur Herstellung von Einvernehmen: Intervention statt Diagnostik?“, FPR 2009, S. 348 ff.

Flemming, Winfried: „Veränderte Anforderungen an das Jugendamt im familiengerichtlichen Verfahren“, FPR 2009, S. 339 ff.

Fonagy, Peter / Target, Mary: Frühe Bindung und psychische Entwicklung – Beiträge aus Psychoanalyse und Bindungsforschung, Gießen, 2003, zitiert: Fonagy/Target (2003), S.

Frank, Rainer: „Rechtsvergleichende Betrachtungen zur Entwicklung des Familienrechts“, FamRZ 2004, S. 841 ff.

Frank, Rainer / Helms, Tobias: „Kritische Bemerkungen zum Regierungsentwurf eines Gesetzes zur Klärung der Vaterschaft unabhängig vom Anfechtungsverfahren“, FamRZ 2007, S. 1277 ff.

Frowein, Jochen / Peukert, Wolfgang: Europäische Menschenrechtskonvention, EMRK-Kommentar, 3. Auflage, Kehl, 2009, zitiert: Frowein/Peukert Art. Rn.

Fthenakis, Wassilios E.: Begleiteter Umgang von Kindern – ein Handbuch für die Praxis, München 2008, zitiert: Bearbeiter in Fthenakis (2008), S.

Fthenakis, Wassilios E.: „Kindliche Reaktion auf Trennung und Scheidung", Familiendynamik 1995, S. 127 ff.

Gaschler, Katja: „Hart im Nehmen", Gehirn & Geist 04/2002, S. 24 ff.

Giers, Michael: „Die Vollstreckung nach dem FamFG – Ausblick", FPR 2008, S. 441 ff.

Gottschalk, Yvonne: „Prüfungsumfang im Rahmen der Vollstreckung einer Umgangsregelung", FPR 2008, S. 417 ff.

Garbenwarter, Christoph: „Grundrechtsvielfalt und Grundrechtskonflikte im europäischen Mehrebenensystem – Wirkungen von EGMR-Urteilen und der Beurteilungsspielraum der Mitgliedsstaaten", EuGRZ 2011, S. 229 ff.

Grabenwarter, Christoph: Europäische Menschenrechtskonvention, 4. Auflage, München, Wien, 2009, zitiert: Grabenwarter (2009) § Rn. S.

Grabenwarter, Christoph: „Zur Zukunft des Europäischen Gerichtshofs für Menschenrechte", EuGRZ 2003, S. 174 ff.

Groh, Thomas: „Nächster Halt: Karlsruhe – Endstation: Straßburg. Die Bedeutung des BVerfG und es EGMR für die Entscheidung umgangsrechtlicher Streitigkeiten", FPR 2009, S. 153 ff.

Grossmann, Karin / Grossmann, Klaus: Bindungen – Das Gefüge psychischer Sicherheit, 2. Auflage, Stuttgart, 2005, zitiert: Grossmann/Grossmann (2005), S.

Grossmann, Karin / Grossmann, Klaus: Bindung und menschliche Entwicklung – John Bowlby, Mary Ainsworth und die Grundlagen der Bindungstheorie und Forschung, Stuttgart, 2003, zitiert: Bearbeiter in Grossmann/ Grossmann (2003), S.

Häfele, Günter: „Seelisch erkrankte Eltern und Kindeswohlgefährdung", FPR 2003, S. 307 ff.

Hailbronner, Kay: „Die Einschränkung von Grundrechten in einer Demokratischen Gesellschaft", in Festschrift für Hermann Mosler, Berlin, Heidelberg, New York, 1983, S. 359 ff., zitiert: Hailbronner in FS Mosler, S.

Hammer, Stephan: Anmerkung zum Urteil des EGMR vom 03.12.2009, BeschwerdeNr. 22028/04, EGMR Fall Zaunegger, FamRZ 2010, S. 623 f.

Hanke, Mila: „Die vergessenen Kinder", Gehirn & Geist 7-8/2006, S. 14 ff.

Hansen, Kirsten-Pia: Das Recht der elterlichen Sorge nach Trennung und Scheidung, Neuwied, Kriftel, Berlin, 1993, zitiert: Hansen (1993), S.

Haß, Solveig: Die Urteile des Europäischen Gerichtshofs für Menschenrechte – Charakter, Bindungswirkung und Durchsetzung, Dissertation Universität Köln 2005, Frankfurt a.M., 2006, zitiert: Haß (2006), S.

Heckötter, Ulrike: Die Bedeutung der Europäischen Menschenrechtskonvention und der Rechtsprechung des EGMR für die deutschen Gerichte, Köln, Berlin, München 2007, zitiert: Heckötter (2007), S.

Heiderhoff, Bettina: „Die Vaterschaftsaufklärung und ihre Folgen – von der Vaterschaftsanfechtung zur Vaterschaftsbeendigung?“, FamRZ 2010, S. 8 ff.

Heiliger, Anita / Zack, Eva: Vater um jeden Preis? Zur Kritik am Sorge- und Umgangsrecht, München 2008, zitiert: Bearbeiter in Heiliger/Zack (2008)

Heilmann, Stefan: „Die Dauer kindschaftsrechtlicher Verfahren“, ZfJ 1998, S. 317 ff.

Heinke, Sabine: „Umgangsrecht und Partnerschaftsgewalt“ , S. 271 ff.

Helms, Tobias: Anmerkung zum Urteil des EGMR vom 15.09.2011, BeschwerdeNr. 17080/07, EGMR Fall Schneider, FamRZ 2011, S. 1717 ff.

Helms, Tobias: „Maßgeblicher Zeitpunkt für die Feststellung einer sozial-familiären Beziehung bei Vaterschaftsanfechtung durch den biologischen Vater – Anmerkung zur Entscheidung des OLG Karlsruhe vom 21.01.2010 – 2 UF 69/08“, ZKJ 2010, S. 244 f.

Helms, Tobias: „Die Stellung des potenziellen biologischen Vaters im Abstammungsrecht“, FamRZ 2010, S. 1 ff.

Helms, Tobias: „Das neue Verfahren zur Klärung der leiblichen Abstammung“, FamRZ 2008, S. 1033 ff.

Hennemann, Heike: „Die Umsetzung des Vorrangs- und Beschleunigungsgrundsatzes“, FPR 2009, S. 20 ff.

Henrich, Dieter: Anmerkung zum Urteil des EGMR vom 03.12.2009, Beschwerde Nr. 22028/04, EGMR Fall Zaunegger, FamRZ 2010, S. 107 f.

Henrich, Dieter: „Entwicklungen des Familienrechts in Ost und West“, FamRZ 2010, S. 333 ff.

Hoffmann, Peter: „Kann, darf oder muss man die Entscheidungen des Europäischen Gerichtshofs für Menschenrechte zu Pflegekindern ignorieren?“, ZfJ 2005, S. 44 ff.

Hohnerlein, Eva Maria: „Konturen eines einheitlichen europäischen Familien- und Kindschaftsrechts – Die Rolle der Europäischen Menschenrechtskonvention“, EuLF 2001, S. 252 ff.

Huber, Peter / Möll, Lisa: „Die elterliche Sorge nicht miteinander verheirateter Eltern“, FamRZ 2011, S. 765 ff.

Humphrey, Michael: „Das Sorgerecht des nichtehelichen Vaters in rechtsvergleichender Kritik“, FPR 2003, S. 578 ff.

Jaeger, Renate: „Menschenrechtsschutz im Herzen Europas“, EuGRZ 2005, S. 193 ff.

Jaeger, Renate: „Erfahrungen mit Entlastungsmaßnahmen zur Sicherung der Arbeitsfähigkeit des Bundesverfassungsgerichts", EuGRZ 2003, S. 149 ff.

Jaeger, Wolfgang: „Verfahren in Kindschaftssachen", FPR 2006, S. 410 ff.

Jarass, Hans / Pieroth, Bodo: Grundgesetz für die Bundesrepublik Deutschland, Kommentar, 10. Auflage, München 2009, zitiert: Jarass/Pieroth, Art. Rn.

Jopt, Uwe / Züphen, Julia: „Psychologische Begutachtung aus familienrechtlicher Sicht: A. Entscheidungsorientierter Ansatz", ZfJ 2004, S. 310 ff. und „Psychologische Begutachtung aus familienrechtlicher Sicht: B. Lösungsorientierter Ansatz", ZfJ 2004, S. 362 ff.

Jopt, Uwe-Jörg: „Nacheheliche Elternschaft und Kindeswohl – Plädoyer für das gemeinsame Sorgerecht als anzustrebenden Regelfall", FamRZ 1987, S. 875 ff.

Jurcyk, Karin / Walper, Sabine: Vorgezogener Endbericht für das Projekt „Gemeinsames Sorgerecht nicht miteinander verheirateter Eltern", München, 30.11.2010, verfügbar auf der Homepage des BMJ, zitiert: Endbericht Jurczyk/Walper, S.

Keller, Martina: „50 Jahre danach: Rechtsschutzeffektivität trotz Beschwerdeflut? Wie sich der EGMR neuen Herausforderungen stellt", EuGRZ 2008, S. 359 ff.

Kielmansegg, Sebastian: „Jenseits von Karlsruhe – Das deutsche Familienrecht in der Straßburger Rechtsprechung", Archiv des Völkerrechts 2008, S. 273 ff.

Kinderrechtekommission des Deutschen Familiengerichtstags: „Stellungnahme zur aktuellen Reformdiskussion „Sorgerecht nicht miteinander verheirateter Eltern" (22. Februar 2011)", ZKJ 2011, S. 130 ff.

Kindler, Heinz: „Häusliche Gewalt und Hochstrittigkeit", FPR 2011, S. 207 ff.

Kindler, Heinz: „Umgangsregelungen im Einzelfall – psychologische Aspekte", FPR 2009, S. 150 ff.

Kindler, Heinz: „Umgang und Kindeswohl", ZKJ 2009, S. 110 ff.

Kindler, Heinz: „Folgewirkungen schwerer psychischer Erkrankungen mindestens eines Elternteils auf die Entwicklung von Kindern", FPR 2005, S. 227 ff.

Kindler, Heinz: „Auswirkung von häuslicher Gewalt auf die psychosoziale Entwicklung von Kindern", FPR 2005, S. 16 ff.

Kindler, Heinz / Fichtner, Jörg: „Die gemeinsame elterliche Sorge aus Sicht der Bindungs- und Scheidungsfolgenforschung", FPR 2008, S. 139 ff.

Kindler, Heinz / Reinhold, Claudia : „Umgangskontakte: Wohl und Wille des Kindes", FPR 2007, S. 291 ff.

Kindler, Heinz / Salzgeber, Joseph / Fichtner, Jörg / Werner, Annegret: „Familiäre Gewalt und Umgang", FamRZ 2004, S. 1241 ff.

Klein, Eckart: Anmerkung zum Urteil des Bundesverfassungsgerichts vom 14.10.2004, Az. 2 BvR 1481/04, JZ 2004, S. 1176.

Klüber, Antje / Terlinden-Arzt, Patricia: „Die Bedeutung des Umgangs für das Kind aus entwicklungs- und familienpsychologischer Sicht“, FPR 2002, S. 215 ff.

Knittel, Bernhard: Anmerkung zum Beschluss des BGH vom 16.06.2010, Az. XII ZB 35/10, FF 2010, S. 404 ff.

Kodjoe, Ursula: „Auswirkung des Vaterkindverlustes: der „immaterielle Schaden aus psychologischer Sicht – Anmerkung zur Elsholz-Entscheidung des EGMR“, DAVorm 2000, S. 641 ff.

Kodjoe, Ursula / Koeppel, Peter: „The Parental Alienation Syndrom (PAS)“, DAVorm 2001, S. 9 ff.

Koechel, Roland: Kindeswohl im gerichtlichen Verfahren, Neuwied, Kriftel, Berlin, 1995, zitiert: Koechel (1995), S.

Koeppel, Peter: „Zur Bedeutung der „Elsholz-Entscheidung“ für die Fortentwicklung des deutschen Familienrechts – Anmerkung zum Minderheitsvotum aus Sicht des Verfahrensbevollmächtigten“, DAVorm 2000, S. 639 ff.

Kohler, Christian / Pintens, Walter: „Entwicklungen im europäischen Familien- und Erbrecht 2008 – 2009“, FamRZ 2009, S. 1529 ff.

Kölch, Michael / Fegert, Jörg: „Die umgangsrechtliche Praxis aus Sicht der Kinder- und Jugendpsychiatrie“, FamRZ 2008, S. 1573 ff.

Kostka, Kerima: Im Interesse des Kindes? Elterntrennung und Sorgerechtsmodelle in Deutschland, Großbritannien und den USA, Frankfurt a. M., 2004, zitiert: Kostka (2004), S.

Kostka, Kerima: „Elterliche Sorge und Umgang bei Trennung und Scheidung – unter besonderer Berücksichtigung der Perspektive des Kindes“, FPR 2005, S. 89 ff.

Kühner, Angela: Kollektive Traumata – Eine Bestandsaufnahme; Annahmen, Argumente, Konzepte nach dem 11. September, Berghofreport Nr. 9, Berlin, Februar 2003, zitiert: Kühner (2001), S.

Lamprecht, Friedhelm: Die Praxis der Traumatherapie – Was kann EMDR leisten?, 2. Auflage, Stuttgart, 2001, zitiert: Lamprecht (2001), S.

Lawton, Graham: „Die Wurzeln der Persönlichkeit“, Gehirn & Geist 03/2004, S. 34 ff.

Lenz, Albert: „Kinder psychisch kranker Eltern – interinstitutionelle Kooperation als Voraussetzung für wirksame Hilfeleistungen“, FPR 2005, S. 246 ff.

Lenz, Albert: „Vorstellungen der Kinder über die psychische Erkrankung ihrer Eltern“, Praxis der Kinderpsychologie und Kinderpsychiatrie 05/2005, S. 382 ff.

Lenz, Christofer: „Die Vorgaben der EMRK zum Umgangsrecht und ihre Konkretisierung in der neueren Rechtsprechung des Gerichtshofs", FF 2001, S. 190 ff.

Lenz, Christofer / Baumann, Jutta: „Umgangsrecht auf internationaler Ebene, insbesondere vor dem EGMR", FPR 2004, S. 303 ff.

Liermann, Stephan: „Nationales Sorge- und Umgangsrecht im Lichte der europäischen Menschenrechtskonvention – Anmerkung zur Elsholz-Entscheidung des EGMR", DAVorm 2000, S. 629 ff.

Limbach, Jutta: „Die Kooperation der Gerichte in der zukünftigen europäischen Grundrechtsarchitektur", EuGRZ 2000, S. 417 ff.

Löhnig, Martin: „Konsequenzen aus der Entscheidung des Europäischen Gerichtshofs für Menschenrechte zum Sorgerecht des nicht mit der Kindesmutter verheirateten Vaters", FamRZ 2010, S. 338 ff.

Luthin Horst: Anmerkung zum Beschluss des BVerfG vom 21.07.2010, Az. 1 BvR 420/09, FamRZ 2010, S. 1410 ff.

Luthin, Horst: Anmerkung zum Urteil des BGH vom 06.12.2006, Az. XII ZR 164/04, FamRZ 2007, S. 542.

Matscher, Franz: „Vertragsauslegung durch Vertragsrechtsvergleichung in der Judikatur internationaler Gerichte, vornehmlich vor den Organen der EMRK", in Festschrift für Hermann Mosler, Berlin, Heidelberg, New York, 1983, S. 545 ff., zitiert: Matscher in FS Mosler, S.

Meise, Sylvia: „Memory Talk: Wie Erinnerungen entstehen", Psychologie Heute 03/2006, S. 64 ff.

Menne, Martin: „Zu Risiken und Nebenwirkungen..." – eine kritische Auseinandersetzung mit dem beschleunigten Familienverfahren nach § 50e FGG/§ 155 FamFG, Anm. zum Beschluss des KG vom 23.12.2008 – 18 UF 156/08", ZKJ 2009, S. 309 ff.

Merrills, John Graham: The development of international law by the European Court of Human Rights, 2. Edition, 1993, Manchester, zitiert: Merrills (1993), S.

Meyer-Ladewig, Jens: Anmerkung zum Urteil des EGMR vom 02.09.2010, BeschwerdeNr. 46344/06, EGMR Fall Rumpf, NJW 2010, S. 3358 f.

Meyer-Ladewig, Jens: EMRK Handkommentar, 2. Auflage, Baden Baden, 2006, zitiert: Meyer-Ladewig (2003) Art. Rn.

Meyer-Ladewig, Jens / Petzold, Herbert: „Trivialbeschwerden in der Rechtsprechung des EGMR – De minimis non curat praetor", NJW 2011, S. 3126 ff.

Meyer-Ladewig, Jens / Petzold, Herbert: „Die Bindung deutscher Gerichte an Urteile des EGMR", NJW 2005, S. 15 ff.

Möller, Ralf: Verfahrensdimensionen materieller Garantien der Europäischen Menschenrechtskonvention, Frankfurt am Main, 2005, zitiert: Möller (2005), S.

Münchener Kommentar: Münchener Kommentar zum BGB, Band 8, Familienrecht II, §§ 1589-1921 BGB, 5. Auflage, München, 2008, zitiert: MüKo-Bearbeiter, §§, Rn.

Münchener Kommentar: Münchener Kommentar zur ZPO, Band 4, FamFG, München 2010, zitiert: MüKo-Bearbeiter, §§, Rn.

Muscheler, Karlheinz: „Die elterliche Sorge des nichtehelichen Vaters", ZKJ 2008, S. 452 ff.

Muscheler, Karlheinz: „Die Klärung der Vaterschaft", FPR 2008, S. 257 ff.

Muscheler, Karlheinz: „Die Zukunft des heimlichen Vaterschaftstests", FPR 2007, S. 389 ff.

Nickel, Rainer: „Die Zukunft des Bundesverfassungsgerichts im Zeitalter der Europäisierung", JZ 2001, S. 625 ff.

Niesel, Renate: „Erleben und Bewältigung elterlicher Konflikte durch Kinder", Familiendynamik 1995, S. 155 ff.

Nuber, Ursula: „Resilienz: Immun gegen das Schicksal?", Psychologie Heute 09/2005, S. 20 ff.

Ostermann, Stephanie: Das Klärungsverfahren gemäß § 1598a BGB – Abstammungsrechtlicher Kontext und verfassungsrechtliche Vorgaben, Berlin, 2009, zitiert: Ostermann (2009), S.

Palandt, Otto: Bürgerliches Gesetzbuch, 70. Auflage, München, 2011, zitiert: Palandt-Bearbeiter, §§, Rn.

Palm-Risse, Martina: Der völkerrechtliche Schutz von Ehe und Familie, Berlin, 1990, zitiert: Palm-Risse (1990), S.

Papier, Hans-Jürgen: „Scheidender BVerfG-Präsident H.-J. Papier warnt EGMR vor bedrohlicher Erschütterung der Akzeptanz seiner Urteile und der Befolgungsbereitschaft", EuGRZ 2010, S. 368.

Papier, Hans-Jürgen: „Umsetzung und Wirkung der Entscheidungen des Europäischen Gerichtshofes für Menschenrechte aus der Perspektive der nationalen Gerichte", EuGRZ 2006, S. 1 ff.

Petermann, Franz / Niebank, Kay / Scheithauer, Herbert: Entwicklungswissenschaften – Entwicklungspsychologie, Genetik, Neuropsychologie, Berlin 2004, zitiert: Petermann, Niebank, Scheithauer, S.

Rakete-Dombeck, Ingeborg: „Umgang um jeden Preis? Pflicht zum Umgang nur für Kinder?“, FPR 2008, S. 492 ff.

Rasche, Guido: „Beschleunigte Kindschaftssachen?“, FF 2009, S. 192 ff.

Rehmann, Heiko: „Den Schrecken beschreiben – Mit einer neuen Therapie helfen Konstanzer Psychologen traumatisierten Flutopfern in Sri Lanka“, FAZ vom 02.02.2005, Ausgabe Nr. 27, S. 9.

Reinecker, Hans: Lehrbuch der Klinischen Psychologie und Psychotherapie – Modelle psychischer Störungen, 4. Auflage, Göttingen, Bern, Toronto, Seattle, 2003, zitiert: Bearbeiter in Reinecker (2003), S.

Ress, Georg: „Wirkung und Beachtung der Urteile und Entscheidungen der Straßburger Konventionsorgane“, EuGRZ 1996, S. 350 ff.

Ress, Georg: „Die „Einzelfallbezogenheit“ in der Rechtsprechung des Europäischen Gerichtshofs für Menschenrechte“, in Festschrift für Hermann Mosler, Berlin, Heidelberg, New York, 1983, S. 719 ff., zitiert: Ress in FS Mosler, S.

Richter, Thomas: „Die Alleinsorge der Mutter nach § 1626a II BGB und das Kindeswohl“, FPR 2004, S. 484 ff.

Ritterspach, Theodor: „Gedanken zum Sondervotum“, in Festschrift für Wolfgang Zeidler, Berlin, New York, 1987, S. 1379 ff., zitiert: Ritterspach in FS Zeidler (1987), S.

Rixe, Georg: „ Der EGMR als Motor einer Harmonisierung des Familienrechts in Europa“, FPR 2008, S. 222 ff.

Rixe, Georg: „Der Schutz des Familienlebens und das Verbot der Diskriminierung in der Rechtsprechung des Europäischen Gerichtshofes für Menschenrechte“, ZKJ 2006, S. 276 ff.

Rixe, Georg: Anmerkung zum Urteil des EGMR vom 21.12.2010, BeschwerdeNr. 20578/07, EGMR Fall Anayo, FamRZ 2011, S. 1363 ff.

Rixe, Georg: Anmerkung zum Urteil des EGMR vom 02.09.2010, BeschwerdeNr. 46344/06, EGMR Fall Rumpf, FamRZ 2010, S. 1965 ff.

Rixe, Georg: Anmerkung zum Beschluss des OLG Brandenburg vom 20.08.2010, Az. 10 WF 187/10, FamFR 2010, S. 426.

Rixe, Georg: Anmerkung zum Urteil des EGMR vom 04.12.2008, BeschwerdeNr. 44036/02, EGMR Fall Adam, FamRZ 2009, S. 1037 ff.

Rixe, Georg: Anmerkung zum Urteil des EGMR vom 20.07.2006, BeschwerdeNr. 1633/05, EGMR Fall Koudelka, FamRZ 2008, S. 1061 f.

Rixe, Georg: Anmerkung zum Urteil des EGMR vom 08.06.2006, BeschwerdeNr. 75529/01, EGMR Fall Sürmeli FamRZ 2007, S. 1453 ff.

Rixe, Georg: Anmerkung zum Urteil des EGMR vom 26.02.2004, BeschwerdeNr. 74969/01, EGMR Fall Görgülü, FamRZ 2004, S. 1460 ff.

Rixe, Georg: Anmerkung zum Beschluss des OLG Hamm vom 01.12.1998, Az. 15 W 339/98, zugleich Anmerkung zum Urteil des EGMR vom 09.06.1998, BeschwerdeNr. 40/1997/824/1030, EGMR Fall Bronda, FamRZ 1999, S. 680.

Roth, Gerhard: Denken, Fühlen, Handeln – Wie das Gehirn unser Verhalten steuert, 1. Auflage, Frankfurt a.M., 2001, zitiert: Roth (2001), S.

Rudolf, Beate / von Raumer, Stefan: „Die Beschwerde vor dem Europäischen Gerichtshof für Menschenrechte", AnwBl. 2009, S. 313 ff.

Salgo, Ludwig: „Das Beschleunigungsgebot in Kindschaftssachen", FF 2010, S. 352 ff.

Salgo, Ludwig: „Wie man aus einer ungünstigen Situation eine das Wohl des Kindes gefährdende machen kann", FPR 2008, S. 401 ff.

Salzgeber, Joseph: „Anmerkung zum Beschluss des BVerfG 1 BvR 746/08", ZKJ 2009, S. 204 ff.

Salzgeber, Joseph: „Zum aktuellen Stand der PAS-Diskussion", FF 2003, S. 232 ff.

Salzgeber, Joseph: Familienpsychologische Gutachten, 3. Auflage, München, 2001, zitiert: Salzgeber (2001), S.

Salzgeber, Joseph / Fichtner, Jörg: „Neue Aufgaben für den Sachverständigen", ZKJ 2009, S. 334 ff.

Salzgeber, Joseph / Höfling, Siegfried: „Familienpsychologische Begutachtung – Vom Sachverständigen zum Case-Manager", KindPrax 2004, S. 163 ff.

Saum-Aldehoff, Thomas: „Talent zum Unglücklichsein", Psychologie Heute 02/2005, S. 46 ff.

Schauer, Maggie / Neuner, Frank/ Elbert, Thomas: „Erzähl um Dein Leben", Gehirn & Geist 05/2003, S. 34 ff.

Scherpe, Jens: Anmerkung zum Urteil des EGMR vom 03.12.2009, BeschwerdeNr. 22028/04, EGMR Fall Zaunegger, FamRZ 2010, S. 108.

Scheyli, Martin: „Die Abgrenzung zwischen ideellen und kommerziellen Informationsgehalten als Bemessungsgrundlage der „margin of appreciation" im Rahmen von Art. 10 EMRK", EuGRZ 2003, S. 455 ff.

Schlüter, Wilfried: BGB-Familienrecht, 13. Auflage, Heidelberg, 2009, zitiert: Schlüter (2009), Rn.

Schmahl, Stefanie: „Piloturteile des EGMR als Mittel der Verfahrensbeschleunigung", EuGRZ 2008, S. 369 ff.

Schmaltz, Christiane: „Menschenrechte auf dem Prüfstand – Abordnung an den Europäischen Gerichtshof für Menschenrechte", DRiZ 2010, S. 120 ff.

Schmid, Jürgen: Anmerkung zum Beschluss des OLG Brandenburg vom 12.08.2010, Az. 10 UF 109/10, FamFR 2010, S. 451.

Schorn, Gülsen: Das Pflegekind in der Rechtsprechung des Bundesverfassungsgerichts und des Europäischen Gerichtshofs für Menschenrechte, Frankfurt a. M., 2010, zitiert: Schorn (2010), S.

Schulte-Bunert, Kai / Weinreich, Gerd: FamFG Kommentar, Köln, 2009, zitiert: Schulte-Bunert/Weinreich/Bearbeiter § Rn.

Schulz, Andrea: „Die Stärkung des Haager Kindesentführungsübereinkommens durch den Europäischen Gerichtshof für Menschenrechte – zu EuGHMR v. 25.01.200 – Beschwerde Nr. 31679/96 – Ignaccolo-Zenide gegen Rumänien", FamRZ 2001, S. 1420 ff.

Schumann, Eva: „Elterliche Sorge nicht miteinander verheirateter Eltern auf dem Prüfstand", FF 2010, S. 222 ff.

Schwab, Dieter: „Modernisierung des Familienrechts durch das Bundesverfassungsgerichts", AnwBl. 2009, S. 557 ff.

Schwab, Dieter: „Abstammungserklärung – leicht gemacht. Oder: neuer Dialog in der Familie", FamRZ 2008, S. 23 ff.

Schwab, Dieter: „Elterliche Sorge bei Trennung und Scheidung der Eltern – Die Neuregelung des Kindschaftsrechtsreformgesetzes", FamRZ 1998, S. 457 ff.

Schwabe-Höllein, Marianne / Kindler, Heinz / August-Frenzel, Petra: „Relevanz der Bindungen im neuen Kindschaftsrecht", Praxis der Rechtspsychologie 11 (2), Dezember 2001, S. 41 ff.

Schweitzer, Philipp: Die Vollstreckung von Umgangsregelungen, Bielefeld 2007, zitiert: Schweitzer (2007), S.

Seibert, Helga: „Verfassung und Kindschaftsrecht – Neue Entwicklungen und offene Fragen", FamRZ 1995, S. 1457 ff.

Seidler, Günther H. / Laszig, Parfen / Micka, Ralph / Nolting, BjörnAktuelle Entwicklungen in der Psychotraumatologie – Theorie, Krankheitsbilder, Therapie, Gießen, 2003, zitiert: Bearbeiter in Seidler (2003), S.

Staudinger, Julius von: Kommentar zum Bürgerlichen Gesetzbuch, zitiert: Staudinger-Bearbeiter (Jahr), §§, Rn.
Buch 4, Familienrecht, §§ 1589-1600e BGB, Neubearbeitung, Berlin, 2011;
Buch 4, Familienrecht, §§ 1626-1631 BGB, Neubearbeitung, Berlin 2007;
Buch 4, Familienrecht, §§ 1638-1683 BGB, Neubearbeitung, Berlin, 2009;
Buch 4, Familienrecht, §§ 1684-1717 BGB, Neubearbeitung, Berlin, 2006.

Süß, Bernd: Die Feststellung der Vaterschaft unabhängig vom Anfechtungsverfahren – Das neue Abstammungsrecht unter besonderer Berücksichtigung der Perspektive der Väter, Frankfurt a.M., 2010, zitiert: Süß (2010), S.

Tomuschat, Christian: „Individueller Rechtsschutz: das „ordre public européen" nach der europäischen Menschenrechtskonvention", EuGRZ 2003, S. 95 ff.

Uerpmann, Robert: Die Europäische Menschenrechtskonvention und die deutsche Rechtsprechung, Berlin, 1993, zitiert: Uerpmann (1993), S.

Vogel, Harald: „Die Untätigkeitsbeschwerde im Familienrecht", FPR 2009, S. 165 ff.

Völker, Mallory: „Die wesentlichen Aussagen des Bundesverfassungsgerichts zum Haager Kindesentführungsabkommen – zugleich ein Überblick über die Neuerungen im HKÜ-Verfahren aufgrund der Brüssel IIa-Verordnung", FamRZ 2010, S. 157 ff.

Vosskuhle, Andreas: „Der europäische Verfassungsgerichtsverbund", NVwZ 2010, S. 1 ff.

Wallerstein, Judith S. / Lewis, Julia M. / Blakeslee, Sandra : Scheidungsfolgen – Die Kinder tragen die Last. Eine Langzeitstudie über 25 Jahre, Münster, 2002, zitiert: Wallerstein/Lewis/Blakeslee (2002), S.

Wallerstein, Judith S. / Lewis, Julia: „Langzeitwirkungen der elterlichen Ehescheidung auf Kinder – Eine Längsschnittuntersuchung über 25 Jahre", FamRZ 2001, S. 65 ff.

Walper, Sabine: „Umgangsrecht im Spiegel psychologsicher Forschung" in Brühler Schriften zum Familienrecht Band 14 zum 16. Deutschen Familiengerichtstag, Bielefeld, 2006, S. 100 ff., zitiert: Walper in Bd. 14 der Brühler Schriften zum Familienrecht (2006), S.

Walper, Sabine: „Familien nach Trennung/Scheidung als Gegenstand familienpsychologischer Forschung", FPR 2005, S. 86 ff.

Walper, Sabine / Langmeyer, Alexandra: „Auswirkungen einer elterlichen Scheidung auf die Entwicklung der Kinder – Zum Stand der Familienforschung", ZKJ 2008, S. 94 ff.

Walper, Sabine / Schwarz, Beate: Was wird aus den Kindern? Chancen und Risiken für die Entwicklung von Kindern aus Trennungs- und Stieffamilien, München, 1999, zitiert: Bearbeiter in Walper/Schwarz (1999), S.

Warshak, Richard A.: „Eltern-Kind-Entfremdung und Sozialwissenschaften – Sachlichkeit statt Polemik", ZfJ 2005, S. 186 ff.

Weidmann, Klaus W.: Der europäische Gerichtshof für Menschenrechte auf dem Weg zu einem europäischen Verfassungsgericht, Frankfurt am Main, Bern New York, 1983, zitiert: Weidmann (1983), S.

Wellenhofer, Marina: Besprechung des Beschlusses des BVerfG vom 13.10.2008, Az. 1 BvR 1548/03, Fall Hülsmann, JuS 2009, S. 460 ff.

Wellenhofer, Marina: „Das neue Gesetz zur Klärung der Vaterschaft unabhängig vom Anfechtungsverfahren", NJW 2008, S. 1185 ff.

Wellenhofer, Marina: „Die prozessuale Verwertbarkeit privater Abstammungsgutachten", FamRZ 2005, S. 655 ff.

Wellenhofer-Klein, Marina: „Das Vaterschaftsanfechtungsverfahren des leiblichen Vaters – Vorschlag zur Änderung von § 1600 BGB“, FamRZ 2003, S. 1889 ff.

Welter-Enderlin, Rosmarie / Nuber, Ursula: „Die Zentrierung auf die frühe Kindheit ist falsch“, Psychologie Heute 09/2005, S. 25 ff.

Wendenburg, Albrecht: Anmerkung zum Urteil des EGMR vom 20.01.2011, BeschwerdeNr. 21980/06, 26944/07 und 36948/08, EGMR Fall Kuhlen-Rafsandjani, FamRZ 2011, 533 f.

Wiater, Patricia: Kulturpluralismus als Herausforderung für Rechtstheorie und Rechtspraxis – Eine völkerrechtsdogmatische und ethnologische Auseinandersetzung mit der Rechtsprechung des EGMR, Baden Baden 2009, zitiert: Wiater (2009), S.

Wildhaber, Luzius: „Eine verfassungsrechtliche Zukunft für den Europäischen Gerichtshof für Menschenrechte?“, EuGRZ 2002, S. 569 ff.

Wildhaber, Luzius Breitenmoser,: Internationaler Kommentar zur EMRK, Loseblattausgabe, Grundwerk 1986, 7. Stand 2009 Köln, Berlin, München – bzgl. Art. 8 EMRK 2. Lieferung 1992, zitiert: Wildhaber/Breitenmoser Art. Rn.

Willutzki, Siegfried: „Das Umgangsrecht des biologischen Vaters – Eine neue Baustelle im Kindschaftsrecht?“, ZKJ 2011, S. 90 ff.

Willutzki, Siegfried: „Elterliche Sorge nicht miteinander verheirateter Eltern – das Urteil des EuGHMR und seine Konsequenzen für den deutschen Gesetzgeber“, ZKJ 2010, S. 86 f.

Wittinger, Michaela: „Die Einlegung der Individualbeschwerde vor dem EGMR“, NJW 2001, S. 1238 ff.

Wittinger, Michaela: Familien und Frauen im regionalen Menschenrechtsschutz, Baden Baden, 1999, zitiert: Wittinger (1999), S.

Zenz, Gisela: Anmerkung zur Entscheidung des BGH vom 26.09.2007, Az. XII ZB 229/06 (FamRZ 2007, S. 1969 ff.), FamRZ 2007, S. 2060 ff.

Zenz, Gisela: „Zur Bedeutung der Erkenntnisse von Entwicklungspsychologie und Bindungsforschung für die Arbeit mit Pflegekindern“, ZfJ 2000, S. 321 ff.

Zimmermann, Michael: Anmerkung zum Beschluss des BVerfG vom 13.10.2008, Az. 1 BvR 1548/03, Fall Hülsmann NJW 2009, S. 424 f.

Zöller: Zivilprozessordnung Kommentar, 28. Auflage, Köln, 2010, zitiert: Zöller-Bearbeiter, §§, Rn.

Zypries, Brigitte: „Die Kindschaftsrechtsreform von 1998 – Meilenstein der Rechtsentwicklung und Ausgangspunkt künftiger Rechtspolitik für unsere Kinder“, ZKJ 2009, S. 4 ff.

Studien zum deutschen und internationalen Familien- und Erbrecht

Herausgegeben von Martin Lipp, Christoph Benicke, Marina Wellenhofer und Bettina Heiderhoff

Band 1 Jessica Kriewald: Statusrelevante Erklärungen des Familienrechts. 2009.

Band 2 Martin Gilbert: Unmoralische Angebote, Grundrechtskitsch und die kalte Hand des Erblassers. 2009.

Band 3 Anja Vellmer: Religiöse Kindererziehung und religiös begründete Konflikte in der Familie. Eine rechtsübergreifende Darstellung familiärer religiöser Konflikte und der staatlichen Instrumentarien zu ihrer Lösung. 2010.

Band 4 Uta Heidenreich: Auskunfts- und Wertermittlungsansprüche des Pflichtteilsberechtigten. 2010.

Band 5 Ulla Möhn: Vertrauensschutz im intertemporalen Scheidungsunterhaltsrecht. Zugleich eine Analyse des § 36 Nr. 1 EGZPO. 2010.

Band 6 Gabriele Metternich: Verfügungsverhalten von Erblassern. Eine empirische Untersuchung als Beitrag zur Rechtstatsachenforschung und Reformdiskussion auf dem Gebiet des Erbrechts. 2010.

Band 7 Patrick Schroer: Europäischer Erbschein. Mit rechtsvergleichender Darstellung. 2010.

Band 8 Isabella Toscano: Ehescheidungen mit grenzüberschreitendem Bezug. Von divergierenden nationalen Scheidungsvoraussetzungen zu einem einheitlichen europäischen Scheidungsrecht? 2011.

Band 9 Ulrich Kühle: Die gerichtliche Überprüfung von Erb- und Pflichtteilsverzichtsverträgen im Spiegel ehevertraglicher Inhaltskontrolle. 2011.

Band 10 Gregor Blüm: Härtefälle im Recht des Versorgungsausgleichs. Eine legitimationszentrierte Untersuchung der Rechtsprechung zur Generalklausel des § 1587c Nr. 1 BGB a. F. unter Berücksichtigung der Neuerungen in der Härtefallregelung des § 27 VersAusglG. 2011.

Band 11 Linda Schlegel: Die Bedeutung des vorehelichen Zusammenlebens im Scheidungsfolgenrecht. 2011.

Band 12 Tobias Breitling: Rechtsfolgen von sittenwidrigen Bedingungen in Verfügungen von Todes wegen. Erblasserwille und objektives Recht. 2012.

Band 13 Anja Sommer: Das Verhältnis von Familiengericht und Jugendamt. Kooperation zum Wohle des Kindes? 2012.

Band 14 Pia Maria Schulze: Das deutsche Kindschafts- und Abstammungsrecht und die Rechtsprechung des EGMR. 2012.

Band 15 Sebastian Schaufert: Das Verbot der Doppelverwertung von Vermögenspositionen bei Unterhalt und Zugewinn. 2012.

www.peterlang.de